全国高等院校园林专业精品教材

高等职业学校提升专业服务产业发展能力项目
——河南职业技术学院园林工程技术专业建设项目课程建设成果

花卉栽培技术

HUAHUI ZAIPEI
JISHU

主编：张俊叶
主审：王　永
参编：（按姓氏笔画为序）
田云芳（郑州教育学院）
徐海霞（河南林业职业技术学院）
杨　帆（碧沙岗公园）
张新俊（河南农业职业技术学院）

中国轻工业出版社

图书在版编目（CIP）数据

花卉栽培技术/张俊叶主编. —北京：中国轻工业出版社，2024.8

全国高等院校园林专业“十二五”规划教材

ISBN 978-7-5019-9587-5

Ⅰ.①花… Ⅱ.①张… Ⅲ.①花卉—观赏园艺—高等学校—教材 Ⅳ.①S68

中国版本图书馆CIP数据核字（2013）第290434号

责任编辑：毛旭林

策划编辑：李　颖　毛旭林　　责任终审：劳国强　　封面设计：锋尚设计

版式设计：锋尚设计　　责任校对：晋　洁　　责任监印：张　可

出版发行：中国轻工业出版社（北京鲁谷东街5号，邮编：100040）

印　　刷：北京君升印刷有限公司

经　　销：各地新华书店

版　　次：2024年8月第1版第5次印刷

开　　本：889×1194　1/16　印张：21

字　　数：650千字

书　　号：ISBN 978-7-5019-9587-5　定价：49.00元

邮购电话：010-85119873

发行电话：010-85119832　010-85119912

网　　址：http://www.chlip.com.cn

Email：club@chlip.com.cn

241417J1C105ZBW

前言

花卉栽培技术是高等职业院校园林专业学生必须掌握的技能。本教材从花卉园艺师、绿化工等岗位技能要求出发，理论知识以“实用”为度，“够用”为准，力求加强实践性。本教材遵照新规范、新规程、新标准，吸收大量新理论、新技术、新工艺、新设备，以适应培养高技术人才的要求，并结合当前教学实际，体现基于工程过程的系统教学改革。全书分为十个项目，包括花卉分类与识别；花卉栽培设施构造及设备使用；花卉繁殖技术；花期调控技术；露地花卉栽培技术；盆栽花卉栽培技术；鲜切花栽培技术；专类花卉栽培技术；花卉无土栽培技术；组合盆栽技术。通过这门课程的学习，学生应该熟练掌握花卉生产的知识和技能，具备花卉识别、繁殖、栽培、养护等能力，同时注意培养学生严谨求实、勇于实践、敢于创新的科学精神和良好的职业道德，为学习园林专业知识和技能奠定基础。此外，使学生具备考取花卉园艺工职业资格证书的能力，为今后在工作中分析和解决实际问题打下良好的专业基础。

本教材特色主要体现在以下几个方面：

1．基于工作过程的现实一体化教学参考资料

本教材在内容选取以及编著过程中充分考虑生产实践需要，将烦琐的实践操作理论融于具体的项目中，由各个典型项目引领，学生在按照操作流程完成项目的过程中，自然而然地接受枯燥的理论，同时又能将实际操作中遇到的问题及解决方法总结为自己的知识，完成实践—理论—实践的知识吸收模式。

2．充分调动学生主观能动性，举一反三

本教材在编著过程中，打破传统教材面面俱到的特点，每一个项目以2～3种典型植物为代表，详细介绍其生产流程及栽培管理要求，其余种类则以知识补充的形式在课后呈现，学生可以通过典型项目的学习做到举一反三。

3．贴近生产实践，实现教学、生产零对接

本教材设置的典型项目，其工作流程绝大多数来源于各个花卉生产企业，学生通过相应项目的练习后，基本上能够直接应用于工作岗位，实现教学与生产零对接。

教材编写过程中得到了郑州贝利得花卉生产公司、河南农业大学蝴蝶兰生产基地、四季春花卉基地、濮阳世锦花卉公司、陈寨花卉市场、双桥花卉市场的大力支持，他们为教材的编写提供了大量生产资料和照片资料。教材形成过程中得到了河南职业技术学院陆立影教授的反复指导，教材审阅过程中得到了河南职业技术学院王永教授的指导；在教材编写过程中还有河南职业技术学院园林工程技术教研室的其他教师也给予了无私的帮助，在此一并表示真挚的感谢。

本教材由张俊叶担任主编，负责全书的统稿工作。具体编写分工如下：绪论、项目二、项目三、项目五、项目六、项目七、项目八及附录部分由张俊叶完成，项目一由田云芳完成，项目四由徐海霞完成，项目九由张新俊完成，项目十由杨帆完成。

由于编者水平有限，时间仓促，书中谬误在所难免，敬请指正。

课程导入

一、课程性质

《花卉栽培技术》是高等职业教育园林、园艺专业的一门理论与实践紧密结合的职业核心能力培养课程，主要培养学生具备花卉分类与识别、栽培设施构造与设备应用、花卉繁殖、花期调控、露地花卉栽培、温室花卉栽培、鲜切花栽培、专类花卉栽培、无土栽培、组合盆栽等专业能力，并通过教学实践，使学生能够独立完成花卉栽培的各个操作环节。本课程通过培养学生具备扎实的理论基础和过硬的实践本领，实现学生就业与花卉企业生产零对接。

二、课程教学目标

通过对花卉栽培技术课程的学习，使学生掌握花卉栽培的知识和技能，具备花卉的识别、繁殖、栽植、养护能力，同时注意培养严谨求实、踏实肯干和勇于创新的精神和良好的职业道德，为学习园林专业知识和职业技能奠定基础。此外，通过本教材的学习，使学生具备考取花卉园艺工职业资格证书的能力，为今后在工作中分析和解决实际问题打下良好的专业基础。

1．知识目标

（1）掌握花卉分类的基本方法。

（2）掌握花卉栽培中常用栽培设施的构造及设备的使用方法。

（3）掌握各种繁殖方法的原理及操作方法。

（4）掌握常见花卉栽培技术要点。

（5）了解花卉新型栽培技术。

2．能力目标

（1）以北方地区为主，掌握常见花卉的形态，能够准确识别常见的露地花卉、温室花卉及鲜切花。

（2）能够应用有性和无性繁殖方法生产花卉种苗。

（3）熟悉常见花卉生态习性，能够对常见露地花卉、温室花卉和鲜切花进行日常养护。

（4）掌握常见花卉花期调控技术。

（5）灵活应用所学知识，解决花卉栽培过程中出现的各种生长不良问题。

（6）能够结合地区特色及市场状况，科学合理地制订花卉生产计划。

3．素质目标

（1）具备良好的职业道德、较强的敬业精神和创新精神。

（2）具备爱岗敬业、自律、诚信和积极进取的良好品质。

（3）具备较强的沟通协作与组织能力以及良好的团队精神。

（4）具备强烈的事业心、责任心和社会责任感。

（5）具备服务意识和艰苦创业精神。

（6）具备自我学习的基本素质。

三、教学条件

（1）校内花卉实训场地及花卉生产工具、生产材料。

（2）校外花卉实训场地及花卉生产工具、生产材料。

（3）多媒体教室。

四、师生要求

（1）学生要求　具备植物与植物生理基本知识、农业气象知识、土壤肥料知识和园林生态知识等。

（2）教师要求　具备丰富的花卉栽培工作经验和扎实的栽培技能，在花卉栽培项目实施过程中能够参与讲授和指导工作。

绪论

我国地域辽阔，植物种类繁多，素有“园林之母”的美誉。随着社会生产力的提高和国民经济的快速发展，花卉已逐步成为人类生活中不可缺少的一部分，应用范围也在不断扩大。

一、花卉的概念

花是适应于生殖的变态短枝，是植物的繁殖器官；卉是草的总称。花卉就是花花草草的总称。在花卉学上，花卉的概念有狭义和广义之分。狭义的花卉是指具有观赏价值的草本植物，如一串红、鸡冠花、矮牵牛等；广义的花卉是指具有观赏价值，以观花、观叶、观果、观根、观茎为目的，并能美化环境，丰富人们文化生活的草本、木本植物的统称。

二、花卉栽培与环境条件

花卉种类繁多，原产地不同，对环境条件的要求也大不相同。在栽培中只有处理好花卉与环境的关系，才能使其生长良好、发育完全、开花繁茂、果实饱满。花卉的生长发育除取决于自身的遗传特性外，也离不开温度、光照、水分、土壤和空气等环境条件。

（一）花卉栽培与温度的关系

各种花卉都有自己偏好的生长温度，还有它们所能忍耐的最高和最低温度。不同种类或同一种花卉的不同发育时期对温度的要求不同，如绝大多数花卉会经历：种子—高温打破休眠—萌芽—中温—幼苗—低温春化—花芽分化—升温—花蕾发育—花后降温这样一个温度变化历程。

1．温度影响根系的发育和种子的发芽力

（1）地温影响根系生长发育　在一定的范围内温度与根系的活力成正比。如：地温高则微生物活力强，盐类溶解快，有机质分解快，根系吸取营养多，从而促进地上部分长得更茂盛，最终又促使根系茁壮、发育良好。

（2）温度影响花卉种子萌发　种子萌发是由一系列生物化学反应组成的，这些反应都是在各种酶的催化作用下进行的，而温度的高低直接影响了酶的活力。以一年生花卉为例，在一定温度范围内，随着温度升高酶的活力加强，种子的萌发速度加快；若温度降低，酶的活力会随之降低，种子的萌发速度也会减慢。

2．温度影响花芽分化

花芽分化是花卉生殖生长的重要环节，温度对花芽分化有显著的影响。依据不同的花卉种类，花芽分化对温度的要求大体上有两种情况：

（1）低温春化　花芽分化多在20℃以下较凉爽的气候条件下进行，其中冬性越强的花卉要求春化温度越低，需持续时间越长。如：三色堇、羽衣甘蓝、金盏菊、二乔玉兰、百合等。

（2）高温春化　花芽分化需在25℃以上才能进行。如：郁金香、水仙、风信子、千日红等。

3．温差变化影响植物生长

白天高温有利于花卉进行光合作用，积累有机产物；而夜晚低温则有利于减弱花卉的呼吸作用，从而提高生物产量。这样花卉才能生长健壮，且开花量大，花朵艳丽。种类不同对温差要求不一。如：原产热带的花卉要求3～6℃温差；原产温带的花卉要求5～7℃温差；原产沙漠地区的花卉要求10℃以上的温差；盆栽花卉要求温差为15℃左右。

4．温度影响花色与花香

温度是影响花色的重要因素之一，一般花色随温度升高、光照加强而变淡。如：有些月季在低温下呈深红色，而在高温下减淡至白色；有些菊花在寒冷地区花色比温暖地区浓艳；矮牵牛（蓝、白复色）在温度为30～35℃时呈蓝色或紫色（蓝色所占比例大），在温度为15～30℃蓝、白混色（相当），在温度为15℃以下则呈白色；大丽花、万寿菊在低温下花色更艳。

温度还会影响花香的浓淡，如晚香玉、茉莉花、白兰等，在一定温度范围内，温度越高香味越浓，反之越淡。

5．温度影响花卉休眠

对于不同种类的花卉，低温或高温都可能使其进入休眠状态。

如：多年生宿根花卉，秋季温度下降，使其生长日趋缓慢，伴随着地上部茎、叶枯萎，植株慢慢进入休眠状态；有些多年生球根花卉，会在夏季以休眠的方式度过高温阶段。

（二）花卉栽培与光照的关系

花卉是自养生物，光照是其光合作用的必要生活条件。光照影响的主要因素有光的组成（光质）、光照强度、光照长度三个方面。

1．光质对花卉栽培的影响

（1）光的组成　指具有不同波长的太阳光谱成分。如：可见光占52%（波长380～760nm），红外光占43%（大于760nm），紫外光占5%（小于380nm）。

（2）光质的影响　红、橙光的作用主要为促进糖类（碳水化合物）的合成；蓝光的作用为促进蛋白质的合成；紫外光的作用为促进维生素的合成。同时蓝紫光、紫外光还能抑制茎的伸长、促进花青素的形成，因此，高山植物、热带花卉植株矮小，花色浓艳。其中，直射光中黄、橙光占37%，而散射光中占50%～60%，说明散射光对半阴及阴性花卉效用大于直射光。

2．光照强度对花卉栽培的影响

一般植物的最适光量为50%～70%的全光照，少于50%则生长不良。光照过强，同化作用减弱；光照过弱，同化、蒸腾作用也减弱，植物徒长，节间伸长，花色不艳，香味不足，分蘖力弱，易染病。一般在冬季温室内天气不良时会出现光照不足的情况。依花卉对光照的要求不同分为阳性花卉、阴性花卉和中性花卉。

（1）阳性花卉　指必须在全光照下才能生长良好的花卉。大部分观赏花卉、大部分宿根、球根花卉和部分木本花卉、观叶花卉、水生花卉、多肉多浆植物属于此类。如：一二年生花卉中的金盏菊、万寿菊；宿根花卉中的五色梅、八仙花、叶子花；球根花卉中的百合、唐菖蒲；木本中的紫薇、樱花、月季；观叶植物中的橡皮树、苏铁；水生花卉中的睡莲；多肉多浆植物中的仙人掌等。

（2）阴性花卉　不能忍受强烈直射光，要求在适度的荫蔽下方能生长良好（即在50%～80%的荫蔽度条件下）的一类花卉。如：兰科、天南星科、鸭跖草科、秋海棠类、大岩桐、玉簪、蕨类、凤梨科等部分观叶植物。

（3）中性花卉　喜阳光充足，但在荫蔽条件下也能生长良好的一类花卉。如：白兰、白芨、吊兰、红背桂、桔梗，此类花卉冬季在温室内需见直射光，盛夏又不能暴晒。

3．光照长度对花卉栽培的影响

日照长度与植物的分布、休眠、叶片及球根的发育、茎间的伸长及花青素的形成都有一定的关系，依花卉对光照长度的要求而异分为长日照、短日照和日中性植物。

（1）长日照植物　要求日照时数大于临界日长的植物。如：百合、合欢、美人蕉、虞美人、唐菖蒲、金鱼草、飞燕草、矢车菊、大花罂粟等。

（2）短日照植物　要求黑夜时数大于临界夜长的植物。如：叶子花、一串红、一品红、菊花、大丽花、金苞花、万寿菊、非洲菊等。

（3）日中性植物　对光照长短要求不严格、适应性强的一类花卉。如：香石竹、矮牵牛、月季、扶桑等。

大多数花卉晨开夜闭。如：牵牛花、亚麻在晨曦开放；半支莲、酢浆草在强光下开花；睡莲午后开放；月见草、晚香玉、紫茉莉在傍晚盛开；昙花在深夜开放。牵牛花的花色受光温协同作用表现为：温度升则蓝色增加，光强增加则白色增多；而芍药嫩芽呈紫红。

（三）花卉栽培与水分的关系

水是植物生存的重要条件，植物的一切生命活动都必须有水分参加，它不仅是植物进行光合作用的主要原料之一，而且土壤中的营养物质只有溶解于水时才能被植物吸收。

1．根据花卉对水分的需求量和依赖程度，通常分为四类

（1）水生花卉　水生花卉生长在水中或沼泽湿地中。它们具有发达的通气组织，通过通气组织使根部与地上部的茎叶进行气体交换，以保证各器官组织对氧的需要，如荷花、睡莲、慈姑等。

（2）湿生花卉　湿生花卉生长在湖泊旁、小溪边或热带雨林等潮湿环境条件下，不能忍受较长时间的水分不足，否则生长不良，甚至死亡。如海芋、龟背竹、肾蕨等。

（3）旱生花卉　旱生花卉生长在干旱环境中，如仙人掌、景天等。它们的耐旱性较强，而且为适应干旱环境，在外部形态和内部结构上都产生许多适应性的变化和特征。如根系发达、叶片小或退化成针刺状、角质层加厚、气孔少且下陷、细胞具有较高的渗透压等。

（4）中生花卉　中生花卉对水分的要求介于湿生和旱生之间，绝大多数的花卉属于这一类型，如月季、茉莉、郁金香等。

2．不同花卉对空气湿度的要求不同

（1）部分花卉（如附生花卉）要求空气湿度高而土壤湿度不高。

（2）花卉营养繁殖（如扦插、嫁接、分株等）时，需要较高的空气湿度（80%以上）。

（3）冬季温室养花，应加强通风，降低空气湿度，防止徒长和病虫害。

3．同一花卉在不同的生长期对水的要求也不同

（1）种子萌发期　多水，以便湿透种皮，供应种胚水分，利于胚根、胚芽萌发。

（2）幼苗期　因根系浅而瘦弱，吸水力弱，湿润即可。

（3）生长前期　多浇水，以保证旺盛的生理代谢活动。

（4）生长后期　适当控水，利于花芽分化。

（5）开花期　少浇水，空气相对干燥，以免影响开花质量和花期。

（四）花卉栽培与土壤、肥料的关系

土壤是花卉栽培中重要的基质，它起到固定植株，提供花卉生长发育所需的空气、水分和营养元素的作用。因此花卉栽培所用的土壤，应具备适宜的团粒结构、良好的排水和保水性能、丰富的营养物质、合理的酸碱度（pH）等优良的理化性质及肥力状况。

1．土壤质地分类

土壤质地可按土壤中矿物质含量多少、颗粒物大小，分成以下三类：

（1）沙土　保水、保肥性较差，养分含量低，肥效短，土温变化较快，但通气性和透水性好，容易耕作。常用于扦插繁殖和仙人掌类花卉的栽培。

（2）黏土　土壤黏重，空隙小，通气性和透水性差，土温低，耕作困难，但保水、保肥性强，养分含量较高。除栽培少数喜黏性花卉种类外，对大多数花卉生长不利，故常与其他土类混合使用。

（3）壤土　土粒大小适中，介于沙土和黏土之间。通气性好，保水、保肥能力强，有机质含量高，土温稳定，耕作性好，对花卉的生长比较有利，适合大多数花卉的栽培。

2．土壤酸碱度对花卉的影响

土壤的酸碱度对花卉生产有密切的关系，土壤的pH多在4.0～9.0，pH的大小影响土壤养分的分解和花卉的生长和发育。大多数花卉生长所需pH为5.5～7.0。如：杜鹃、山茶、茉莉、栀子、白兰花、八仙花等为喜酸性花卉；玫瑰、石竹、满天星等为喜碱性花卉。对于过酸或过碱的土壤，可适量混入石灰粉或硫黄，以达到调节酸碱度的目的。

3. 营养元素在花卉栽培上的作用

（1）十六大必需元素　九大大量元素为：C、H、O、N、S、P、K、Ca、Mg；七大微量元素为：Fe、Mn、Cu、Zn、B、Mo、Cl。

（2）必需元素的生理功能　细胞结构物质的组成成分；生命活动的调节者；起电化学作用。

（3）三大主要元素的生理功能及缺乏病症

氮：被称为生命元素，是蛋白质、核酸、磷脂的主要成分。其多少直接影响细胞的分裂和生长：缺N，影响叶绿素合成，叶发黄且由下向上发展，表现出缺N症。N过多，则叶大披散、茎徒长、含糖量不足、机械组织不发达、易倒伏。一般一年生花卉幼苗期少施，二年生、宿根及观叶花卉多施，生殖期少施。

磷：是核酸、核蛋白和磷脂的主要成分。其含量多少直接影响多种代谢，分生组织的活动。缺P，分枝、分蘖少，幼芽幼叶生长停滞，根茎纤细、矮小，花果脱落，花青素合成增加，叶呈暗红或紫红，表现为缺P症；P过多，叶出现小焦斑（磷酸钙），会导致缺锌症。一般P肥应在幼苗期多施并配以人粪尿，利于P以$H_2PO_4^-$、HPO_4^{2-}形式吸收。

钾：主要集中在生命活动最旺盛的部位。K+对气孔的开放有直接作用，是构成细肥渗透势的主要成分。K过多，植株低矮，节间短，叶变黄，继而变褐变皱，导致短时间内枯萎；K过少，则茎秆柔弱，抗寒力差，叶失水、变黄坏死，叶缘焦枯，下部老叶呈杯状弯曲、皱缩。

（4）花卉常用的肥料种类及来源　花卉的主要营养来源是肥料。根据肥料的性质分为有机肥和无机肥两大类。有机肥如人粪尿、厩肥、草木灰、饼肥、鸡鸭粪等。多用于基肥，也可追肥，但必须充分腐熟。饼肥、厩肥、鸡鸭粪、人粪尿、草木灰、马蹄片等经过沤制或直接施入土壤中作为基肥使用；沤制的肥液可以稀释到2%作为追肥施用。无机肥则可作为追肥和无土栽培的主要肥料，常用的有尿素、硫酸铵、过磷酸钙、硫酸亚铁、磷酸二氢钾、硼酸等。还有复合肥和专用花肥适用于室内盆栽以及家养花卉使用。

4. 几种常见的盆花用土

（1）田园土　① 菜园土：pH南方5.5～6.0，北方7～7.5；② 种豆科植物的表层沙壤土：中性或弱酸、微酸性。二者易板结，少单独用。

（2）河沙　粗、净、透（大部分为石英、须过筛、pH6.0～7.0）。仙人掌类及木本花卉多用于扦插，一般与其他土混用。

（3）泥炭　古代水生植物、苔藓等炭化、腐烂而成（透气、透水、保湿、含腐质酸、呈酸性）多混合用，也可单用。

（4）塘泥　池塘中淤泥晒干敲碎成1～1.5cm小块（营养丰富、团粒结构好），南方盆栽多用。

（5）腐叶土　落叶与田园土、河沙分层堆积后充分浇肥水或水沤腐烂而成。阔叶土呈碱性，针叶土呈酸性，温室花卉多采用。

5．各类花卉对土壤的要求

（1）露地花卉

① 一年生花卉　要求表土深厚、地下水位较高、干湿适中、含有机质的土壤。如：沙质壤土、黏质壤土或壤土。

② 宿根花卉　根深且多，要求表土深厚、富含腐殖质、下层混有沙砾。如黏质壤土。

③ 球根花卉　浅根、须根系，以沙质壤土或壤土为宜。以表层深厚沙质壤土、下层为沙砾土最好，但水仙、晚香玉、风信子、百合、石蒜等以沙质壤土为宜。

（2）温室花卉（多针对盆花）

温室花卉都采用特制的培养土，但不同花卉种类其配方不一致。一二年花卉幼苗期配方为：腐叶：园土：河沙=5：3.5：1.5；定植期为：腐叶土：壤土：河沙=2：5：3。宿根花卉配方为腐叶：园土：河沙=4：5：3；球根花卉配方为：腐叶：园土：河沙=3.5：4：2.5；木本花卉苗期腐叶土要求多，成株后减少。

（五）花卉栽培与空气

1．空气对花卉栽培的影响

（1）氧气　空气中O_2约占21%，一般植物不会缺氧，关键是土壤板结或浸水时易缺氧，为此需经常松土改良。

（2）二氧化碳　空气中CO_2约占0.03%，浓度约为300mg/L，人类安全极限为500mg/L。花卉种植时增加CO_2浓度10～20倍有利于植物生长，称为CO_2施肥。

（3）氮　施N肥时易造成含量超标，NH_3^-含量为0.1%～0.6%叶缘烧伤，4%时中毒死亡。

（4）二氧化硫　应小于10mg/L，否则过多叶脉黄褐或白色，进而导致叶部脱水坏死。

大气污染有二氧化硫、一氧化碳、氯气、硫化氢、氟化氢、臭氧、一氧化氮、二氧化氮等。另外，汽车尾气和光化学烟雾对花卉生长也有影响。有毒气体主要通过气孔，也可以通过根部进入花卉体内。

2．花卉作为指示植物

矮牵牛、波斯菊、唐菖蒲、百日草是二氧化硫的指示植物；

唐菖蒲、郁金香、玉簪等是氟化氢的指示植物；珠兰、茉莉等是氯气的指示植物。

三、花卉栽培的意义

1. 花卉栽培的分类

目前依花卉栽培的目的和性质不同，可分为三大类。

（1）生产栽培　以生产切花、盆花、提炼香精的香花、种苗及球根等为主的生产企业，生产栽培是以获得经济利益为目的的花卉栽培。生产栽培的特点为栽培的种类相对少而集中，但品种非常丰富并不断更新；使用和开发新的栽培技术；使用完善的栽培体系；采用科学的现代化管理；进行专业化生产。在一些发展较好的国家和地区已形成生产、销售及服务完善的花卉产业，在国民经济中占有一定的地位。目前主要有切花、盆花、观叶植物、花坛花卉、种子种球等几大类产品。

（2）观赏栽培　以观赏为目的，而非生产性的。主要在园林系统和城市绿化美化相关部门的单位以及家庭园艺中进行。如公园、街道、广场、街头绿地、校园、医院及庭院中栽植的花卉。园林花卉为其主要栽培对象。

（3）标本栽培　以种质资源收集、科学研究和科普教育为目的。主要是在各级植物园、专类园、品种圃、标本植物温室等特定区域进行栽植。栽培的对象较上两类广泛，包括大量的野生种和栽培种及其他品种。

2. 花卉栽培的意义

（1）经济意义　花卉产业是一项新兴产业，具有很大的发展潜力。花卉业的崛起，给国民生产创造了越来越重要的经济价值。我国的花卉生产，据不完全统计，2002年产值已达130亿元。鲜切花、盆花、种球一部分供应国内宾馆、饭店、商店、写字楼、家庭的消费，一部分还出口创汇。如上海和山东潍坊、青岛等地生产大批量的菊花出口日本；昆明的鲜切花出口泰国、马来西亚、新加坡；漳州的水仙出口东南亚等。除此之外，花卉产业的开发，还带动了花卉容器（花盆、花瓶、花盘）、工具、肥料、农药、运输、保鲜、销售等行业的发展。

（2）生态意义　随着社会的发展和人民生活水平的不断提高，尤其是生态园林城市的建设、绿色通道工程的实施以及人们对生态环境改善的日益重视，园林花卉发挥着越来越重要的作用。城市的形制美取代不了自然美，自然界中丰富多彩的植物在不同的季节、不同的地域表现出不同的形态，散发着各异的气息。花卉是众多植物里的佼佼者，是园林绿化、美化和香化的重要材料。尤其是草本花卉，繁殖系数高，生长快，花色艳丽，装饰效果强，美化速度快，所以在园林绿地中常用来布置花坛、花台、花丛等，以创造优美的工作、休息环境，增进身心健康，提高人们的生活质量。特别是一些大型的节日和庆典活动，园林花卉的布置和装饰常为庆祝活动增添更加欢快和热烈的气氛。同时花卉植物还具有调节温度、湿度、防尘、防噪、吸收有害气体、净化空气、提高空气质量、防止水土流失和调节生态平衡等方面的作用。

（3）文化意义　随着城市化的发展，人们亲近大自然的欲望越来越迫切。用花草树木美化环境、装点生活已成为一种时尚。除了公共绿地需要绿化、美化之外，随着人们生活水平的提高，对切花、盆花的需要也日益增加。居室的绿化与美化、会场的布置、亲朋交往、典礼剪彩、婚丧礼仪、外事活动等，无不需用大量的鲜花。花卉是最美丽的自然产物，不仅给人们以美的感受，也是精神文明的象征。花卉栽培是普及科学知识的最佳形式，了解众多花卉种类，就是自然知识的开发，种花养花更是了解自然，增加科学知识的有效途径。四季演替，不同季节花卉的形、色、姿、韵变化丰富，春天嫩芽的萌发、花色的艳丽，夏天盛绿的欢快，秋天五彩的叶果，冬天枝条的蓄势待发，使人们回味无穷，无不惊叹大自然的神妙。人们置身于优美的环境中，耳濡目染，潜移默化，自然而然丰富了许多自然科学知识，是良好的精神文明建设形式。

四、国内外花卉栽培概况

1. 我国花卉产业发展概况

（1）花卉产业迅猛发展　近年来，我国花卉业发展非常迅速，年产值以15%左右的速度递增，种植面积、产值、出口额大幅度增加。种植面积已达10万公顷，产值近60亿元，创汇1.5亿美元，花店已达6300多个，大型花卉交易市场近700个。

（2）花卉产品结构得到进一步调整　20世纪80年代至90年代初，基本上以盆花生产和园林苗木生产为主，而近年来适销对路、经济效益高的鲜切花、观叶植物、草坪等得到了迅速发展。在盆花方面，由中低档次的仙客来、瓜叶菊向中高档次的比利时杜鹃、郁金香、牡丹、兰花、百合等发展，不仅从国外引进了一大批优良品种，而且开始大批量的国内生产，如江苏宜兴、山东万红每年生产的比利时杜鹃均在30万～40万盆以上，天津每年生产的仙客来优质盆花在40万盆左右，河南每年生产的蝴蝶兰在30万盆以上。

（3）花卉销售渠道逐渐畅通，花卉市场不断完善　近年来，随着花卉消费水平的提高，除了花店数目迅速增加外，大型花卉交易市场也越来越多，特别是云南国际花卉拍卖中心的建成，使花卉市场由过去的传统经营方式逐步迈进了现代化管理轨道，从而使我国的花卉销售逐步走向规范化、国际化。

2．我国花卉产业的展望

（1）结合当地经济优势，合理调整花卉产业结构　我国土地辽阔，南北地跨热、温、寒三个气候带，大部分地区为热带、亚热带、温带地区。云南、广州、福建、广西、四川、江西、湖南、湖北、浙江、江苏等地都能在当地的自然气候条件下生产花卉，这是得天独厚的优势，应瞄准国际、国内花卉市场，发展以生产周期短、产花量高、效益快的鲜切花为优势产生；河北、河南、山东、山西及西北、东北地区通过日光温室也能周年生产鲜切花，但投入较大，成本高，应结合自身优势，在正确预测市场发展趋势的前提下，稳妥发展，不可盲目。盆花生产是花卉产业的重要组成部分，虽然国际贸易有所限制，但国内花卉消费水平日益增长，应重视发展适宜进入千家万户的各类盆花，盆景以生产有艺术造型的中小型商品盆景为主；恢复发展传统木本花卉；兼顾发展食用、药用、工业用花卉等。

（2）向生产专业化、管理现代化、产品系列化、供应周年化方向发展　随着花卉消费和欣赏水平的不断提高，花卉已进入人们的日常生活中，已成为不可缺少的生活内容。花卉市场流通体系日臻完善，促进花卉产品质量的提高和新品种的更新换代，逐步实现花卉生产专业化、规模化、商品化；提高经营管理水平，加强流通体系的建设，做到花卉的周年均衡供应。

（3）加强科研攻关和人才培训　如何将我国丰富的植物资源合理地转化为花卉商品，是花卉科研工作者光荣而艰巨的使命。野生花卉资源的合理开发与利用、新品种的培育和新品种的引进、生物工程技术应用等科研攻关项目，要与生产栽培、市场流通形成一个良性循环。普遍提高种植者、经营者及花卉爱好者的技术水平，宣传普及花卉栽培管理和经营的基本知识与方法，培养他们既有技术能力，又有生产经营管理能力，促进花卉的科研、生产、市场流通、花卉消费等各环节与国际接轨，参与国际市场的竞争，使我国尽快成为世界花卉大国。

3．国外花卉产业发展现状

花卉是世界各国农业中唯一不受农产品配额限制和21世纪最有希望的农业产业和环境产业之一，被誉为“朝阳产业”。花卉产品逐渐成为国际贸易的大宗商品。随着品种的改进和包装、保鲜技术的应用及交通运输条件的改善，花卉市场日趋国际化。花卉生产专业化、管理现代化、产品系列化、周年供应等已成为花卉生产发展的主要特色。在国际花卉出口贸易方面，发达国家占绝对优势，约占世界出口销售总额的80%，而发展中国家仅占据20%。

4．世界花卉生产发展的趋势

（1）扩大面积，向发展中国家转移　随着花卉需求量的增加，世界花卉种植面积在不断扩大。为了降低生产成本，花卉生产基地正向世界各地转移。如哥伦比亚、新加坡、泰国等已成为新兴花卉生产和出口大国。随着社会经济和文化水平的迅速提高，亚洲将成为花卉消费的巨大潜在市场，特别是中国，花卉的生产水平和消费水平都在不断提高。

（2）追求精品，创造品牌　由于消费水平的提高和全球花卉热的形成，特别是许多发展中国家花卉业的兴起，导致了花卉业的激烈竞争，这就迫使花卉业要充分发挥自身的优势，生产出精品和拳头产品，使其在竞争中立于不败之地。

（3）鲜切花市场需求逐年增加，前景看好　鲜切花占世界花卉销售总额的60%，是花卉生产的主力军。国际市场对月季、菊花、香石竹、满天星、唐菖蒲、非洲菊、百合以及相应的配叶植物的需求量逐年增加。

（4）观叶植物发展迅速　随着城镇高层住宅的修建，室内装饰条件的提高，室内观叶植物普遍受到人们的喜爱。如一些喜阴或耐阴的万年青、豆瓣绿、秋海棠、花叶芋、龟背竹、花烛、观赏凤梨、绿萝、竹芋等越来越受到人们的青睐。

目录

项目1　花卉分类与识别　/001

知识目标　/001

能力目标　/001

子项目　花卉按照生物学特性的分类与识别　/001

【项目目标】　/001

【项目分析】　/001

【知识链接】　/001

一、草本花卉　/001

二、木本花卉　/003

三、多肉多浆植物　/003

【项目实施】　/003

一、识别花卉　/003

二、花卉分类　/031

【项目考核】　/031

【知识拓展】　/032

一、按观赏部位分类　/032

二、按开花季节分类　/032

三、按栽培方式分类　/033

四、按照花卉原产地分类　/033

【项目巩固】　/034

项目2　花卉栽培设施构造及设备使用　/035

知识目标　/035

能力目标　/035

子项目一　日光温室内外部结构调查 /035
【项目目标】 /035
【项目分析】 /035
【知识链接】 /036
一、相关概念 /036
二、温室的分类 /036
三、温室的设计要求 /037
【项目实施】 /038
一、花卉生产设施的调查 /038
二、撰写调查报告 /038
【项目考核】 /039
【知识拓展】 /039
一、塑料大棚 /039
二、风障 /040
三、温床 /040
四、冷床 /041
五、冷库 /041
六、荫棚 /041
七、防雨棚 /042
子项目二　花卉生产设备的使用 /042
【项目目标】 /042
【项目分析】 /042
【知识链接】 /042
一、加温与保温设备 /043
二、降温设备 /043
三、光照调节设备 /044
四、灌溉设备 /045
五、其他设备 /046
【项目实施】 /046
一、测定当前温室的环境条件 /046
二、调控温室的环境条件 /047
三、撰写项目完成报告 /047
【项目考核】 /047
项目3　花卉繁殖技术 /049
知识目标 /049

能力目标 /049
子项目一　花卉种子识别及品质检验 /049
【项目目标】 /049
【项目分析】 /049
【知识链接】 /049
一、优良种子的标准 /050
二、花卉种子的寿命 /050
三、种子的形态 /051
四、种子品质检验 /051
【项目实施】 /053
一、识别花卉种子 /053
二、花卉种子的品质检验 /054
【项目考核】 /055
【知识拓展】 /055
一、花卉种子的采收 /055
二、花卉种子的处理 /055
三、花卉种子的贮藏 /056
子项目二　花卉有性繁殖技术 /056
【项目目标】 /056
【项目分析】 /056
【知识链接】 /057
一、种子的萌发条件 /057
二、种子的播种时期 /057
三、播种前种子的处理方法 /058
【项目实施】 /059
一、床播技术 /059
二、盆播技术 /060
【项目考核】 /060
子项目三　花卉的穴盘育苗技术 /061
【项目目标】 /061
【项目分析】 /061
【知识链接】 /061
一、我国穴盘育苗技术的发展现状 /061
二、穴盘苗生产所需的主要设施设备 /062
三、生产资料 /064
【项目实施】 /066

一、穴盘苗播种 /066
二、温度管理 /067
三、水分管理 /067
四、光照管理 /068
五、养分管理 /068
六、穴盘苗生长控制 /068
七、穴盘苗高度控制 /069
八、穴盘苗保存 /070
【项目考核】 /070
【项目巩固】 /071
子项目四　花卉扦插繁殖技术 /071
【项目目标】 /071
【项目分析】 /071
【知识链接】 /071
一、扦插繁殖的意义 /071
二、扦插繁殖的类型 /072
三、扦插基质的选择 /073
四、扦插繁殖的时期 /073
五、影响扦插成活的因素 /073
六、促进扦插生根的方法 /074
【项目实施】 /075
一、草本花卉的扦插 /075
二、木本花卉的扦插 /076
三、多肉多浆类花卉的扦插 /077
【项目考核】 /078
【项目巩固】 /078
子项目五　花卉的分生繁殖技术 /078
【项目目标】 /078
【项目分析】 /078
【知识链接】 /078
一、分株繁殖 /078
二、分球繁殖 /079
三、其他分生繁殖方法 /080
四、花卉分生繁殖注意事项 /080
【项目实施】 /080
一、牡丹的分生繁殖 /080

二、吊兰的分生繁殖 /081
三、美人蕉的分生繁殖 /081
四、大丽花的分生繁殖 /082
【项目考核】 /082
【知识拓展】 /083
一、鹤望兰繁殖方法 /083
二、大花君子兰繁殖方法 /083
三、苏铁繁殖方法 /084
四、芦荟繁殖方法 /084
五、狗牙根繁殖方法 /084
【项目巩固】 /084
子项目六　花卉的压条繁殖技术 /085
【项目目标】 /085
【项目分析】 /085
【知识链接】 /085
一、压条的方法 /085
二、压条后的管理 /086
【项目实施】 /086
一、茉莉的单枝压条繁殖 /086
二、常春藤的波状压条繁殖 /087
三、爬山虎的连续压条繁殖 /087
四、米兰的高空压条繁殖 /087
【项目考核】 /088
【知识拓展】 /088
一、玉兰压条繁殖 /088
二、含笑压条繁殖 /089
三、桂花压条繁殖 /089
四、八仙花压条繁殖 /089
五、紫藤压条繁殖 /089
六、金银花压条繁殖 /089
【项目巩固】 /090
子项目七　花卉的嫁接繁殖技术 /090
【项目目标】 /090
【项目分析】 /090
【知识链接】 /090
一、嫁接的时间 /090

二、嫁接的方法 /090
三、嫁接后的管理 /094
四、影响嫁接成活的因素 /094
【项目实施】 /095
一、扶桑的切接繁殖 /095
二、菊花的劈接繁殖 /096
三、梅花的“T”字形芽接繁殖 /096
四、绯牡丹的平接繁殖 /097
【项目考核】 /098
【项目巩固】 /098

项目4 花期调控技术 /099

知识目标 /099
能力目标 /099
子项目 常见花卉的花期调控技术 /099
【项目目标】 /099
【项目分析】 /099
【知识链接】 /099
一、花期调控的意义 /099
二、花期调控的基本理论 /100
三、花期调控的技术途径 /100
【项目实施】 /102
一、牡丹春节开放栽培技术 /102
二、菊花春节开放栽培技术 /103
三、郁金香定时开花栽培技术 /104
四、一串红花期调控技术 /105
五、万寿菊花期调控技术 /105
六、昙花花期调控技术 /105
七、梅花花期调控技术 /105
【项目考核】 /106
【知识拓展】 /107
一、植物生长调节剂的种类和作用 /107
二、利用植物生长调节剂进行花期调控的实际案例 /107
三、应用中易出现的问题及注意事项 /109

项目5　露地花卉栽培技术 /110
知识目标 /110
能力目标 /110
知识链接 /110
一、露地花卉栽培的特点 /110
二、露地花卉生产方式 /111
三、露地花卉的栽培管理 /111
子项目一　露地一二年生花卉栽培技术 /114
【项目目标】 /114
【项目分析】 /114
【知识链接】 /114
一、一二年生花卉的特点 /114
二、一二年生花卉繁殖和栽培特点 /114
【项目实施】 /115
一、一串红栽培技术 /115
二、矮牵牛栽培技术 /117
三、大花三色堇栽培技术 /118
四、万寿菊栽培技术 /120
【项目考核】 /122
【知识拓展】 /122
一、鸡冠花栽培技术 /122
二、百日草栽培技术 /124
三、翠菊栽培技术 /125
四、千日红栽培技术 /126
子项目二　露地球根花卉栽培技术 /127
【项目目标】 /127
【项目分析】 /127
【知识链接】 /127
一、球根花卉特点 /127
二、球根花卉繁殖和栽培要点 /127
【项目实施】 /129
一、大丽花栽培技术 /129
二、美人蕉类栽培技术 /131
三、水仙栽培技术 /132
四、郁金香栽培技术 /134
【项目考核】 /136

【知识拓展】 /136
一、风信子栽培技术 /136
二、花毛茛栽培技术 /137
三、白头翁栽培技术 /138
子项目三　露地宿根花卉栽培技术 /138
【项目目标】 /138
【项目分析】 /139
【知识链接】 /139
一、宿根花卉特点 /139
二、宿根花卉繁殖和栽培要点 /139
【项目实施】 /140
一、菊花栽培技术 /140
二、芍药栽培技术 /144
三、萱草类栽培技术 /145
四、鸢尾类栽培技术 /146
【项目考核】 /148
【知识拓展】 /148
一、宿根福禄考类栽培技术 /148
二、荷包牡丹栽培技术 /149
三、金光菊类栽培技术 /150
子项目四　露地木本花卉栽培技术 /151
【项目目标】 /151
【项目分析】 /151
【知识链接】 /151
一、木本花卉的特点 /151
二、木本花卉繁殖和栽培要点 /151
【项目实施】 /152
一、牡丹栽培技术 /152
二、桃花栽培技术 /153
三、梅花栽培技术 /154
四、紫薇栽培技术 /156
【项目考核】 /156
【知识拓展】 /157
一、樱花栽培技术 /157
二、夹竹桃栽培技术 /158
三、迎春栽培技术 /158

子项目五　水生花卉栽培技术 /159
【项目目标】 /159
【项目分析】 /159
【知识链接】 /159
一、水生花卉特点 /159
二、水生花卉繁殖和栽培要点 /160
【项目实施】 /160
一、荷花栽培管理技术 /160
二、睡莲栽培管理技术 /162
【项目考核】 /163
【知识拓展】 /163
一、千屈菜栽培管理技术 /163
二、萍逢草栽培管理技术 /164

项目6　盆栽花卉栽培技术 /165
知识目标 /165
能力目标 /165
知识链接 /165
一、盆栽花卉的特点 /165
二、培养土的配制 /165
三、上盆、换盆、翻盆与转盆 /167
四、盆花的浇水方式 /168
五、盆栽花卉的栽培要点 /168
子项目一　盆栽观花类花卉栽培技术 /170
【项目目标】 /170
【项目分析】 /170
【知识链接】 /170
一、盆栽观花类花卉的特点 /170
二、盆栽观花类花卉栽培技术 /170
【项目实施】 /171
一、新几内亚凤仙栽培技术 /171
二、仙客来栽培技术 /173
【项目考核】 /175
【知识拓展】 /175
一、君子兰栽培技术 /175
二、丽格海棠栽培技术 /179

子项目二　盆栽观叶类花卉栽培技术 /181
【项目目标】 /181
【项目分析】 /181
【知识链接】 /181
一、盆栽观叶类花卉的特点 /181
二、盆栽观叶类花卉的栽培要点 /181
【项目实施】 /182
一、绿萝栽培技术 /182
二、散尾葵栽培技术 /184
【项目考核】 /185
【知识拓展】 /186
一、棕竹栽培技术 /186
二、竹芋类栽培技术 /186
三、印度橡皮树栽培技术 /187
四、万年青栽培技术 /188
五、广东万年青栽培技术 /189
六、龟背竹栽培技术 /190
七、丽穗凤梨类栽培技术 /191
八、吊兰栽培技术 /192
九、朱蕉栽培技术 /193
十、肖竹芋类栽培技术 /193
子项目三　盆栽观果类花卉栽培技术 /194
【项目目标】 /194
【项目分析】 /195
【知识链接】 /195
一、盆栽观果类花卉的特点 /195
二、盆栽观果类花卉的栽培要点 /195
【项目实施】 /195
一、金橘栽培技术 /195
二、佛手栽培技术 /197
【项目考核】 /199
【知识拓展】 /199
一、石榴栽培技术 /199
二、冬珊瑚栽培技术 /200
三、朱砂根栽培技术 /201

项目7　鲜切花栽培技术　/202
知识目标　/202
能力目标　/202
知识链接　/202
一、切花的含义及应用　/202
二、各种因素与切花品质的关系　/202
三、切花栽培管理技术流程　/203
子项目一　切花月季栽培技术　/203
【项目目标】　/203
【项目分析】　/203
【知识链接】　/204
一、月季花文化　/204
二、月季形态特征　/204
三、月季生态习性　/204
四、月季主要繁殖方法　/204
五、切花月季市场分析　/204
【项目实施】　/205
一、品种选择　/205
二、栽培设施　/206
三、周年生产计划　/207
四、基质准备　/207
五、定植技术　/207
六、修剪技术　/208
七、环境控制技术　/208
八、病虫害防治技术　/209
九、采收技术　/209
十、分级、贮藏　/210
【项目考核】　/210
子项目二　切花百合栽培技术　/210
【项目目标】　/210
【项目分析】　/211
【知识链接】　/211
一、百合花文化　/211
二、百合形态特征　/211
三、百合生态习性　/211
四、百合主要繁殖方法　/211

五、切花百合市场分析 /212
【项目实施】 /212
一、品种选择 /212
二、栽培设施 /214
三、周年生产计划 /214
四、前期准备 /214
五、种植技术 /215
六、苗期管理 /215
七、生长期管理 /215
八、生殖期管理 /215
九、主要病虫害 /216
十、切花采收、分级和包装 /216
【项目考核】 /216
子项目三　切花菊花栽培技术 /217
【项目目标】 /217
【项目分析】 /217
【知识链接】 /217
一、菊花文化 /217
二、菊花形态特征及生态习性 /217
三、菊花土要繁殖方法 /218
四、切花菊花市场分析 /218
【项目实施】 /219
、品种选择 /219
二、茬口安排 /219
三、种苗培育 /220
四、栽培管理 /221
五、病虫害防治 /223
六、采收包装 /224
【项目考核】 /225
子项目四　切花香石竹栽培技术 /225
【项目目标】 /225
【项目分析】 /226
【知识链接】 /226
一、香石竹文化 /226
二、香石竹形态特征 /226

三、生态习性 /226
四、香石竹主要繁殖方法 /226
五、切花香石竹市场分析 /226
【项目实施】 /227
一、设施配套 /227
二、品种选择 /227
三、定植 /227
四、水肥管理 /227
五、植株调整 /228
六、温湿度管理 /228
七、补充光照 /229
八、病虫害防治 /229
九、采收、整理与保鲜 /230
【项目考核】 /230
【知识拓展】 /230
一、鲜切花的采收 /231
二、鲜切花的分级 /231
三、鲜切花的包装 /232
四、鲜切花的贮藏 /232
五、鲜切花的运输 /235

项目8　专类花卉栽培技术　/237

知识目标 /237
能力目标 /237
子项目一　蕨类植物栽培技术　/237
【项目目标】 /237
【项目分析】 /237
【知识链接】 /237
【项目实施】 /238
一、鸟巢蕨栽培技术 /238
二、铁线蕨栽培技术 /239
【项目考核】 /241
子项目二　兰科花卉栽培技术　/241
【项目目标】 /241
【项目分析】 /241

【知识链接】 /241
一、兰科花卉的特点 /241
二、兰科花卉栽培要点 /242
【项目实施】 /243
一、蝴蝶兰栽培技术 /243
二、大花蕙兰栽培技术 /246
【项目考核】 /249
【知识拓展】 /249
一、中国兰的范畴 /249
二、中国兰形态特征 /249
三、中国兰栽培技术 /250
子项目三 多肉花卉栽培技术 **/253**
【项目目标】 /253
【项目分析】 /253
【知识链接】 /254
一、多肉多浆花卉的特点 /254
二、多肉多浆花卉栽培要点 /254
【项目实施】 /255
一、蟹爪兰栽培技术 /255
二、长寿花栽培技术 /256
【项目考核】 /258
【知识拓展】 /258
一、仙人掌 /258
二、仙人球 /259
三、金琥 /259
四、昙花 /260
五、生石花 /260
六、山影拳 /261
七、令箭荷花 /261
八、虎刺梅 /262

项目9 花卉无土栽培技术 **/263**
知识目标 /263
能力目标 /263
子项目 花卉无土栽培技术 **/263**
【项目目标】 /263

【项目分析】 /263
【知识链接】 /263
一、无土栽培的概念 /263
二、花卉无土栽培基质 /264
三、花卉无土栽培营养液的配制 /267
四、无土栽培的方法 /270
【项目实施】 /273
切花红掌无土栽培技术 /273
【项目考核】 /276
【知识拓展】 /276
富贵竹水培技术 /276

项目10　组合盆栽技术　/279

知识目标 /279
能力目标 /279
知识链接 /279
一、组合盆栽的基本要点 /280
二、组合盆栽的设计要素 /281
三、组合盆栽的制作形式 /281
四、组合盆栽的应用 /282
五、组合盆栽的管理 /283
子项目一　蝴蝶兰主题组合盆栽　/283
【项目目标】 /283
【项目分析】 /283
【知识链接】 /283
一、蝴蝶兰组合盆栽的方式 /283
二、蝴蝶兰的组合盆栽制作步骤 /284
【项目实施】 /284
一、构思 /284
二、材料准备 /284
三、装盆 /284
四、整体修饰 /284
五、栽培管理 /285
【项目考核】 /285
子项目二　其他主题组合盆栽　/285
【项目目标】 /285

【项目分析】 /285
【知识链接】 /286
一、常规花卉组合盆栽 /286
二、园艺作物组合盆栽 /286
三、野趣植物组合盆栽 /286
【项目实施】 /287
观叶植物组合盆栽设计制作 /287
【项目考核】 /287
【知识拓展】 /288
一、观花植物组合盆栽设计制作 /288
二、多肉多浆植物组合盆栽设计 /288

附录　花卉园艺工国家职业标准 /290
第一部分　花卉园艺工技术等级标准（执行） /290
第二部分　花卉园艺工鉴定规范 /292

参考文献 /299

项目1 花卉分类与识别

知识目标： 1. 了解按照花卉生物学特性、观赏部位、开花时节、栽培形式及原产地分类的基础知识。

2. 掌握120种常见一二年生花卉、宿根花卉、球根花卉、水生花卉、多肉多浆花卉、木本花卉的形态特征。

能力目标： 1. 熟练识别120种常见一二年生花卉、宿根花卉、球根花卉、水生花卉、多肉多浆花卉、木本花卉。

2. 按照常用分类方法对120种花卉进行分类。

3. 了解120种花卉以外的其他花卉80种，并进行分类。

子项目 花卉按照生物学特性的分类与识别

【项目目标】

熟练识别120种常见花卉，能按照分类系统进行归类，并能按照相关分类标准对其他花卉合理归类。

【项目分析】

该项目重点为熟悉按照生物学特性分类的依据及各个类别的特点，难点为识记120种不同花卉的形态特征。在项目实施过程中可以通过多媒体图片展示和现场教学相结合，分3～4次完成。

【知识链接】

我国地域辽阔，气候复杂，南北地跨热、温、寒三带，花卉种类繁多，生态习性各异，按照植物的生物学性状分类，不受地区和自然条件的限制。

一、草本花卉

草本花卉的茎为草质，木质化程度低，柔软多汁易折断。按其形态分为6种类型。

1．一二年生花卉

（1）一年生花卉　是指个体生长发育在一年内完成其生命周期的花卉。这类花卉在春天播种，当年夏秋季节开花、结果、种子成熟，入冬前植株枯死。如凤仙花、鸡冠花、孔雀草、半枝莲、紫茉莉等。

（2）二年生花卉　是指个体生长发育需跨年度才能完成生命周期的花卉。这类花卉一般在秋季播种，第二年春季开花、结果、种子成熟，夏季植株死亡。如金鱼草、金盏菊等。

2．宿根花卉

植株入冬后，根系在土壤中宿存越冬，第二年春天萌芽生长开花或秋季开花的一类花卉。如菊花、芍药、荷兰菊、玉簪、蜀葵等。

3．球根花卉

花卉地下根或地下茎变态为肥大球状或块状等，以其储藏水分、养分度过休眠期。球根花卉按形态的不同分为5类。

（1）鳞茎类　地下茎极度短缩，呈扁平的鳞茎盘，其上有许多肉质鳞叶相互聚合或抱合成球的一类花卉。如水仙、风信子、郁金香、百合、朱顶红等。

（2）球茎类　地下茎膨大呈球形，表面有环状节痕，顶端有肥大的顶芽，侧芽不发达的一类花卉。如唐菖蒲、小苍兰、番红花、狒狒花、香雪兰等。

（3）块茎类　地下茎膨大呈块状，它的外形不规则，表面无环状节痕，块茎顶部有几个发芽点的花卉。如大岩桐、球根海棠、白头翁、马蹄莲、彩叶芋等。

（4）根茎类　地下茎膨大呈粗长的根状茎，外形具有分枝，有明显的节和节间，节上可发生侧芽的一类花卉。如美人蕉、荷花、睡莲等。

（5）块根类　地下根膨大呈块状，其芽仅生在块根的根茎处而其他处无芽，如大丽花、花毛茛等。这类球根花卉与宿根花卉的生长基本相似，地下变态根新老交替，呈多年生状。由于根上无芽，繁殖时必须保留原地上茎的基部（根茎）。

4．多年生常绿草本花卉

植株枝叶四季常绿，无落叶现象，地下根系发达。这类花卉在南方作露地多年生栽培，在北方作温室多年生栽培。如君子兰、吊兰、万年青、文竹等。

5．水生花卉

常年生长在水中或沼泽地中的多年生草本花卉。主要有以下几类。

（1）挺水植物　根生于泥水中，茎叶挺出水面，如荷花。

（2）浮水植物　根生于泥水中，叶片浮于水面或略高于水面，如睡莲、王莲等。

（3）沉水植物　根生于泥水中，茎、叶沉入水中生长，在水浅时偶有露出水面，如莼菜、狸藻等。

（4）漂浮植物　根伸展于水中，叶浮于水面，随水漂浮流动，在水浅处可生根于泥水中，如浮萍、凤眼莲（水葫芦）等。

6．蕨类植物

指叶丛生状，叶片背面着生有孢子囊，可以依靠孢子繁殖的一类观叶花卉。蕨类植物作盆栽观叶或插花装饰，日益受到重视，如肾蕨、铁线蕨、鸟巢蕨、鹿角蕨等。

二、木本花卉

指以观花为主的木本植物。茎木质化，木质部发达，枝干坚硬、难折断。根据形态分为3类。

1．乔木类

地上部有明显的主干，主干与侧枝区别明显，如茶花、桂花、梅花、樱花等。

2．灌木类

地上部无明显主干，由基部发生分枝，各分枝无明显区分呈丛生状枝条的花卉，如牡丹、月季、蜡梅、栀子花、贴梗海棠等。

3．藤木类

茎细长木质，不能直立，需缠绕或攀援其他物体上生长的花卉，如紫藤、凌霄、络石等。

三、多肉多浆植物

广义的多肉多浆植物是仙人掌科及其他50多科植物的总称。这些植物茎变态为肥厚能储存水分、养分的掌状、球状及棱柱状；叶变态为针刺状或厚叶状并附有蜡质能减少水分蒸发。这类植物抗干旱、耐瘠薄能力强，常见的有仙人掌科的仙人球、昙花、令箭荷花；大戟科的虎刺梅；番杏科的松叶菊；景天科的燕子掌、毛叶景天；萝摩科的佛手掌；龙舌兰科的虎皮兰等。

【项目实施】

一、识别花卉（列出120种花卉进行识别）

1．万寿菊（见图1-1）

别名：臭芙蓉、蜂窝菊

科属：菊科万寿菊属

识别要点：一年生草本。高50～150cm。茎直立，粗壮，具纵细条棱，分枝向上平展。叶羽状分裂，裂片长椭圆形或披针形，边缘具锐锯齿，上部叶裂片的齿端有长细芒；沿叶缘有少数腺体。头状花序单生，径5～8cm，花序梗顶端棍棒状膨大；舌状花黄色或暗橙色；管状花花冠黄色，端具5齿裂。花期7–9月。瘦果线形。

图1–1 万寿菊

2．矮牵牛（见图1-2）

别名：碧冬茄

科属：茄科碧冬茄属

识别要点：多年生草本，常作一二年生栽培。茎直立或匍匐，株高30～60cm，全身被短毛。上部叶对生，中下部叶互生，卵圆形，先端尖，全缘。花单生于枝顶或者叶腋，花冠喇叭状，花径5～6cm，花筒长6～7cm，有白色和深浅不同的红色、紫色及复色、间色、镶边等品种。花萼5裂，雄蕊5枚。硕果卵形。种子细小，千粒重0.16g，种子寿命3～5年。花期长，北方可以从4月开到10月，南方冬季也可开花。

图1–2 矮牵牛

图1-3　半支莲

图1-4　三色堇

图1-5　角堇

3．半支莲（见图1-3）

别名：洋马齿苋、松叶牡丹、死不了

科属：马齿苋科马齿苋属

识别要点：一年生或多年生草本。株高15～20cm。茎细而圆，茎叶肉质，平卧或斜生，节上有丛毛。叶散生或略集生，圆柱形，长1～2.5cm。花顶生，直径2.5～5.5cm，基部有叶状苞片，花瓣颜色鲜艳，有白、黄、红、紫等色。蒴果，种子小。

4．三色堇（见图1-4）

别名：蝴蝶花、人面花、猫脸花、鬼脸花

科属：堇菜科堇菜属

识别要点：二年生或多年生草本。高10～40cm。地上茎较粗，直立或稍倾斜，有棱，单一或多分枝，基生叶长卵形或披针形，具长柄。茎生叶卵形、长圆状圆形或长圆状披针形，先端圆或钝，基部圆，边缘具稀疏的圆齿或钝锯齿；托叶大型，叶状，羽状深裂，长1～4cm。花大，直径3.5～6cm，每个茎上有2～10朵，通常每花有紫、白、黄三色；花梗稍粗，单生叶腋，上部具2枚对生的小苞片。蒴果椭圆形。花期4–7月，果期5–8月。

5．角堇（见图1-5）

别名：小三色堇

科属：堇菜科堇菜属

识别要点：多年生草本，常作一年生栽培。株高10～30cm，茎较短而直立，花径2.5～4cm。同属品种约有500种，园艺品种较多，花有堇紫色、大红、橘红、明黄及复色，近圆形。花期因栽培时间而异。角堇与三色堇花形相同，但花径较小，花朵繁密。

6．金盏菊（见图1-6）

别名：金盏花、黄金盏、长生菊、醒酒花、常春花、金盏

科属：菊科金盏菊属

图1-6　金盏菊

识别要点：二年生草本。株高30～60cm，全株被白色茸毛。单叶互生，椭圆形或椭圆状倒卵形，全缘，基生叶有柄，上部叶基抱茎。头状花序单生茎顶，形大，4～6cm，舌状花一轮或多轮平展，金黄或橘黄色，筒状花黄色或褐色。花期2–6月，盛花期3–6月。瘦果，船形

或爪形，果熟期5–7月。

7．羽衣甘蓝（见图1–7）

图1–7 羽衣甘蓝

别名：花包菜、绿叶甘蓝、叶牡丹

科属：十字花科甘蓝属

识别要点：二年生草本。植株高大，无分枝。茎短缩，密生叶片。叶片肥厚，倒卵形，被有蜡粉，深度波状皱褶，呈鸟羽状，美观。总状花序着生茎顶，花淡黄色。长角果。

8．雏菊（见图1–8）

图1–8 雏菊

别名：春菊、马兰头花、玛格丽特、延命菊

科属：菊科雏菊属

识别要点：多年生草本，常作一二年生栽培。株丛矮小，高仅15～20cm。叶基生，长匙形或倒长卵形。头状花序单生于花茎顶端，花序直径3～5cm，舌状花多轮紧密排列于花序盘周围，有白、粉、紫等各种颜色，花序盘中央为黄色筒状花。盛花期在4–6月。

9．花毛茛（见图1–9）

图1–9 花毛茛

别名：芹菜花、陆莲花、波斯毛茛

科属：毛茛科毛茛属

识别要点：多年草本。株高20～40cm，块根纺锤形，常数个聚生于根颈部；茎单生或少数分枝，有毛；基生叶阔卵形，具长柄，多为三出叶，有粗钝锯齿；茎生叶无柄，为2回3出羽状复叶羽状细裂，裂片5～6枚，叶缘也有钝锯齿。花单生或数朵顶生，花冠丰圆，花瓣平展，每轮8枚，错落叠层，花径3～4cm；花期4–5月。栽培品种很多，有重瓣、半重瓣，花色丰富，有白、黄、红、水红、大红、橙、紫和褐色等多种颜色。

10．金鱼草（见图1–10）

图1–10 金鱼草

别名：龙头花、狮子花、龙口花、洋彩雀

科属：玄参科金鱼草属

识别要点：多年生草本，常做一二年生栽培。株高20～70cm，叶片长圆状披针形。总状花序，花冠筒状唇形，基部膨大成囊状，上唇直立，2裂，下唇3裂，开展外曲，有白、淡红、深红、肉色、深黄、浅黄、黄橙等色。

11．一串红（见图1–11）

图1–11 一串红

别名：爆仗红（炮仗红）、塞尔维亚、西洋红

科属：唇形科鼠尾草属

识别要点：多年生草本，常作一二年生栽培。株高30～80cm，方茎，直立，光滑。叶对生，卵形，边缘有锯齿。轮伞状花序着生枝顶，唇形花冠，冠、萼同色，花萼宿存。变种有白色、粉色、紫

色等，花期7月至霜降。小坚果，果熟期10–11月。

12．瓜叶菊（见图1-12）

别名：千日莲

科属：菊科千里光属

识别要点：多年生草本，常作一二年生栽培。分为高生种和矮生种，株高20～90cm不等。全株被微毛，叶片大形如瓜叶，绿色光亮。花顶生，头状花序多数聚合成伞房花序，花序密集覆盖于枝顶，常呈锅底形。花色丰富，除黄色以外其他颜色均有，还有红白相间的复色，花期1–4月。

图1-12　瓜叶菊

13．孔雀草（见图1-13）

别名：小万寿菊、红黄万寿菊、红黄草、小芙蓉花

科属：菊科万寿菊属

识别要点：一年生草本。高30～100cm，茎直立，通常近基部分枝，分枝斜开展。叶羽状分裂，裂片线状披针形，边缘有锯齿，齿端常有长细芒，齿的基部通常有1个腺体。头状花序单生，径3.5～4cm，舌状花金黄色或橙色，带有红色斑；管状花花冠黄色，具5齿裂。瘦果线形，花期7–9月。

图1-13　孔雀草

14．百日草（见图1-14）

别名：百日菊、步步高、对叶菊

科属：菊科百日草属

识别要点：一年生草本。茎直立，高30～100cm，被糙毛或长硬毛。叶宽卵圆形或长圆状椭圆形，基部稍心形抱茎，两面粗糙，下面被密的短糙毛，基出三脉。头状花序径5～6.5cm，单生枝端，舌状花深红色、玫瑰色、紫堇色或白色，管状花黄色或橙色，先端裂片卵状披针形，上面被黄褐色密茸毛。瘦果倒卵圆形，花期6–9月，果期7–10月。

图1-14　百日草

15．非洲凤仙（见图1-15）

别名：沃勒凤仙

科属：凤仙花科凤仙花属

识别要点：多年生草本。茎多汁，光滑，节间膨大，多分枝，在株顶呈平面开展。叶有长柄，叶卵形，边缘钝锯齿状。花腋生，1～3朵，花形扁平，花色丰富。四季开花。

图1-15　非洲凤仙

16．夏堇（见图1-16）

别名：蓝猪耳

科属：玄参科蓝猪耳属

识别要点：多年生草本，常作一二年生栽培。株高15～30cm，株形整齐而紧密。方茎，分枝多，呈披散状。叶对生，卵形或卵状

图1-16　夏堇

图1-17 长春花

图1-18 彩叶草

图1-19 鸡冠花

披针形，边缘有锯齿，叶柄长为叶长之半，秋季叶色变红。花在茎上部顶生或腋生（2~3朵不成花序），唇形花冠，花萼膨大，萼筒上有5条棱状翼。花蓝色，花冠杂色（上唇淡雪青，下唇堇紫色，喉部有黄色。），花期7–10月。

17．长春花（见图1-17）

别名：日日春、日春花、四季梅、五瓣梅

科属：夹竹桃科长春花属

识别要点：多年生草本。茎直立，多分枝。叶对生，长椭圆状，叶柄短，全缘，两面光滑无毛，主脉白色明显。聚伞花序顶生。花有红、紫、粉、白、黄等多种颜色，花冠高脚蝶状，5裂，花朵中心有深色洞眼。春到秋开花不断。

18．彩叶草（见图1-18）

别名：彩叶苋

科属：唇形科鞘蕊花属

识别要点：多年生草本，多作一二年生栽培。株高50~80cm，栽培苗多控制在30cm以下。全株有毛，茎为四棱，基部木质化。单叶对生，卵圆形，先端长渐尖，缘具钝齿牙，叶可长15cm，叶面绿色，有淡黄、桃红、朱红、紫等色彩鲜艳的斑纹。顶生总状花序，花小，浅蓝色或浅紫色。小坚果平滑有光泽。

19．鸡冠花（见图1-19）

别名：鸡髻花、老来红、芦花鸡冠

科属：苋科青葙属

识别要点：一年生草本。株高40~100cm，茎直立粗壮，叶互生，长卵形或卵状披针形，肉穗状花序顶生，呈扇形、肾形、扁球形等，自然花期夏、秋至霜降。花有白、淡黄、金黄、淡红、火红、紫红、棕红、橙红等色。胞果卵形，种子黑色有光泽。

20．兰花鼠尾草（见图1-20）

别名：一串蓝

科属：唇形科鼠尾草属

识别要点：多年生草本，多作一年生栽培。株高50~70cm，枝近方形，多分枝，叶卵形，边缘有粗锯齿。轮伞花序，花顶生，多花密集，花萼管状钟形，花色有粉蓝或粉紫。花期春至夏季。

图1-20 兰花鼠尾草

21．波斯菊（见图1-21）

别名：秋英、秋樱、大波斯菊

科属：菊科秋英属

识别要点：一年生或多年生草本。高1～2m。根纺锤状，多须根，或近茎基部有不定根。茎无毛或稍被柔毛。叶二回羽状深裂，裂片线形或丝状线形。头状花序单生，径3～6cm；花序梗长6～18cm。舌状花紫红色，粉红色或白色；管状花黄色。瘦果黑紫色。花期6–8月，果期9–10月。

图1-21　波斯菊

22．木茼蒿（见图1-22）

别名：蓬蒿菊、玛格丽特、茼蒿菊

科属：菊科木茼蒿属

识别要点：多年生草本或半灌木植物。高达1m。茎直立，多分枝。叶卵形或矩圆形，长10～12cm，宽4～5cm，1～2回羽状深裂。头状花序多数，异形，在茎枝顶端排成不规则疏散的伞房状，舌状花白色。瘦果。

图1-22　木茼蒿

23．金光菊（见图1-23）

别名：小波斯菊、金钱菊、孔雀菊

科属：菊科金鸡菊属

识别要点：多年生宿根草本，叶片多对生，稀互生，全缘、浅裂或切裂。花单生或疏圆锥花序，总苞两列，每列3枚，基部合生。舌状花1列，宽舌状，呈黄、棕或粉色。管状花黄色至褐色。

图1-23　金光菊

24．马蹄金（见图1-24）

别名：荷苞草、肉馄饨草、金锁匙、铜钱草

科属：旋花科马蹄金属

识别要点：多年生匍匐小草本。茎细长，被灰色短柔毛，节上生根。叶肾形至圆形，直径4～25mm，先端宽圆形或微缺，基部阔心形，叶面微被毛，背面被贴生短柔毛，全缘；具长的叶柄，叶柄长3～5cm。花单生叶腋，花柄短于叶柄，丝状；萼片倒卵状长圆形至匙形，长2～3mm，背面及边缘被毛；花冠钟状，较短至稍长于萼，黄色，深5裂，裂片长圆状披针形，无毛。蒴果近球形。

图1-24　马蹄金

25．黄帝菊（见图1-25）

别名：美兰菊

科属：菊科腊菊属

识别要点：一二年生草本。株高30～50cm，全株粗糙，分枝茂密，叶对生，阔披针形或长卵形，先端渐尖，锯齿缘，长约8cm，春至秋季开花，头状花序顶生，星状，花径约2cm，舌状花金黄色，管状花黄褐色。瘦果。

图1-25　黄帝菊

图1-26　金叶甘薯

图1-27　天竺葵

图1-28　亚麻

图1-29　美女樱

26．金叶甘薯（见图1-26）

科属：旋花科甘薯属

识别要点：多年生块根草本。叶片较大，犁头形，全植株终年呈鹅黄色，生长茂盛。

27．天竺葵（见图1-27）

别名：洋绣球、石蜡红、驱蚊草、洋蝴蝶

科属：牻牛儿苗科天竺葵属

识别要点：多年生草本。叶掌状有长柄，叶缘多锯齿，叶面有较深的环状斑纹。花冠通常五瓣，花序伞状，长在挺直的花梗顶端。花色红、白、粉、紫变化很多。花期由初冬开始直至翌年夏初。

28．亚麻（见图1-28）

别名：胡麻

科属：亚麻科亚麻属

识别要点：多年生草本。茎直立，高30～120cm，上部有分枝。叶互生，无叶柄，全缘，茎下部叶片匙形，中部叶纺锤形，上部叶披针形。聚伞花序顶生，花漏斗或碟形，有蓝、紫、白或粉红色。花萼、花瓣、雌蕊和雄蕊各5枚，柱头5裂。蒴果球状，种子扁卵形。

29．美女樱（见图1-29）

别名：草五色梅、铺地马鞭草、铺地锦

科属：马鞭草科马鞭草属

识别要点：多年生草本，常作一二年生栽培。茎四棱、横展、匍匐状，低矮粗壮，丛生而铺覆地面，全株具灰色柔毛，长30～50cm。叶对生有短柄，长圆形、卵圆形或披针状三角形，边缘具缺刻状粗齿或整齐的圆钝锯齿，叶基部常有裂刻。穗状花序顶生，多数小花密集排列呈伞房状。苞片近披针形，花萼细长筒状，先端5裂，花冠漏斗状，长约为萼筒的2倍，先端5裂，裂片端凹入。花色多，有白、粉红、深红、紫、蓝等不同颜色，也有复色品种，略具芬芳。花期5-11月。蒴果，果熟期9–10月，种子寿命2年。

30．旱金莲（见图1-30）

图1-30 旱金莲

别名：旱荷、金莲花、旱莲花

科属：旱金莲科 旱金莲属

识别要点：一年生或多年生的攀缘性植物。株高30 ~ 70cm。基生叶具长柄，叶片五角形，三全裂，二回裂片有少数小裂片和锐齿，茎生叶圆形。花单生或2 ~ 3朵成聚伞花序，萼片8 ~ 19枚，黄色，椭圆状倒卵形或倒卵形，花瓣与萼片等长，狭条形。花色有紫红、橘红、乳黄等。

31．白晶菊（见图1-31）

图1-31 白晶菊

别名：小白菊、晶晶菊

科属：菊科茼蒿属

识别要点：二年生草本花卉。株高15 ~ 25cm。叶互生，一至两回羽裂。头状花序顶生，盘状，舌状花银白色，筒状花金黄色，花径3 ~ 4cm。株高长到15cm即可开花，花期从冬末至初夏，3–5月是其盛花期。花后结瘦果，5月下旬成熟。

32．勋章菊（见图1-32）

图1-32 勋章菊

别名：勋章花、非洲太阳花

科属：菊科勋章菊属

识别要点：多年生草本。具根茎，叶丛生，披针形、倒卵状披针形或扁线形，全缘或有浅羽裂。花单生，花径7 ~ 8cm，舌状花白、黄、橙红色，有光泽，花期4–5月。

33．松果菊（见图1-33）

图1-33 松果菊

别名：紫锥花、紫锥菊、紫松果菊

科属：菊科松果菊属

识别要点：多年生草本。株高60 ~ 150cm，全株具粗毛，茎直立。基生叶卵形或三角形，茎生叶卵状披针形，叶柄基部抱茎。头状花序单生于枝顶，或数多聚生，花径达10cm，舌状花紫红色，管状花橙黄色。花期6–7月。

34．天人菊（见图1-34）

图1-34 天人菊

别名：虎皮菊、忠心菊

科属：菊科天人菊属

识别要点：多年生草本植物。株高20 ~ 60cm，全株被柔毛。叶互生，披针形、矩圆形至匙形，全缘或基部叶羽裂。瓣状，舌状花先端黄色，基部褐紫色。花期夏、秋季。

35．硫化菊（见图1-35）

别名：黄秋英、黄花波斯菊、硫黄菊

科属：菊科秋英属

识别要点：一年生草本。多分枝。叶对生，二回羽状深裂，裂片呈披针形，有短尖，叶缘粗糙。头状花序着生于枝顶。舌状花花色由纯黄、金黄至橙黄连续变化，盘心管状花呈黄色至褐红色。

36．芙蓉葵（见图1-36）

别名：草芙蓉、大花秋葵

科属：锦葵科木槿属

识别要点：宿根花卉。株高1～2m，落叶灌木状。叶大、广卵形，叶柄、叶背密生灰色星状毛。花单生于叶腋，花径可达20cm，有白、粉、红、紫等色。

37．毛地黄（见图1-37）

别名：指顶花、洋地黄、心脏草

科属：玄参科毛地黄属

识别要点：二年生或多年生草本植物。茎直立，少分枝，全株被灰白色短柔毛和腺毛。株高60～120cm。叶片卵圆形或卵状披针形，叶粗糙、皱缩、叶基生呈莲座状，叶缘有圆锯齿，叶柄具狭翅，叶形由下至上渐小。顶生总状花序，长50～80cm，花冠钟状长约7.5cm，花冠蜡紫红色，内面有浅白斑点。

38．大花耧斗菜（见图1-38）

科属：毛茛科耧斗菜属

识别要点：多年生草本。茎不分枝或在上部分枝，高20～40cm，基部无毛，上部被短柔毛，无叶或只具1茎生叶。基生叶少数，通常为二回三出，偶一回三出复叶；叶片轮廓三角形，表面绿色，无毛，背面淡绿色，被稀疏长柔毛或无毛；叶柄长6～16cm。花大而美丽，直径6～9cm，通常单一顶生或有时2～3朵组成花序；苞片披针形至长圆形，一至三浅裂；花梗密被伸展的白色柔毛；萼片蓝色，开展，卵形至长椭圆状卵形，顶端急尖或钝；花瓣蓝色或白色，近直立，圆状卵

图1-35 硫化菊

图1-36 芙蓉葵

图1-37 毛地黄

图1-38 大花耧斗菜

形，顶端钝形或圆形，距短，长0.6～1.2cm，末端强烈地弯曲成钩状。6～8月开花。

图1-39　穗花婆婆纳

39．穗花婆婆纳（见图1-39）

科属：玄参科婆婆纳属

识别要点：多年生草本。株高约45cm。叶对生，披针形至卵圆形，近无柄，长5～20cm，具锯齿。花蓝色或粉色；小花径4～6mm，形成紧密的顶生总状花序，花期6–8月。

40．大花金鸡菊（见图1-40）

别名：剑叶波斯菊

科属：菊科金鸡菊属

图1-40　大花金鸡菊

识别要点：多年生宿根草本。株高30～60cm。茎直立多分枝。基生叶和部分茎下部叶披针形或匙形；茎生叶全部或有时3～5裂，裂片披针形或条形，先端钝形。头状花序，直径4～7.5cm，有长柄，边缘一轮舌状花，其他为管状花。舌状花通常8枚，黄色，顶端3裂；园艺品种有重瓣者（即有多轮舌状花）。

41．大花飞燕草（见图1-41）

别名：鸽子花、飞燕草、千鸟草

科属：毛茛科翠雀属

识别要点：高35～65cm，茎具疏分枝，叶掌状全裂。总状花序具3～15花，轴和花梗具反曲的微柔毛；花左右对称；小苞片条形或钻形；萼片5，花瓣状，蓝色或紫蓝色，长1.5～1.8cm，上面1片有距，先端常微凹；花瓣2，较小，有距，距突伸于萼距内；退化雄蕊2，瓣片宽倒卵形，微凹，有黄色髯毛；雄蕊多数；心皮3，离生。蓇葖果3个聚生。花期8–9月。果期9–10月。

42．矾根（见图1-42）

别名：珊瑚铃

科属：虎耳草科矾根属

识别要点：多年生草本。浅根性，叶基生，阔心型，长20～25cm，深紫色，在温暖地区常绿，花小，钟状，花径0.6～1.2cm，红色，两侧对称。

43．羽扇豆（见图1-43）

别名：多叶羽扇豆、鲁冰花

图1-41　大花飞燕草

图1-42　矾根

图1-43　羽扇豆

图1-44 五色草

图1-45 虞美人

图1-46 石竹

科属：蝶形花科羽扇豆属

识别要点：多年生草本。掌状复叶，多为基部着生，小叶10～17枚，披针形至倒披针形，叶质厚，叶面平滑，背面具粗毛。总状花序顶生，高度40～60cm，尖塔型，花色丰富艳丽，常见红、黄、蓝、粉等；小花萼片2枚，唇形，侧直立，边缘背卷；龙骨瓣弯曲。荚果长3～4cm，种子较大，褐色有光泽，形状扁圆。

44．五色草（见图1-44）

别名：红绿草、锦绣苋

科属：苋科虾钳菜属

识别要点：多年生草本。株高5～20cm。茎多分枝，呈密丛状。单叶对生，匙状披针形、椭圆形或倒卵形。暗紫红或彩斑或异色，叶柄短，基部下延；头状花序生于叶腋。花期12月至翌年2月。

45．虞美人（见图1-45）

别名：丽春花、赛牡丹

科属：罂粟科罂粟属

识别要点：二年生草本。全体被伸展刚毛，稀无毛。茎直立，高25～90cm，具分枝。叶互生，叶片轮廓披针形或狭卵形，长3～15cm，宽1～6cm，羽状分裂。花单生于茎和分枝顶端，花梗长10～15cm。花蕾长圆状倒卵形，下垂；萼片2，宽椭圆形，长1～1.8cm，绿色；花瓣4，圆形、横向宽椭圆形或宽倒卵形，长2.5～4.5cm，全缘，稀圆齿状或顶端缺刻状，紫红色，基部通常具深紫色斑点，蒴果宽倒卵形，具不明显的肋。种子多数，肾状长圆形，长约1mm。花果期3–8月。

46．石竹（见图1-46）

别名：洛阳花、中国石竹

科属：石竹科石竹属

识别要点：多年生草本植物，作一二年生栽培。株高30～40cm，茎直立，有节，多分枝，叶对生，条形或线状披针形。花萼筒圆形，花单朵或数朵簇生于茎顶，形成聚伞花序，花径2～3cm；花色有大红、粉红、紫红、纯白、红色、杂色，单瓣5枚或重瓣，先端锯齿状，微具香气。花期4–10月。蒴果矩圆形或长圆形，种子扁圆形，黑褐色。

图1-47 地肤

47．地肤（见图1-47）

别名：地麦、落帚、扫帚苗

科属：藜科地肤属

识别要点：一年生草本。株丛紧密，株形呈卵圆至圆球形、倒卵形或椭圆形，分枝多而细，具短柔毛，茎基部半木质化。单叶互生，叶线性，线形或条形。植株为嫩绿，秋季叶色变红。花极少，花期9–10月，无观赏价值。

48．紫茉莉（见图1-48）

别名：草茉莉、胭脂花、地雷花

科属：紫茉莉科紫茉莉属

识别要点：一年生草本。主茎直立，高50～100cm，具膨大的节，多分枝而开展。单叶对生，卵状或卵状三角形，全缘。花顶生，总苞内仅1花，无花瓣。花萼呈花瓣状，喇叭形，直径2.5cm左右。花午后开次晨凋萎，不久即脱落；花香。瓣化花萼有紫红、粉红、红、黄、白等各种颜色，也有杂色。瘦果球形，黑色，具纵棱和网状纹理，形似地雷状。

图1-48　紫茉莉

49．千日红（见图1-49）

别名：圆仔花、百日红

科属：苋科千日红属

识别要点：一年生草本。直立，高20～60cm，全株被白色硬毛。叶对生，纸质，长圆形，长5～10cm，顶端钝或近短尖，基部渐狭；叶柄短或上部叶近无柄。花夏秋间开放，紫红色，排成顶生、圆球形或椭圆状球形、长1.5～3cm的头状花序；苞片和小苞片紫红色、粉红色，乳白色或白色，小苞片长约7mm，背肋上有小齿；萼片5，长约5mm，花后不变硬。胞果不开裂。

图1-49　千日红

50．翠菊（见图1-50）

别名：江西蜡、七月菊

科属：菊科翠菊属

识别要点：一年生草本。全株疏生短毛。茎直立，上部多分枝，高40～100cm。叶互生，叶片卵形至长椭圆形，有粗钝锯齿，下部叶有柄，上部叶无柄。头状花序单生枝顶，花径5～8cm，舌状花花色丰富，有红、蓝、紫、白、黄等深浅各色，管状花端部5齿裂。瘦果楔形，浅褐色。

图1-50　翠菊

51．锥花福禄考（见图1-51）

别名：福禄花、福乐花、五色梅

科属：花荵科福禄考属

识别要点：多年生宿根草本。根茎半木质，茎粗壮直立，株高30～100cm。单叶对生，叶卵状披针形。圆锥花序顶生，花瓣5，宛如梅花。园艺品种较多，花色丰富，有大红、桃红、粉红、玫瑰红、纯白等。花期7–9月。

图1-51　锥花福禄考

52．报春花（见图1-52）

别名：年景花、樱草、四季报春

科属：报春花科报春花属

识别要点：多年生宿根草本，多数作一二年生栽培。植株低矮，叶全部基生，形成莲座状叶丛。花有红、黄、橙、蓝、紫、白等色，在花蕾上排成伞形花序。蒴果球状。

图1-52 报春花

53. 风铃草（见图1-53）

别名：钟花、瓦筒花

科属：桔梗科风铃草属

识别要点：二年生草本。株高约1m，多毛。叶莲座状，卵形至倒卵形，叶缘圆齿状波形，粗糙。叶柄具翅。茎生叶小而无柄。总状花序，小花1～2朵茎生。花冠钟状，有5浅裂，基部略膨大，花色有白、蓝、紫及淡桃红等。花期4–6月。

图1-53 风铃草

54. 矢车菊（见图1-54）

别名：蓝芙蓉、翠兰、荔枝菊

科属：菊科矢车菊属

识别要点：一年生或二年生草本。高30～70cm，直立，自中部分枝，极少不分枝。全部茎枝灰白色，被薄蛛丝状卷毛。基生叶及下部茎生叶长椭圆状倒披针形或披针形，不分裂，边缘全缘无锯齿或边缘疏锯齿至大头羽状分裂；中部茎叶线形、宽线形或线状披针形，无叶柄边缘全缘无锯齿；上部茎叶与中部茎叶同形，但渐小。全部茎叶两面异色或近异色，上面绿色或灰绿色，被稀疏蛛丝毛或脱毛，下面灰白色，被薄绒毛。头状花序多数或少数在茎枝顶端排成伞房花序或圆锥花序。边花增大，超长于中央盘花，蓝色、白色、红色或紫色，檐部5～8裂，盘花浅蓝色或红色。瘦果椭圆形，花果期2–8月。

55. 美丽月见草（见图1-55）

别名：夜来香、待霄草

科属：柳叶菜科月见草属

识别要点：多年生草本。株高50～80cm。根圆柱状，茎直立，幼苗期呈莲座状，基部有红色长毛，叶互生，茎下部分有柄，上部叶无柄；叶片长圆状或披针形，边缘有疏细锯齿，两面被白色柔毛。花单生于枝端叶腋，排成疏穗状，萼管细长。花白至粉红色，花径达8cm以上，5～10月花开不断。

56. 麦秆菊（见图1-56）

别名：蜡菊

图1-54 矢车菊

图1-55 美丽月见草

图1-56 麦秆菊

图1-57　松叶菊

图1-58　萱草

图1-59　鸢尾

科属：菊科蜡菊属

识别要点：一年生草本。茎直立，多分枝，株高50～100cm，全株具微毛。叶互生，长椭圆状披针形，全缘、短叶柄。头状花序生于主枝或侧枝的顶端，花冠直径3～6cm，总苞苞片多层，呈覆瓦状，外层椭圆形呈膜质，干燥具光泽，形似花瓣，有白、粉、橙、红、黄等色，管状花位于花盘中心，黄色。晴天花开放，雨天及夜间关闭。

57．松叶菊（见图1-57）

别名：龙须海棠、姬松叶菊、松叶牡丹

科属：番杏科日中花属

识别要点：多年生亚灌木状植物。茎细长，平卧或悬垂生长，基部稍呈木质化。分枝多，呈红褐色，叶肥厚多汁，对生，三棱状，线形，蓝绿色，挺直像松叶。单花腋生，形似菊花，花瓣窄条形，具光泽，直径5～7cm，色彩丰富，有白、粉、红、黄和橙等多种颜色。4～5月开花。

58．萱草（见图1-58）

别名：黄花菜，金针菜、忘忧草

科属：百合科萱草属

识别要点：多年生宿根草本。具短根状茎和粗壮的纺锤形肉质根。叶基生，宽线形，对排成两列，宽2～3cm，长可达50cm以上，背面有龙骨凸起，嫩绿色。花葶细长坚挺，高60～100cm，花6～10朵，呈顶生聚伞花序。初夏清晨开花，颜色以橘黄色为主，有时可见紫红色，花大，漏斗形，内部颜色较深，直径10cm左右，花被裂片长圆形，下部合成花被筒，上部开展而反卷，边缘波状，橘红色。花期6-7月中旬，每花仅开放1天。

59．鸢尾（见图1-59）

别名：紫蝴蝶、蓝蝴蝶、扁竹花

科属：鸢尾科鸢尾属

识别要点：多年生宿根草本。高30～50cm。根状茎匍匐多节，粗而节间短，浅黄色。叶为渐尖状剑形，宽2～4cm，长30～45cm，质薄，淡绿色，呈二纵列交互排列，基部互相包叠。总状花序1～2枝，每枝有花2～3朵；花蝶形，花冠蓝紫色或紫白色，径约10cm，外3枚较大，圆形下垂；内3枚较小，倒圆形；外列花被有深紫斑点，中央面有一行鸡冠状白色带紫纹突起，花期4–6月，果期6–8月；雄蕊3枚，与外轮花被对生；花柱3歧，扁平如花瓣状，覆盖着雄蕊。蒴果长椭圆形，有6棱。

60．玉簪（见图1-60）

别名：玉春棒、白玉簪

科属：百合科玉簪属

识别要点：多年生草本。根状茎粗厚，直径1.5～3cm。叶卵状心形、卵形或卵圆形，长14～24cm，宽8～16cm，先端近渐尖，基部心形，具6～10对侧脉；叶柄长20～40cm。花葶高40～80cm，具几朵至十几朵花；花的外苞片卵形或披针形，内苞片很小；花单生或2～3朵簇生，长10～13cm，白色，芳香；花梗长约1cm；雄蕊与花被近等长或略短，基部15～20mm贴生于花被管上。蒴果圆柱状，有三棱，长6cm，直径约1cm。花果期8–10月。

61．菊花（见图1-61）

别名：金英、黄华、秋菊、陶菊

科属：菊科菊属

识别要点：多年生草本。茎直立，分枝或不分枝，被柔毛。叶卵形至披针形，长5～15cm，羽状浅裂或半裂，有短柄，叶下面被白色短柔毛覆盖。头状花序直径2.5～20cm，大小不一。总苞片多层，外层外面被柔毛。舌状花颜色各种，管状花黄色。

62．蜀葵（见图1-62）

别名：一丈红、熟季花、戎葵

科属：锦葵科蜀葵属

识别要点：多年生草本。茎直立而高。叶互生，心脏形。花呈总状花序顶生单瓣或生瓣，有紫、粉、红、白等色。花期6–8月。蒴果，种子扁圆，肾脏形。

63．荷花（见图1-63）

别名：莲花、水芙蓉、藕花

科属：莲科睡莲属

识别要点：多年生水生草本花卉。地下茎长而肥厚，有长节，叶盾圆形。花期6–9月，单生于花梗顶端，花瓣多数，嵌生在花托穴内，有红、粉红等多种颜色，或有彩文、镶边。

64．君子兰（见图1-64）

别名：大花君子兰、大叶石蒜、剑叶石蒜、达木兰

图1-60 玉簪

图1-61 菊花

图1-62 蜀葵

图1-63 荷花

图1-64　君子兰

图1-65　芍药

图1-66　八宝景天

科属：石蒜科君子兰属

识别要点：多年生草本。根肉质纤维状，叶基部形成假鳞茎，叶形似剑，长可达85cm，互生排列，全缘。伞形花序顶生，每个花序有小花7～30朵，多的可达40朵以上。小花有柄，在花顶端呈伞形排列，花漏斗状，直立，黄或橘黄色。可全年开花，以春夏季为主。果实成熟期10月左右。

65．芍药（见图1-65）

别名：将离、离草、婪尾春、没骨花

科属：芍药科芍药属

识别要点：多年生草本。根肉质，粗壮，呈纺锤形或长柱形，茎由根部簇生，高约50～110cm，茎基部圆柱形，上端多棱角，向阳部分多呈紫红晕。下部叶二回三出羽状复叶，上部叶片为单叶，长20～24cm，小叶有椭圆形、狭卵形、被针形等，叶端长而尖，全缘微波，叶缘密生白色骨质细齿，叶面有黄绿色、绿色和深绿色等，叶背多粉绿色，有毛或无毛，花单生枝顶或叶腋，花色丰富，花形多变，花期5-6月。

66．八宝景天（见图1-66）

别名：蝎子草、华丽景天、长药景天

科属：景天科景天属

识别要点：多年生草本。地下茎肥厚，地上茎簇生，粗壮而直立，全株略被白粉，呈灰绿色。叶轮生或对生，倒卵形，肉质，具波状齿。伞房花序密集如平头状，花序径10～13cm，花淡粉红色，常见栽培的尚有白色、紫红色、玫红色品种。

图1-67　绵毛水苏

67．绵毛水苏（见图1-67）

科属：唇形科水苏属

识别要点：多年生草本。高约60cm。茎直立，四棱形，密被有灰白色丝状绵毛。基生叶及茎生叶长圆状椭圆形，质厚，两面均密被灰白色丝状绵毛，侧脉不明显，叶柄近于扁平，密被灰白色丝状绵毛，基部半抱茎；苞叶近于无柄，细小，最下部者稍长于轮伞花序，上部者则短于轮伞花序。轮伞花序多花，向上密集组成顶生穗状花序，长10～22cm。花期7月。

图1-68　彩叶芋

68．彩叶芋（见图1-68）

别名：花叶芋

图1-69 佛甲草

图1-70 吊兰

图1-71 龟背竹

科属：天南星科彩叶芋属

识别要点：多年生常绿草本。地下具膨大块茎，扁球形。基生叶盾状箭形或心形，绿色，具白、粉、深红等色斑，佛焰苞绿色，上部绿白色，呈壳状。

69．佛甲草（见图1-69）

别名：万年草、佛指甲

科属：景天科佛甲草属

识别要点：多年生草本，无毛。茎高10～20cm。3叶轮生，少有4叶轮生，叶线形。花序聚伞状，顶生，花黄色。花期4–5月，果期6–7月。

70．吊兰（见图1-70）

别名：倒吊兰、八叶兰

科属：百合科吊兰属

识别要点：多年生常绿草本。具簇生的圆柱形肥大须根和根状茎。叶基生，条形至条状披针形，狭长，柔韧似兰，长20～45cm，宽1～2cm，顶端长、渐尖；基部抱茎，着生于短茎上。花葶细长，弯垂；总状花序单一或分枝；花白色，数朵一簇，散生在花序轴上。

71．龟背竹（见图1-71）

别名：蓬莱蕉、穿孔喜林芋、龟背蕉、电线莲、透龙掌

科属：天南星科龟背竹属

识别要点：多年生草本。半蔓型，茎粗壮，节多似竹，故名龟背竹；茎上生有长而下垂的褐色气生根，可攀附他物向上生长。叶厚革质，互生，暗绿色或绿色；幼叶心脏形，没有穿孔，长大后叶呈矩圆形，具不规则羽状深裂，自叶缘至叶脉附近孔裂，如龟甲图案；叶柄长30～50cm，深绿色，有叶痕；叶痕处有苞片，革质，黄白色。花状如佛焰，淡黄色。

72．合果芋（见图1-72）

别名：长柄合果芋、紫梗芋、白蝴蝶、箭叶

科属：天南星科合果芋属

识别要点：多年生蔓性常绿草本植物。茎节具气生根，攀附他物生长。叶片呈两型性，幼叶为单叶，箭形或戟形；老叶成5～9裂的掌状叶，中间一片叶大型，叶基裂片两侧常着生小型耳状叶片。初生叶

图1-72 合果芋

色淡，老叶呈深绿色，且叶质加厚。佛焰苞浅绿或黄色。

73．孔雀竹芋（见图1-73）

别名：蓝花蕉、五色葛郁金

科属：竹芋科肖竹芋属

识别要点：多年生常绿草本。高30～60cm，叶长15～20cm，宽5～10cm，卵状椭圆形，叶薄，革质，叶柄紫红色。绿色叶面上隐约呈现金属光泽，且明亮艳丽，沿中脉两侧分布着羽状、暗绿色、长椭圆形的绒状斑块，左右交互排列。叶背紫红色。

图1-73　孔雀竹芋

74．红掌（见图1-74）

别名：花烛、安祖花、火鹤花、红鹅掌

科属：天南星科花烛属

识别要点：多年生常绿草本植物。株高一般为50～80cm，具肉质根，无茎，叶从根茎抽出，具长柄，单生、心形，鲜绿色，叶脉凹陷。花腋生，佛焰苞蜡质，正圆形至卵圆形，鲜红色、橙红肉色、白色，肉穗花序，圆柱状，直立。四季开花。

图1-74　红掌

75．茑萝（见图1-75）

别名：密萝松、五角星花

科属：旋花科番薯属

识别要点：一年生柔弱缠绕草本。叶卵形或长圆形，长2～10cm，宽1～6cm，单叶互生，叶裂片细长如丝，羽状深裂至中脉，具10～18对线形至丝状的平展的细裂片。花序腋生，由少数花组成聚伞花序；花直立，萼片绿色；花冠高脚碟状，深红色，无毛，管柔弱，上部稍膨大，冠檐开展，直径约1.7～2cm，5浅裂。花期从7月上旬至9月下旬，每天开放一批，晨开午后即蔫。蒴果卵形，种子4，卵状长圆形，黑褐色。

图1-75　茑萝

76．吊竹梅（见图1-76）

别名：吊竹兰、斑叶鸭跖草、紫背鸭跖草

科属：鸭跖草科紫露草属

识别要点：多年生草本。茎稍柔弱，绿色，下垂，半肉质，分枝，节上生根；长叶无柄；椭圆状卵形至矩圆形，上面紫绿色而杂以银白色，中部边缘有紫色条纹，下面紫红色，鞘的顶部和基部或全部均被疏长毛。小花白色腋生，花团聚于一大一小的顶生的苞片状的叶内；萼片3，合生成一圆柱状的管，长约6mm。蒴果。花期不定。

图1-76　吊竹梅

77．文竹（见图1-77）

别名：云片松、刺天冬、云竹

科属：百合科天门冬属

识别要点：多年生常绿攀缘植物。高可达几米。根稍肉质，细

图1-77 文竹

图1-78 冷水花

图1-79 富贵竹

长。茎的分枝极多，分枝近平滑。叶状枝通常每10～13枚成簇，刚毛状，略具三棱，长4～5mm；鳞片状叶基部稍具刺状距或距不明显。花通常每1～3朵腋生，白色，有短梗；花被片长约7mm。浆果直径约6～7mm，熟时紫黑色，有1～3颗种子。

78．冷水花（见图1-78）

别名：透明草、花叶荨麻、白雪草、铝叶草

科属：荨麻科冷水花属

识别要点：多年生草本。茎肉质，高25～65cm，无毛。叶对生，叶片膜质，狭卵形或卵形，边缘在基部之上有浅锯齿或浅牙齿，钟乳体条形，在叶两面明显而密，在脉上也有；基出脉3条。花期7–9月。果期9–11月。

79．富贵竹（见图1-79）

别名：万寿竹、开运竹、富贵塔、塔竹

科属：龙舌兰科龙血树属

识别要点：多年生常绿小乔木。株高1m以上，植株细长，直立，上部有分枝。根状茎横走，结节状。叶互生或近对生，纸质，叶长披针形，有3～7条明显主脉，具短柄，浓绿色。伞形花序有花3～10朵生于叶腋或与上部叶对花，花被6，花冠钟状，紫色。浆果近球形，黑色。

图1-80 鹤望兰

80．鹤望兰（见图1-80）

别名：天堂鸟、极乐鸟花

科属：旅人蕉科鹤望兰属

识别要点：多年生常绿宿根草本。高达1～2m。根粗壮肉质，茎不明显。叶对生，两侧排列，革质，长椭圆形或长椭圆状卵形，长约40cm，宽15cm。叶柄比叶片长2～3倍，中央有纵槽沟。花梗与叶近等长。花序外有总佛焰苞片，长约15cm，绿色，边缘晕红，着花6～8朵，顺次开放。外花被片3个，橙黄色，内花被片3个，舌状，天蓝色。秋冬开花，花期长达100d以上。

图1-81 丽格海棠

81．丽格海棠（见图1-81）

科属：秋海棠科秋海棠属

图1-82 非洲菊

图1-83 广东万年青

图1-84 蟆叶秋海棠

识别要点：多年生草本。须根，茎枝肉质、多汁。单叶互生，心形，叶色多为绿色，也有的为棕色。花形多样，多为重瓣，花色有红、橙、黄、白等。

82．非洲菊（见图1-82）

别名：扶郎花，灯盏花

科属：菊科扶郎花属

识别要点：多年生草本。全株具细毛，多数叶为基生，羽状浅裂状。花序单生，出叶面20～40cm，径10～12cm，总苞盘状，钟形，花瓣1～2或多轮呈重瓣状，色有大红、橙红、淡红、黄色等。四季有花，春秋两季最盛。

83．广东万年青（见图1-83）

别名：粗肋草、亮丝草、粤万年青

科属：天南星科广东万年青属

识别要点：多年生宿根常绿草本。根茎较短，节处有须根，叶基部丛生，宽倒披针形，质硬而有光泽。4～5月份开花，穗状花序顶生，花小而密集，花色白而带绿，浆果球形，由绿转红，经冬不落。

84．蟆叶秋海棠（见图1-84）

别名：虾蟆叶秋海棠

科属：秋海棠科秋海棠属

识别要点：多年生草本。无地上茎，地下根状茎平卧生长。叶基生，一侧偏斜，深绿色，上有银白色斑纹。花淡红色，花期较长。

85．果子蔓（见图1-85）

图1-85 果子蔓

别名：擎天凤梨、西洋凤梨

科属：凤梨科果子蔓属

识别要点：多年生草本。叶长带状，浅绿色，背面微红，薄而光亮。穗状花序高出叶丛，花茎、苞片和基部的数枚叶片呈鲜红色。花小白色。

86．百合（见图1-86）

图1-86 百合

别名：强瞿、番韭、山丹、倒仙

科属：百合科百合属

识别要点：多年生球根花卉。株高40～60cm，有的高达1m以上。茎直立，不分枝，草绿色，茎基部带红色或紫褐色斑点。地下具鳞茎，多数须根生于球基部。单叶，互生，狭线形，无叶柄，直接包生于茎秆上，叶脉平行。花着生于茎秆顶端，呈总状花序，簇生或单生，花冠较大，花筒较长，呈漏斗形喇叭状，6裂无萼片，因茎秆纤细，花朵大，开放时常下垂或平伸；花色多为黄色、白色、粉红、橙红，有的具紫色或黑色斑点，花瓣有平展的或翻卷。

图1-87 唐菖蒲

87．唐菖蒲（见图1-87）

别名：菖兰、剑兰、扁竹莲、十样锦、十三太保

科属：鸢尾科唐菖蒲属

识别要点：多年生球根花卉。地下部分具球茎，扁球形，株高60～150cm，茎粗壮直立，无分枝或少有分枝。叶硬质剑形，7～8片叶嵌叠状排列，叶长40cm，宽4～5cm，有多数显著平行脉。花茎高出叶上，蝎尾状聚伞花序顶生，着花12～24朵排成2列，侧向一边，少数为四面着花；每朵花生于草质佛焰苞内，无梗；花大形，左右对称；花冠筒呈膨大的漏斗形，稍向上弯，花径12～16cm，花色有红、黄、白、紫、蓝等深浅不同的单色或具复色品种，或具斑点、条纹或呈波状、褶皱状。花期夏、秋。蒴果。

88．仙客来（见图1-88）

别名：萝卜海棠、兔耳花、兔子花

科属：报春花科仙客来属

识别要点：多年生球根花卉。块茎扁圆球形或球形、肉质。叶片由块茎顶部生出，心形、卵形或肾形，叶缘有细锯齿，叶面绿色，具有白色或灰色晕斑，叶背绿色或暗红色，叶柄较长，红褐色，肉质。花单生于花茎顶部，花朵下垂，花瓣向上反卷，犹如兔耳；花有白、粉、玫红、大红、紫红、雪青等色，基部常具深红色斑；花瓣边缘多样，有全缘、缺刻、皱褶和波浪等形。花瓣通常5瓣。

89．美人蕉（见图1-89）

别名：大花美人蕉、红艳蕉

科属：美人蕉科美人蕉属

识别要点：多年生球根花卉。株高可达100～150cm，根茎肥大；地上茎肉质，不分枝。茎叶具白粉，叶互生，宽大，长椭圆状披针形。总状花序自茎顶抽出，花径可达20cm，花瓣直伸，具四枚瓣化雄蕊。花色有乳白、鲜黄、橙黄、橘红、粉红、大红、紫红、复色斑点等50多个品种。花期北方6–10月，南方全年。

90．大丽花（见图1-90）

别名：大理花、天竺牡丹、东洋菊

图1-88 仙客来

图1-89 美人蕉

图1-90 大丽花

科属：菊科大丽花属

识别要点：多年生球根花卉。块根肥大，茎直立，多分枝，高1.5～2m，粗壮。叶1～3回羽状全裂，上部叶有时不分裂，裂片卵形或长圆状卵形，下面灰绿色，两面无毛。头状花序大，有长花序梗，常下垂，宽6～12cm。总苞片外层约5个，卵状椭圆形，叶质，内层膜质，椭圆状披针形。舌状花1层，白色、红色、或紫色，常卵形，顶端有不明显的3齿，或全缘；管状花黄色，有时在栽培种全部为舌状花。瘦果。花期6–12月。果期9–10月。

图1-91　葱兰

91．葱兰（见图1-91）

别名：葱莲、韭菜莲

科属：石蒜科葱莲属

识别要点：多年生球根花卉。有皮鳞茎卵形。株高30～40cm。叶基生，肉质线形，暗绿色。花葶较短，高30～40cm，中空。花单生，花被6片，白色、红色、黄色，长椭圆形至披针形；花冠直径4～5cm。

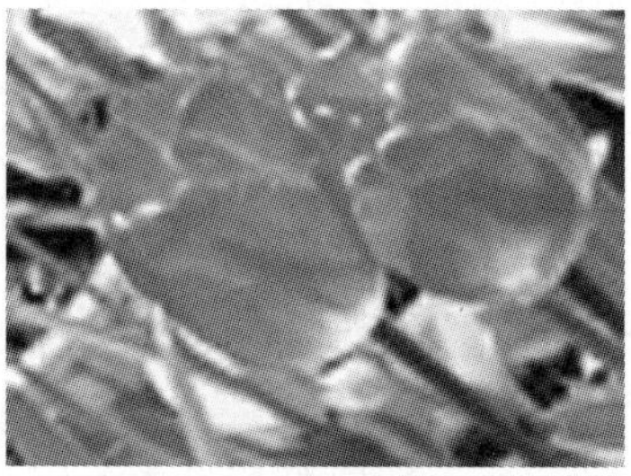
图1-92　郁金香

92．郁金香（见图1-92）

别名：洋荷花、草麝香、郁香

科属：百合科郁金香属

识别要点：多年生球根花卉。鳞茎扁圆锥形或扁卵圆形，茎叶光滑具白粉。叶3～5片，长椭圆状披针形或卵状披针形，长10～21cm，宽1～6.5cm；基生者2～3枚，较宽大，茎生者1～2枚。花茎高6～10cm，花单生茎顶，大形直立，杯状，基部常黑紫色。花葶长35～55cm；花瓣6片，倒卵形；花型有杯型、碗型、卵型、球型、钟型、漏斗型、百合花型等，有单瓣也有重瓣。花色有白、粉红、洋红、紫、褐、黄、橙等，深浅不一，单色或复色。花期一般为3–5月。蒴果。

图1-93　风信子

93．风信子（见图1-93）

别名：洋水仙、西洋水仙、五色水仙、时样锦

科属：百合科风信子属

识别要点：多年生球根花卉。鳞茎卵形，叶4～8枚，狭披针形，肉质，上有凹沟，绿色有光。花茎肉质，长15～45cm，总状花序顶生，小花10～20朵密生上部，横向或下倾，漏斗形，花被筒形，上部四裂，反卷，有紫、玫瑰红、粉红、黄、白、蓝等色，芳香。蒴果。自然花期3–4月。

图1-94　水仙

94．水仙（见图1-94）

别名：凌波仙子、金盏银台、玉玲珑

科属：石蒜科水仙属

识别要点：多年生球根花卉。鳞茎卵状至广卵状球形，外被棕褐色皮膜。叶狭长带状，长30～80cm，宽1.5～4cm，全缘，面上有

白粉。花葶自叶丛中抽出，高于叶面；一般开花的多为4～5片叶的叶丛，每球抽花1～7支，多者可达10支以上；伞房花序（伞形花序）着花4～6朵，多者达10余朵；花白色，芳香。花期1–3月。

图1–95　朱顶红

95．朱顶红（见图1–95）

别名：百枝莲、朱顶兰、孤挺花、华胄兰

科属：石蒜科朱顶红属

识别要点：多年生球根花卉。鳞茎肥大，近球形，叶片两侧对生，鲜绿色，带状，长约30cm，花茎中空，稍扁，高约40cm，宽约2cm，具有白粉；花2～4朵；佛焰苞状总苞片披针形，长约3.5cm；花梗纤细，长约3.5cm；花被管绿色，圆筒状，长约2cm，花被裂片长圆形，顶端尖，长约12cm，宽约5cm，洋红色，略带绿色，喉部有小鳞片；叶片多于花后生出。

96．梭鱼草（见图1–96）

科属：雨久花科梭鱼草属

识别要点：多年生挺水或湿生草本植物。叶柄绿色，圆筒形，叶片较大，长可达25cm，宽可达15cm，深绿色，叶形多变，大部分为倒卵状披针形，长约10～20cm。最上方的花被裂片有1个2裂的黄绿色斑点。花葶直立，通常高出叶面。

97．睡莲（见图1–97）

别名：子午莲、水芹花、瑞莲、水洋花、小莲花

科属：睡莲科睡莲属

识别要点：多年生水生花卉。根状茎，粗短。叶丛生，具细长叶柄，浮于水面，纸质或近革质，近圆形或卵状椭圆形，直径6～11cm，全缘，无毛，上面浓绿，幼叶有褐色斑纹，下面暗紫色。花单生于细长的花柄顶端，有各种颜色，耐寒。一些夜晚开花的热带睡莲漂浮于水，白天和其他夜晚开花的热带睡莲挺立出水，直径3～15cm。萼片4枚，宽披针形或窄卵形。

98．千屈菜（见图1–98）

别名：鞭草、败毒草

科属：千屈菜科千屈菜属

识别要点：多年生挺水草本植物。株高1m左右，茎四棱形，直立多分枝，叶对生或轮生，披针形。长穗状花序顶生，小花多而密，紫红色，夏秋开花。

图1–96　梭鱼草

图1–97　睡莲

图1–98　千屈菜

99．香蒲（见图1-99）

别名：东方香蒲

科属：香蒲科香蒲属

识别要点：多年生水生或沼生草本。根状茎乳白色。地上茎粗壮，高1.3～2m。叶片条形，长40～70cm，宽0.4～0.9cm，光滑无毛，上部扁平，下部腹面微凹，背面逐渐隆起呈凸形，横切面呈半圆形，细胞间隙大，海绵状；叶鞘抱茎。雌雄花序紧密连接。小坚果椭圆形至长椭圆形，果皮具长形褐色斑点。种子褐色，微弯。花果期5–8月。

图1-99　香蒲

100．再力花（见图1-100）

别名：水竹芋、水莲蕉、塔利亚

科属：竹芋科塔利亚属

识别要点：多年生挺水草本。叶卵状披针形，浅灰蓝色，边缘紫色，长50cm，宽25cm。复总状花序，花小，紫堇色。全株附有白粉。

图1-100　再力花

101．肾蕨（见图1-101）

别名：蜈蚣草、圆羊齿、篦子草、石黄皮

科属：肾蕨科肾蕨属

识别要点：中型地生或附生蕨。株高一般30～60cm。地下具根状茎，包括短而直立的茎、匍匐茎和球形块茎三种。直立茎的主轴向四周伸长形成匍匐茎，从匍匐茎的短枝上又形成许多块茎，小叶便从块茎上长出，形成小苗。地部（即从根茎上长的叶）呈簇生披针形，叶长30～70cm，宽3～5cm，一回羽状复叶，羽片40～80对。初生的小复叶呈抱拳状，具有银白色的茸毛，展开后茸毛消失，成熟的叶片革质光滑。羽状复叶主脉明显而居中，侧脉对称地伸向两侧。孢子囊群生于小叶片各级侧脉的上侧小脉顶端，囊群肾形。

102．鸟巢蕨（见图1-102）

别名：巢蕨、山苏花、王冠蕨

科属：铁角蕨科巢蕨属

识别要点：中型附生蕨。株形呈漏斗状或鸟巢状，株高60～120cm。根状茎短而直立，柄粗壮而密生大团海绵状须根，能吸收大量水分。叶簇生，辐射状排列于根状茎顶部，中空如巢形结构，能收集落叶及鸟粪；革质叶阔披针形，长100cm左右，中部宽9～15cm，两面滑润，叶脉两面稍隆起。孢子囊群长条形，生于叶背侧脉上侧达叶片的1/2。

103．铁线蕨（见图1-103）

别名：铁丝草、少女的发丝、铁线草、水猪毛土

图1-101　肾蕨

图1-102　鸟巢蕨

图1-103　铁线蕨

科属：铁线蕨科铁线蕨属

识别要点：中型附生蕨。植株高15～40cm。根状茎细长横走，密被棕色披针形鳞片。叶柄长5～20cm，粗约1mm，栗黑色，有光泽，叶片卵状三角形，长10～25cm，宽8～16cm，尖头，基部楔形，中部以下多为二回羽状，中部以上为一回奇数羽状；羽片3～5对，互生，斜向上，有柄（长可达1.5cm），叶脉多回二歧分叉，直达边缘，两面均明显。孢子囊群每羽片3～10枚，横生于能育的末回小羽片的上缘；囊群盖长形、长肾形成圆肾形，上缘平直，淡黄绿色，老时棕色。

图1-104 银脉凤尾蕨

104．银脉凤尾蕨（见图1-104）

科属：凤尾蕨科凤尾蕨属

识别要点：中小型陆生蕨类。株高20～40cm，丛生。根状茎匍匐生长，叶二型，一种为孢子叶，直立，具叶柚，羽片狭长；另一种为裸叶，较矮，羽状展开，质薄。叶脉部分为明显的银白色。

图1-105 牡丹

105．牡丹（见图1-105）

别名：木芍药、百雨金、洛阳花、富贵花

科属：芍药科芍药属

识别要点：落叶灌木。根系肉质强大，少分枝和须根。株高1～3m，老茎灰褐色，当年生枝黄褐色。二回三出羽状复叶，互生。花单生茎顶，花径10～30cm，花色有白、黄、粉、红、紫及复色，有单瓣、复瓣、重瓣和台阁型花。花萼有5片。花期4–5月。

图1-106 月季

106．月季（见图1-106）

别名：月月红、长春花

科属：蔷薇科蔷薇属

识别要点：落叶灌木或常绿灌木，或蔓状与攀援状藤本植物。茎为棕色偏绿，具有钩刺或无刺，小枝绿色，叶为墨绿色，叶互生，奇数羽状复叶，小叶一般3～5片，宽卵形（椭圆）或卵状长圆形，长2.5～6cm，先端渐尖，具尖齿，叶缘有锯齿，两面无毛，光滑；托叶与叶柄合生，全缘或具腺齿，顶端分离为耳状。花生于枝顶，花朵常簇生，稀单生，花色甚多，色泽各异，径4～5cm，多为重瓣也有单瓣者；花有微香，花期北方4–10月，南方3–11月。

图1-107 含笑

107．含笑（见图1-107）

科属：木兰科含笑属

识别要点：常绿灌木或小乔木。分枝多而紧密组成圆形树冠，树皮和叶上均密被褐色绒毛。单叶互生，叶椭圆形，绿色，光亮，厚革质，全缘。花单生叶腋，花形小，呈圆形，花瓣6枚，肉质淡黄色，边缘常带紫晕，花香袭人，浸人心脾，有香蕉的气味，这种花不常开全，有如含笑之美人。花期3–4个月。果卵圆形，9月果熟。

图1-108　栀子

图1-109　九里香

图1-110　米兰

108. 栀子（见图1-108）

别名：黄栀子、山栀、白蟾

科属：茜草科栀子属

识别要点：常绿灌木。高达2m。叶对生或3叶轮生，叶片革质，长椭圆形或倒卵状披针形，长5～14cm，宽2～7cm，全缘；托叶2片，通常连合成筒状包围小枝。花单生于枝端或叶腋，白色，芳香；花萼绿色，圆筒状；花冠高脚碟状，裂片5或较多；花单生枝端，芳香；萼管倒圆锥形，有棱，裂片线形，花瓣成旋转卷形排列，花开时成高脚杯状或碟状，5～6裂，初为白色，后变为乳黄色；雄蕊与花冠裂片同数；子房1室。果卵圆形，黄色，为肉质果；有翅状纵棱5～8条；种子多数。子房下位。花期5–7月。果期8–11月。

109. 九里香（见图1-109）

别名：石辣椒、九秋香、九树香、七里香、千里香、万里香、过山香

科属：芸香科九里香属

识别要点：小乔木。株高可达8m。枝白灰或淡黄灰色，但当年生枝绿色。叶有小叶3～5片，小叶倒卵形或倒卵状椭圆形，两侧常不对称，长1～6cm，宽0.5～3cm，顶端圆或钝，有时微凹，基部短尖，一侧略偏斜，边全缘，平展；小叶柄甚短。花序通常顶生，或顶生兼腋生，花多朵聚成伞状，为短缩的圆锥状聚伞花序；花白色，芳香；萼片卵形，长约1.5mm；花瓣5片，长椭圆形，长10～15mm，盛花时反折；雄蕊10枚，长短不等，比花瓣略短，花丝白色，花药背部有细油点2颗；花柱稍较子房纤细，与子房之间无明显界限，均为淡绿色，柱头黄色，粗大。果橙黄至朱红色，阔卵形或椭圆形，顶部短尖，略歪斜，有时圆球形，长8～12mm，横径6～10mm，果肉有黏胶质液，种子有短的棉质毛。花期4–8月，也有秋后开花。果期9–12月。

110. 米兰（见图1-110）

别名：树兰、米仔兰

科属：楝科米仔兰属

识别要点：常绿灌木或小乔木。多分枝，幼枝顶部具星状锈色鳞片，后脱落。奇数羽状复叶，互生，叶轴有窄翅，小叶3～5，对生，倒卵形至长椭圆形，先端钝，基部楔形，两面无毛，全缘，叶脉明显。圆锥花序腋生；花黄色，极香；花萼5裂，裂片圆形；花冠5瓣，长圆形或近圆形，比萼长；雄蕊花丝结合成筒，比花瓣短；雌蕊子房卵形，密生黄色粗毛。浆果，卵形或球形，有星状鳞片。种子具肉质假种皮。花期7–8月，或四季开花。

111．金橘（见图1-111）

别名：金柑

科属：芸香科金橘属

识别要点：常绿灌木或小乔木，株高3m，通常无刺，分枝多。叶片披针形至矩圆形，长5～9cm，宽2～3cm，全缘或具不明显的细锯齿，表面深绿色，光亮；背面绿色，有散生腺点；叶柄有狭翅，与叶片边境处有关节。单花或2～3花集生于叶腋，具短柄；花两性，整齐，白色，芳香；萼片5；花瓣5，长约7mm，雄蕊20～25mm，不同程度的合生成若干束；雌蕊生于略升起的花盘上。果矩圆形或卵形，金黄色；果皮肉质而厚，平滑，有许多腺点，有香味。

图1-111　金橘

112．佛手（见图1-112）

别名：九爪木、五指橘、佛手柑

科属：芸香科柑橘属

识别要点：常绿小乔木或灌木。老枝灰绿色，幼枝略带紫红色，有短而硬的刺。单叶互生；叶柄短，长3～6mm，无翼叶，无关节；叶片革质，长椭圆形或倒卵状长圆形，长5～16cm，宽2.5～7cm，先端钝，有时微凹，基部近圆形或楔形，边缘有浅波状钝锯齿。花单生，簇生或为总状花序；花萼杯状，5浅裂，裂片三角形；花瓣5，内面白色，外面紫色；雄蕊多数；于房椭圆形，上部窄尖。柑果卵形或长圆形，先端分裂如拳状，或张开似指尖，其裂数代表心皮数，表面橙黄色，粗糙，果肉淡黄色。种子数颗，卵形，先端尖，有时不完全发育。花期4–5月。果熟期10～12月。

图1-112　佛手

113．仙人掌（见图1-113）

别名：仙巴掌、霸王树、火焰、火掌

科属：仙人掌科仙人掌属

识别要点：肉质多年生植物。茎肥厚掌状，近木质化，叶退化成刺，茎干上有的有纵形或蛇腹形的棱条，各处针刺从生，外面生有许多毛刺，有的互相重叠，成为多棱小疣瘤状凸起的物质。夏秋开花，花朵单生于茎干上，鲜黄色，花后坐果，浆果肉质，倒卵形或梨形，无刺，红色或紫红色。

图1-113　仙人掌

114．芦荟（见图1-114）

别名：卢会、讷会、象胆、奴会

科属：百合科芦荟属

识别要点：肉质多年生植物。叶簇生，呈莲座状或生于茎顶，叶常披针形或叶短宽，边缘有尖齿状刺。花序为伞形、总状、穗状、圆锥形等，色呈红、黄或具赤色斑点，花瓣6片、雌蕊6枚。花被基部多连合成筒状。

图1-114　芦荟

图1-115　蟹爪兰

图1-116　昙花

图1-117　金琥

图1-118　山影拳

115．蟹爪兰（见图1-115）

别名：圣诞仙人掌、蟹爪莲、仙指花

科属：仙人掌科蟹爪兰属

识别要点：肉质多年生植物。新出茎节带红色，叶状茎扁平多节，肥厚，卵圆形，鲜绿色，先端截形，边缘具粗锯齿。花着生于茎的顶端，花被开张反卷，花色有淡紫、黄、红、纯白、粉红、橙和双色等。花期12–4月。

116．昙花（见图1-116）

别名：琼花、月下美人

科属：仙人掌科昙花属

识别要点：肉质多年生植物。灌木状主茎圆筒形，木质。分枝呈扁平叶状，多具2棱，少具3翅，边缘具波状圆齿。刺座生于圆齿缺刻处。幼枝有刺毛状刺，老枝无刺。夏秋季晚间开大型白色花，花漏斗状，有芳香。

117．金琥（见图1-117）

别名：象牙球、金琥仙人球

科属：仙人掌科金琥属

识别要点：肉质多年生植物。茎圆球形，单生或成丛，直径约80cm。球顶密被金黄色绵毛。有显著的棱条21～37个。刺座大，密生硬刺，金黄色，后变褐，有辐射刺8～10，中刺3～5，较粗，稍弯曲，长5cm。6～10月开花，花着生球顶部绵毛丛中，钟形，4～6cm长、黄色。果被鳞片及绵毛。

118．山影拳（见图1-118）

别名：山影、仙人山

科属：仙人掌科，天轮柱属

识别要点：肉质多年生植物。植株多分枝，茎暗绿色，具褐色刺。刺座上无长毛，刺长，颜色多变化。夏秋开花，花大型喇叭状或漏斗形，白或粉红色，夜开昼闭。果大，红色或黄色，可食。种子黑色。

119．生石花（见图1-119）

别名：石头花、石头草、象蹄、元宝

科属：番杏科生石花属

识别要点：肉质多年生植物。全株肉质，茎短。肉质叶对生联结，形似倒圆锥体。有淡灰棕、蓝灰、灰绿、灰褐等颜色，顶部近卵圆，平或凸起，上有树枝状凹纹，半透明。花由顶部中间的一条小缝隙长出，黄或白色，一株通常只开1朵花（少有开2～3朵），午后开放，傍晚闭合，可延续4～6天，花径3～5cm。花后易结果实和种子。

图1-119 生石花

120．龙舌兰（见图1-120）

别名：龙舌掌、番麻

科属：龙舌兰科龙舌兰属

识别要点：肉质多年生植物。植株高大。叶色灰绿或蓝灰，长可达1.7m，宽20cm，基部排列成莲座状。叶缘刺最初为棕色，后呈灰白色，末梢的刺长可达3cm。花梗由莲座中心抽出，花黄绿色。

图1-120 龙舌兰

二、花卉分类

按照生物学特性对上述120种花卉进行分类，如表1-1所示，在相应的空格内打钩。

表1-1 花卉按照生物学特性分类

分类 花卉	一二年生花卉	宿根花卉	球根花卉	多年生常绿花卉	水生花卉	蕨类植物	木本花卉	多肉多浆花卉
1. 万寿菊	√							
2. 矮牵牛	√							
3. 半支莲	√							
4. 三色堇	√							
5. 角　堇	√							
……								

【项目考核】

考核标准见表1-2。

表1-2　　花卉识别、分类考核标准

考核内容	考核标准	分值	得分	教师评价
花卉识别	能正确识别120种花卉	25		
	能正确说出花卉的识别要点	25		
花卉分类	表格填写完整	25		
	花卉分类正确	25		

【知识拓展】

除了按照生物学特性分类外，常用的分类方法还有以下几种。

一、按观赏部位分类

1．观花花卉

以观花为主的花卉。这类花卉开花繁多，花色艳丽，花型奇特而美丽。如牡丹、月季、茶花、菊花、杜鹃花、郁金香、一串红、瓜叶菊、三色堇、大丽花等。

2．观叶花卉

以观叶为主的花卉。这类花卉花形不美，颜色平淡或很少开花，但叶形奇特，挺拔直立，叶色翠绿，有较高观赏价值。如龟背竹、万年青、苏铁、变叶木、蕨类植物等。

3．观茎花卉

以观茎为主的花卉。这类花卉的茎、枝奇特，或变态为肥厚的掌状或节间极度短缩呈链珠状。如仙人掌、佛肚竹、光棍树、霸王鞭等。

4．观果花卉

以观果为主的花卉。这类花卉果形奇特，果实鲜艳、繁茂，挂果时间长。如冬珊瑚、观赏辣椒、佛手、金橘、乳茄等。

5．芳香花卉

花卉香味浓郁，花期较长。如米兰、白兰花、茉莉花、栀子花、丁香、含笑、桂花等。

6．其他观赏类

如观赏银芽柳毛笔状、银白色的芽；观赏叶子花、象牙红、一品红鲜红色的苞片；观赏鸡冠花膨大的花托等。

二、按开花季节分类

1．春花类

在2～4月期间盛开的花卉。如郁金香、虞美人、金盏菊、山茶花、杜鹃花、牡丹花、芍药花、梅花、报春花等。

2．夏花类

在5～7月期间盛开的花卉。如凤仙花、荷花、石榴花、月季花、紫茉莉等。

3．秋花类

在8～10月期间盛开的花卉。如大丽花、菊花、桂花等。

4．冬花类

在11月至次年1月期间盛开的花卉。如水仙花、蜡梅花、一品红、仙客来、蟹爪兰等。

三、按栽培方式分类

1．露地栽培

指在露地播种或在保护地育苗，但主要的生长开花阶段在露地完成的一类栽培形式。

2．盆花栽培

花卉栽植于花盆或花钵的生产栽培方式。北方的冬季实行温室栽培生产，南方实行遮阳栽培生产。是国内花卉生产栽培的主要部分。

3．切花栽培

用于插花装饰的花卉称为切花，这类花卉的生产栽培称为切花栽培。切花生产一般采用保护地栽培，生产周期短，见效快，可规模生产，能周年供应鲜花，是国际花卉生产栽培的主要部分。

4．促成栽培

为满足花卉观赏的需要，人为运用技术处理，使花卉提前开花的生产栽培方式。

5．抑制栽培

为满足花卉观赏的需要，人为运用技术处理，使花卉延迟开花的生产栽培方式。

6．无土栽培

运用营养液、水、基质代替土壤栽培的生产方式。一般在现代化温室内进行规模化生产栽培。

四、按照花卉原产地分类

1．中国气候型（大陆东岸气候型）

耐寒宿根花卉及部分球根花卉的自然分布中心。

气候特征：冬季寒冷，夏季炎热，年温差较大。

包括区域：中国的华北及华东地区、日本、北美洲东部、巴西南部以及大洋洲东南部等地区。

主要花卉：中国水仙、中国石竹、山茶、杜鹃、百合、菊花、芍药、牡丹等。

2．欧洲气候型（大陆西岸气候型）

较耐寒一二年生花卉及部分宿根花卉的自然分布中心。

气候特征：冬季温暖，夏季温度不高，一般不超过15～17℃。四季降水均有，但北美洲西海岸地区降水量较少。

包括区域：欧洲大部分、北美洲西海岸中部、南美洲西南角及新西兰南部地区。

主要花卉：紫罗兰属、水仙属、雏菊属、三色堇属、勿忘我属等。

3．地中海气候型

气候特征：从秋季到第二年的春末是降水期；夏季属于干燥期，极少降水。冬季最低温度6～7℃，夏季温度20～25℃。

包括区域：地中海沿岸、非好望角附近、大洋洲东南和西南部、南美洲智利中部、北美洲加利福尼亚等地区。

主要花卉：夏季休眠的秋植球根花卉和喜温暖的一二年生花卉。如郁金香、仙客来、小仓兰、金盏菊、蒲包花、猴面花、羽扇豆、风铃草、金鱼草。

4．墨西哥气候型（热带高原气候型）

不耐寒、喜凉爽的一年生花卉、春植球根花卉及温室花木类的自然分布中心。

气候特征：全年温度都在14～17℃，温差小，降水量因地区而异，有些地区降水量充沛均匀，也有些地区降水集中在夏季。

包括区域：墨西哥高原、南美洲的安第斯山脉、非洲中部高山地区及中国云南省等地区。

主要花卉：墨西哥产的大丽花属、晚香玉属、百日草属、波斯菊、一品红、万寿菊、藿香蓟；南美洲的旱金莲、球根秋海棠；中国的云南山茶、月月红、香水月季等。

5．热带气候型

热带气候型是一年生花卉、温室宿根、春植球根及温室木本花卉的自然分布中心。

气候特征：全年高温，温差较小，降水量丰富，但不均匀。分雨季和旱季。

包括区域：亚洲、非洲、大洋洲、中美洲及南美洲的热带地区。

主要花卉：亚、非、大洋洲产的鸡冠花、虎尾兰、蟆叶秋海棠、彩叶草、猪笼草、变叶木、万代兰等；中、南美洲的紫茉莉、花烛、牵牛花、长春花、竹芋、朱顶红、卡特兰等。该类花卉在温带除一年生草花可露地栽培外，其余需温室栽培，如花叶芋、秋海棠、火烛、美人蕉。

6．沙漠气候型

沙漠气候型是仙人掌及多浆植物的自然分布中心。

气候特征：全年降水量很少，气候干旱，一般只有多浆植物分布。

包括区域：非洲、阿拉伯、黑海东北部、大洋洲中部、墨西哥西北部、秘鲁和阿根廷部分地区及我国海南岛西南部地区。

主要花卉：龙舌兰、仙人掌。

7．寒带气候型

寒带气候型是高山植物和耐寒性植物的自然分布中心。

气候特征：冬季寒冷而漫长，夏季凉爽而短促。生存在这样条件中的植物生长期只有2～3个月。植株低矮，生长缓慢，常成垫状。

包括区域：阿拉斯加、西伯利亚、斯堪的纳维亚等地区。

主要花卉：龙胆、雪莲。

【项目巩固】

调查当地花卉种类，补充80种本项目中没有涉及到的种类，并按照生物学特性进行分类。

项目2 花卉栽培设施构造及设备使用

知识目标： 1. 了解温室的各种类型及构造。
2. 了解温室建造设计的基本方法及要求。
3. 熟悉温室内设施设备的使用方法。
4. 掌握花卉栽培常用器具的使用方法。

能力目标： 1. 因地制宜选择合适的设施设备来满足花卉栽培需要。
2. 熟练应用常见设施设备及器具。

子项目一 日光温室内外部结构调查

【项目目标】

1. 了解各种温室的内外部构造及性能。
2. 了解温室建造设计的基本方法及要求。
3. 熟悉温室内设施设备的使用方法。

【项目分析】

日光温室是北方花卉栽培常用设施。该项目重点为熟悉日光温室的内部、外部构造，难点为日光温室内设施设备的性能及使用方法。在项目实施过程中可以通过多媒体图片展示、课外调查及现场教学等形式相互结合完成。

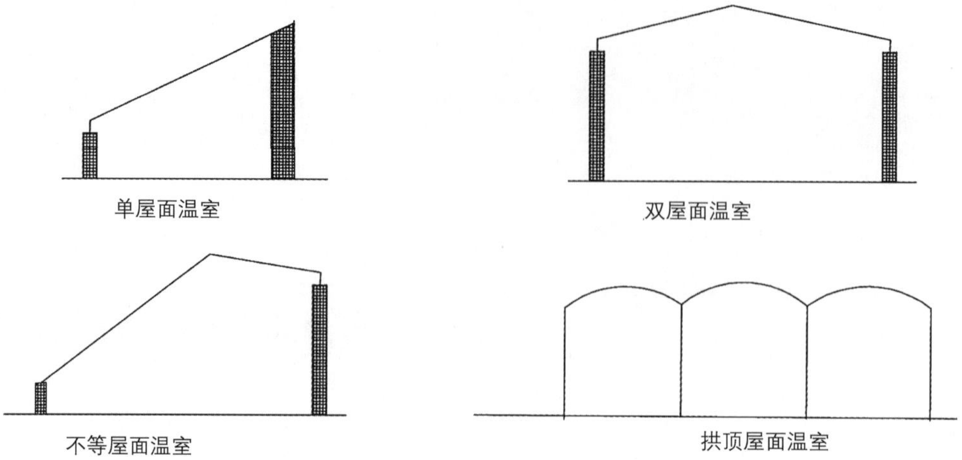

图2-1 温室的建筑形式

【知识链接】

一、相关概念

1．保护地

花卉栽培设施和设备所创造的环境。

2．保护地栽培

利用人工创造的栽培环境进行花卉栽培，实现在自然条件下不能或难以实现的栽培活动，称为花卉保护地栽培。

3．温室

温室是以透光覆盖材料作为全部或部分围护结构，用于抵御不良天气条件，保证植物正常生长发育的建筑设施。

二、温室的分类

1．按建筑形式划分

分为单屋面温室、双屋面温室、不等屋面温室和拱顶屋面温室等，如图2-1所示。

2．按覆盖材料划分

分为塑料薄膜温室、玻璃温室和硬质塑料板材温室等。

3．按温室能源划分

分为加温温室和日光温室。

4．按主体结构建筑材料划分

分为竹木结构温室、钢筋混凝土结构温室、钢结构温室、铝合金温室和其他材料温室等。

5．按温室用途划分

分为生产温室、试验温室、商业零售温室、餐厅温室、观赏温室和病虫害检疫隔离温室等。

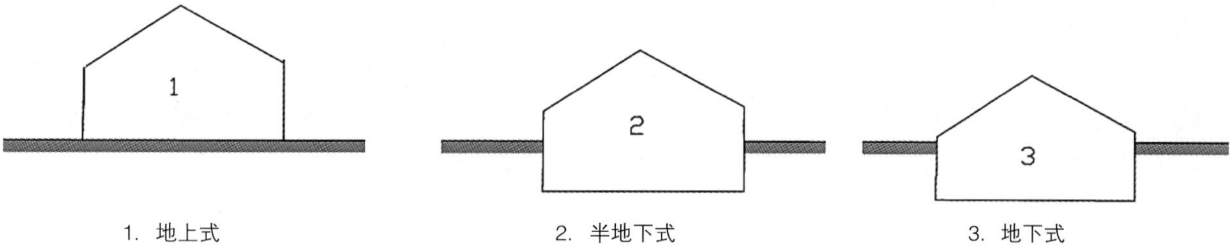

图2-2 温室相对于地面的位置

6．按室内温度划分

分为高温温室、中温温室、低温温室和冷室等。

7．按温室是否连跨划分

分为单栋温室和连栋温室。

8．按温室相对于地面的位置划分

分为地上式温室、半地下式温室和地下式温室，如图2-2所示。

三、温室的设计要求

温室是花卉生产的主要场所，通过它可以人为地调控某些环境因素，如温度、光照、空气、湿度等，从而生产出优质的花卉产品来。在建造温室时，应遵循以下基本要求。

1．选择合适的类型

温室的类型主要依据当地的自然气候条件、所要种植的花卉种类、场地大小、生产规模等情况而定。在北方地区，由于冬季气温低且持续时间长，宜选用保温性能好，能充分利用太阳辐射热的温室，如单屋面或不等屋面的中小型温室；而南方地区宜选用具备良好通风、降温和遮阴设施的温室。

2．选择合适的建造位置

选择温室的建造位置时，主要考虑以下四个方面。

（1）宜选择南面开阔、无遮挡物的平坦矩形地块　植物生长需要有充足的光照，因此温室最好不要被其他高大建筑物及树木所遮挡，否则会有碍植物的生长发育。场地是否平坦也是我们需要注意的一个问题，因为在坡地上建造温室需要将坡地整平，不仅费时费力费钱，而且在整地过程中容易使挖方处的土层遭到破坏。因此，建造温室时要尽量选择平坦的地形，这样既节省资金又便于管理。

（2）宜选择避风地带，以减少冬季季风的影响　对于主要用于冬季生产的温室或寒冷地区的温室，最好选在迎风面有山、防风林或高大建筑物等挡风的地方，这样可以形成温暖的小气候环境，从而降低温室的能耗。

（3）宜选择水电设施齐全和交通便利的地方　温室中主要利用人工灌水，因此宜选择靠近水源，且水源丰富、水质好的地方。如果水质不好，不仅影响花卉的生长发育，也会影响一些生产设备的寿命，如锅炉、喷头等。

花卉生产中还常常需要用电，要保证有可靠稳定的电源。因此，应考虑电力供给、线路架设等问题，以避免生产关键时期停电而造成经济损失。温室所处的位置交通便利，才能将温室里收获的花卉产品及时运送到消费地，以保证产品的品质，减少保鲜和管理的费用。

（4）避免在污染较大的工矿区域建造　在有污染的大工厂、矿场附近最好不要建造温室，特别是这些工厂的下风或河道下游处。因为这里的土壤、水源、空气极容易受到污染，从而给生产带来很大危害，影响花卉正常生长发育。

3．选择合适的方位

温室的方位是指温室中屋脊的走向，它主要影响温室内的光热环境。一般情况下，日光温室坐北朝南，前屋面向阳受光，方位为东西走向。在冬季最低温度较低或空气污染较重及多雾的地区，由于上午揭帘时间不能太早，故方位可适当偏西5°～10°，这称为“抢阴”，为的是充分利用中午到下午这段时间的直射光。而在冬季较温暖或少雾的地区，方位可适当偏东5°～10°，这称为“抢阳”，为的是充分利用上午到中午这段时间的阳光。

4．选择合适的屋面倾斜度

太阳是温室基本热量来源之，能否最大限度地利用太阳辐射热，是衡量一个温室性能优劣的重要指标。比如，单屋面温室对太阳辐射热的吸收，主要是通过向南倾斜的透光面吸收的，而吸收太阳辐射热的多少，则取决于太阳高度角和向南透光面的倾斜角度。

太阳高度角在一年之中不断变化，而温室多在冬季使用。在北半球，冬至日的太阳高度角最小，日照时间也最短，是一年中太阳辐射能最小的一天，如果这一天温室获得的能量能满足植物的生长需要，那么其他天也能满足。所以，通常以冬至日中午太阳的高度角作为确定透光屋面倾斜角度的依据。冬至日中午太阳光线的入射角为0°，这时若透光屋面与太阳光线的夹角等于90°，那么反射率为0，透光率最大，温室获得的热量最多，该屋面角是理想屋面角。

5．选择合适的间隔距离和排列方式

如果需要建造具有一定规模的温室群，那么还需要确定温室的间隔距离和排列方式。当温室为东西延长时，南北两排温室间的距离，即自前排温室后墙根至后排温室采光面底脚的距离，应不小于当地冬至前后正午时阴影距离。例如在北京地区，前后两排温室间距，应是前排温室屋脊高加卷起草苫（棉苫）高的2～3倍。当温室为南北延长时，东西两排温室间的距离应是温室高度的2/3。当各个温室的高度不等时，高的温室应设置在北面，矮的温室设置在南面，这样可以减少土地的浪费，且高的温室在北面还可以起到阻挡北风的作用。

【项目实施】

一、花卉生产设施的调查

学生自由结组，对当地或教学实训基地的温室进行调查，然后自行设计表格完成调查报告。

二、撰写调查报告

调查报告应包括以下内容：

调查区域及周边环境、温室类型、温室内部构造、温室主要用途等。

【项目考核】

考核标准见表2-1。

表2-1 花卉生产设施调查考核标准

考核内容	考核标准	分值	得分	教师评价
花卉生产设施外部环境调查	调查内容翔实、完整	30		
	调查报告书写清楚	20		
花卉生产设施内部结构调查	调查内容翔实、完整	30		
	调查报告书写清楚	20		

【知识拓展】

其他常用的花卉生产设施还有以下几种。

一、塑料大棚

塑料大棚简称大棚，具有结构简单、搭建容易、栽培面积大、作业方便等优点，到夏季还可以拆除薄膜作为露地花圃使用。

（一）塑料大棚的类型

从塑料大棚的结构和建造材料上分析，应用较多和比较实用的主要有三种类型。

1．竹木结构

这种结构的大棚各地区不尽相同，但其主要参数和棚形基本一致，大同小异。大棚的跨度6～12m、长度30～60m、肩高1～1.5m、脊高1.8～2.5m；按棚宽（跨度）方向每2m设一立柱，立柱粗6～8cm，顶端形成拱形，地下埋深50cm，垫砖或绑横木，夯实，将竹片（竿）固定在立柱顶端成拱形，两端加横木埋入地下并夯实；拱架间距1m，并用纵拉杆连接，形成整体；拱架上覆盖薄膜，拉紧后膜的端头埋在四周的土里，拱架间用压膜线或8号铅丝、竹竿等压紧薄膜。其优点是取材方便，造价较低，建造容易；缺点是棚内柱子多，遮光率高，作业不方便，寿命短，抗风雪荷载性能差。

2．焊接钢结构

焊接钢结构大棚，拱架是用钢筋、钢管或两种结合焊接而成的平面桁架，上弦用16mm钢筋或6分管，下弦用12mm钢筋，纵拉杆用9～12mm钢筋。跨度8～12m，脊高2.6～3m，长30～60m。纵向各拱架间用拉杆或斜交式拉杆连接固定形成整体。拱架上覆盖薄膜，拉紧后用压膜线或8号铅丝压膜，两端固定在地锚上。这种结构的大棚，骨架坚固，无中柱，棚内空间大，透光性好，作业方便，是比较好的设施。但这种骨架须涂刷油漆防锈，1～2年需涂刷1次，比较麻烦，如果维护得好，使用寿命可达6～7年。

3．镀锌钢管结构

这种结构的大棚骨架，其拱杆、纵向拉杆、端头立柱均为薄壁钢管，并用专用卡具连接形成整体，所有杆件和卡具均采用热镀锌防锈处理，是工厂化生产的工业产品，已形成标准、规范的有20多种系列产品。这种大棚跨度4～12m，肩高1～1.8m，脊高2.5～3.2m，长度20～60m，拱架间距0.5～1m，纵向用纵拉杆（管）连接固定成整体。可用卷膜机卷膜通风、保温幕保温、遮阳幕遮阳和降温。这种大棚为组装式结构，建造方便，并可拆卸迁移，棚内空间大、遮光少、作业方便；有利作物生长。构件抗腐蚀、整体强度高、承受风雪能力强，使用寿命可达15年以上，是目前最先进的大棚结构形式。

（二）塑料大棚的建造要求

一般塑料大棚的建造要求主要有以下三点。

1．场地选择

建造场地应选择在地势平坦、背风、向阳、无遮挡阳光的建筑物或树木等，而且要土壤肥沃、排水良好、交通便利、有较好水源的地方。

2．方向确定

从光照强度及受光均匀性方面考虑，只要条件允许，应采用南北延长。这是因为南北向的透光量要比东西向高，棚内的光照条件好，温度变化平稳。

3．间距要求

当建造的大棚是2栋以上，又是单栋式结构时，东西相邻的两栋大棚之间要有2m左右的距离。如果大棚数量较多而且较集中时，南北两排之间要用4m以上的距离。

二、风障

风障是利用各种高秆植物的茎秆制成篱笆式的一种简易设施，主要由基埂、篱笆、披风三部分组成。篱笆是风障的主体，高度一般为2.5～3.5m，常用的材料有芦苇、高粱秆、玉米秆、细竹等。设置时在地面沿东西方向挖30cm深的长沟，将篱笆向南倾斜10°～15°放入沟中，在距地面1.8m处扎一横杆形成篱笆。基埂是在风障北侧基部培起来的土埂，高约20cm，既能固定篱笆又能增强保温效果。披风是附着在篱笆北侧的柴草层，常以稻草或玉米秆为材料，用以增强防风、保温效果，高约1.3～1.7m，其基部与篱笆一并埋入沟中，中部用横杆绑缚于篱笆上。气温较低时可设置多个风障，两风障间距离以其高度的2倍为宜。

一般风障可使保护地近地层的风速降低10%～15%，而且风速越大，防风效果越显著。风障内夜温较无风障区域高2～3℃，白天则高5～6℃，而且以有风的晴天增温效果最为显著，无风晴天次之，阴天则不明显。此外，风障还有减少水分蒸发和提高相对湿度的作用，在气候晴朗多风的地区，能起到很好的保湿效果。

三、温床

利用人工加热，并具有较完善的保温设备的苗床称为温床。一般用于一年生草花在早春提前播种、秋播草花及部分盆花越冬和扦插繁殖。根据不同的加温方式，可将温床分为下面三种。

1．酿热物温床

常用的酿热物有马粪、垃圾、落叶等，其中以马粪最好，用完后还可以配制培养土。酿热物的填埋厚度应视当地气温而定，南方一般为15～25cm，北方一般为30～50cm。填埋酿热物后7d左右，苗床温度可上升至70℃左右，10d后可降至40℃左右并稳定下来。这时可填入培养土，灌水播种。播种以后5cm处培养土温度可维持在25～30℃，气温维持在15℃左右。一般情况下，这种温度可维持40～50d。

2．火炕温床

火炕温床是将苗床做成火炕形式，下部以煤或麦草、秸秆等为燃料，加热提高温度的一种苗床。苗床内土壤温度可维持在20℃，空气温度可维持在15℃左右。

3．电热温床

电热温床是以电热线通电加温的温床。优点是设备简便、成本较低、安全方便。建造时一般挖土25～35cm深，然后在温床底部将碎稻草或炉渣等隔热物填好、踏实，厚为10～12cm，再填上3～4cm厚的土，耙平后铺线。铺线时床两侧稍密，中间稍疏，布线距离根据设定的功率和电热线的型号确定。如果选用800W的电加温线其平均线距为8cm，600W的电加温线平均线距为6.5～7cm。铺设时要先按规定线距在畦两端插木棍，以便绕线。每根电热线之间不能串联，应并联，往返趟数要为偶数。而且线要拉直，不要打结、交叉。绕好线后，再安装控温仪和防漏电等装置。若温床作为播种床使用，上面再覆盖5～10cm厚的营养土；若作为移苗床，则直接放置营养钵。

四、冷床

冷床多在秋季播种耐寒性较强的二年生草花和早春播种一年生草花时使用，也可以用于多年生宿根花卉生产，还可以供温床育成的花苗进行锻炼和常绿木本花卉扦插。

冷床应选择在地势高燥、排水良好、土质肥沃、背风向阳的平坦地段。按东西长5～6m，南北宽1.4～1.6m放线，然后将线框内的土挖出来，培打在线框外沿四周，做成土埂。南侧高出地面20cm，北侧高出地面30～35cm，东、西两埂向南面逐渐倾斜，床内自地平面以下挖深30～40cm。冷床做好后，装入配制好的营养土即可使用。

五、冷库

冷库是花卉促成和抑制栽培中常用的设施，也可用于鲜切花保鲜，通常温度控制在0～5℃的低温。例如在百合切花生产中，为满足花卉市场周年供应的需要，常将球根贮存于冷库中，分期分批取出栽植。另外，在生产过程中，有些花卉生长发育过快，不能按计划时间供花，可放入冷库中，抑制其生长发育，待时间合适时再取出，以保证按时开花。冷库的大小视生产规模和应用目的而异，最好能内外两间，内间保持0～5℃，用于低温贮藏；外间10℃左右，用于缓冲，为的是避免骤冷骤热，伤害花卉。

六、荫棚

荫棚是用来蔽荫，防止强烈阳光直射和降低温度的一种栽培设施。荫棚主要由棚架和遮阳材料组成，建造时应选择在地势高燥、通风排水良好的地方。依据荫棚的建筑用材和使用时间长短，可将其分为临时性荫棚和永久性荫棚2种。其中，临时性荫棚主要用于温室花卉越夏、鲜切花栽培、嫩枝扦插、盆花上盆缓苗及幼苗养护管理等。棚架多由竹、木构成。建造时一般采取东西走向，高2.5m，宽6～7m，每隔3m立一支柱。而永久性荫棚主要用于温室花卉、兰科花卉及喜阴性植物的栽培。其形状、规格与临时性荫棚相同，但棚架是由铁管或水泥柱等材料构成。

七、防雨棚

防雨棚是我国南方如云南、广东、海南等地，综合利用大棚或小拱棚的一种方式。这些地方早春利用大棚或小拱棚进行前期栽培，到6月份以后，往往因保护地内气温过高而影响花卉正常生长。因此，常常将大棚去除围裙或将小拱棚下部卷起，仅盖住顶部，利用薄膜防止夏季特别是梅雨季节造成的涝害。还可在薄膜上加盖遮阳网，起到既降温又防雨的双重效果。这种覆盖形式称之为防雨棚。防雨棚通常分为3种类型。

（1）小拱棚式防雨棚　即利用小拱棚的拱架作为骨架，在顶部盖上薄膜。

（2）大棚防雨棚　即在夏季去除大棚四周的围裙，只留顶膜防雨。

（3）弓桥形防雨棚　近似于普通镀锌钢管大棚，只是在两边增加了集雨排水槽，同时拱架间间距较大，这种防雨棚的防雨效果较好。

防雨棚可防止雨水直接冲刷土壤，避免水土流失和土壤板结。加盖遮阳网后，还能有效地降低设施内的气温和地温，防止花卉被灼伤。此外，利用防雨棚栽培可有效抑制土壤病害的扩散，并起到一定的防风作用。

子项目二　花卉生产设备的使用

【项目目标】

1. 掌握花卉栽培常用加温、降温、光照调节、灌溉及其他设备的性能及使用方法。
2. 掌握花卉栽培常用的容器、工具的使用及维护保养。
3. 了解花卉栽培常用大型机械的使用及维护保养。

【项目分析】

该项目重点为熟悉花卉栽培常用的设备类型，难点为熟悉各种设备的性能。在项目实施过程中可以通过多媒体图片展示、课外调查和现场教学相结合的方式完成。

【知识链接】

为了保证温室花卉的正常生产，需要配备相关设备，以调节温室内的温度、光照、水分、空气等环境条件，使其很好地满足花卉生长所需，从而确保花卉商品的品质，提高工作效率。温室中常见的设备有如下几类。

一、加温与保温设备

在寒冷的冬季，为满足花卉正常生长和发育对温度的要求，温室等栽培设施中常需要安装加温和保温设备，适时进行加温和保温。

1．加温设备

常见的加温方式有热水加温、蒸汽加温、热风加温、烟道加温等，见表2-2。

表2-2 热水、蒸汽、热风、烟道加温方式比较

加温方式	优点	缺点	用途
热水加温	加温均匀、室内温度变化小；温湿度易保持平衡；升温缓慢柔和	配置输水管道投资大，冷却后不易迅速升温；热力不及蒸汽大	适用300m²以下的温室
蒸汽加温	升温迅速；室内湿度较热水加温低	装置费高；加温快，散热快；易受蒸汽伤害，蒸汽压力强，需要熟练的加温技术	各类温室均可使用
热风加温	设备简单，可移动，投资少，传热快，热效率高；降低空气湿度	大面积加温升温缓慢，易造成空气过分干燥；热量滞留温室上部，形成垂直温差	适用于大棚及小型温室
烟道加温	购置简单易行，投资较小，燃料消耗少	供热力小，室内温度不易均匀调节，空气干燥	较小温室

2．保温设备

常用的保温设备有保温帘和保温幕2种。

（1）保温帘　常见的保温帘有草帘、纸被、蒲帘、毛毡、保温棉被等。北方高寒地区的日光温室常采用保温棉被作为保温层。将保温棉被的一端固定在温室后墙上，然后顺着温室的前屋面垂下，覆盖在透光面上以减少晚间热量的散失。

（2）保温幕　保温幕是架设在温室内的保温层。在现代化大型温室中多采用银白色的铝箔反射型内保温幕。不仅可在冬天用于保温，还能够在夏天用作遮阴。

二、降温设备

在炎热的夏季，为防止温度过高对花卉产生伤害，温室中需要配置降温设备来降低温度，以满足花卉正常生长和发育的需求。目前，温室常用的降温方法有以下几类。

1．通风与遮阳降温

这种是最简单且传统的降温方式，包括温室的侧窗和天窗、排风扇、遮阴网等。当温度过

高时，将侧窗和天窗打开，启动排风扇，展开遮阴网，从而达到降温的目的。但降温效果不够理想。

2．水帘与排风扇降温

现代化的温室具有高效的降温系统，一般由排风扇和水帘两部分组成。排风扇装在温室的一侧，而水帘装于排风扇相对的另一侧。水帘是由一种特制的“蜂窝纸板”和回水槽组成。在封闭的温室环境内，风机开启后将温室内的空气排出室外，使室内形成负压，同时水泵向水帘供水，这样水帘外的空气由于温室内的负压而进入温室，在穿过水帘过程中与冷水进行热交换变成冷空气，从而达到降温的目的。这种降温设备能够将高温对温室生产的不利影响减小到最低。

3．微雾降温

微雾降温法是当今世界上最新的温室降温技术。是利用水分快速蒸发带走热量的降温原理，经特制的管件由高压喷出雾化程度非常高的小液滴，在液滴尚未落至地面即已蒸发，从而达到降温效果。该法一般可降温4～10℃，对空气相对湿度较低的地区和自然通风良好的温室尤为适用。

三、光照调节设备

不同种类的花卉和同一花卉的不同生长发育阶段，对光照要求不同，因此需要利用光照调节设备进行光照调节，来满足花卉生长发育对光照的要求。主要设备有补光设备、遮阴设备和遮光设备三种。

1．补光设备

设置补光设备主要目的：一是人工补充光照，用以满足花卉对光周期的需要，促进或延缓开花；二是作为光合作用的能源，补充自然光的不足。目前生产上常用的补光设备有白炽灯、日光灯、高压水银灯、金属卤化灯、高压钠灯等。白炽灯和日光灯发光强度低、寿命短，但价格低，安装容易，国内采用较多；金属卤化灯、高压水银灯和高压钠灯发光强度高、体积小，但价格较高，国外常用作温室人工补光源。除用电灯补光外，在温室的北墙涂白或张挂反光膜将光线反射到温室中后部，也可显著提高光照强度，从而有效改善温室内的光照分布。

2．遮阴设备

遮阴设备分外遮阴和内遮阴两种。基本功能是减弱太阳光的强度和降低温室温度。一般外遮阴的遮阴和降温效果较好，但造价较高且易损耗。相比之下内遮阴造价较低，使用寿命较长，但降温效果不如外遮阴。由于外遮阴受日晒雨淋易老化，因此宜选用结实耐用的材料。近年来多采用遮阳网覆盖遮光，它是一种耐热的化纤织物，颜色有黑、黄、绿、银灰、乳白、浅蓝等，使用年限为3～5年，具有轻便、易操作等优点，可依需要覆盖1～3层。

3．遮光设备

遮光设备的主要目的是通过遮光缩短日照时间。最常用的办法是用完全不透光的材料铺设在设施顶部和四周，或覆盖在植物外围搭建的简易棚架四周，为植物临时创造一个完全黑暗的环境。通常采用不透明黑色塑料布或黑色棉布加工的遮光罩。现在也常使用一种一面白色反光、一面为黑色的双层结构的遮光幕。

四、灌溉设备

目前，水资源紧缺已成为全球性关注的焦点。我国是世界上水资源贫乏的国家之一，工农业和生活用水形势不容乐观。而我国的农业用水量占总用水量的比例最大，达61.26%，因此急需采用节水技术来缓解用水压力。于是，微灌技术逐步得到广泛应用。

通过微灌技术可以实现自动化管理，按照植物需求供水，既省工省水，又能灌溉均匀，还可随灌溉一起施肥施药，这样更容易被植物吸收，提高肥效和药效。此外，由于总灌水量减少，室内湿度明显降低，同时灌水后的地温和室温也高于其他灌溉方式，从而抑制了病虫害的发生。当然，微灌技术也有缺点，比如一次性投资较高，灌水器出口小，容易被堵塞等。

微灌技术包括滴灌、微喷灌和渗灌等。渗灌在温室内应用较少，现重点介绍滴灌和微喷灌。

1. 滴灌

滴灌是利用塑料管道将水通过直径约10mm毛管上的滴灌器送到作物根部的一种灌溉方式。根据滴灌器的结构和供水方式，分为滴头和滴灌带（管）两大类。

（1）滴头　按照结构，滴头分为孔口滴头、纽扣式滴头、滴箭式滴头等，在安装时直接将滴头插在毛管上，特点是可以根据种植作物的株距任意调节出水位置。按照工作原理，滴头又可分为非压力补偿滴头和压力补偿滴头。其中，非压力补偿滴头的流量随压力升高而增大，优点是制造简单，造价较低。而压力补偿滴头的流量稳定，能随压力变化自动调节出水量，且出水均匀，但制造复杂，造价较高。

（2）滴灌带（管）　滴灌带（管）是将滴头与毛管结合为一体，兼具配水和滴水功能，称为“灌溉技术的第四次革命”。优点是造价较低，安装和使用方便。按其结构可分为内嵌式滴灌带（管）和薄壁滴灌带；按其工作原理，也有非压力补偿式和压力补偿式之分。另外，还有一种薄壁塑料软管滴灌带，是在薄壁塑料软管上直接打孔滴水的简易装置，它也能满足温室内灌溉滴水均匀度的基本要求，而且由于其对水质要求较低，抗堵塞能力强，造价低廉，因此在日光温室内被广泛应用。

2. 微喷灌

微喷灌是以喷洒的方式向植物供水，由于水与空气接触时间长、接触面积大，因此能提高空气相对湿度。根据微喷头的构造和工作原理，分为旋转式微喷头和折射式微喷头。

（1）旋转式微喷头　水流从喷嘴向上喷射到可旋转的单向折射臂上，折射臂上不同形状的流道使水流按一定喷射仰角喷出，同时喷射的水舌在反作用力的作用下，使旋转轴旋转，水舌也就随折射臂快速旋转，进而形成圆形喷洒面。旋转式微喷头的有效湿润半径较大，喷射强度较低；但由于运动部件加工精度要求较高，且易磨损，因而价格较贵，使用寿命也较短。

（2）折射式微喷头　水流从喷嘴垂直向上喷出，遇到上方的折射锥后被击散成薄水膜沿四周射出，在空气阻力作用下，形成细小水滴散落到地面上。折射式微喷头也称作雾化喷头，其喷射出的水雾化程度高，水滴小，灌溉均匀度高，而且该设备结构简单，没有运动部件，价格便宜。

五、其他设备

除了上述花卉生产设备外，还常常需要配备一些用于检测温室中环境条件的仪器设备，如最高最低温度计、湿度计、pH计、EC计、测光仪等。

1. 最高最低温度计

最高最低温度计用于记录环境中最高和最低温度，常见的有下面2种。

（1）板式最高最低温度计　板式温度计用以记录在一定时间内空气的最高温度和最低温度（见图2-3）。其温度管左右毛细孔内装有蓝色指示针各一枚，在温度变化时蓝色指示针因受水银柱推动而上升，当温度下降时，蓝色指针不受温度下降的影响而变动，从而指示出最高或最低温度。使用范围从-40～50℃之间观察任何点温度。板式温度计使用时应当悬挂在空气流通的地方。观察温度时间，可视需要决定。在观察时记录指示针下端所指示的温度，观察后需按下按钮使磁条吸引指示针与两端水银柱接触。

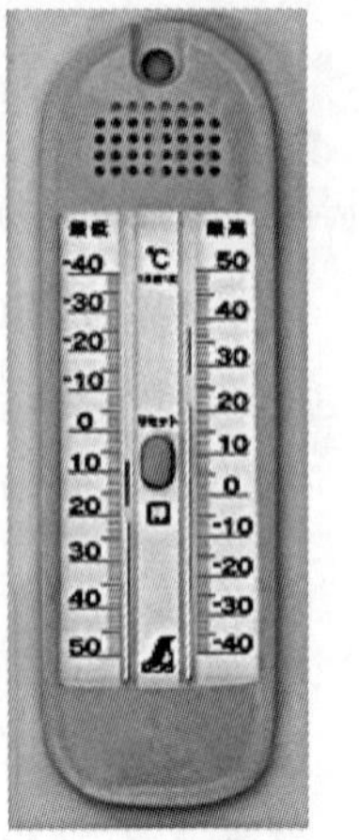

图2-3　板式温度计

（2）仪表式最高最低温度计　仪表式最高最低温度计有三支指针，其中黑色指针指示实时温度，红色指针指示最高温度，蓝色指针指示最低温度（见图2-4）。

图2-4　仪表式温度计

2. 湿度计

湿度计是一种用于测量环境中空气相对湿度的电子仪器。

3. pH计

pH计是一种用于测定液体酸碱度的电子仪器（见图2-5）。现在常用的是便携式pH计，不仅操作简单方便，而且反应迅速稳定。使用方法是：打开底盖将电极插入被测液体中待读数稳定后读出测定值即可。使用完毕后需清洗保存，还要定期用标准液进行校正。

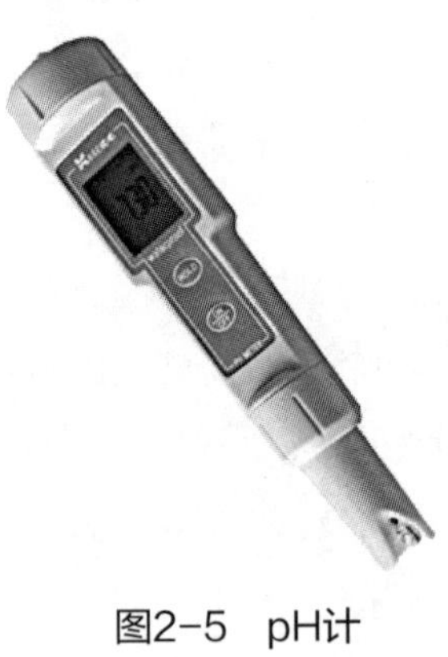

图2-5　pH计

4. EC计

EC计是一种用于测定溶液中离子含量的电子仪器（见图2-6），用法同pH计。

5. 测光仪

测光仪是一种用于测定光照强度的电子仪器（见图2-7）。测定时应注意从高档位开始逐步调整到低档位。

【项目实施】

一、测定当前温室的环境条件

1. 观测点布置

据温室面积大小确定观测点数量。比如一个面积为300～600m^{2}的日光温室可布置9个观测点，

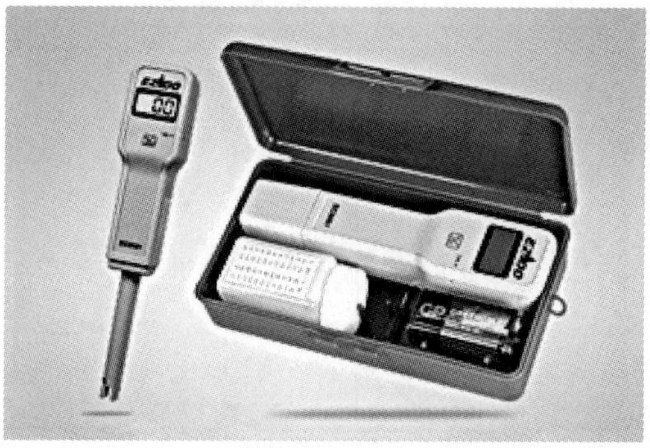

图2-6 EC计

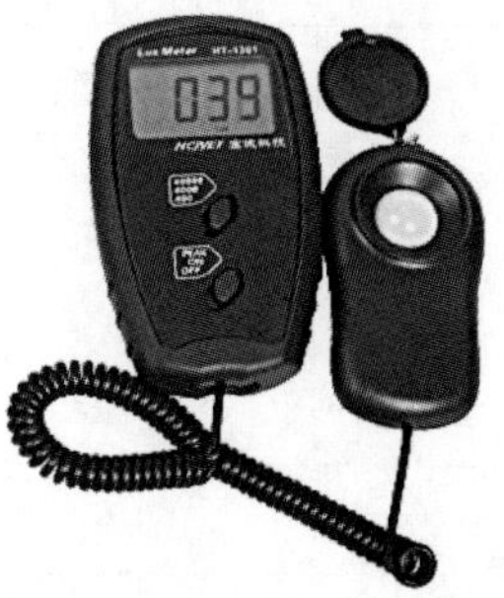

图2-7 测光仪

其中1个测点设于温室中央称为中央测点，其余各点以中央测点为中心在四周均匀分布。

2．观测方法与顺序

在每个测点按照光照、气温、湿度、土温的顺序进行观测。同一点先自上而下，再自下而上进行往返2次观测，然后取2次观测的平均值。

二、调控温室的环境条件

1．温度、湿度调控

根据温、湿度的测定结果，可以通过开启或关闭通风口、设置多层覆盖或开启喷雾设备等措施来实现对温、湿度的调节，并记录各观测点温、湿度的变化。

2．光照调控

根据光照强度的测定结果，可以通过打开遮阴网、张挂反光膜等措旋来实现对光照的调节，并记录各测点光照强度的变化。

三、撰写项目完成报告

【项目考核】

考核标准见表2-3。

表2-3　　温室环境条件观测与调控考核标准

考核内容	考核标准	分值	得分	教师评价
环境条件观测	观测点数量设置合理	10		
	观测顺序准确无误	20		
	仪器操作熟练，读数准确	20		
环境条件调控	调控措施得当	20		
	调控效果较好	20		
任务报告	书写清楚，内容翔实	10		

项目3 花卉繁殖技术

知识目标： 1. 了解花卉繁殖的基本原理和基础知识。

2. 了解花卉种子特性，掌握地播、穴盘播种的操作步骤。

3. 了解扦插繁殖成活的原理，掌握扦插繁殖操作步骤。

4. 了解嫁接繁殖成活的原理，掌握嫁接繁殖操作步骤。

5. 了解分生及压条繁殖的成活原理，掌握分生及压条繁殖操作步骤。

能力目标： 1. 识别50种常见花卉种子，并能对其进行品质检验。

2. 熟练掌握花卉地播、穴盘播种技术。

3. 熟练掌握花卉的枝插、叶插技术。

4. 熟练掌握花卉的劈接、切接及芽接技术。

5. 熟练掌握花卉分生、压条繁殖技术。

子项目一 花卉种子识别及品质检验

【项目目标】

识别50种常见花卉种子，并能对种子的各项指标进行测定。

【项目分析】

该项目重点为各种花卉种子的形状识别，难点为识记50种花卉种子。教师可以通过种子标本、图片、现场教学等形式分1～2次课程完成该项目。

【知识链接】

园林中应用的花卉种类繁多，种子的形态更是千差万别。正确识别这些花卉的种子，了解优良种子的标准以及品质检验方法对于花卉栽培十分重要。

一、优良种子的标准

1．品种纯正

品种纯正是顺利进行花卉栽培的基础和保证。种子纯净是指经过干燥、脱粒、净种和分级后，不含有任何杂种和杂物。在种子采收、去杂、晾干、装袋和储藏的过程中，要标明品种、处理方法、采收日期、贮藏温度、贮藏地点等，以确保品种正确无误。

2．发育充实，颗粒饱满

采收的种子要成熟，粒大而饱满，有光泽，种胚发育健全。种子大小按千粒重分级：大粒种子千粒重10g左右，如牵牛花、紫茉莉、旱金莲等；中粒种子的千粒重3～5g，如一串红、金盏菊、万寿菊等；小粒种子的千粒重0.3～0.5g，如鸡冠花、石竹、翠菊、金鸡菊等；微粒种子的千粒重约0.1g，如矮牵牛、虞美人、半枝莲、藿香蓟等。

3．发芽率高，富有生活力

新采收的种子比陈旧的种子生活力强盛，发芽率高。如贮藏条件适宜，种子的寿命长，生命力强。花卉种类不同，其种子寿命差别也较大。

4．无病虫害

种子是传播病虫害的重要媒介。种子上常常带有各种病虫的孢子和虫卵，贮藏前要杀菌消毒，检验检疫，防止通过种子传播病虫害。

二、花卉种子的寿命

种子是有生命的有机体，各种花卉种子都有一定的保存年限。在保存年限之内，种子有生命力或生命力强盛；若超出了保存年限，种子生命力就会降低甚至失去生命力。花卉种子的保存年限见表3–1。

表3-1　　常见花卉种子的保存年限　　单位：年

花卉名称	保存时间	花卉名称	保存时间	花卉名称	保存时间
菊花	3～5	凤仙花	5～8	百合	1～3
蛇目菊	3～4	牵牛花	3	茑萝	4～5
报春花	2～5	鸢尾	2	一串红	1～2
万寿菊	4～5	长春花	2～3	矢车菊	2～5
金莲花	2	鸡冠花	4～5	千日红	3～5
美女樱	2～3	波斯菊	3～4	大岩桐	2～3
三色堇	2～3	大丽花	5	麦秆菊	2～3
毛地黄	2～3	紫罗兰	4	薰衣草	2～3
花菱草	2～3	矮牵牛	3～5	耧斗菜	2
蕨类	3～4	福禄考	1～1	藏报春	2～3
天人菊	2～3	半枝莲	3～4	含羞草	2～3

续表

花卉名称	保存时间	花卉名称	保存时间	花卉名称	保存时间
天竺葵	3	百日草	2～3	勿忘我	2～3
彩叶草	5	藿香蓟	2～3	木樨草	3～4
仙客来	2～3	桂竹香	5	宿根羽扇豆	5
蜀葵	5	瓜叶菊	3～4	地肤	2
金鱼草	3～5	醉蝶花	2～3	五色梅	1～2
雏菊	2～3	石竹	3～5	观赏茄	4～5
翠菊	2	香石竹	4～5		
金盏菊	3～4	蒲包花	2～3		

三、种子的形态

花卉种子形状各异，应通过种子的外形、色泽、大小和附属物等特征对其进行识别与鉴定。

1. 外形

种子外形可以用肉眼观察，对于特别小的种子可以借助放大镜或者显微镜等仪器进行观察。如金盏菊的种子为弯月形，紫茉莉的种子为地雷形，一串红的种子为鼠粪形，鸡冠花的种子为肾形，金鱼草的种子为卵形，四季秋海棠的种子为椭圆形等。

2. 色泽

种子由于所含色素不同，往往呈现各种不同的颜色及斑纹，有的鲜明，有的暗淡，有的富有光泽。

3. 粒径大小

花卉种子可以按照粒径大小（以长轴为准）分为4类：

大粒种子：粒径在5.0mm以上，如牵牛、茑萝等。

中粒种子：粒径在2.0～5.0mm，如羽衣甘蓝、矢车菊等。

小粒种子：粒径在1.0～2.0mm，如三色堇等。

微粒种子：粒径在1.0mm以下，如四季海棠、虞美人、地肤等。

4. 附属物

花卉种子的附属物包括绒毛、翅、钩、刺等。

四、种子品质检验

对于花卉种子品质，主要的检验项目有种子净度、发芽率、生活力、优良度、种子健康状况、含水量、重量（千粒重）等。

1. 抽样

抽样是抽取具有代表性、数量能满足检验需要的样品。由于种子品质是根据抽取的样品经过检验分析确定的，因此抽样正确与否十分关键。如果抽取的样品没有充分的代表性，无论检验工作如何细致、准确，其结果也不能说明整批种子的品质。为使种子检验获得正确结果并具有重演性，必须从受检的一批种子（或种批）随机提取具有代表性的初次样品、混合样品和送检样品，尽最大努力保证送检样品能准确地代表该批种子的组成成分。

抽样的步骤是：

（1）用扦样器或徒手从一个种批取出若干初次样品。

（2）将全部初次样品混合组成混合样品。

（3）再从混合样品中按照随机抽样法、“十”字区分法等分取送检样品，送到种子检验室。

（4）在种子检验室，按照“十”字区分法等从送检样品中分取测定样品，进行各个项目的测定。

2. 净度分析

种子净度是指纯净种子的重量占测定样品中总重量的百分比。净度分析是测定供检验样品中纯净种子、其他植物种子和夹杂物的重量百分率，据此推断种批的组成，了解该种批的利用价值。测定方法和步骤为：

（1）试样分取，用分样板、分样器或采用四分法分取试样。

（2）称量测定样品。

（3）分析测定样品，将测定样品摊在玻璃板上，把纯净种子、废种子和夹杂物分开。

（4）把组成测定样品的各个部分称重。

（5）计算净度。

纯净种子包括完整的、没有受伤害的、发育正常的种子；发育不完全的种子和难以识别的空粒；虽已破口或发芽，但仍具发芽能力的种子。废种子包括能明显识别的空粒、腐坏粒、已萌芽因而显然丧失发芽能力的种子；严重损伤（超过原大小一半）的种子和无种皮的裸粒种子。夹杂物包括：不属于被检验的其他植物种子；叶片、鳞片、苞片、果皮、种翅、壳斗、种子碎片、土块和其他杂质；昆虫的卵块、成虫、幼虫和蛹。计算方法：

种子净度（%）=（纯净种子重量 / 测定样品种子重量）×100%　　（3-1）

3. 种子重量测定（千粒重）

种子重量主要指千粒重。通常指气干状态下，1000粒种子的重量，以g为单位。千粒重能够反映种粒的大小和饱满程度，重量越大，说明种粒越大越饱满，内部含有的营养物质越多，发芽迅速整齐，出苗率高，幼苗健壮。种子千粒重测定有百粒法、千粒法和全量法。

（1）百粒法　通过手工或用数种器从待测样品随机数取8个重复，每个重复100粒，分别称重。根据8个组的称重读数，求算出100粒种子的平均重量，再换算成1000粒种子的重量。

（2）千粒法　适用于种粒大小、轻重极不均匀的种子。通过手工或用数种器从待测样品随机数取2个重复，分别称重，计算平均值，求算千粒重。大粒种子，每个重复数500粒；小粒种子，每个重复数1000粒。

（3）全量法　珍贵种类，种子数量少，可将全部种子称重，换算千粒重。

目前，电子自动种子数粒仪是种子数粒的有效工具，可用于千粒重测定。

4. 含水量测定

种子含水量是种子中所含水分的重量与种子重量的百分比。通常将种子置入烘箱用105℃温度烘烤8h后，测定种子前后重量之差来计算含水量。计算方法：

种子含水量（%）=[（干燥前重量−干燥后重量）/ 干燥前重量）]×100%　　（3-2）

5．发芽率测定

发芽率也称实验室发芽率，是指在发芽试验终期（规定日期内）正常发芽种子数占供试种子数的百分率。种子发芽率高，表示有生活力的种子多，播种后出苗多。计算方法：

$$发芽率（\%）=（发芽种子总粒数/供检种子总粒数）\times 100\% \quad (3\text{–}3)$$

6．种子发芽势

发芽势是种子发芽初期（规定日期内）正常发芽种子数占供试种子数的百分率。通常以发芽实验规定的期限的最初三分之一期间内的发芽数，占供试种子总数的百分比表示。发芽势高，表示种子活力强，发芽整齐，生产潜力大。计算方法：

$$发芽势（\%）=（发芽达到最高峰时已发芽种子数/供检种子数）\times 100\% \quad (3\text{–}4)$$

【项目实施】

一、识别花卉种子（种苗、种球）50种

1．花卉种子准备（其中的50种）

百日草、蒲包花、彩叶草、鸢尾、君子兰、唐菖蒲、百合、郁金香、一串红、月季、矢车菊、鸡冠花、石榴、紫茉莉、蜀葵、睡莲、荷花，千屈菜、凤眼莲、金鱼草、银边翠、千日红、报春花、美女樱、雏菊、石竹、蛇鞭菊、桂竹香、落新妇、藿香蓟、大丽花、风信子、番红花、桔梗、马蹄莲、沿阶草、紫菀、旱金莲、花烟草、风铃草、波斯菊、翠菊、花菱草、勿忘我、观赏向日葵、矮牵牛、白三叶、醉浆草、水仙、何氏凤仙、四季秋海棠、三角花、天竺葵、吊钟海棠、百里香、含笑、紫薇、紫藤、米兰、桂花、栀子花、凌霄、五色梅、麦秆菊、鱼腥草、仙客来、金银花、棣棠、醉蝶、三色堇、金盏菊、半支莲、牵牛、蜀葵等。

2．工具准备

放大镜、显微镜、直尺、铅笔、记录本、镊子、种子瓶、白纸板、盛物盘、橡皮、游标卡尺等。

3．种子形态观察

利用肉眼观察或借助放大镜、显微镜观察各种花卉种子的外部形态，并对相似的种子进行比较，填入表3-2。

表3-2　花卉种子形态观察

花卉种子	观察项目				
	外形	色泽	平均粒径	附属物	其他特征
牵牛花					
紫茉莉					
土人参					
……					

二、花卉种子的品质检验

（一）材料与工具准备

上述50种花卉种子、白纸、分样器、玻璃板、称量瓶、称量盒、烘箱、发芽皿、纱布、恒温箱、滤纸、天平等。

（二）实施步骤

1．取样

采用四分法或分样器法从混合样品中按照规定的重量分取送检样品。

2．种子净度测定

将测定样品放在玻璃板上，按纯净种子、废种子和夹杂物分为3部分，分别称重。当所测样品中纯净种子、废种子和夹杂物之和与样品重之间的差值<5%时，即可计算种子净度，否则应重做。计算方法见式（3–1）。

进行复检或仲裁检验时，计算2次测定的平均数，如不超过规定的容许差距，则可认为2次测定结果相符合。

3．种子千粒重测定

采用百粒法，随机抽取100粒，重复8次，取平均值。

4．种子含水量测定

将检验样品装入称量瓶或称量盒内，精确称量后，置于烘箱中，打开瓶盖，先用80℃温度烘干3～4h，再升温到100～105℃，一直干燥到恒重，称其重量，计算含水量。计算方法见式（3–2）。

5．种子发芽率测定

在纯净种子中随机抽取4组100粒种子放在发芽皿内，铺放经过高温灭菌的滤纸或纱布，浸种后将种子按一定顺序排列在发芽皿中，然后放在恒温箱或温室内，保持25℃左右恒温。每日统计发芽数，到连续5d平均发芽数不足供检种子粒数的1%时，停止统计。计算方法见式（3–3）。

6．种子发芽势测定

根据种子发芽率的统计数据计算种子发芽势。计算方法见式（3–4）。

（三）将上述测定的各项指标数据填入表3-3。

表3-3　花卉种子品质检验

花卉种子	测定指标				
	净度	千粒重	含水量	发芽率	发芽势
牵牛花					
紫茉莉					
土人参					
……					

【项目考核】

考核标准见表3-4。

表3-4 花卉种子识别与品质检验考核标准

考核内容	考核标准	分值	得分	教师评价
花卉种子识别	观察细致	20		
	表格填写完整、准确	20		
花卉种子品质检验	取样方法选择得当	10		
	各个指标测定方法掌握娴熟	40		
	表格填写清楚，计算精确	10		

【知识拓展】

有关花卉种子采收、处理与贮藏方面的知识。

一、花卉种子的采收

当花卉的种子成熟时，应及时采收。种子成熟包括形态成熟和生理成熟两个方面。形态成熟是指种子的外部形态及大小不再发生变化，可以从植株上或果实内自行脱落；生理成熟是指种子已具有良好的发芽能力。生产上多以形态成熟作为种子（果实）成熟的标志来确定采收时间。如果采收过早，种子的贮藏物质尚未充分积累，生理上也未成熟，易导致种子的千粒重低，贮藏后种子也容易皱缩、空瘪，生活力低下，发芽率和发芽势降低；如果采收过晚，易造成种子散落，或因雨湿造成种子腐烂，发芽力及品质降低。种子形态成熟一般具有以下特点，即含水量降低、营养物质已转化为难溶于水的物质、种胚休眠、种皮坚硬、色泽由浅转深等。

不同花卉的种子有不同的采收方法。一般对于成熟期较一致而又不易散落的花卉种子，可连同花序或整个植株一同剪切采收，如万寿菊、百日草、千日红、翠菊等；对于陆续成熟且成熟后易散落的花卉种子，应成熟一批采一批，如一串红、紫茉莉、波斯菊、金鸡菊、美女樱等；还有些花卉的果实成熟时易开裂，宜在果实成熟开裂前提前采收，如半支莲、凤仙花、三色堇、花菱草等，即应在果实由绿变为黄褐色时及时采下，且最好在清晨空气湿度较大时采收，以防强烈阳光下果实开裂，种子散出。

采种时还要注意采收的部位。通常在一株上要选早开花及主枝上的种子。对于那些晚开花或枝梢的花朵所结的种子，常结实不良、或不能成熟、或受精不完全，都不适合采种。此外，采种时要求选取生长健壮、性状优良、无病虫害母株上的种子。

二、花卉种子的处理

种子的处理主要因果实的种类而异。干果类种子采收后，应尽快干燥。首先连株或连壳晾晒（阳干法），或在通风处阴干（阴干法），通常含水量低的用“阳干法”，含水量高的用“阴干法”。

经初步干燥后，再脱粒并采用风选或筛选，去壳、去杂。最后进行干燥至含水量的安全标准。肉果类种子因果肉内含有较多的果胶及糖类，容易腐烂，滋生霉菌，并加深种子的休眠，故果实采收后必须及时处理。先加适量清水，或经短期发酵（21℃下4d），或直接揉搓，再脱粒、去杂、阴干。球果类种子采收后一般只需暴晒3～10d，脱粒后再风选或筛选去杂即可，如油松、侧柏、云杉、落叶松等。

三、花卉种子的贮藏

种子寿命的长短除受遗传因素影响外，还受温度、水分和氧气等多种外界因素的影响，适宜的贮藏条件可以延长种子的寿命。一般花卉种子在干燥后密封，贮藏于低温条件下，可以抑制呼吸作用，减少养分消耗，较长时间地保持生命活力。花卉种子的贮藏方法常有如下两类。

1. 干藏法

干藏法主要是在干燥的环境中贮藏种子。

（1）干燥贮藏法　耐干燥的二年生草花种子，在充分干燥后，放进纸袋或纸箱中，置于室内通风处保存。此法适用于次年就播种的短期保存。特点是简便易行，是最经济的贮藏方法。

（2）干燥密闭法　将充分干燥的种子装入罐或瓶一类容器中，密封起来放在冷凉处贮藏，能长期保持种子的低含水量。适用于保存时间较长的花卉种子。

（3）干燥低温密闭法　把充分干燥的种子放在密闭容器内，置于1～5℃的低温条件下贮藏。适用于长期保存的草本花卉种子及硬实种子。

2. 湿藏法

湿藏法主要是在较为潮湿的环境中贮藏种子。

（1）层积法　也称沙藏法，适用于在干燥条件下容易丧失发芽力的种子。将种子与相当种子容量2～3倍的洁净湿沙或泥炭、蛭石等，作交互层状堆积，置于排水良好的地方，保持空气相对湿度50%～60%，基质湿度以手捏成团不滴水为度。此外，休眠的种子利用层积法可促进发芽。

（2）水藏法　适用于某些水生花卉的种子。如王莲、睡莲的种子必需贮藏于水中才能保持发芽力。

子项目二　花卉有性繁殖技术

【项目目标】

1. 了解有性繁殖的优缺点。
2. 熟练掌握花卉的地播及盆播技术。
3. 熟悉有性繁殖操作流程，掌握操作要领。

【项目分析】

该项目重点为地播及盆播技术操作流程，难点为各个操作步骤中的细节处理，教师可以通过演示及实践操作完成该项目。

【知识链接】

有性繁殖又称种子繁殖，是通过有性生殖获得种子，再用种子培育出新个体的过程。用种子繁殖获得的花卉苗称为播种苗或实生苗。

有性繁殖的特点是：种子采收、贮藏、运输和播种均操作方便；具有繁殖系数大、幼苗根系强健、寿命长的优点；但F_1代植株种子会出现性状分离的现象，易丧失优良种性。

一、种子的萌发条件

种子萌发需要适宜的环境条件，包括水分、温度、光照和氧气等。

1．水分

种子萌发时，首先要吸收充足的水分。种子吸水膨胀后，种皮破裂，细胞内酶的活力随之加强，呼吸作用也迅速增强，蛋白质及淀粉等营养物质被输送到胚，使胚开始生长。随后胚根和胚芽突破种皮，进而形成幼苗。播种后，尤忌在种子萌动时缺水，这样会引起“芽干”而不能出土成苗。

2．温度

花卉种子萌发需在适宜的温度条件下进行。各种花卉种子都有自己的发芽适温，一般园林植物种子的萌发适温要比其生育适温高3～5℃。多数一年生花卉种子的萌发适温为20～25℃，适于春播；二年生花卉种子的萌芽适温为15～20℃，适于秋播；还有些花卉种子的萌芽适温较高，可达20～30℃，如鸡冠花、半支莲等。

3．光照

多数花卉种子萌发不需要光照，但对于某些花卉来说，在发芽期间必须具备一定的光照才能萌发，被称为好光性种子，如报春花、毛地黄、瓶子草等；反之在光照下不能萌发的称为嫌光性种子，如黑种草等。

4．氧气

种子萌发需要充足的氧气供给，因为种子在贮藏时，呼吸作用极微弱，当种子吸收水分后，内部物质发生分解，呼吸强度显著提高，所以需要吸收充足的氧气，并呼出二氧化碳。这时，如果土壤水分过多，或土质过于黏重，或覆土过厚，容易导致通气不良，会影响种子萌发出苗，甚至会因呼吸受阻而发生霉烂。因此，在种子萌发过程中，要调节氧气的供应，以使种子顺利萌发。但对于水生花卉来说，只需少量氧气就可供种子萌发。

二、种子的播种时期

不同的花卉种子，适宜播种的时间不同，一般分为春播、秋播、随采随播和周年播种。

1．春播

露地一年生草花、宿根花卉和大多数木本花卉较适宜春播。南方地区约在2月下旬至3月上旬播种，中部地区约在3月中下旬播种，北方地区约在4月或5月播种。需要提前出圃的花苗，往往在温室、温床或冷床（阳畦）中提早播种育苗。

2．秋播

露地二年生草花和部分宿根花卉较适宜秋播。南方地区约在9月下旬至10月上旬播种，中部地区约在9月份播种，北方地区约在8月中旬播种。多数花卉种类需要在温床或冷床中越冬。

3．随采随播

有些花卉的种子含水量较多，生命力弱，不耐贮藏，而且失水后容易丧失发芽力，所以需要随采随播，如君子兰、四季海棠、广玉兰等。

4．周年播种

生长在热带和亚热带地区的花卉，由于常年处于恒温状态，其种子可以随时成熟。如果温度合适，种子还可随时萌发，所以可以进行周年播种，如中国兰花、热带兰花等。另外温室花卉播种通常在温室中进行，受季节性气候条件的影响较小，因此播种期没有严格的季节性限制，常随所需要的花期而定。

三、播种前种子的处理方法

为了使种子更早、更快、更好地萌发，常常在播种前对其进行催芽处理。

1．浸种催芽

对于休眠期短、容易发芽的种子，播前用30℃的温水浸泡2～24h，可显著促进萌发，如翠菊、一串红、半支莲、紫荆等。对于发芽迟缓的种子，播前先用30～40℃的温水浸泡，待种子吸胀后捞出，再用湿纱布包裹放入25℃的环境中催芽。催芽过程中需每天用清水冲洗1次，待种子露白后再进行播种，可显著促进萌发，如文竹、仙客来、君子兰、天门冬、冬珊瑚等。

2．剥壳催芽

对于果壳坚硬不易发芽的种子，可以人为将果壳剥除后再进行播种。从而促进种子萌发，如黄花夹竹桃等。

3．挫伤种皮催芽

美人蕉、荷花等种子，种皮坚硬不易透水、透气，很难发芽。可在播种前在近脐处将种皮挫伤，再用温水浸泡，种子吸水膨胀后，显著促进萌发。

4．药剂处理催芽

用硫酸、盐酸、氢氧化钠等药物浸泡种子，可以软化种皮，改善种皮的透性，再用清水洗净后播种能够促进种子萌发。浸泡时间视种皮质地而定，勿使药液透过种皮伤及胚芽。

5．低温层积处理催芽

对于要求低温和湿润条件下完成休眠的种子，如牡丹、蔷薇等，常用冷藏或秋季湿沙层积法处理，再在第二年早春播种，发芽整齐迅速。

6．拌种催芽

对于小粒或微粒花卉种子，拌入“包衣剂”，即给种子包上一层外衣，主要起保持种子的水分和防治病虫害的作用，有利于种子发芽。也可在播种时用颗粒与种子相近的细土或沙拌和，提高播种的均匀度。对外壳有油蜡的种子，如玉兰等，可用草木灰加水调成糊状拌种，借助草木灰的碱性脱去蜡质，以利于种子吸水发芽。

【项目实施】

一、床播技术

1．苗床准备

选择阳光充足、地势高、土质疏松、排水良好、富含腐殖质的沙质壤土。土壤翻耕后，去除残根、杂草、砖砾等杂物，施入适量的有机肥，再耙细、混匀，整平、做畦。

2．土壤消毒

可以选择下列方法之一进行土壤消毒。

（1）五代合剂法　75%无氯硝基苯4g/12kg土和75%代森锌5g/12kg土，混拌均匀。

（2）恶霉灵法　1：3000倍液灌注床面。

（3）菌虫全杀法　1：500倍液灌注床面或用150g/m^2混拌土壤。

3．种子消毒

种子消毒可有效预防苗期病害，如猝倒病、立枯病等，以提高成苗率。可选择下列方法之一进行种子消毒。

（1）多菌灵粉剂与敌百虫粉剂拌种消毒　药量为种子重量的0.2%～0.3%，最好干拌。

（2）甲醛溶液消毒　用200倍的40%溶液浸种10～15min，捞出冲洗，晾干播种。

（3）硫酸铜溶液消毒　用1%硫酸铜溶液浸种5min捞出冲洗，晾干播种。

（4）高锰酸钾溶液消毒　用0.5%高锰酸钾溶液浸种2h，捞出冲洗，晾干播种。

（5）浇透底水　结合土壤消毒进行，浇水量至少达到能够使10～15cm厚的土壤湿润。

4．播种

根据花卉种类、种子大小、耐移栽程度以及园林应用等，选择下列方法之一进行播种。

（1）撒播　适用于小粒种子，即把种子均匀撒在播种床上。若种子过于细小，可与适量细沙混合后再播。撒播播量大、出苗多、省工省地，但用种量大，管理较为困难。

（2）点播　适用于大粒种子和较稀少的种子，即按一定株行距挖穴播种。点播费工费时，但出苗健壮，管理方便。

（3）条播　适用于中、小粒种子，即按一定行距开沟播种，行距与播幅视情况而定。条播用种量较少，管理方便，木本苗木大多采用此法。

5．覆土

播后应及时覆土，覆土厚度为种子直径的2～4倍，小粒种子以不见种子为度。一些极细小的种子可以不覆土，但播后必须用玻璃、塑料膜等材料覆盖保湿。覆土应选用疏松的土壤或细沙、草木灰、椰糠、泥炭等基质，不宜选用黏重的土壤。

6．镇压

镇压能够使种子与土壤紧密结合，让种子充分吸水膨胀，促进发芽。镇压应在土壤疏松、上层较干时进行，土壤黏重不宜镇压，以免影响种子发芽。

7．覆盖

为保持苗床湿润，播种后要进行覆盖，多用薄膜及遮阳网等，好光性种子只能采用透明薄膜覆盖。覆盖还可以防止雨水冲刷、抑制杂草滋生，但幼苗出土后覆盖物应及时撤除。

8．播后管理

播种后需保持床土湿润。种子萌发后，要及时撤去覆盖物。当真叶出土后，要根据苗的稀密程度及时“间苗”，去掉纤细弱苗，留下壮苗，以充分见阳光“蹲苗”，间苗后需立即浇水，以保证幼苗根系与土壤紧密结合。当幼苗长出3～4片真叶时，可分苗移栽。

二、盆播技术

1．苗盆准备

一般采用播种盆或盆口较大的浅盆，底部有排水孔，播种前洗刷消毒后待用。

2．育苗土准备

育苗用土是供给花苗生长发育所需要的水分、营养和空气的基础，优质的床土应当肥沃、疏松、颗粒细小。可根据实际条件选择下列之一营养土配方。将各种营养土混合均匀后过筛、消毒，然后装入苗盆内，填实、刮平，使盆土距盆沿约1cm，如图3-1。

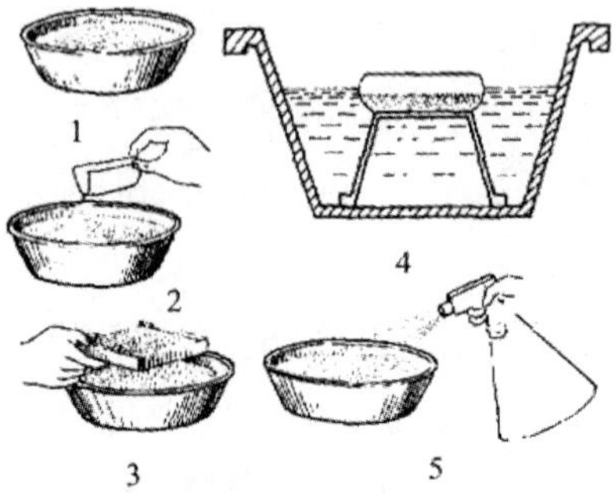

图3-1 盆钵育苗

1. 准备育苗土 2. 播种 3. 覆土 4. 浸盆 5. 播后喷水处理

配方一：50%园土（塘泥）+25%草木灰（或椰糠、泥炭）+25%腐熟鸡粪（或其他腐熟有机肥）。

配方二：50%园土（塘泥）+25%草木灰（或椰糠、泥炭）+10%细沙+15%腐熟鸡粪（或其他腐熟有机肥）。

3．播种与覆土

小粒、微粒种子宜拌沙撒播；大、中粒种子和包衣种子可点播。播后用细筛视种子大小覆土，小粒和微粒种子覆土要薄，以不见种子为准。

4．盆底浸水

将苗盆底部浸到水里，至盆面刚刚湿润均匀后取出，忌喷水。

5．覆盖

浸盆后将苗盆平放在阴凉处，用玻璃或报纸覆盖盆口，防止水分蒸发和阳光直射。夜间可将覆盖物掀去，使之通风透气，白天再盖好。

6．播后管理

种子出苗后需立即揭去覆盖物，并移到通风处，逐步见光。可继续用盆底浸水法浇水，当长出1～2片真叶时可用细嘴喷壶浇水。视苗的密度及时间苗，当长出3～4片真叶时可分盆移栽。

【项目考核】

考核标准见表3-5。

表3-5 床播技术和盆播技术考核标准

考核内容	考核标准	分值	得分	教师评价
床播技术	苗床准备充分	10		
	土壤、种子消毒彻底	15		
	播种过程操作熟练	20		
	播后管理及时、得当	10		
盆播技术	苗盆、育苗土准备充分	15		
	播种过程操作熟练	20		
	播后管理及时、得当	10		

子项目三 花卉的穴盘育苗技术

【项目目标】

1. 了解穴盘育苗的意义及我国穴盘育苗发展现状。
2. 熟悉穴盘育苗所需设施设备。
3. 掌握花卉穴盘育苗的技术流程及操作要领。

【项目分析】

该项目重点为穴盘育苗的操作流程，难点为掌握常见花卉的穴盘育苗生产技术。教师可以通过带领学生实际参与生产或到花卉工厂化生产车间参观来完成该项目的教学。

【知识链接】

穴盘育苗是一项现代育苗技术，是指在特制的育苗容器“穴盘”中，采用一定的栽培基质，使用优质的繁殖材料（种子、插穗、组培苗），通过科学细致的栽培程序和管理技术，生产出高品质的种苗。穴盘育苗技术在花卉种苗繁育中不仅可以用于实生苗繁殖，也可以用于扦插苗繁殖和组培苗驯化。

在一些发达国家，穴盘育苗技术已高度专业化，如美国和欧洲的花卉业几乎100%使用穴盘育苗。穴盘育苗主要有三个特点：① 穴盘中的穴孔呈“倒金字塔”形，这种形状的空间最有利于植物根系迅速而充分的发育；② 采用专业化的育苗基质，这是穴盘育苗的关键部分，主要由泥炭组成，同时还加入珍珠岩、蛭石、树皮、保湿剂等；③ 精细的栽培技术是穴盘育苗技术的核心。

一、我国穴盘育苗技术的发展现状

穴盘育苗技术引入我国时间为20世纪80年代中期。“九五”期间，我国穴盘育苗获得了较好的

发展机遇。全国各地建立起了许多科技园区和高新农业区，几乎都规划布局了穴盘育苗项目。但是，最初主要是国家科研机构在尝试，很少有商业机构参与，所以一直没有实现真正的大面积推广。后来，伴随着国内花卉业发展，外加一些商业公司参与，如最初由浙江虹越花卉有限公司以花卉种苗为切入点，开始推广这项技术，穴盘育苗就蓬勃发展起来了。随后，世界种苗业巨头美国“Speedling”公司来中国投资成立中国维生种苗公司，更推动了穴盘育苗技术的推广。目前，从事穴盘育苗生产的公司不少，如分布各地的维生种苗、上海种业、虹越种苗、大连园林实业、大连世纪、森禾种业等。由于有较多商业公司参与，一方面降低了生产成本，另一方面与穴盘育苗相关的配套技术、设备、资材等都有专业合作和开发者。由此，穴盘育苗业才在国内真正发展起来了。

二、穴盘苗生产所需的主要设施设备

穴盘育苗是一项对栽培设施和种植设备都要求较高的产业，比如温室、发芽室、准备房，以及相应的温度、光照、水分等调控设备。

（一）温室

由于穴盘苗的生长阶段对温度、湿度及光照要求较为严格，因此被选作穴盘苗生产的温室必须具备能够调控环境因子的设备。一般要配备遮阴、加温、降温、光照、通风等设备和栽培床。

1．遮阴设备

强光对温室形成的辐射热会对降温系统产生很大热荷载，同时也能灼伤种苗。因此，穴盘育苗温室一般需配外遮阴和内遮阴设备，来反射或遮挡部分太阳光。由于外遮阴设备具有一定的降温效果，故在夏季较炎热的地区，必须配备此设备。而对于夏季较凉爽的地区，可以只配备内遮阴设备。根据夏季光照强度，可选用遮光率为20%～90%的遮阴网，最常用的是50%遮光率的遮阴网。

2．加温设备

冬天穴盘苗生产温室的平均温度应不低于18℃，最低气温不低于15℃。为保证上述温度要求，国内大部分地区的穴盘苗生产温室需配备加温设备。一般大型育苗温室，常采用中央锅炉加温设备，而小规模育苗温室常采用局部加温设备。

3．降温设备

夏季高温对穴盘苗生产也会产生不利影响，所以配备降温设备是必需的。降温设备有自然通风设备、机械通风设备、湿帘风扇降温设备和迷雾降温设备等。

4．光照设备

在一些地区，冬天或雨季温室光照强度不足，低于穴盘苗生长所需的最佳光照要求，因此需要配备补光设备来补充光照，以提高光合作用，促进种苗生长。采用较为普遍的光照设备是高压钠灯。

5．通风设备

冬天温室密闭时，或者雨季温室湿度较高时，会增加种苗发生病虫害的概率。良好的通风设备对减少种苗病虫害发生非常重要。湿帘风扇设备中的大型通风扇是其中一种通风设备。另外，在温室内部安装加强型通风机，强制温室内部空气循环来降低叶面湿度，减少病虫害侵染。

6．栽培床

栽培床是穴盘的承载体，分为地面床、固定式栽培床和滚动式栽培床等。

（二）发芽室

种子的萌发分为两个阶段：首先是从播种到胚根出现；其次是从胚根出现到子叶展开。影响种子萌发的因素有水分、温度、光照和氧气等。若想让穴盘苗快速整齐发芽，需要为其提供适宜的环境条件。然而，大型温室不容易精确控制环境条件，对有条件的种苗场最好再另外建立一间小型发芽室，如图3-2所示。

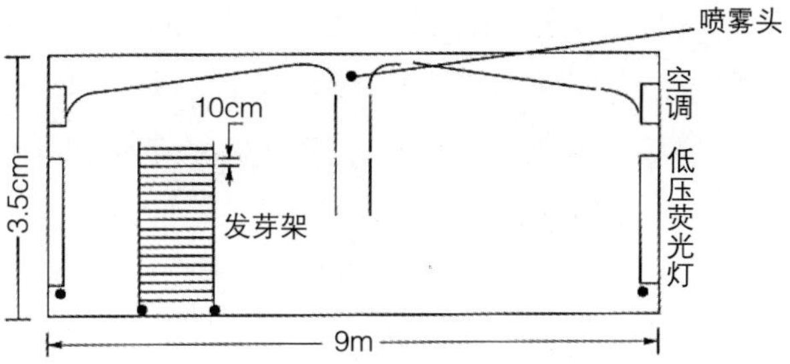

图3-2 发芽室剖面

1．发芽空间尺寸

发芽室的尺寸取决于在给定的时间内需要催芽穴盘的数量和所设定的温度梯度。发芽室的高度应使穴盘架或穴盘车上部有足够的空间以便加湿气雾能顺畅通过。如果不设降温系统，发芽室的高度至少应保证2.4m。如果在顶棚下安装降温系统，则至少应保证3.0m。

2．发芽室保温效果

要求墙体和屋顶保温效果好，隔热对保持室内温度总是有益的。保温材料种类较多，进行选择时要求隔热系数R最低为20。通常可利用保温彩钢板建成，如发芽室四壁及屋顶利用75～100cm厚保温彩钢板，顶棚设计成倾斜型以避免水滴直接滴落到穴盘上。发芽室内水泥地面厚度要求10～15cm，并向中央轻度倾斜一定坡度以利于排水。

3．发芽室温度控制系统

发芽室温度控制系统主要分为加热系统和降温系统。小型发芽室可用空调来加温，如果使用白炽灯，也可由灯光发出的热量供热。大型发芽室采用独立的供热系统，一般控制的最高温度为26.5℃。在较热的月份，或者种子萌发需要较低温度时，发芽室还要配备降温设备。小型发芽室同样可用空调来降温。大型发芽室应选择适合高湿度、低气流的降温设备；需要注意的是，如果装有喷灌系统，选用该设备时两个系统的温度设定值至少相差1℃，否则两个系统会交替不停地运行。

4．发芽室湿度调控系统

发芽室湿度调控通常采用自动控制的喷雾系统。一般按10～15cm^{2}面积配备一个喷头，喷头安装在发芽室顶棚，喷出的是完全雾化的水汽，这样整个发芽室内的湿度分布会比较均匀，同时还要控制室内气流使之保持在最小水平。对于小型发芽室，采用加湿器即可满足要求。

5．发芽室光照调节系统

在墙壁四周安装低压荧光灯可以满足种子发芽所需的光照条件。双灯光管垂直安装，灯座为防水灯座。发芽室内最重要的器械是移动发芽架。发芽架分为带荧光灯和不带荧光灯两种。尺寸可根据需要定制。

（三）准备房

一般大型种苗场都有与温室配套的准备房，在准备房中布置播种区、控制室、储物区和包装间等。

1．播种区

播种区中通常安装有播种流水线，如介质混合机、介质运输机、介质填充机、播种机、覆料机及淋水机等，在此区内完成播种过程。

其中，播种机是该区的核心机器。它采用的是真空吸附原理，通过开启真空马达或气泵产生真空，将种子吸附到播种机的针管口（或面板小孔、滚筒小孔）上，待针管口对准穴盘的穴孔时，关掉气泵，这样被吸附的种子就落到穴孔之中了。现代穴盘育苗一般都采用播种机播种，以达到精确、便捷、高效的目的，从而提高种苗质量和出苗整齐度。

2．控制室

穴盘苗生产过程中，有许多控制温室环境、控制浇水施肥操作以及控制发芽环境的仪器等，这些一般都布置在控制室内。

3．储物区

储物区主要用于堆放各种介质、农药肥料、育苗容器、包装材料等。占地面积较大。

4．包装间

穴盘苗上市前要进行检验、整理和再包装，这些操作过程都是在这个区域进行的。大型种苗场常配置运苗架或传送带、种苗分离机和包装用具等。

（四）水肥系统

无论是种子萌发，还是种苗生长，都离不开水分与肥料。如果水肥管理不善，会给穴盘苗生产带来巨大的损失。植物对水分的吸收主要由植物的生长类型和生长温度决定，不同生长阶段对水分的要求也不同。对穴盘幼苗施肥比较困难，因为容积小、淋洗快、基质pH变化快，盐分容易积累而损伤幼苗根系，所以施肥量及施肥方法都要随着不同植物类型、不同生长阶段、基质pH及预期生长速度的变化而变化。一般水肥系统包括水处理设备、浇水设备、肥料配比机、喷雾器以及各种灌溉管道和各种容器等。

大型种苗场通常使用自走式浇水机，如图3-3。即在一根水管上安装几个或几十个喷头，架于苗床上方，然后通过选用不同类型的喷头来达到控制发芽期和生长期的灌溉水量。该设备的优点是省水、省工、速度快、浇水均匀，从而保证植物具有高品质的均一度。

图3-3　自走式浇水机

三、生产资料

任何生产都离不开生产资料，穴盘育苗生产中关键的生产资料有种子、介质和水。

（一）种子

为了适应现代穴盘育苗中专业化、机械化及规模化生产的需求，用于穴盘苗生产的种子一般经过如下特殊处理。

1．筛选种子

种子在收获后都要清除灰尘、花粉和外皮，并根据种子的大小、形状、颜色、质量和密度等进一步筛选，从而提高种子活力的均匀度。

2．脱化处理

穴盘苗采用机械化播种，多数是利用真空进行吸种，大小均匀的圆形种子是最适合机械播种的。所以在生产中常常对种子进行机械化精加工，即脱化处理，使种子在播种时流动性更好，播种到穴盘中的位置更准确。但是脱化处理会对种子外皮造成机械损伤，因而会缩短这类种子的贮藏时间。若无适宜贮藏条件，应当季购买，当季播种。

3．水化处理

为了使穴盘苗快速整齐发芽，种子还常常进行水化处理，即将种子放到渗透溶液中，以激活种子发芽的新陈代谢活动，但阻止完全萌发的发生。在生根（胚根）前将种子重新烘干，使种子的含水量恢复到水化处理以前的水平，然后将种子像原种子一样再进行其他方面的处理。播种后种子重新处于水合状态。由于许多新陈代谢过程已完成，因而种子的发芽速度大大提高，发芽率改善，小苗长势茂盛。

4．包衣化处理

植物的种子形状多样，不圆的种子会给真空播种机高速、准确的工作效率带来影响，因此在播种前，许多种子都被加工成丸粒或包衣种子，这样可以快速、准确地播种，也便于检查播种效果。对种子进行丸粒化和包衣化处理的另一个原因是为用杀菌剂、杀虫剂、生物控制剂和生长调节剂处理种子时提供安全、有效的载体。

（二）介质

介质是用来支撑植物生长的材料。植物生长所需的水分和营养都是由根系从介质中吸收而来的。穴盘育苗所用介质应达到下述要求：① 透气性、排水性好，持水能力也较强；② EC值（用来测量溶液中可溶性盐浓度的指标，也可以用来测量液体肥料或种植介质中的可溶性离子浓度）低，有足够的阳离子交换能力；③ 尽可能达到或接近理想的固、液、气相状态；④ 不含有毒物质、病菌、害虫及杂草种子。穴盘苗生产常用的介质有泥炭、蛭石和珍珠岩。

1．泥炭

泥炭是一种特殊的半分解的水生或沼泽植物，可分为两类。其中一类是草炭,形成于莎草或芦苇，我国东北产的草炭便属于此类。此类泥炭虽然被国内有些单位用于生产穴盘苗，但其与穴盘苗生产的介质要求相差甚远。另一类是泥炭藓，形成于较原始的泥炭藓属植物，物理和化学性质稳定，是国内外常用的一种理想的商品用种苗介质。

2．蛭石

蛭石是经1100℃高温处理，体积膨大8 ~ 20倍而成的片状矿物，外表类似云母。它具有较好的物理特性，如保温、隔热、通气、保水、保肥等。但蛭石不耐重压，而且易碎，随着使用时间的延长，大块片状蛭石变成细碎蛭石，容易使介质变得致密而失去通气性和保水性。因此，生产穴盘苗时应选择较粗的薄片状蛭石，即使是播种细小种子，也以用较粗的蛭石为好，片径最好在3 ~ 5mm。蛭石在种苗生产中属于短期使用，理化性质改变不大，所以较为常用。

3．珍珠岩

珍珠岩是由硅质火山岩在1200℃下燃烧膨胀而成，具有质轻、通气、质地均匀、不易分解、无营养成分、无化学缓冲能力等特点。穴盘苗生产中所使用的珍珠岩最适粒径为2 ~ 4mm，通常是加入到介质中来改善通气状况。由于珍珠岩过轻，浇水后常会浮于介质表层，造成介质“分层”，同时也会使介质过于疏松，使穴盘苗根系不能与介质紧密贴合，造成换盆后成活率下降。因此，在配制混合介质时要控制珍珠岩的比例。

穴盘苗生产用介质一般是上述几种介质按一定比例混合而成。在选择时要注意如下问题：一是在使用前及使用中每周检测介质的pH及EC值；二是要经常对水质进行检测，如水的硬度一般保持在60mg/kg，不得低于40mg/kg。

（三）**水**

传统播种育苗不重视水质，而现代穴盘苗生产中，由于人工配制的介质缓冲能力差，水质对穴盘苗生长的影响非常大。水质差在穴盘苗生产中会造成如下后果：破坏介质结构；对根系和叶产生危害；导致微量元素中毒；导致出现缺素症状；改变介质pH；导致和传播病害；引起植株发育不良等。因此，现代穴盘苗生产要进行水质检测，对不合格的水质要及时调整。影响水质的指标主要有4类，即pH、可溶性盐含量、钠吸收率和其他营养成分。

1．pH

穴盘育苗用水的适宜pH范围为5.5 ~ 6.5，在此范围内，大部分营养元素、生长调节物质、杀菌剂和杀虫剂的溶解度是比较好的。

2．可溶性盐含量

可溶性盐含量是指单位溶液内所有可溶性离子的总量，常用电导率（EC值）来表示，计量单位为毫西门子每厘米（mS/cm）。通常我们要求灌溉用水的可溶性盐浓度应低于0.8mS/cm。如果可溶性盐浓度过高，有可能会损坏植株的根或根毛，降低种子发芽率，还有可能会灼伤植株的叶片。

3．钠吸收率

钠吸收率（SAR）表示灌溉用水中与土壤进行交换反应的钠离子的相对活度的比值。该指标用于评价长期使用某种水源对介质渗透能力的影响。如果SAR低于2.0，Na^+浓度低于40mg/kg，则说明吸收率完全正常。这是因为Na^+浓度高会造成介质结构越来越密实，通气量减少，含水量增加，最终妨碍根系的正常生长。如果灌溉用水中Na^+吸收率相对偏高，可以在介质中加入石灰、石膏或硫酸镁来降低SAR。

4．其他营养成分

硼离子浓度若高于0.5mg/kg，会导致部分花卉的叶片烧尖或叶尖发育不全。氯离子浓度若高于80mg/kg，会导致根尖烧伤、根腐和下层叶子出现枯斑或坏死。铁离子浓度过高会引起叶片失色、藻类植物滋生，并束缚锰、钙和镁的利用。

【项目实施】

一、穴盘苗播种

播种是穴盘育苗生产的第一步，主要工作有种子、介质和穴盘选购，填料和打孔，覆料和淋水等。具体操作过程如下。

1．选购

将符合生产要求的种子、介质和穴盘采购齐全，备用。

2．填料

将介质充分疏松、搅拌，同时将介质初步湿润。要求填充量要充足，填料要均匀，对穴孔中的介质略施镇压，但不要过度压实。

3．打孔

让介质在穴孔内略微凹下，这样在播种时可让种子平稳地停在穴孔中间，并有足够空间覆料以及浇水后种子不会被冲到邻近穴孔或流失。凹下的程度视种子形状和大小而定，比如长形的种子其凹下部分越平越好。

4．播种

播种是指把种子放至穴盘孔穴内的过程。根据操作方式不同可分为人工播种、手持针管式播种机、板式播种机和全自动播种机播种。人工播种是人为地将种子一粒一粒播于穴盘孔穴中。手持针管式播种机播种是指用大拇指按住控制孔，其余手指握住播种管，当控制孔被封住后，在真空作用下针头产生吸力，将种子吸附到针头上，然后将播种管移到穴盘上方，对准穴孔，松开拇指，真空作用消失，种子即掉入穴孔之中，重复这过程即可完成整个播种过程。这两种方法比较耗时耗力，而现代穴盘育苗生产中多采用机械化播种。但无论采用哪种播种方式，都是流水作业，为安全起见，都必须按照播种机的说明书进行操作，而且，在大规模播种前，都需要根据气流量大小等进行反复调试，以适合该种花卉种子的播种。

5．覆料

将少量介质覆盖在种子上，覆盖厚度根据不同花卉种子的萌发特性而定。

6．淋水

在生产线上完成播种、覆料之后，便进行穴盘育苗生产过程中的第一次浇水——淋水。采用播种流水线作业时，淋水是由机器自动完成的，这样可以控制水滴的大小、水流的速度，使淋水非常均匀。但如果是人工浇水，则要注意选择喷头流量的大小，若太大会冲散介质，甚至冲走种子；太小则浇水过慢，效率太低。

二、温度管理

播种后，种子慢慢开始萌发，进入发芽期。发芽期最适介质温度因花卉种类不同而异。一般原产热带、亚热带的花卉种子发芽温度要高，原产温带的花卉种子发芽温度略低。大多数花卉种子萌发要求介质最适温度为21～24℃，少数种类如毛地黄、福禄考和香豌豆等介质适温为16～18℃。若温度过高，会因为热休眠等原因影响种子萌发；过低会降低萌发速度，导致种子不能按时萌发或不萌发。种子发芽的不同阶段对温度要求也不同。相对来说，最初需要较高的温度，有利于促进萌发，当有50%的胚芽开始顶出覆料（介质）时，就需要将穴盘苗移至温度较低的育苗温室，以防止种苗徒长。

发芽室温度可采用下述方法进行控制：通过空调、暖气及穴盘苗下埋设电热丝等措施加温；通过空调、湿帘风扇系统、深井冷水管及空气喷雾等措施降温。

三、水分管理

穴盘苗的水分管理非常重要，无论是过于干燥或是过于饱和都对萌发和生长不利。当穴盘介质过于干燥时，幼苗光合作用降低，生长迟缓，叶缘或根尖出现灼伤，有的幼苗下部的叶子会脱落，而且湿度水平太低时，也会抑制种子萌发。当浇水次数过多时，新生茎叶容易长得大而弱，造成植株徒长，不利于运输或储存，而且介质水分过多会降低透气性，造成烂根，增加患猝倒病、葡萄孢菌腐烂病及各种叶斑病的概率。

四、光照管理

种子萌发后，为防止茎徒长，应及时提供充足的光照。但不同植物种类要不同对待，比如，对阳性植物，种子萌发后应提供充足的光照；对中性植物，需提供半阴半阳环境；对阴生植物，要提供遮阴环境。根据植物对光周期的不同反应，还可以通过光周期处理使花卉提早或推迟开花。如春夏播种的万寿菊，在发芽结束后提供2周的短日照（每天光照8h），可提早开花且开花整齐。当穴盘苗进入驯化阶段后，应加强光照和通风。如果是夏季育苗，还要逐渐缩短遮阴时间，减低遮阴强度，让种苗适应强光等自然生长环境。

五、养分管理

从种子萌发到成苗，种苗在穴盘里要生长6周甚至更久，此过程离不开养分的供给。一般来说，种子萌发的初始阶段，即从播种到胚根长出，不需要供给养分，但也可以预先把少量控释性肥料掺入到介质中，这些肥料浓度较低，但足以持续7～10d，以供种子萌发后期之用。从胚根出现到子叶完全展开，幼苗开始进行光合作用，此时应每周施用氮含量50～75mg/kg的肥料1～2次（如果此阶段浇水次数较多，由于淋洗作用施肥次数也要相应增多），交替使用铵态氮含量高的肥料和硝态氮含量高的肥料。但是要注意，如果此时湿度较大，又仅施用铵态氮肥料，会使某些花卉出现徒长现象。到了幼苗快速生长期，由于叶片和根系生长旺盛，幼苗需肥量较多，既可以继续每周施用氮含量50～75mg/kg的肥料1～2次，交替使用铵态氮含量高及硝态氮含量高的肥料，也可以提高施肥量，比如一串红、鸡冠花、百日草、矮牵牛、秋海棠、非洲菊、天竺葵等，这些花卉的施肥浓度可达到含氮量100～150mg/kg。另外，浇水及施肥会影响介质的pH及可溶性盐含量，要定期检测介质pH及EC值，应保证pH在5.8左右、EC值为10mS/cm左右较为合适。到了驯化阶段，应减少肥料供应，尤其是减少铵态氨的供应。此阶段为了防止微量元素缺乏，应使基质pH低于6.5，EC值小于1.0mS/cm。

六、穴盘苗生长控制

优质的穴盘苗有以下特征：叶色健康，无黄叶或黄斑；高度适中，节间短，分枝多；没有明显的花芽和花；叶片充分伸展，具有与穴盘苗规格相一致的叶片数量；根系健康、发达，有明显的根毛，介质潮湿时苗容易拉出；无病虫害；移栽后能及时开花；植株生长比较整齐；经过驯化，幼苗更加坚挺。

要生产出优质穴盘苗，需把温度、水分、光照和养分管理与地上部和根部的影响综合考虑，获得合适的地上部与根部的比例。

（一）地上部生长指标

1. 种苗高度

介质以上幼苗的高度是衡量穴盘苗质量的一个重要指标。单茎植物的苗高主要由节间长度决定，从生植物的苗高由花茎长度或叶片长度决定。

2. 叶片颜色

非彩叶植物正常的叶片颜色是纯绿色。低位叶变黄表示营养不良，或者烂根；叶片深绿色表示铵态氮过量；叶片浅绿色表示缺氮、铵中毒或缺镁。

3. 叶片大小和伸展度

每种植物在特定大小穴盘里，其叶片都有一定的大小和伸展度。移栽或运输前，叶片应该把穴盘完全覆盖。若叶片过小，可能是氨肥不足；若叶片大、薄、软则是徒长的表现，徒长的叶片容易患病、移栽或运输中易受伤。

4. 真叶数量

真叶数量反映种苗的生理年龄，真叶数量太多表示穴盘苗年龄较大，或者温室温度高，或者铵态氮肥施用过多。

5. 花芽和花

一般而言，穴盘苗出现花芽或开花，表明苗龄过大或受到环境胁迫。单茎单花植物的穴盘苗若形成花芽，移栽后营养生长会非常缓慢。多分枝植物穴盘苗形成花芽对移栽后营养生长则无明显影响。一些用户希望购买多分枝有花芽的穴盘苗，这样可以缩短栽培周期。

（二）根部生长指标

1. 可拉性

正常生产的穴盘苗，移栽前和运输前一周，浇水后应有一定的可拉性，即根系发展能够充分把介质聚集在一起完好地拉出。然后一同移栽。

2. 根的数量和位置

根主要位于介质的外部或穴盘的底部。浇水量小且次数少，会造成穴盘介质团下半部分过干，大部分根都分布在介质团的上半部分；如若下半部分过湿，也只有上半部分根系生长正常。上述两种情况均会造成根的可拉性差。

3. 根毛和根的粗细度

根毛增加了根的表面积，能提高根吸收水分和养分的效率。浇水过度、介质不透气，会造成介质外侧和穴盘底部的根长得细长、根系混乱模糊、根毛稀少。而生长正常的根毛受到高盐或干旱胁迫时也会坏死。根毛损坏易导致根系腐烂、抑制幼苗生长、延长移栽后的缓苗期等后果。

（三）调整地上部和根部比例的措施

1. 调整地上部生长过量

穴盘苗质量差的一个主要表现是地上部生长过量或地上部与根部比例过大。不良症状表现有苗长得较高、茎徒长、叶片大而软、根系差。从地上部观察似乎可以移栽，但实际根系生长不佳，可拉性差，移栽困难。调整地上部生长过量的措施有：减少浇水；提高光强；降低温度；改用含硝态氮和富含钙质的肥料；使用生长延缓剂；水分管理中保持良好的干、湿循环等。

2. 调整根部生长过盛

穴盘苗质量差的另一个表现是根部生长过盛或地上部与根部比例过小。不良症状表现有根系过于发达、地上部矮小、叶小、叶色浅、节间短。调整根部生长过量的措施有：增加穴盘苗周围的湿度；降低光强；增加温度；改用含铵态氮和富含磷质的肥料；减少生长延缓剂的使用等。

七、穴盘苗高度控制

高度适当是评价穴盘苗质量好坏的一个标准。穴盘苗过高易致苗弱、柔软、根系差、不耐储运和移栽以及不能尽早开花。穴盘苗过低易致苗小、叶片数量少、根系差，购买后需在穴盘内继续培育一段时间才能移栽。调控穴盘苗的高度，首选的措施是通过控制环境条件（非化学的方法）来控制株高，其次才是采用生长延缓剂（化学的方法）来控制株高。

八、穴盘苗保存

有时候，由于计划不周、气候条件差，或者销售不佳，导致穴盘苗到了移栽的生理年龄而无法种植，这时需要考虑对穴盘苗进行保存。常规保存穴盘苗会产生许多不良效果：一是容易使植株发生徒长；二是容易使单茎单花类植物在穴盘内过早形成花芽或过早开花；三是容易使根系盘缠在一起，生长不良；四是容易使叶片生长拥挤，水分散发不出去，导致患病。鉴于上述情况，需要采取一些措施，对穴盘苗合理保存，尽量减少损失的发生。

1．在温室内保存穴盘苗

由于温室保存区的环境条件变化较大，很难使穴盘苗的生长完全停止，因此在温室内的保存期不应超过2周。百日草、鸡冠花和飞燕草等花卉的穴盘苗就不能在温室内保存。

温室保存有下述要求：一是提供10～15℃低温（在晚春、夏季和初秋可能无法提供该低温条件）；二是在不提高温度条件下，提供大于26 900lx的强光（强光能部分关闭光合作用，但要防止强光迫害）；二是控制湿度，待介质完全干了再浇水（不要傍晚前浇水，防止病害发生）；四是有需要时再施肥，施用含氮量100～150mg/kg硝酸钙和硝酸钾肥（不要施用铵态氮肥）；五是监控介质pH和EC值，保持pH为6.0～6.5，EC值<0.75mS/cm；六是防止根腐病、叶斑病或霉病的发生，必要时使用杀菌剂处理。

2．在冷藏室内保存穴盘苗

在冷藏室内保存穴盘苗可以保存更长的时间。在进入冷藏室前，需做些准备工作：首先，提供充足的养分，使穴盘苗健壮，以便冷藏期间能抵抗病菌等不良条件；其次，进行最后一次浇水，结合使用百菌清对幼苗进行浇灌或彻底喷湿，但需等叶片干燥后才能进入冷藏室。

【项目考核】

考核标准见表3-6。

表3-6　花卉穴盘苗生产考核标准

考核内容	考核标准	分值	得分	教师评价
穴盘苗播种	各个环节操作熟练，无人为失误	10		
温度管理	管理及时，措施得当 种子萌发较快，整齐度高 幼苗生长健壮，无病虫害	15		
水分管理		15		
光照管理		15		
养分管理		15		
生长控制	地上部与根部各项指标合格，二者比例合理	10		
高度控制	株高控制适当	10		
穴盘苗保存	环境控制适宜，准备工作充分	10		

【项目巩固】

分组训练，每组选取3种草花种子，参照前面任务实施步骤完成穴盘苗生产。

子项目四 花卉扦插繁殖技术

【项目目标】

1. 了解花卉扦插繁殖的意义。
2. 熟悉扦插繁殖成活原理。
3. 掌握花卉硬枝扦插、绿枝扦插、嫩枝扦插及叶插、根插技术。
4. 掌握影响扦插生根的主要因素。

【项目分析】

该项目重点为花卉硬枝扦插、绿枝扦插、嫩枝扦插及叶插、根插技术，难点为不同花木扦插方法的选择及实际操作。教师可以通过教学演示及实际操作练习完成该项目的教学。

【知识链接】

扦插繁殖是指利用植物的营养器官（根、茎、叶）能发生不定根或不定芽的习性，切取其部分插入基质中，使其生根或发芽成为新植株的方法。扦插所用的段营养体称为插条（插穗），通过扦插繁殖所得的种苗称为扦插苗。

一、扦插繁殖的意义

扦插能够将亲本的遗传性状很好地保存下来，从而培育出个体之间遗传性状较为一致的无性系。比如对一些雌雄异株的植物，可以通过扦插有目的地繁殖雌株或雄株。对于具有斑点或花纹的植物，可以通过扦插来保持这些品种的斑点或花纹特征；当然也可以用不带斑纹的组织分化出的新芽，通过扦插培育出没有斑纹的品种。还有些植物用种子繁殖的后代性状分离很严重，除育种之外，一般不用种子繁殖，所以采用扦插的方式产生大量与母本一样的新个体。

在一个生活周期内，大多数花卉要经过一定时间的幼年期后才能达到具有开花结实能力的成熟期。木本花卉从幼年期到成熟期的时间很长，一般需要数年。但如果从已发育成熟的母本上采取插穗进行扦插繁殖，则可极大地缩短幼年期，从而提早开花、结实。如果条件适合，扦插繁殖还可以节省劳力，降低成本。但扦插也有缺点，由于扦插苗缺乏主根，根系较差，固地性也较差，很容易出现树形杂乱、偏冠等现象，而且扦插苗的寿命也比实生苗短。

总之，用扦插繁殖方法培养的植株比播种苗生长快、开花时间早，短时期内可以育成多数较大的幼苗，并可以保持原有品种的特性，因此具有简便、快速、经济、大量的优点，在花卉生产中应用十分广泛。

二、扦插繁殖的类型

通常根据插条所取部位的不同，将扦插分为枝插、叶插和根插等类型。

（一）枝插

枝插是指将带2～4个芽的枝条作为插穗进行扦插的方法。这种扦插方式既可以在露地进行，也可以在室内进行。根据枝条木质化程度的不同，又可分为以下几种类型。

1．软枝扦插

软枝扦插又称绿枝扦插或嫩枝扦插，即在生长期采用枝条顶端的嫩枝作插穗进行扦插的方法。多用于一二年生草本花卉以及一些花灌木，如一串红、万寿菊、彩叶草等。具体做法是，在生长旺盛期，选取健壮嫩枝插入基质中，在环境条件适宜时，嫩枝很快能生根，20d到1个月即可成苗。

2．半软枝扦插

半软枝扦插也叫半硬枝扦插，即在生长期采用半木质化带叶片的枝条作插穗进行扦插的方法。多用于常绿、半常绿的木本植物，如米兰、茉莉、栀子、月季等。

3．硬枝扦插

硬枝扦插是在休眠期采用完全木质化的一二年生枝条做插穗进行扦插的方法。多用于落叶木本及针叶树。如果在春季采穗需立即扦插，而秋季采穗在南方温暖地区亦需立即扦插，在北方寒冷地区可先保湿冷藏，至翌春再扦插。

4．单芽扦插

单芽扦插又称芽叶扦插，插穗为一节一芽，长度为5～10cm。该法在菊花、八仙花、天竺葵、山茶等花卉上常用，也适用于一些珍贵和材料来源少的观赏树木。

（二）叶插

叶插适用于能在叶上发生不定芽及不定根的花卉种类。凡能进行叶插繁殖的植物，大都具有粗壮的叶柄、叶脉或肥厚的叶片。根据所取叶片的完整性可分为全叶插和片叶插；按照叶片与基质接触的方式又可分为平置法和直插法。

1．全叶插

该法以完整叶片为插穗，适用于草本植物。如落地生根、秋海棠、大岩桐、虎尾兰等。既可采用平置法，也可采用直插法。

通常自叶脉、叶缘生根的叶片多采用平置法。如落地生根从叶缘处产生幼小植株，秋海棠自叶片基部或叶脉处产生植株。具体做法：切去叶柄，将叶片平铺在基质上固定，保证叶片与基质紧密接触。

自叶柄生根的叶片多采用直插法，也称叶柄插法。具体做法：将叶柄插入基质中，叶片直立于基质上，即可由切口处长出小植株。如大岩桐进行全叶插时，首先在叶柄基部发生小球茎，之后长出根与芽，进而发育成为一棵完整植株。

2．片叶插

该法是将一个叶片分切成数块，分别进行扦插，使每块叶片上形成不定芽。片叶插通常采用直插法，如蟆叶秋海棠、虎尾兰等。

（三）根插

顾名思义，根插是指用根做插穗进行扦插的方法，适于用带根芽的肉质根花卉，如牡丹、芍药等。一般结合分株将粗壮的根剪成5～10cm的小段，全部埋入基质或稍露出顶部，注意根的生长极性不可颠倒。

三、扦插基质的选择

对花卉进行扦插繁殖时，大都不用土壤作基质，因为土壤的颗粒很细，不仅通气不良、排水不利，还含有许多有机物，常常引起杂苗滋生，容易造成插穗腐烂，所以通常选用一些颗粒较大、通气良好、易于保湿且不含有机质的洁净材料来固定插穗，这些材料统称为扦插基质。常用的有泥炭、河沙、蛭石、珍珠岩、炉渣、木屑等。腐叶土来源丰富的山区，也可经消毒处理后使用。

实际生产中，常常将若干种基质混合使用。比如，上层河沙、下层腐叶土，或者河沙、蛭石、珍珠岩等与腐叶土混合。

四、扦插繁殖的时期

扦插繁殖时期主要以生长期为主。在温室条件下，植物能全年保持生长状态，故可随时进行扦插。但不同的扦插方式和花卉种类，各有自己最适合的时期。比如，软枝扦插和半软枝扦插，从春季发芽后至秋季生长停止前均可进行，但最适时期应该在生长旺盛期；草本和常绿木本花卉宜在生长期扦插，而落叶灌木宜在休眠期扦插等。

五、影响扦插成活的因素

插穗是否能够很快生根是判断扦插成活的重要标准。一般来说，影响扦插成活的因素主要分为内在因素和环境因素两个方面。

（一）内在因素

影响扦插成活的内在因素主要包括植物自身遗传特性、插穗质量和成熟度等。

1．植物自身遗传特性

不同的植物具有不同的遗传特性，因而所选取的插穗生根难易程度也就不同。有些植物的插穗容易生根，有些较难生根，还有些极难生根。如景天、秋海棠、凤仙等花卉普遍容易生根；桂花、含笑、米兰等花卉较难生根；鸡冠花、美人蕉等花卉极难生根；山茶属各个种间对扦插反应不一，山茶、茶梅易生根，而云南山茶则难生根。

2．插穗质量

插穗质量是指插穗的营养与健康状况。一般选择营养良好、发育正常、无病虫害的枝条作插穗。如选取带踵（将枝条从连接处取下，下面所形成的马蹄形蒂头，称之为“踵”）的枝条或花后1～2周的枝条，不仅养分含量高，而且扦插容易成活。还有早晨剪取的枝条含水量充足，扦插后伤口易愈合，也容易生根。切忌选取病弱枝、徒长枝，以及有花蕾和已结果的枝条，因为它们已消耗过多营养，不再适合扦插。

3．插穗成熟度

不同部位的枝条，其木质化程度（即成熟度）不同，故生根难易也不同。有试验表明，侧枝比主枝易生根，取自枝梢基部的插穗进行硬枝扦插生根较好，以顶梢作插穗进行嫩枝扦插比用下方部位的枝段生根效果好。

（二）环境因素

生长环境中的温度、湿度、光照和空气等因子对扦插是否能够成活也有一定影响。

1．温度

扦插繁殖需要稳定的气温和基质温度。大多数花卉扦插生根的适宜气温为15～25℃，而嫩枝扦插要求的温度略高一些，宜在20～25℃。那些原产于热带的花卉要求更高，为25～30℃。当扦插基质内的温度高于气温3～5℃时，可促进插穗生根，提高成活率。如果环境温度过低，易使生根缓慢；而温度过高，则容易腐烂。

2．湿度

水分是影响扦插生根的重要条件之一。扦插生根前，为保持插穗体内的水分平衡，环境中应保持较高的空气湿度。一般基质内含水量控制在50%～60%，空气相对湿度保持在80%～90%，这样比较适于生根。生根后应适当降低湿度以防止腐烂。

3．光照

枝插法和叶插法所选取的插穗大都带有部分叶片，因此需要一定的光照进行光合作用，以促进糖类（碳水化合物）的合成，提高生根率。但光照会引起叶面温度升高，加速水分蒸发，所以在扦插初期要适当遮阴，待生根后，再逐渐增加光照。

4．空气

插穗生根需要有氧气供应。新根发生时，插穗的呼吸作用增强，应减少浇水量，并适当通风以提高基质和空气中的氧气含量。一般来说，湿度过大往往是导致插穗缺氧腐烂死亡的最主要原因。因此，扦插时要注意选用适宜的扦插基质，既要保水性能好，又要通气、排水顺畅，同时也不能将插穗插得过深。

六、促进扦插生根的方法

为了提高扦插苗的成活率，在生产中常常使用物理和化学方法促进插穗生根。

（一）物理处理方法

物理处理方法很多，包括机械处理、软化处理、热水处理和增加底温等。

1．机械处理

机械处理适用于较难生根的木本植物，包括环状剥皮、刻伤或绞伤等方法。比如在植物生长过程中，先环割、刻伤或用麻绳捆扎枝条基部，以阻止枝条上部养分向下部的转移运输，从而使养分集中于受伤部位，然后在此处剪取插穗进行扦插。这样由于养分充足，不仅易生根，而且扦插苗生长势强，成活率高。

2．软化处理

软化处理是指在采剪插穗前用黑布、不透水的黑纸或泥土等封裹枝条，经过约3周的生长，遮光的枝条就会变白软化。这时再将其剪下扦插，比较容易生根，这是因为黑暗可促进根原组织的形成。但软化处理只对部分木本植物有效，并且只对正在生长的枝条有效。

3．热水处理

热水处理又称温汤处理，是指将插穗下部在温水中浸泡后再进行扦插的方法，这样可以促进生根。此法适用于枝条中含有抑制生根物质的种类，如松科植物。

4．增加底温

在早春进行硬枝扦插时，由于气温回升比地温快，插穗不易成活，所以增加扦插床基质的底温，以促进插穗快速生根。包括有电热丝加温和热水管加温等方法。

（二）化学处理方法

用于化学处理提高插穗生根的药剂很多，主要包括植物生长调节剂、普通化学试剂和营养物质三大类。常用于促进插穗生根的植物生长调节剂有吲哚乙酸、吲哚丁酸、萘乙酸等。它们对于枝插均有显著作用，但对根插及叶插效果不明显，而且处理后常抑制不定芽的发生。使用0.1%～1.0%的高锰酸钾溶液处理大多数木本植物效果较好，但处理时间因种类而异。蔗糖对木本及草本植物均有效，这是因为糖液有利于微生物活动，一般处理浓度为2%～10%，浸泡24h，处理完毕后，需要用清水冲洗后再扦插。草本观赏植物在扦插前于插穗剪口处蘸些草木灰，可防止扦插后基部腐烂。对一些难生根的种类，还可将插穗的剪口在生根剂中蘸一下，然后再扦插，从而提高生根率。

【项目实施】

一、草本花卉的扦插

多数草本花卉可利用嫩枝进行扦插繁殖，而且多采用带有顶芽的枝茎先端作为扦插材料，尤其是那些不易萌发侧芽的草本花卉更要带有顶芽。除了嫩枝扦插，还有些草本花卉可以进行叶插和根插繁殖。

1．嫩枝扦插

（1）扦插材料 一串红、万寿菊、大丽花、四季海棠、天竺葵、香石竹、菊花、吊竹梅。

（2）扦插基质 多用河沙、蛭石、珍珠岩、砻糠灰等。

（3）具体操作 如图3-4所示。在花卉生长旺期，选取健壮嫩枝切成5～10cm的小段，剪去下部叶片，仅留顶端2～3片叶。如果叶片较大，可将叶片的一部分剪掉。将剪好的插穗蘸取牛根粉之后插入基质中，深度为插穗的1/3～1/2，注意切口的位置宜靠近节下方，切口以平剪光滑为好。扦插后可以覆盖塑料膜或搭上荫棚，以保持基质湿润，促进生根。

2．叶插

（1）扦插材料 秋海棠、大岩桐。

（2）扦插基质 多用细沙、蛭石、珍珠岩、砻糠灰等。

（3）具体操作 如图3-5所示。取秋海棠一枚成熟叶片，先把叶柄剪掉，再将叶片背面的各段

图3-4 草本花卉嫩枝扦插

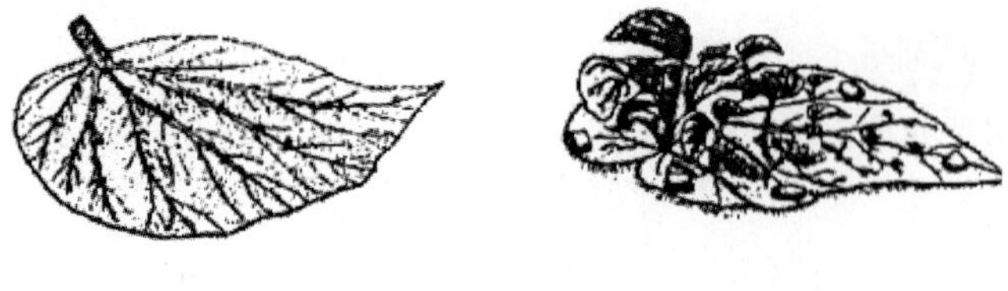

图3-5　秋海棠叶插

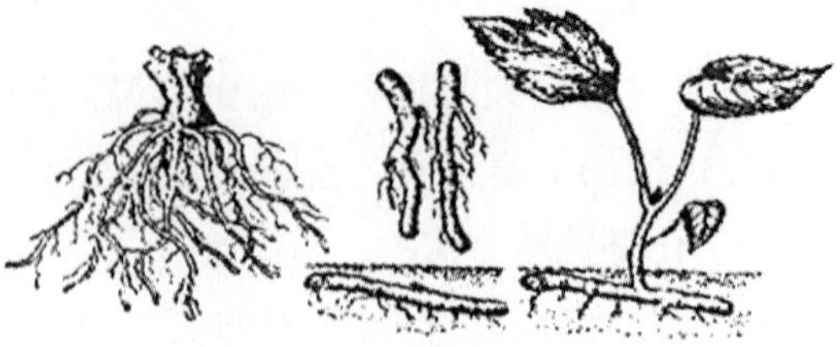

图3-6　草本花卉的根插

主脉用刀片割伤，然后平铺到基质上，用小石块压在叶面上，使叶片和基质紧密贴合。大约经1个月左右，根自切口处萌发而出。新叶亦由该处抽出而老叶则逐渐枯萎。为减少蒸发，可将叶片边缘剪掉。大岩桐叶插较为简单，取1枚带叶柄的成熟叶片直接插于基质中，并保持适当湿度。此法发根快，新株由叶柄处长出，而且比平置法繁殖的植株更为健壮。

3．根插

（1）扦插材料　石碱花、宿根福禄考。

（2）扦插基质　多用细沙、蛭石、营养土、砻糠灰等。

（3）具体操作　根插一般多结合春秋两季对母株进行移栽或分株时进行。如图3-6，宜选用直径为0.5～1.5cm粗的根，截成10cm左右的根段。粗根可直接斜栽入基质，而细根应平置，上覆1cm厚的细沙。为遮阴保湿，可覆盖上塑料薄膜，待发根出芽后移栽。

二、木本花卉的扦插

多数木本花卉可用硬枝和半软枝进行扦插繁殖，有些也可用单芽和根进行扦插繁殖。

1．硬枝扦插

（1）扦插材料　月季。

（2）扦插基质　多用河沙、蛭石、营养土、珍珠岩等。

（3）具体操作　硬枝扦插多在落叶后至来年萌芽前的休眠期进行。南方多在秋季，北方多在春季进行扦插。插穗应剪取一二年生充分木质化的枝条，去除叶片和叶柄，剪成10～15cm长。插穗基部蘸取生根粉后，插入基质中，扦插深度以只留1～2枚侧芽露出基质为宜。此外，扦插时还可对枝条进行特殊处理，如图3-7所示。

2．半软枝扦插

（1）扦插材料　栀子、杜鹃。

（2）扦插基质　多用河沙、蛭石、珍珠岩、砻糠灰等。

（3）具体操作　如图3-8所示。采取当年生发育充实的半木质化枝条，去除顶端过嫩部分后，剪成7～10cm的小段，只需保留上部1～2枚叶片，但可把叶片剪去1/2～2/3。插穗基部蘸取生根粉后插入湿润的基质中。注意扦插密度以叶片不拥挤、不重叠为原

图3-7　硬枝扦插的几种特殊处理方法

则，还要保证不能倒插，最后用手将插穗四周压实。扦插后要注意遮阴保湿，待生根后再逐步去除遮阴。

3．单芽扦插

（1）扦插材料 橡皮树、山茶、八仙花。

（2）扦插基质 多用细沙、蛭石、营养土、砻糠灰等。

（3）具体操作 如图3-9所示。选取叶片成熟、腋芽饱满的枝条，削成5～10cm的小段，每段只带一叶芽。将插穗插入基质中，并露出芽尖。扦插后覆盖塑料薄膜或稻草，而且要经常喷水保湿以防止插穗风干。待生根、萌芽开始后，再撤除覆盖物。

4．根插

（1）扦插材料 牡丹。

（2）扦插基质 多用细沙、蛭石、营养土、砻糠灰等。

（3）具体操作 同草本花卉的根插。

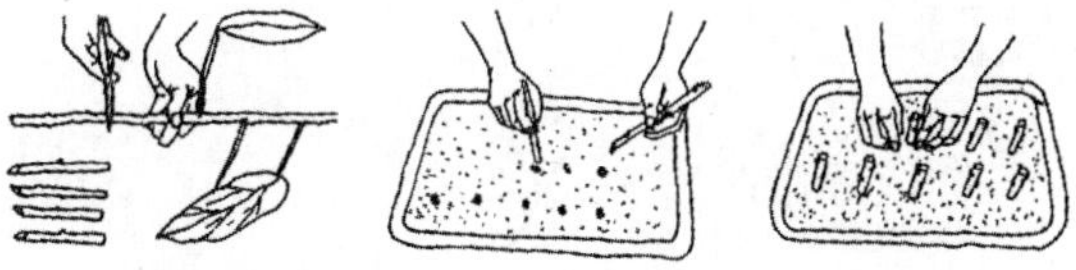

图3-8 木本花卉的半软枝扦插

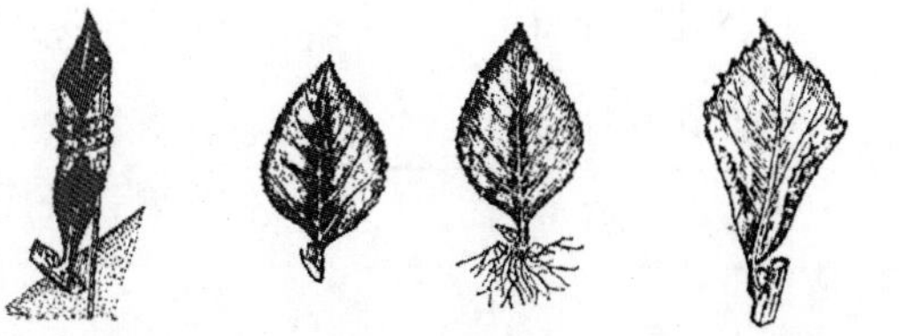

橡皮树的单芽扦插　山茶的单芽扦插　八仙花的单芽扦插

图3-9 木本花卉的单芽扦插

虎皮兰的片叶直插　落地生根的全叶平插

图3-10 多肉多浆类花卉的叶插

三、多肉多浆类花卉的扦插

多肉多浆类花卉的扦插不同于草本、木本花卉，如果技术掌握不好，极易腐烂。一般来说，多肉多浆类花卉的扦插是利用其营养器官具有较强的再生能力，能产生不定芽或不定根的特性进行繁殖的。

1．茎插

（1）扦插材料 蟹爪兰。

（2）扦插基质 多用细沙、蛭石、营养土、砻糠灰等。

（3）具体操作 取蟹爪兰茎片1～2节，扦插到基质内，深度为第一茎片的1/2左右。这里需注意，扦插完后要适度控制空气相对湿度和基质湿度，二者都不可过高，否则茎片极易腐烂。一般扦插20d后即可生根。

2．叶插

（1）扦插材料 虎皮兰、落地生根。

（2）扦插基质 多用沙子、蛭石、珍珠岩等。

（3）具体操作 如图3-10所示。将虎皮兰的成熟叶片自基部剪下，切成6～10cm的小段。为防止生长极性颠倒，可在上部斜剪一下作为标记，再将形态学下端蘸取草木灰后插入基质中，插入深度为3cm左右。20d左右基部伤口即可发生须根，长出地下根状茎，并由根状茎上萌发新芽长出新株。落地生根的叶片边缘可形成小植株，利用这一特性，将健壮叶片平放在基质上，并与基质紧贴，保持湿度。插后1周即能从叶缘处长出小植株。

【项目考核】

考核标准见表3-7。

表3-7　草本、木本及多肉多浆类花卉的扦插繁殖考核标准

考核内容	考核标准	分值	得分	教师评价
草本花卉扦插	扦插基质选择合适；生根粉使用正确；插穗选择合理，处理得当；扦插过程操作娴熟；扦插后水分控制较好	30		
木本花卉扦插		40		
多肉多浆花卉扦插		30		

【项目巩固】

以组为单位，分别制订草本、木本各3种花卉的扦插繁殖方案，要求写出具体的操作过程。

子项目五　花卉的分生繁殖技术

【项目目标】

熟练掌握不同类型花卉分生繁殖的方法及操作要领。

【项目分析】

该项目重点为分株、分球繁殖的意义及操作方法，难点为各种花卉分株、分球繁殖技术的应用。教师可以通过演示教学及实操练习相结合的方法完成该项目的教学。

【知识链接】

分生繁殖是将植株分生出来的幼小植物体或者部分营养器官与母株分离，另行栽植，进而形成若干个独立新植株的繁殖方法。分生繁殖是最简单、最可靠的繁殖方法之一，成活率很高，成苗也较快，但繁殖系数较低。依据花卉的不同生物学特性，可分为分株繁殖和分球繁殖两种方式。

一、分株繁殖

分株繁殖方法成苗快，分栽的植株几乎都能够当年开花。多用于丛生性较强的花灌木和萌蘖力较强的多年生草花。

（一）分株时间

1．落叶花木类

这类花卉的分株繁殖都应在休眠期进行。南方可在秋季落叶后，这时空气湿度比较大，土壤易翻动。北方因冬季寒冷，并有干风侵袭，秋后分株常造成枝条受冻抽风成活率低，所以最好在开春

土壤解冻而尚未萌芽前进行分株。

2．常绿花木类

这类花卉没有明显的休眠期，但无论南方和北方，它们在冬季大多停止生长而进入半休眠状态，这时树液流动缓慢，因此最好在春暖之前进行分株。而北方在温室过冬的花卉，多在移出温室之前或在出室后立即分株。

（二）分株方法

1．露地花木类

将母本从田内挖出，尽可能地多带根系，然后将株丛用利刀或斧头分劈成几丛再分别栽种即可。有一些灌木和藤本植物萌蘖力较强，在母株的四周常萌发出许多幼小的株丛，这时候只挖出分蘖苗另栽即可，如金银花、凌霄等，但需在花圃内培育1年，然后出圃。

2．盆栽花卉类

先把母本从盆内脱出，抖掉大部分泥土，再找出每个萌蘖根系的延伸方向，解开团根，尽量少伤根系，然后用刀把分蘖苗和母株连接的部分割开，并对根系进行修剪，剔除老根及病根，最后上盆栽植。分株后立即浇水，再放在荫棚一段时间后转入正常管理。

3．多肉多浆花卉类

分株繁殖在多肉多浆花卉类植物中应用较多，如芦荟、虎尾兰、十二卷、金琥等。这些植物常常在根部或植株上长出许多幼小的植物体，然后这些小植株很快就能长得和母株同样形状并长出自己的根系，将它们连根掰下来单独种植即可。

二、分球繁殖

大部分球根类花卉的地下部分生能力很强，每年都能长出一些新的球根，用这些球根进行繁殖，方法简便，开花也早。分球繁殖的方法因球根部分的植物器官不同而不同，主要有以下五类。

1．球茎类

唐菖蒲、小苍兰等花卉的球根属于球茎，它们的分生能力很强。开花后在老球茎干枯的同时，能分生出若干大小不等的新球茎。大球茎第2年分栽后，当年即可开花，而小球茎则需要培养2～3年才能开花。这些小球茎还能继续分生出更小的小球茎，进行条播后，能够逐渐长成大球茎。

2．鳞茎类

鳞茎是变态的地下茎，具有鳞茎盘，上面着生肥厚多肉的鳞片而呈球状。每年从老球基部的鳞茎盘上分生出新球，抱合在母球上，把这些新球分开另栽来培养成大球。鳞茎因其外层膜状皮的有无可以分为有皮鳞茎和无皮鳞茎两种，如郁金香、风信子、水仙、石蒜等是有皮鳞茎，百合、贝母等是无皮鳞茎。

3．块茎类

块茎是茎膨大成块状，芽着生在块茎顶端，如仙客来、马蹄莲、球根海棠、白头翁等。繁殖时，按芽丛数将块茎切开，使每一份切块都具有芽和块茎，然后分别作新株栽培即可。

4．根茎类

一些植物具有肥大且粗长的根状变态茎，其结构与地上茎类似，节上可形成根，并发出侧芽，只需切离后种植即可成为新的植株，如美人蕉、荷花等。

5．块根类

块根是由地下的根膨大变态而成，如大丽花、花毛茛等。块根上没有芽，它们的芽都着生在接近地表的根茎上，因此单纯栽一个块根不能萌发新株，分割时需要带有一部分根茎才能形成新的植株。

三、其他分生繁殖方法

除上述分株与分球繁殖方法外，实际生产中还常常用到下列植物营养器官进行繁殖。

1．根蘖

根蘖是从根上长出不定芽伸出地面而形成的小植株，将其切下栽植，就能长成一棵独立的植株，如萱草、玉簪等。

2．吸芽

吸芽是植物根部或地上茎叶腋间自然发生的呈莲座状的短枝。吸芽可自然生根，采下种植即可长成新的植株，如景天、凤梨等。

3．珠芽及零余子

这是某些植物所具有的特殊形式的芽，它生于叶腋间或花序中，如百合、卷丹、观赏葱、薯蓣等。珠芽及零余子脱离母株后自然落地即可生根。

4．走茎

走茎是种变态茎，自叶丛抽生出来，节间较长，节上着生叶、花和不定根，如虎耳草、吊兰等。将走茎截断，栽入基质中就可以长出一个新的植株。

四、花卉分生繁殖注意事项

（1）君子兰出现吸芽后，吸芽必须有了自己的根系以后才能分株，否则影响成活。

（2）中国兰分株时，切勿伤及假鳞茎，假鳞茎一旦受伤影响成活率。

（3）分生时要检查病虫害，一旦发现，立即销毁或彻底消毒后栽植。

（4）分生时根部的分切伤口在栽植前用草木灰消毒，栽后不易腐烂。

（5）春季分生注意土壤保墒，避免栽植后被风抽干；秋冬季分株时防冻害，可适当加以保护。

（6）匍匐茎的花卉如虎耳草、吊兰、草莓、竹类等分株时要掌握植株根、茎、叶的完整性。

【项目实施】

一、牡丹的分生繁殖

（一）繁殖方法

牡丹为芍药科芍药属落叶小灌木。单瓣花牡丹结籽多，生产上常用种子进行繁殖；半重瓣和重瓣花品种多因雄蕊和雌蕊退化或瓣化，不实或结籽少，大多采用无性繁殖。由于牡丹没有明显的主干，丛生性较强，很适合分株繁殖。

（二）实施步骤

1．分株时间

牡丹具有“秋生根”的习性，分株一般于9月上旬至10月上旬期间进行，早则易秋发，晚则长势弱，不发新根。

2．选取母株

牡丹生长3年即可进行分株繁殖，但以用5～6年生根系发达健壮且无病虫害的植株为好。挖取母株时坑要大（50～80cm深），下锹要远，尽量保留完整根系，然后去掉附土，晾晒1～2d，使根失水变软后再分株，这样不易伤根。

3．分割母株

分割时应注意观察根部纹理，顺其自然之势用双手拉开，或用剪刀、斧凿等剪开、劈开。每棵分株苗地上部应带有3～5个枝条或2～3个萌蘖芽，下部应带有一定数量的主根和须根，并使枝根比例适当、上下均衡。

分株后要及时进行修剪，去掉死根、病根、残枝、病枝、老叶等，伤口处最好用1%硫酸铜或0.5%高锰酸钾溶液涂抹消毒，以防治感染病害。

4．栽植

不管是地栽还是盆栽，都要选择排水良好且较肥沃的沙质壤土，也可将腐叶土、田园土和细河沙经喷药消毒后混合使用。把分株修剪好的植株放入坑中或盆中，均匀加入准备好的土，当加土至坑深或盆深1/3时，将植株轻轻提起2～3cm，使其根部伸展自如。栽植深度以根茎刚露出土面为宜。若过深，植株往往生长不良，叶片发黄；若过浅，影响发根和萌芽，也不耐干旱和严寒。栽好后踩实或压实，连续浇几次水，使土与根紧密接触。

北方冬季寒冷地区，露地分栽的牡丹应注意防寒。可采取根茎处埋土或包草等措施御寒。包草前要适当减去一部分叶片，然后用草绳将枝条捆拢。新栽植的牡丹切忌施肥，待逐渐复壮后方可施肥。

二、吊兰的分生繁殖

1．繁殖方法

吊兰为百合科吊兰属常绿宿根草本花卉，具有簇生的圆柱形肥大根系和走茎，适合用分株和走茎繁殖。除冬季气温过低不适于分株外，其他季节均可进行。

2．实施步骤

将盆栽2～3年的植株结合换盆时进行分株繁殖。去掉旧培养土，把植株分成两至数丛分别盆栽。栽种后，浇透水直到盆底有水流出，然后置于半阴通风处，约1周后，可将其放置在阳光处。另外，也可直接剪取吊兰走茎上新形成的小植株进行种植，此法简便，成苗快，故常用。

三、美人蕉的分生繁殖

1．繁殖方法

美人蕉为美人蕉科美人蕉属多年生草本球根花卉，原产美洲、亚洲及非洲热带，地下部具有横生多节的根茎。通常采用播种法和分根茎法进行繁殖，但播种法繁殖系数低，主要用于培育新品种，通常大多采用分根茎法进行繁殖。

2．实施步骤

繁殖时间宜在3～4月进行。先将老根茎挖出，分割成块状，每块根茎上保留2～3个芽并带有根须，然后去掉腐烂部分，埋于栽培基质中。在10～15℃的条件下催芽，并注意保持土壤湿润。20d左右，当芽长至4～5cm时，即可定植。

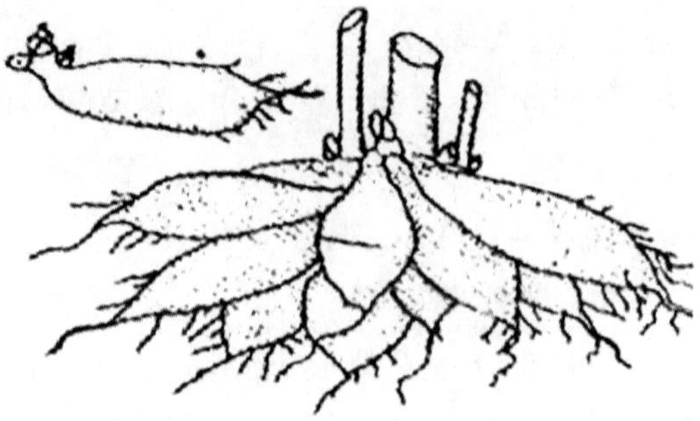

图3-11 大丽花的块根

四、大丽花的分生繁殖

1. 繁殖方法

大丽花为菊科大丽花属多年生草本球根花卉，地下部分为块根，如图3-11所示。通常将整个块根挖回贮藏，翌春催芽再分块根进行繁殖。

2. 实施步骤

（1）块根贮藏　在收获前选取生长健壮且具有优良特性、无病虫害的植株作种株，在早霜来临之前挖回。剪除离地面10cm以上的茎，然后整墩挖出块根，并带有部分泥土以保护根茎。将挖出的块根晾晒一段时间后贮藏，贮藏场所应进行消毒。贮藏块根时堆放不能过高，防止过早发芽和发热烂根，一般堆放3～5层为宜。在块根四周和上面覆盖一层细沙，用于保湿。

（2）分生操作　翌年3～4月将贮藏的块根取出，剔除腐烂和损伤的块根，放到温暖的地方催芽，一般控温15～20℃。出芽后把每个块根分开，每个块根上的根茎处至少要带有1个芽。然后将每个块根栽入培养容器中培育成大苗。切割的伤口用草木灰消毒，对未发芽的块根继续催芽，如此2～4次，即可完成分块根繁殖。

【项目考核】

考核标准见表3-8。

表3-8　牡丹、吊兰、美人蕉和大丽花的分生繁殖考核标准

考核内容	考核标准	分值	得分	教师评价
牡丹分株	挖取母株操作熟练，根系损失较小	25		
	分株操作娴熟，根系损失较小			
	分株后及时栽植			
吊兰分株	挖取母株操作熟练，根系损失较小	25		
	分株操作娴熟，根系损失较小			
	分株后及时栽植			
美人蕉分株	挖取母株操作熟练，根系损失较小	25		
	分球操作娴熟，根系损失较小			
	分株后及时栽植			

续表

考核内容	考核标准	分值	得分	教师评价
大丽花分块根	挖取母株操作熟练，根系损失较小	25		
	分块根操作娴熟，根系损失较小			
	分块根后及时栽植			

【知识拓展】（可选）

下面再介绍几种常见花卉的分生繁殖。

一、鹤望兰繁殖方法

鹤望兰为芭蕉科鹤望兰属常绿宿根草本植物，可用播种、分株、组织培养等多种方法进行繁殖。在原产地鹤望兰由体重仅2g的蜂鸟传粉，是典型的鸟媒植物。而在我国必须人工辅助授粉，才能结籽。由于实生繁殖种源缺乏，幼苗生长期长，且幼苗优劣不齐，致使花枝品质差异甚大，因此我国鹤望兰生产多不采用实生繁殖。组培繁殖法只能用芽作外植体，但常因外植体褐化严重，组培苗又极易发生变异，故难以推广。因此，分株法是鹤望兰常用的繁殖方法。

一般选择生长3年以上具有4个以上芽，总叶片数不少于16枚，而且叶片整齐、无病虫害的健壮成年植株作为母株进行分株繁殖。分株适宜时间为5～6月。具体分株繁殖时常用不保留母株和保留母株两种方法。

不保留母株分株法是将整个植株挖起再进行分株的方法。具体做法是，将植株整丛从土中挖起，抖掉附土并剥去老叶，待能明显分清根系及芽与芽间隙后，合理选择切入口，用利刀将母株分成若干丛。应保证每丛分株苗有2～3个芽，根系不少于3条，总叶数不少于8～10枚。尽量减少根系损伤，以利植株恢复生长，但过长的根可适当短截。切口需要蘸草木灰，并在通风处晾干3～5h后再种植。此法适用于植株之间生长过密需要间苗时使用。通常生产上是挖优留差，差的留后再加强管理。

保留母株分株法不需要挖出母株，直接将母株侧面的植株用利刀劈成几丛即可。这样对母株的生长和开花影响较小。如需盆栽应只从母株上剥离少数生长良好的侧株种植。

二、大花君子兰繁殖方法

大花君子兰为石蒜科君子兰属多年生草本植物，可用播种或分株法繁殖。君子兰是异花授粉植物，为了促进结实，常常需要人工辅助授粉，一般是为培育新品种，而分株繁殖较为简便。具体做法是，结合春季换盆将母株根颈周围产生的15cm以上长且具有6～7片叶的分蘖（脚芽）取下栽植。母株与子株的伤口都要涂细炉灰，使伤口迅速干燥，防止腐烂。栽植时需要栽得略深一些以防止倒伏。栽后要保持盆土潮润而不湿和较高的空气湿度以及20～25℃室温，1个月左右就能长出新根。较大的子株养护1～2年即可开花。

三、苏铁繁殖方法

苏铁为苏铁科苏铁属常绿小乔木，原产我国华南地区，现各地多有栽培。在原产地温度较高，栽培10余年即可开花，且年年开花结实，但长江流域以北，却难于开花，故有“千年铁树难开花”之说。若进行播种繁殖，需要5年以上才能长成适宜造景的植株，而吸芽繁殖仅需2～3年，成活率可达80%～90%。当长到一定年龄且高约1m时，长势旺盛的苏铁可在叶基处产生吸芽，待其长到鸡蛋大小时，于早春3～4月用利刀切离母株，切割时尽量少伤茎皮，并剪去叶片，放置阴凉处，待伤口流液稍干后，再移栽到沙质壤土中，然后浇一次透水，遮阴保温，2～3个月即可长出新根。

四、芦荟繁殖方法

芦荟为百合科芦荟属多年生多肉多浆类植物。芦荟虽然也能开花结籽，但除了培育新品种，进行有性繁殖外，一般都采用无性繁殖。因为无性繁殖不仅速度快，还能保持品种的优良特性，所以无论家庭种植，还是大规模生产，都利用芦荟的营养器官进行繁殖。

分生繁殖是芦荟的主要繁殖方法。将芦荟幼株从母体分离出来，即可形成独立的新植株。分生繁殖在芦荟整个生长期过程中都可进行，但以春秋两季最为适宜。

芦荟一般生长2～3年以上时，可从地下茎部或主茎的节部萌生出新的植株，当这样的植株长到5～10cm高时即可用刀切下进行繁殖。生根较好的子株可与母株直接分离，割去交错和老化的根系，插入花盆或苗床即可。但如果根部有较大的伤口，应将伤口稍晾干（阴凉避光处）后方可种植，否则容易发生腐烂。而对茎节上生出的子株，经常不能形成良好的根系，所以与母株分离时需注意2点：一是子株长出3～5叶时最适宜分株；二是分株后要在室内放置2～3d，等伤口干燥后再种植。

子株栽植不要插得过深，1～2cm即可，但空气中增加一定的湿度是必要的。新株栽植时尽量避免强光照射，温度应控制在白天30℃左右，夜间5℃以上，经过20～30d后就可长出3～4个根，长度5cm左右。

五、狗牙根繁殖方法

狗牙根为禾本科狗牙根属植物，又称爬地草、绊根草，广泛分布于温带地区，在我国的华北、西北、西南及长江中下游等园林绿地中应用广泛。我国黄河流域以南各地均有野生种，也是我国应用较为广泛的优良草坪草品种之一。

狗牙根种子稀少，不易采收，且发芽率很低，故常用无性繁殖。狗牙根具有根状茎、匍匐茎和直立茎。直立茎不高，只有30cm左右，但匍匐茎却十分发达，数量多、长度长，有的可达2m以上。在一般情况下，匍匐茎上可形成多个节，遇土后，节上即可萌生不定根和直立茎，很快新、老匍匐茎互相交织成网状。人工繁殖时先将草坪成片铲起，冲洗掉根部泥土，再将匍匐茎切成3～5cm的小段，接着将切好的草茎均匀撒于平整好的坪床上，然后覆一薄层细土压实，浇透水，保持土壤湿润，20d左右即可长出大量匍匐茎，并快速成坪。

【项目巩固】

以组为单位，制订牡丹的分生繁殖方案，要求写出具体的操作过程。

子项目六 花卉的压条繁殖技术

【项目目标】

熟练掌握花卉普通压条、波状压条、堆土压条及高空压条的操作方法及技术要领。

【项目分析】

该项目重点是压条繁殖的原理及方法，难点是压条繁殖的操作方法及技术要领。

【知识链接】

压条繁殖是将母株的部分枝条或茎蔓压埋入土中，待其生根后切离，从而成为独立植株的繁殖方法。压条繁殖是一种枝条不切离母体的繁殖方法。一般用于扦插难以生根的木本花卉或一些根蘖丛生的花灌木。优点是成活率高，操作简便，不需要特殊的养护条件，还能保持母株的优良性状，但缺点是繁殖系数较低。在温暖地区压条繁殖四季均可进行，北方多在春季或上半年进行，这样在入冬之前有充分的时间形成完好的根系。在温室中，冬季也可对一些盆栽花卉进行压条繁殖。为了促进生根，常将枝条的入土部分进行环剥、去皮、扭伤、缢扎等处理，使其快速长出较多根。

一、压条的方法

压条一般有单枝压条法、波状压条法、连续压条法、壅土压条法和高空压条法。

1. 单枝压条法

如图3-12所示，选用靠近地面且向外伸展的枝条，先进行扭伤、刻伤或环剥处理后，压入土中，覆土10～20cm，使枝条顶端部分露出地面。为防止枝条弹出，可在枝条下弯部分插入小木叉固定，再盖土压实，生根后切割分离。如石榴、夹竹桃、玫瑰、半支莲、金莲花等可用此法进行繁殖。

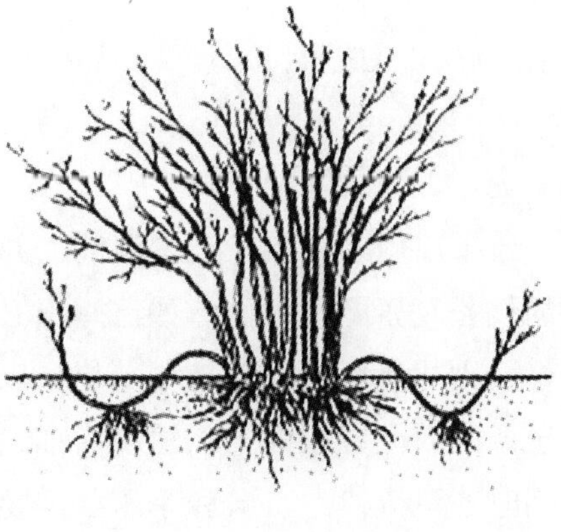

图3-12 单枝压条法

2. 波状压条法

波状压条法又称重复压条法，适合于枝条长且容易弯曲的花卉。如图3-13所示，将枝条弯曲牵引到地面，在枝条上进行数处刻伤，将每一伤处弯曲后埋入土中，用小木叉固定在土中。当刻伤生根后，与母株分别切开移植，即成为数个独立的植株，如迎春、葡萄、常春藤等可用此法进行繁殖。

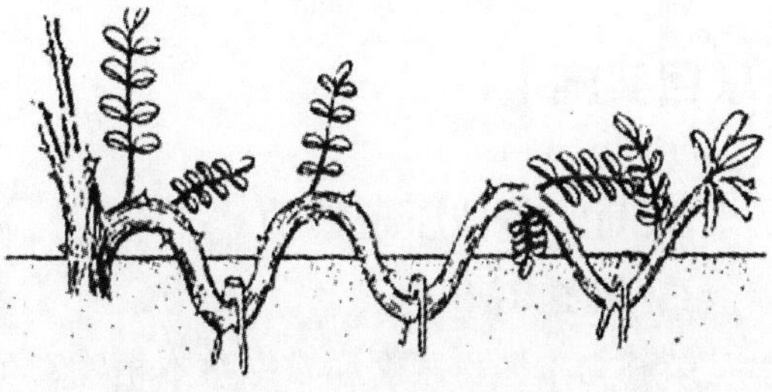

图3-13 波状压条法

3. 连续压条法

连续压条法又称水平压条法，多用于灌木类花卉。

如图3-14所示，在母株一侧先开挖较长的纵沟，然后把靠近地面的枝条节部略刻伤，再把它们浅埋入沟内，并将枝条顶端露出地面。经过一段时间，埋入沟内的节部可萌发新根，不久节上的腋芽也会萌发而顶出土面。待新萌发的小株生长成熟后，用利刀深入土层把各段的节间切断，再经过半年以上的培养，即可起苗移栽。如爬山虎、蔓性蔷薇等常用此法进行繁殖。

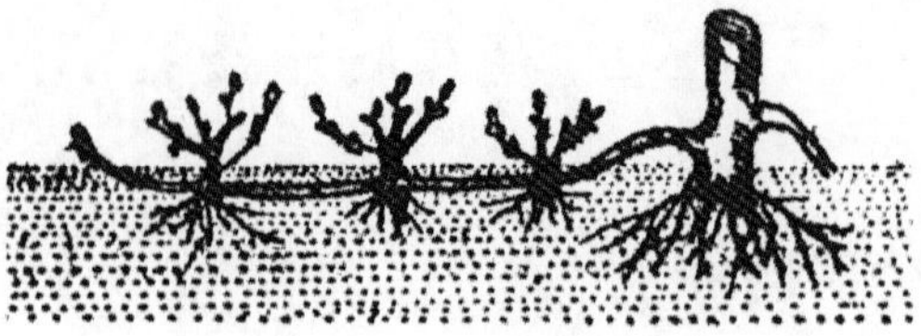

图3-14　连续压条法

4．壅土压条法

这种方法适合于根蘖多、丛生性强、枝条硬直的花卉。如图3-15所示，先将母株重剪，促使根部萌发分蘖，当萌蘖枝条长至一定粗度时，将其基部刻伤，并在周围堆土呈馒头状，待枝条基部长出根系后分割切离，分别栽植。如牡丹、木槿、紫荆、锦带花、大叶黄杨、侧柏、贴梗海棠等常用此法进行繁殖。

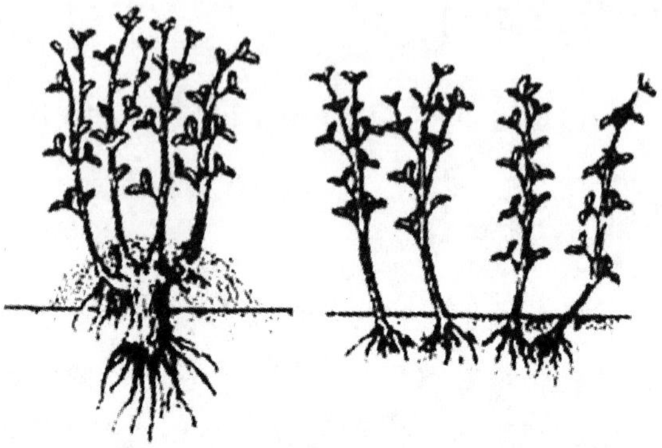

图3-15　壅土压条法

5．高空压条法

这种方法适合于小乔木状、枝条硬直的花卉。如图3-16所示，选择离地面较高的枝条进行刻伤处理，然后外套上瓦盆、竹筒、塑料袋等容器，内装苔藓或细土，保持容器内土壤湿润，30～50d即可生根，生根后切割分离成为新的植株。如米兰、杜鹃、栀子、佛手、金橘、白兰等常用此法进行繁殖。

压条前刻伤处理

花盆高空压条法

竹筒高空压条法

塑料薄膜高空压条法

图3-16　高空压条法

二、压条后的管理

压条以后必须保持土壤湿润，并随时检查埋入土中的枝条是否露出地面。如已露出必须重压；如情况良好，则尽量不要触动被压部位，以免影响生根。分离压条的时间以根的生长情况为准，必须具有良好的根系时才可分割。一般春季压条需要3～4个月的生根时间，待秋凉后再切割。初分离的新植株应特别注意养护，并结合整形修剪适量去除部分枝叶。栽后注意及时浇水和适当遮阴。

【项目实施】

一、茉莉的单枝压条繁殖

1．繁殖方法

茉莉为木犀科素馨属常绿草本植物，可用压条、扦插等方法繁殖。由于植株较小，地面压条繁殖更为简便易行。

2．实施步骤

选择生长健壮、分枝较多的植株作母株，然后在母株上选择适当的枝条进行弯曲压入土中，使枝梢向上，然后覆土压实即可。压条时需小心曲枝，边揉枝边弯曲，以免把木质部折断。同时将枝条压入土坑的最底部，在相应部位用刀环割皮部0.5～0.8cm。这样枝叶制造的有机养分向下运输至环割处就会停止，此处便会形成愈伤组织，进而产生新根。为防止枝条弹出，可在枝条下弯部分插入小木叉固定，再盖土压实。

每一母株压条的枝数要以母株枝条的多少而定。压条时间3～8月均可，压条后10～15d就能生根。7～8月温度较高，此时压条只需8～10d即可生根。压条生根后40d，可以与母株割离，成为一棵独立的植株。

二、常春藤的波状压条繁殖

1．繁殖方法

常春藤为五加科常春藤属常绿藤本植物，主要采用压条、扦插等方法进行繁殖。由于常春藤匍匐于地的枝条可在节处生根并扎入土壤，所以使用压条法更为简单。

2．实施步骤

将植株从盆中脱出，种植在苗床中，任其长藤在苗床上蔓生。然后任意取其长蔓，每隔10～15cm在蔓上压一撮培养土。一般3周左右便可在茎节处生根，这时连枝带根切取一段进行盆栽，浇足水放在半阴处培养，这样就能成为一棵新的植株。

三、爬山虎的连续压条繁殖

1．繁殖方法

爬山虎为葡萄科地锦属落叶藤本植物，可用压条的方法进行繁殖。在潮湿条件下，把爬山虎的茎藤压入土中，促使其茎节处抽发不定根，然后再剪断即可形成数个独立于母体的新株。此方法优点是成活率高、管理简便、幼苗生长旺盛；缺点是繁殖率相对较低。

2．实施步骤

爬山虎在生长各期均可进行压条繁殖，一般以3～4月爬山虎体内汁液开始流动和7～8月枝条成熟的两个时期进行繁殖效果较好。将匍匐于地面的茎藤，自基部保留40～60cm一段暴露在外，其余部分均可埋入繁殖基质，覆盖厚度一般为15～20cm。覆盖后需经常浇水保持湿润以利发根、出芽。大约15～20d，新芽便可萌发。待新芽长至40～50cm时，新根也已生长完好，此时可于节间处剪断，便得新株。

四、米兰的高空压条繁殖

1．繁殖方法

米兰为楝科米仔兰属常绿灌木或小乔木。米兰一般雌蕊不发育或发育不正常，生产上无法用种子繁殖，而用扦插繁殖成活率较低。采用高空压条法繁殖米兰，不仅成活率可达到95%以上，同时新植株的移栽成活率也可达到90%。新株当年还可开花，再加上该技术简便、实用且有效，所以特别适合中小规模的米兰繁殖。

2．实施步骤

米兰高空压条繁殖以在温度较高、湿度较大的条件下进行为好，故多选择在春夏间，并以6月上旬梅雨季节最好，因为这一时期，环境温度和湿度都比较高。7～8月进行高空压条繁殖也可以，但这时正是盛夏酷暑之时，太阳猛烈，水分蒸发快，环境干燥，压条部位的枝叶很容易失水枯焦。如若在这一时期压条，需要把米兰放在有遮阴条件的地方，以防止枯焦。

选择好压条部位后，用小刀在枝条上下两端刻划一圈，宽度为1～1.5cm，进行环状剥皮。注意不要损伤木质部，但皮层一定要全部刮干净，否则会自行愈合，抑制生根。环状剥皮后，用一张长15cm、宽12cm的塑料薄膜把剥皮部位围圈起来，交接处用透明胶带固定，然后在剥皮下端约2cm处用绳子或铅丝扎牢。之后将湿润的微酸性土壤加到塑料薄膜内，填满后，将薄膜上端也用绳子或铅丝固定。

米兰高空压条苗成活的关键是要经常保持湿润。一般2个月可生新根，但若新根不多，应再继续等待。判断米兰高空压条苗是否生根，主要是观察压条部分的叶片是否呈淡黄色，若呈现淡黄色说明开始愈合。再过一段时间，透过塑料袋若能看到长出白色嫩根，并逐渐布满塑料袋，证明不但成活，而且生长良好。这时可以连塑料袋一起剪下，然后轻轻拆去塑料袋，连土团一同栽种，即可长成一棵新的植株。

【项目考核】

考核标准见表3-9。

表3-9　　茉莉、常春藤、爬山虎和米兰的压条繁殖考核标准

考核内容	考核标准	分值	得分	教师评价
茉莉单枝压条	压条材料选择合适 压条操作娴熟 枝条损伤小	25		
常春藤波状压条		25		
爬山虎连续压条		25		
米兰高空压条		25		

【知识拓展】（可选）

下面再介绍几种常见花卉的压条繁殖。

一、玉兰压条繁殖

玉兰为木兰科木兰属植物，可采用嫁接、压条、扦插、播种等方法进行繁殖。常用的是嫁接和压条两种。压条是一种传统的繁殖方法，适用于保持与发展名优品种。

玉兰压条一般多在春季2～5月进行。通常选用二年生枝条为好，在节间进行环剥处理，即用剪刀夹住枝干轻轻旋转一周，距上刀口0.5～1cm处再转圈剪一刀，然后将两刀之间的树皮部分去掉，露出木质部。接着用塑料薄膜在刀口下方5cm处捆扎成袋状，袋内放入青苔或草炭土等生根物质，再将袋口扎紧，然后用支架固定或用绳子挂在其他枝条上，以防止风吹折断。

为了提高成活率，可在剥皮部位直接涂抹100mg/L的ABT生根粉，或者将20～50mg/L的ABT生根粉拌入培养基质中，可显著提高枝条发根率。压条3～5个月后将枝条从树冠上剪下，带土团移栽到地里，栽植深度为15～20cm，周边覆土压实，可逐渐长为一棵新的植株。

二、含笑压条繁殖

含笑为木兰科含笑属常绿灌木或小乔木，压条繁殖是含笑常用的方法之一。一般于5月上旬，选取大小适当、发育良好、组织充实健壮的一年生枝条，在覆土发根部位做宽度为1cm的环状剥皮，再涂抹浓度40mg/L左右的萘乙酸，然后在环剥处套上大小适宜的塑料袋，下端扎实，在袋内填实苔藓和培养土或吸足水分的蛭石，上端留孔以利灌水和通气。在养护期间，注意经常向袋内浇水，切不可积水。经2～6个多月的时间即可发根,新根生长健壮后，即可将幼株切离母株，另行栽植。

三、桂花压条繁殖

桂花为木犀科木犀属常绿阔叶乔木。桂花压条繁殖可分为空中压条和地面压条两种。空中压条繁殖一年四季都可进行，但以春季发芽前进行较好，通常在清明前后。从优良品种的健壮母株上选择2～3年生枝条进行环状剥皮，切口宽度为2cm左右。取竹筒将其劈开，内铺一层湿润的培养土，然后用竹筒将环剥的枝条包起来，外面再用塑料布包裹好，最后用绳子扎紧。经常加水，保持筒内湿润。约1个月后伤口就能愈合，3个月后可以生出新根。到10月或翌春，新根有3～5cm长时，即可切离母株。地面压条宜在4～6月或8～9月进行。在靠近根部的枝条上割皮1～2cm并将其压弯到地面，在伤枝上堆7～8cm厚的泥土压实。经常浇水保持湿润，约3个月即可生根，翌春将其与母株切开，另行栽植。若是盆栽植株，也可将割皮的枝条压入另一盆土中固定，待其发根后再切离移植。

四、八仙花压条繁殖

八仙花为虎耳草科绣球属落叶灌木，通常采用扦插、压条和分株进行繁殖。压条繁殖可在春天芽萌动时用老枝进行，但当嫩枝抽出8～10cm长，长出3～4节时亦可压条，此时压入土中的是二年生枝条。在6月也可进行嫩枝压条。压条前需去顶，挖宽2cm、深3～5cm的沟，但不必刻伤枝条。枝条埋入土中以后浇一次透水，还需遮阴，以后正常管理即可。1个月后就可生根，待枝条抽出4～5节时，便可浇肥水，翌年2～3月与母株切断，根部带原土另行栽植。

五、紫藤压条繁殖

紫藤为豆科紫藤属落叶藤本，又名藤萝。选取头年生或当年生略带木质化的健壮枝条的部分，可先用刀在枝条上划破皮层，再覆土即可从母株上分离下来另行栽培。

六、金银花压条繁殖

金银花为忍冬科忍冬属植物，又名金花、银花、双花、忍冬花等，繁殖方法有扦插、播种、分根和压条等。

压条繁殖方法简单，且开花较早，于秋、冬季植株休眠期或早春萌发前进行。先将母株旁的表土锄松，再选择二年生以上、已经开过花以及生长健壮的金银花作母株。然后将近地面的一年生枝条弯曲埋入土中，入土部分需刻伤处理，最后再用枝叉固定压紧，仅使枝梢露出地面。若枝条较长，可连续弯曲压入土中。压条后勤浇水施肥，翌春即可将已发根的压条苗截离母体，另行栽植。

【项目巩固】

以组为单位，制订本任务没有提及到的3种花卉的压条繁殖方案，要求写出具体的操作过程。

子项目七　花卉的嫁接繁殖技术

【项目目标】

1. 熟练掌握花卉的切接、劈接、芽接、髓心嫁接技术。
2. 能够根据花卉种类、季节等选择合适的嫁接方法。

【项目分析】

该项目重点为嫁接成活的原理，难点为切接、劈接及芽接的操作过程，教师可以通过演示操作及实训教学完成。

【知识链接】

嫁接是把植物的枝或芽移接到另一植株上，使之形成新的植株的繁殖方法。用于嫁接的枝条或芽称为接穗或接芽，被嫁接的植株称为砧木，嫁接成活的植株称为嫁接苗。嫁接繁殖是获得优良花卉品种的好方法。优点是能保持品种的优良性状、提高接穗品种的抗逆性和适应能力、提早开花结实、提高观赏价值、克服某些植物不易繁殖等；但缺点是产苗量少，操作与管理技术要求较高。

一、嫁接的时间

嫁接的时间可在植物休眠期进行，也可在生长期进行。

1. 休眠期嫁接

在植物的休眠期采集接穗，并于低温下贮藏，待春季3月上中旬砧木树液开始流动后进行嫁接。此时砧木的形成层已开始活动，接穗的芽也即将萌动，嫁接成活率最高。秋季嫁接在10～12月初进行，嫁接后伤口当年愈合，翌春接穗再抽枝，故休眠季嫁接可分为春接和秋接2种。

2. 生长期嫁接

生长期嫁接主要为芽接，多在树液流动旺盛的夏季进行。此时枝条腋芽发育充实饱满，树皮易剥离。7～8月是芽接的最适期，故又叫夏接。靠接也在生长季进行。

二、嫁接的方法

嫁接的方法很多，可根据不同的花卉种类、嫁接时期和气候条件选择不同的嫁接方法。一般常用的是枝接、芽接、根接和髓心接等。

（一）枝接

枝接是用带有一个芽或数个芽的枝段作为接穗进行嫁接的方法。常用的枝接方式有切接、劈接、舌接、插皮接、腹接和靠接等。

1．切接法

切接法是目前花卉嫁接中应用较为广泛的一种方法，具有成活率高、生长健壮、操作简便、包扎快的优点。一般在春季3～4月间进行。如图3-17所示，选定砧木，于离地约10cm处水平截去上部，在横切面一侧用嫁接刀纵向下切约2cm，稍带木质部，露出形成层，然后把具有2～3个芽的接穗下端一侧削成约2cm长的面，再在其背侧0.5～1cm处斜削一刀，让长削面朝内插入砧木，使二者形成层相互对齐，最后用塑料膜捆紧。

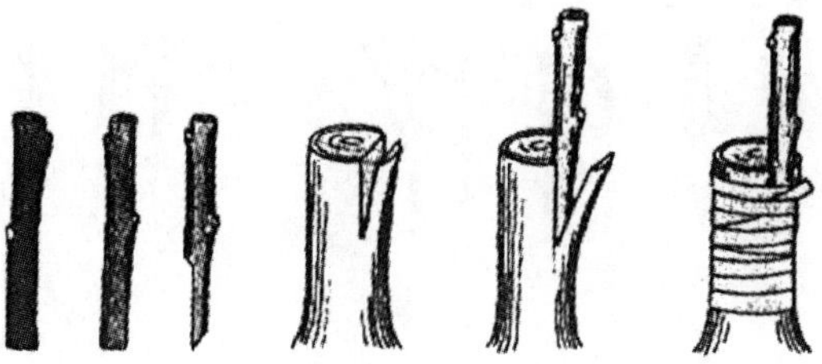

图3-17 切接法

2．劈接法

劈接法常用于砧木与接穗大小相差较大（砧大穗小）的情况下使用。一般在春季3～4月间进行。如图3-18所示，于离地10cm左右处截去砧木上部，再在砧木横切面中央，用嫁接刀垂直下切3cm，然后剪取接穗枝条5～8cm长，保留2～3个芽，接穗下端两侧削成约2cm长的楔形，保证两面削口长度一致，最后对准砧木形成层插入，再用塑料膜扎紧即可。

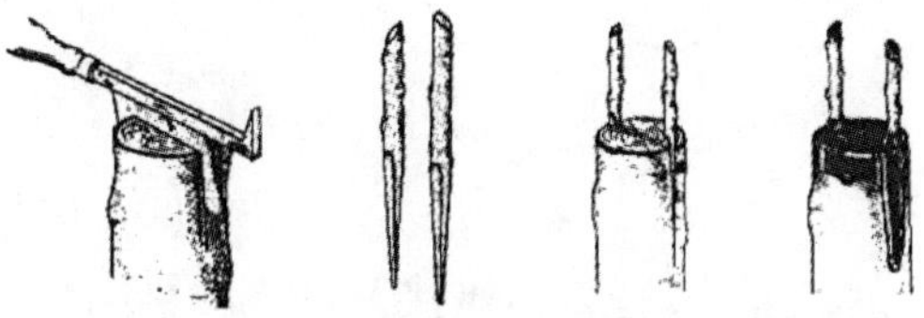

图3-18 劈接法

3．舌接法

舌接法多用于砧木直径0.4～1.0cm，砧穗粗度相近的情况下使用。舌接法由于砧穗形成层接触面大，接合牢固，愈合快，所以成活率较高。如图3-19所示，将砧木上端削成3cm长的削面，再在削面由上往下1/3处，顺砧木往下切1cm左右的纵切口，成舌状，同样在接穗平滑处顺势削3cm长的斜削面，再在斜面由下往上1/3处切1cm左右的纵切口，然后将砧木和接穗的舌部交叉起来，互相插紧，最后绑扎起来。

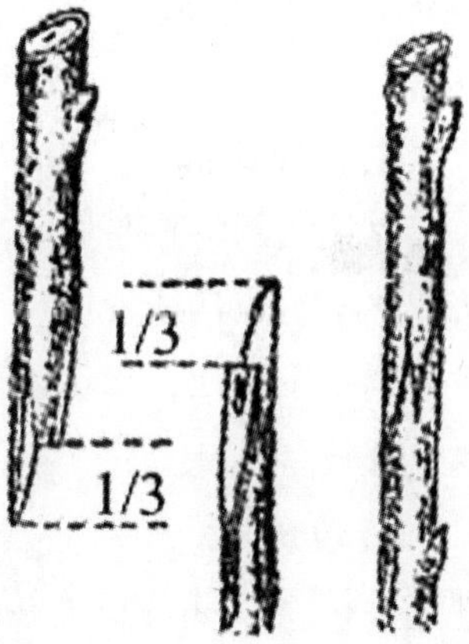

图3-19 舌接法

4．插皮接法

插皮接适用于砧木直径较大（2～3cm）、接穗较小（0.5～1cm）且砧木易剥皮的情况下使用。如图3-20所示，在距地面5～8cm处断砧，削平断面，选平滑处将砧木皮层划纵切口，长度为接穗长度的1/2～2/3，然后把接穗削成长3～4cm的单斜面，削面要平直并超过髓心，

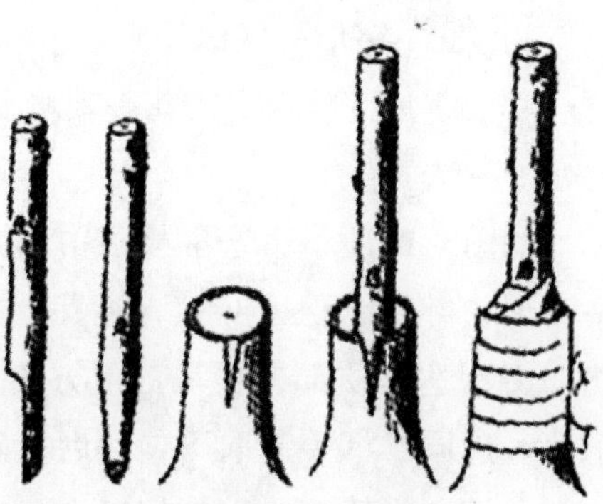

图3-20 插皮接法

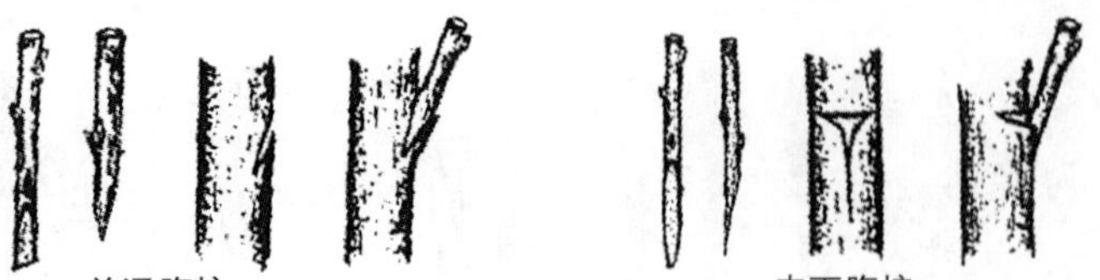

普通腹接　皮下腹接

图3-21　腹接法

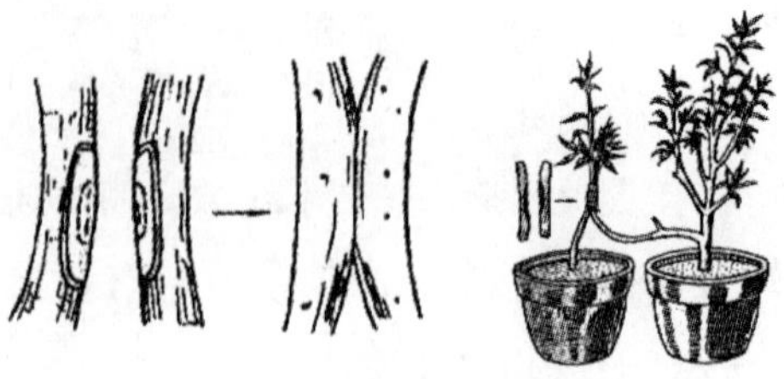

图3-22　靠接法

厚0.3～0.5cm，背面末端削成0.5～0.8cm的一小斜面或在背面的两侧再各微微削去一刀。这时把接穗从砧木切口沿木质部与韧皮部中间插入，长削面朝向木质部，并使接穗背面对准砧木切口正中，接穗上端注意“留白”。如果砧木较粗或皮层韧性较好，砧木也可不切口，直接将削好的接穗插入皮层即可，最后用塑料薄膜绑扎。

5．腹接法

腹接法广泛用于园林植物的嫁接，由于嫁接时不剪砧，因此嫁接后若发现不成活，可以多次进行补接。优点是接口愈合好，接位低，操作简单易行。

腹接法又分普通腹接及皮下腹接两种。如图3-21所示，普通腹接是将接穗削成偏楔形，长削面长3cm左右，削面要平而渐斜，背面削成长2.5cm左右的短削面，砧木切削应在适当的高度选择平滑的面，自上而下深切。切口深入木质部，但切口下端不宜超过髓心，切口长度与接穗长削面相当，将接穗长削面朝里插入切口，注意形成层对齐，最后绑扎；皮下腹接是将砧木横切一刀，再竖切一刀，呈“T”字形切口，切口不伤或微伤，接穗长削面平直斜削，背面下部两侧向尖端各削一刀，以露白为度，撬开砧木皮层插入接穗，绑扎即可。

6．靠接法

靠接法的特点是嫁接成活前接穗并不切离母株，仍由母株供给水分和养分。此法适于用其他方法嫁接不易成活或贵重珍奇的花卉品种。靠接应在生长期间进行，如图3-22所示，及时在两植株茎上分别切出切面，深达木质部，然后使二者形成层紧贴扎紧。成活后，将接穗截离母株，并截去砧木上部枝茎。

（二）芽接

芽接是以芽片作为接穗进行嫁接的方法。具有操作简单、接穗消耗少、嫁接时期长、成活率高、可以反复补接和接口愈合好等优点。芽接时期多在砧穗形成层细胞分裂旺盛、树液流动快和皮层易剥离时进行。常用的芽接方法有“T”字形芽接和嵌芽接两种。

1．“T”字形芽接法

“T”字形芽接是目前花卉栽培上应用最广的嫁接方法之一，也是操作简便、速度快、成活率高的一种方法。

如图3-23所示，选取枝条中部饱满的侧芽作为接穗，剪去叶片，保留叶柄，在芽上方0.5～0.7cm处横切一刀深达木质部，再从芽下方约1cm处向上削去整个芽，连同叶柄一起取下，然后在砧木嫁接部位横切一刀，深达木质部，再从切口中间向下纵切一刀长约

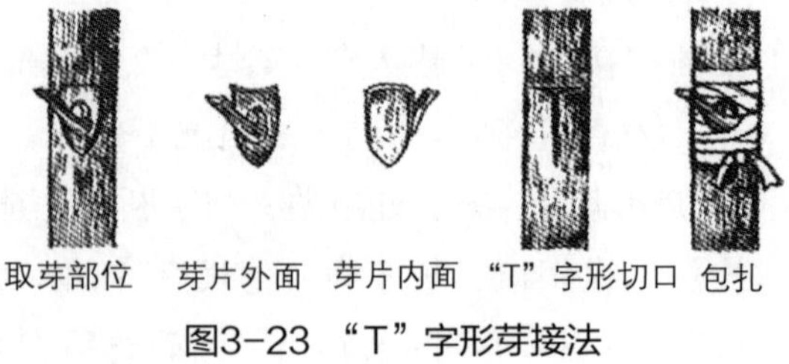

取芽部位　芽片外面　芽片内面　“T”字形切口　包扎

图3-23　“T”字形芽接法

3cm，使其呈“T”字形，用小刀轻轻把皮剥开，将芽片插入“T”字口内，用剥开的皮层合拢包住芽片，仅露出芽及叶柄，最后用塑料膜扎紧。

2．嵌芽接法

当砧木和接穗均不离皮时，可采用嵌芽接法进行嫁接。如图3-24所示，用刀在接穗的芽上方0.5～1cm处向下斜切一刀，深入木质部，长约1.5cm，然后在芽下方约0.5cm处呈30° 斜切至与第一刀的切口相接；砧木的切法是在选好的部位自上向下稍带木质部削一与芽片长宽均相等的切面，然后将芽片插入切口，两侧形成层对齐，芽片上端略露点砧木皮层，最后包扎好即可。

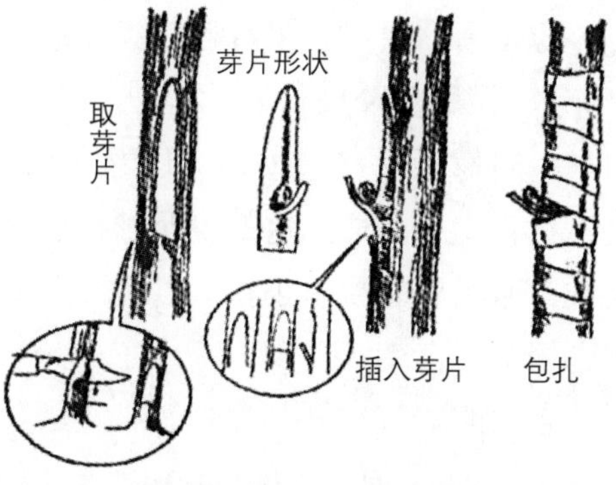

图3-24 嵌芽接法

（三）根接

根接是以根作为砧木的一种嫁接方法，多在砧木缺乏，或需要获得大量根段时使用。一般在早春或秋季植株休眠时进行。如图3-25所示，先把母株的根部挖起，选择粗度与接穗相似的根段，洗净上部污泥，用干净的利刀削成楔形，再把接穗的下端削成相应的形状，然后插入砧木绑扎好。接穗一般选用当年生枝条，嫁接时切勿颠倒极性，同时要对好形成层，如接穗与砧木的粗细不同，要保证一侧的形成层相互对齐。

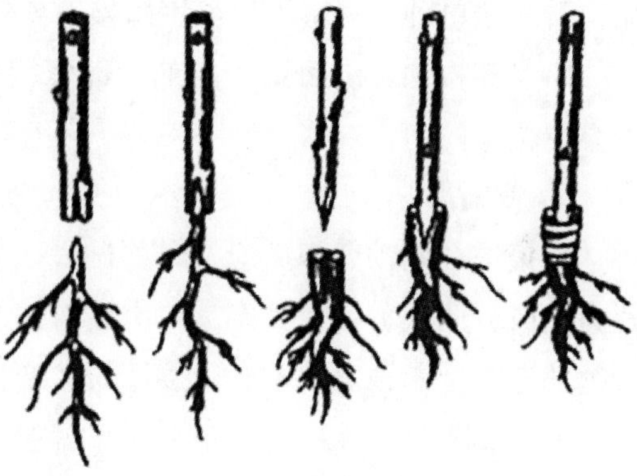
图3-25 根接

（四）髓心接

髓心接是接穗和砧木以髓心愈合的方式进行繁殖的嫁接方法。一般用于仙人掌类观赏植物。在温室内一年四季均可进行。常用的方法有平接和插接等，如图3-26所示。

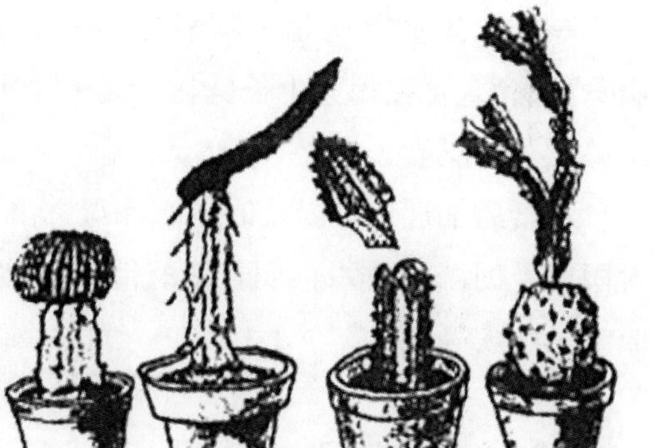
图3-26 髓心接

1．平接法

平接法适用于柱状或球形的仙人掌。嫁接时用利刀将砧木上端横向截断，并将切面外缘削成斜面（防止积水），再在接穗基部平切一刀，然后把砧木和接穗的切口对接在一起，中间髓心对齐，最后用细绳连盆一块绑扎固定。

2．插接法

插接法一般适用于蟹爪兰这类具有扁平茎节的植物种类。嫁接时用利刀在砧木上横切去顶，再在顶部中央垂直向下切一裂缝，接着将接穗下端两侧削去外皮，露出髓心，略呈楔形，然后插进砧木的裂缝内，最后用细绳绑紧，或用针、刺横穿固定，使接穗和砧木的髓心部分紧密贴合。

三、嫁接后的管理

嫁接后需要对嫁接苗悉心管理，这样才能保证有较高的成活率和植株品质。

1．挑膜及补接

一般嫁接后15～20d，即可看出接穗是否成活。如果接穗上的芽眼有萌动迹象，或砧穗形成层处有愈伤组织形成，这都表明嫁接苗已经成活。这时需要对采用厚膜包扎且不露芽的嫁接苗，用刀尖在芽眼处轻轻挑一小孔，以利小芽穿膜而出。同时对不成活的嫁接苗及时补接，以免延误嫁接时机，影响成活率。

2．解绑

关于解绑时间，很多书籍都提出嫁接成活后15～20d即可解绑。若解绑过早，接口尚未完全愈合，容易造成接穗中途死亡；若解绑过晚，砧穗过度增粗，薄膜容易勒入皮层内，从而阻断输导组织，引起接口肿大。解绑时可用嫁接刀或锋利的枝剪对薄膜轻轻纵切一刀，割断即可。

但对芽接法解绑可适当提前，即嫁接后30～40d，看见芽片四周形成层愈合后就可解绑，过晚则会影响芽的萌发。

3．剪砧

芽接法在萌动解绑后应及时剪砧，以使养分、水分集中供应给幼芽，促进其生长。剪砧可一次性剪除或分两次剪除。其中，一次性剪除是在芽上方1～2cm处将砧木剪断；分两次剪除是先在距芽较远的地方剪断顶上砧木，待接穗长大增粗以后再在其上方1～2cm处剪断砧木。

4．除萌

在花卉嫁接生产中，有时砧芽萌发过多，会影响接穗芽的生长，造成嫁接成活率降低，所以要及时将砧木上萌生的新芽摘除，以使养分、水分集中供应给接穗芽。不同树种砧芽萌生的速度和数量不一样，因此除萌是一项经常性的工作。对于一些易萌砧芽的花卉，一般嫁接后每隔10～15d摘除1次，直至接穗芽生长健壮，无砧芽生长为止。

5．肥水管理

嫁接后如遇干旱要及时淋水保湿，淋水时注意不要让水喷洒到接口上，否则影响成活率。如遇大雨要及时疏沟排水，而且最好能搭架覆膜。实验表明，嫁接后5～7d内遇大雨或连阴雨时，会使成活率大大降低。

四、影响嫁接成活的因素

影响嫁接成活的因素分为内在因素和外在因素两个方面。

（一）内因

内因是指植物自身的因素，包括砧木和接穗。

1．砧木

砧木的发育程度是影响嫁接成活的一个重要因素。砧木含有充足的营养才有利于形成层分化，促进愈伤组织生成，成活率也就越高。砧木的年龄也是影响成活的一个因素。一般幼龄砧木成活率较高，但也有用老龄砧木的，如树桩盆景的嫁接，因此，在砧木适龄问题上可塑性较大。

总之，砧木应选择与接穗有良好的亲和力、适应本地区气候和土壤条件、根系发达、抗性较强、对接穗优良性状的表现无不良影响、易于大量繁殖且以一二年生实生苗为好。

2．接穗

主要取决于接穗的年龄和充实度两个因素。接穗的年龄以当年生为佳，同二年生、三年生接穗比较，当年生枝条愈伤组织形成量最多，随着接穗年龄的增加，愈伤组织的形成量减少。接穗的充实度越好，成活率越高，充实度高的接穗，含有的糖类（碳水化合物）较多，愈伤组织形成得越多。另外，砧木与接穗的伤流也会影响嫁接的成活率，因为伤流往往在结合面产生隔离作用，阻碍砧木与接穗间的物质交流与愈合，进而影响到嫁接的成活。

总之，接穗应从优良品种植株上采取，而且要选择枝条生长充实、色泽鲜亮光洁、芽体饱满、无病虫害、粗细均匀的枝条。

（二）外因

外因是影响嫁接成活的外在环境因素，包括温度、湿度和光照等。

1．温度

嫁接植物的愈伤组织在一定温度下才能形成，大多数植物以20～25℃为宜，无论温度过高或过低都会抑制愈伤组织的形成，甚至会引起组织死亡，从而导致嫁接失败。

2．湿度

湿度对嫁接的影响体现在2个方面：一方面愈伤组织的形成需要一定的湿度；二是接穗要在一定湿度下才能保持生长活力。如果湿度过低，细胞易失去水分；而湿度过高，植株易腐烂。在生产上嫁接多以薄膜材料绑扎，所以需要时刻注意内部小环境的湿度。

3．光照

黑暗条件促进愈伤组织的生长，而直射光明显抑制愈伤组织的形成。另外，直射光容易引起温度上升，从而导致接穗失去水分而枯萎，所以嫁接初期要适当遮阴保湿。

除了上述因素外，人员的操作技术也会影响嫁接的成活率，比如接穗要用快刀稳削，使削面平滑，不能有凹陷和毛糙现象，以及形成层要对准、绑扎需牢固等。

【项目实施】

一、扶桑的切接繁殖

（一）繁殖方法

扶桑为锦葵科木槿属常绿灌木或小乔木花卉，通常选用同科同属的木槿作为砧木进行嫁接繁殖。嫁接时间宜选在生长旺季，以春季最佳。成活后当年生长期长，植株可得到充分生长发育。若多品种嫁接在一起，还可以获得开出不同颜色花朵的植株。

（二）实施步骤

1．接穗处理

一般选用一年生的扶桑枝条作接穗，穗长5～10cm，每个茎段含有2～3个芽。用刀在接穗的基部削出大小不同的两个对称斜面，一面长约2cm，另一面长约1cm，注意内切深度不宜太深，削去大部分木质部即可，削好后置于清水中或含在口中。

2．砧木处理

将多年成型的木槿老株剪去枝头，再用利刀削平，然后按接穗的粗度，在砧木截面的北侧选一合适位置，用刀自上而下劈开一条裂缝，深2.5cm左右。

3．结合与绑扎

将接穗的长削面向里插入砧木切口中，并将两侧的形成层对齐，接穗上端要露出0.2cm左右，即俗称的"露白"，这有利于砧木与接穗结合。用塑料条带将接口绑紧，对一些较幼嫩的接穗，为防止接口愈合前失水抽干，最好用小塑料袋把接穗和切口一起套住，待接穗抽生新梢后再将其去掉。

4．嫁接后管理

嫁接后将嫁接苗置于室内无日光直射处或进行遮阴，约一个月后可见成活。待成活后再逐步去掉塑料袋，增加光照。

二、菊花的劈接繁殖

（一）繁殖方法

菊花为菊科菊属多年生宿根草本花卉，常采用菊科蒿属的黄蒿作砧木进行嫁接繁殖。这样培育出的菊花既保持了原有品种的特性，又解决了常规扦插成活率低的问题。

（二）实施步骤

1．接穗处理

嫁接前2～3d对接穗母株浇一次透水，以增加接穗的含水量。嫁接前1～2h再对接穗母株进行喷水，使母株不至于在嫁接过程中因太阳暴晒而发生生理萎蔫，但应注意待叶面上的水分全部蒸发后再开始嫁接。

取无病虫害、生长健壮的菊苗顶梢5～7cm长的一段作为接穗，去掉下部较大叶片，顶端留2～3片叶。用刀片将接穗下端两侧削成1.5cm长的楔形，削好后置于清水中或含在口中。注意接穗要随采随接，不要一次采得过多，以免失水影响成活率。

2．砧木处理

嫁接前2～3d对砧木浇一次透水,以增加砧木的含水量。将砧木茎干在适当位置剪去顶部，于横切面纵切一刀，深度略长于接穗削面。

3．结合与绑扎

将接穗迅速插入砧木切口，使砧木与接穗密接吻合，两者形成层要对齐。用薄膜将接口严密包扎，同时把接穗顶端的断口封好，以防止水分蒸发，也可以用塑料袋将嫁接部位套住或将全株罩住，以防止风吹凋萎。

4．嫁接后管理

菊花嫁接后管理的关键是遮阴保湿，防止凋萎。若接后7～8d无萎蔫现象，说明基本成活。15～20d后若愈合牢固，即可解膜和除袋。

三、梅花的"T"字形芽接繁殖

（一）繁殖方法

梅花为蔷薇科杏属落叶乔木，少有灌木，最常用的繁殖方法是嫁接。作为梅的砧木，南方多用桃，北方常用杏、山杏或山桃。杏与山杏都是与梅同科同属的植物，以此作砧木，嫁接成活率很高，且耐寒力较强。

（二）实施步骤

1．接穗处理

选取当年生充分成熟的梅花枝条上饱满的腋芽作接穗，将叶片剪掉，保留叶柄。在芽上方0.5cm处横切刀，横切口长1cm左右，深入木质部0.1cm左右，再从芽下方0.5～1cm处向上斜削一刀，由浅入深，深入木质部，并与芽上的横切口相交。取下腋芽，用湿毛巾包好或放入口中备用。

2．砧木处理

在山杏实生苗北侧距地面10～15cm，选一光滑无分枝处横切一刀，深度以切断皮层达木质部为宜。再于横切口中间向下竖切一刀，切成一个“T”字形切口，其长宽略大于芽片，然后挑开树皮。

3．结合与绑扎

将芽片自“T”形切口上方插入砧木的皮层内，然后用拇指轻轻地向上推压芽片，使芽片的横切口与砧木横切口对齐嵌实，但需露出芽及叶柄。最后用塑料薄膜绑扎好，仅露出腋芽及叶柄。

4．嫁接后管理

一般接后7～10d可检查成活情况，若成活可除去绑扎物；若未成活需立即进行新芽补接。嫁接成活后，凡砧木上萌发的新芽应全部去除，并不断检查及时抹掉，以利新梢生长。

四、绯牡丹的平接繁殖

（一）繁殖方法

绯牡丹为仙人掌科多年生肉质草本植物，植株呈扁球形。由于球体不含叶绿素，故必须用绿色的量大尺、仙人球、仙人掌等作砧木进行嫁接繁殖，以用量天尺效果最佳。嫁接时间以春季或初夏为好，这个时候嫁接愈合快，成活率高。

（二）实施步骤

1．接穗处理

从绯牡丹母球上选取健壮、无病虫害、直径为1cm左右的子球作接穗，将绯牡丹子球的底部用酒精消毒，然后切削一刀，高度不超过子球的1/2。

2．砧木处理

用酒精对砧木的切削处进行消毒，然后在适当高度水平横切，保证将砧木的生长点切掉，否则砧木会继续生长而顶掉接穗。砧木平切后，随着时间延长，砧木中间的肉质会收缩下凹，这样周边就会上翘，致使砧木中间积水而边沿翘起顶掉接穗，因此必须在砧木外沿以30°～45°切去一圈。

3．结合与绑扎

把子球球心对准砧木中心柱压紧，然后用细线从接穗顶心至盆底按不同角度绕3～4圈扎牢，注意松紧要适度，过松过紧都会影响成活率。如果绕线过程中，子球滑动不好操作，可用大头针扎入子球，将子球固定在砧木上，再绕线扎牢（见图3-27）。

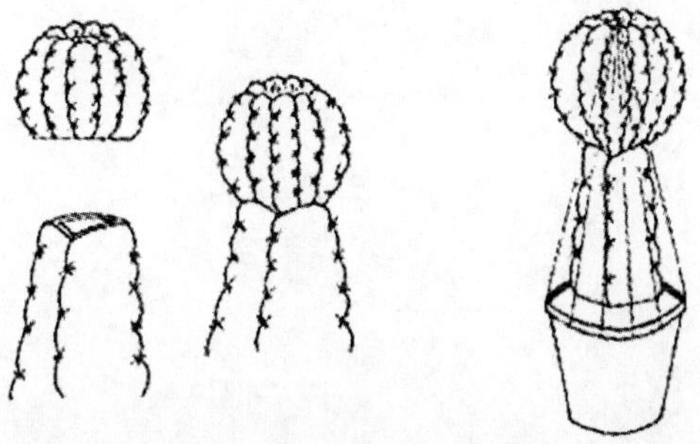

图3-27 绯牡丹的嫁接

4．嫁接后管理

接好的植株先放置在阴凉处，用塑料袋罩住以保持湿度和温度，这样有利于成活。约15d，如接口正常，即已成活。但如若接口发黑或出现裂缝，应将子球取下，再重新嫁接。一般接后2个月左右便可成活供观赏。

【项目考核】

考核标准见表3-10。

表3-10　扶桑、菊花、梅花、绯牡丹和蟹爪兰的嫁接繁殖考核标准

考核内容	考核标准	分值	得分	教师评价
扶桑切接	接穗处理得当；削面平整、光滑 砧木处理得当，削面平整、光滑 接穗与砧木形成层对齐，结合紧密 绑扎牢固	20		
菊花劈接		20		
梅花“T”形芽接		20		
绯牡丹平接		20		
蟹爪兰插接		20		

【项目巩固】

以组为单位，制订本任务没有提及到的3种花卉的嫁接繁殖方案，要求写出具体的操作过程。

项目4 花期调控技术

知识目标： 1. 了解花期调控的意义。

2. 熟悉花期调控的基本理论。

3. 握花期调控的技术途径及综合措施。

能力目标： 熟练掌握常见花卉的花期调控技术。

子项目 常见花卉的花期调控技术

【项目目标】

掌握常见花卉的花期调控技术。

【项目分析】

该项目重点为花期调控的基本原理以及花期调控的主要方法，难点为不同类型花卉花期调控方法的确定。教师可以引导学生在课余时间尝试总结各种花期调控的方法来完成该项目的教学工作。

【知识链接】

花期控制是指通过人为的控制手段改变植物的自然花期，使之按照人们的意愿提前或延迟开花。其中，使开花比自然花期提早的栽培方式称为促成栽培，而比自然花期延迟的栽培方式称为抑制栽培。

一、花期调控的意义

对植物进行花期调控具有以下意义：

（1）花期调控能够均衡花卉生产，达到周年供应，解决市场淡旺季矛盾，获得更高的经济效益。

（2）花期调控能为节日或其他庆典活动提供定时用花，满足节日用花量大的需求。

（3）创造出百花齐放的景观。

二、花期调控的基本理论

调控植物的花期首先要了解花期调控的相关理论。

1．阶段发育

植物在整个生命过程中经历着不同的生长发育阶段。最初是细胞、组织和器官数量的增加与体积的增大过程，即生长阶段，表现为芽的萌发、叶的伸展、植株不断长高、增粗等。以后随着体内营养物质的积累，便进入发育阶段，表现为花芽分化、开花、结果、产生种子等。不同植物经历营养生长的时间不同，人为创造良好的生长环境可以缩短营养生长时期，但不能跨过营养生长时期。这是因为营养生长是生殖生长的基础，只有营养生长越充分，才能对生殖生长越有利。

2．光周期现象

许多植物在花芽分化阶段需要一定时间的光照与黑暗交替，才能由营养生长转为生殖生长，这称为光周期现象。具有光周期现象的花卉主要是长日照花卉和短日照花卉。如唐菖蒲通常被认为是长日照花卉，而秋菊、一品红等则被认为是短日照花卉。

3．春化作用

一些植物在开始生长或者当茎端开始活动后，必须接受一定时期的低温才能进行花芽分化，否则不能开花。植物经历的这个低温周期就称为春化作用。需要春化作用才能开花的花卉多数是二年生花卉和部分球根花卉、宿根花卉及木本花卉。不同花卉所需要的低温依花卉种类而异，但大多数花卉所要求的低温为3～8℃。

4．休眠与打破休眠

休眠是花卉在长期的进化过程中，为抵御不良环境所形成的一种适应性。当花卉在生长期间遇到低温、干旱等不良环境时，花卉的生长便趋于缓慢、停顿而转入休眠状态。这时候，若能人为地创造适宜的环境条件，便能够打破休眠使花卉恢复生长，并尽快转入生殖生长阶段。

5．生长调节剂与花期

植物激素是由植物自身产生的，其含量甚微，但对植物生长发育起着极其重要的调节作用。由于激素的人工提取、分离困难，也很不经济，使用也有许多不便等，人类就模拟植物激素的结构，合成了一些激素类似物，即植物生长调节剂。如赤霉素、萘乙酸、2.4–D、B_9等，它们与植物激素有着许多相似的作用，生产上已广泛应用。

植物的花芽分化与其激素的水平关系密切。在花芽分化前，植物体内的生长素含量较低，当植物开始花芽分化后，其体内的生长素水平明显提高。

植物激素对植物开花有较为明显的刺激作用。如赤霉素可以代替一些需要低温春化的二年生花卉植物的低温要求，也可以促使一些莲座状生长的长日照植物开花。

细胞分裂素对很多植物的开花均有促进作用。

三、花期调控的技术途径

1．花期调控的方法

（1）温度处理　温度处理方法主要有增温法和降温法两种。

① 增温法　主要用于促成栽培。即在花芽分化后，继续提供花芽发育和生长所需的温度条件，以便提前开花或延长花期。

② 降温法　既可用于抑制栽培也可用于促成栽培。因为低温既可促进休眠，延缓生长，进而推迟花期；又可以促进花芽分化，使花期提前。

（2）光照处理　对于长日照花卉和短日照花卉，可人为控制日照时间，以提早开花，或延迟其花芽分化或花芽发育，调节花期。光照处理的方法主要有长日照处理和短日照处理两种方法。

① 长日照处理　又称补光处理。主要是在短日照季节中，用人工补光的方法延长每日连续光照的时间。通常在太阳下山之前打开光源，延长光照5～6h，使每日的光照时间达到12h以上。或在午夜中断黑暗1～2h，把一个长夜分开成两个短夜，破坏短日照的作用，也可以达到同样的效果。人工补光可采用荧光灯，悬挂在植株上方20cm处。这种处理方法，可使长日照花卉在短日照季节开花，使短日照花卉推迟开花。

② 短日照处理　又称遮光处理，主要是在长日照季节中，用人工遮光的方法缩短每日连续光照的时间。通常在每天下午5～6时开始遮光，第2天上午7～8时揭掉遮光材料。这样可促使短日照花卉在长日照季节开花，使长日照花卉推迟开花。

（3）药剂处理　主要用于打破球根花卉和花木类花卉的休眠，提早开花。常用的药剂主要为赤霉素（GA）类药剂。

（4）栽培措施处理　通过调节繁殖期或栽植期，采用修剪、摘心、施肥和控制水分等措施，可有效地调节花期。

2．花期调控的技术途径

（1）处理前的准备工作

① 花卉品种的选择　根据用花时间，首先要选择适宜的花卉种类和品种。一方面选择的花卉应充分满足市场的需要，另一方面要选择在用花时间比较容易开花的、且不需过多复杂处理的花卉种类，以节约时间，降低成本。

② 植株大小及球根的成熟程度　要选择生长健壮、能够开花的植株或球根。依据商品质量的要求，植株和球根必须达到一定的大小，经过处理后花的质量才有保证。如采用未经充分生长的植株进行处理，花的质量降低，不能满足花卉应用的需要。一些多年生花卉需要达到一定的年龄后才能开花，处理时要选择达到开花年龄的植株处理。

③ 处理设备　必须具备适宜的处理设备，常见的有加温设备、降温设备、补光设备、遮光设备等。

④ 栽培技术　不管采用的是那种处理方法，都必须结合精细的栽培管理技术才能保证花期调控的成功。

（2）各项处理注意事项

① 温度处理注意事项　同种花卉的不同品种的感温性存在着差异，处理温度的高低，多依该品种的原产地或品种育成地的气候条件而不同。温度处理一般以20℃以上为高温，15～20℃为中温，10℃以下为低温；温度处理也因栽培地的气候条件、采收时期、距上市时间的长短、球根的大小等而不同。温度处理选择生长期处理还是于休眠期处理，因花卉的种类和品种特性而不同。温度处理的效果，因花卉的种类和处理的日数多少而异。多种花卉的花期控制需要同时进行温度和光照的综合处理，或在处理过程中先后采用几种处理措施才能达到预期的效果。处理中或处理后栽培管理对

花期控制的效果也有极大影响。

② 光照处理注意事项　一般短日照花卉和长日照花卉，30～50lx的光照强度就有日照效果，100lx有完全的日照作用，通常夏季晴天中午的日照强度为100000lx左右，光照强度可满足。人工光源以红光最为有效，其次是蓝紫光部分。适于短日照处理的花卉有菊花、一品红等。

③ 药剂处理注意事项　药剂在使用量上有比较严格的限制，并非越多越好，有些药剂超量后反而会适得其反。

④ 栽培技术处理事项　不管是摘心还是修剪，或是控水、控肥等都要建立在其他栽培措施正常实施的基础上。

在花期的控制过程中，常采用综合性技术措施处理，控制花期的效果更加显著。

【项目实施】

一、牡丹春节开放栽培技术

要想让牡丹提前在春节开花，必须采取以下技术措施。

（一）品种选择

要选择容易催花的品种，如超粉、洛阳红、二乔等。同时要选择四五年生、芽多饱满而又生长健壮的植株。

（二）操作过程

1．催花前管理

（1）晾根　植株购回后，运至高燥向阳的地块晾晒。按行呈覆瓦状排列，使后一行的根系盖住前面的枝条，经3～5d，花芽干瘪，枝条皱缩，根系柔软似面条即可。切忌晾晒过度而使苗木脱水死亡。

（2）上盆　苗株晾根后立即上盆。上盆后置于温室内进行催花管理。一般于春节前60d开始催花。

2．催花期管理

（1）温度管理　1～10d，白天最高温度10～12℃，夜间最低温度1～3℃；10～15d，白天最高温度12～14℃，夜间最低温度3～4℃；15～25d，白天最高温度15～18℃，夜间最低温度6～8℃；25～30d，白天最高温度18～20℃，夜间最低温度7～9℃；30～50d，白天最高温度20～22℃，夜间最低温度11～13℃；50～60d，白天最高温度24～26℃，夜间最低温度12～18℃。配合正常水肥管理，可于春节期间开花。牡丹春节催花的温度应由低逐渐到高，温度上升不能太快。

（2）湿度控制　上盆后立即浇透水，连续2～3d每天浇1次透水。以后每天喷3～4次，使枝芽保持湿润，空气相对湿度控制在80%～90%。具体做法是：萌动期每天11：00～15：00期间，喷水4～5次；现蕾期视干湿程度喷水3～4次，水量小些；花蕾膨大期每天喷水2～3次，水量减半甚至更少；开花期1～3d浇1次水，不可浇在花朵上。

（3）光照调控　牡丹为长日照花卉，花芽在长日照中形成，中长日照下开花。催花栽培初期若光照不足，只长叶不抽蕾；后期光照不足，影响开花质量和开放时间，如花蕾下垂，花朵逊色等，需及时进行人工补光。在牡丹植株上方1m高处，每隔4m安装40W日光灯，共装2排20个。萌芽后每天6:00～9:30和16:00～21:30进行补光，若阴天则6:00～21:30全天补光。

（4）施肥管理　在牡丹催花过程中，牡丹根系几乎没有生长吸收根，供其生长发育的养分主要来自肉质根内的贮存营养，为使催花牡丹花叶繁茂，补施肥水是必需的。浇施量不宜太大，以浇透为原则。一般当萌芽后，幼叶和花蕾露出时浇施第1次肥水，以后可根据基质干湿状况进行浇施。浇施肥水后要及时疏松基质，以降低基质湿度，增加其透气性。叶面喷肥可始于立蕾期，这时叶片虽然曲皱未放，但具有一定的吸收功能。喷施时应从下往上喷施叶的背面，待叶全部展开后正、反两面都喷。叶面喷肥可与喷药结合进行，一般7～10d喷施1次，浓度可逐渐增大。

（5）涂抹激素　在缓苗期后，对花芽还未萌动的，可用毛笔蘸取500～1000mg/kg的赤霉素溶液涂抹花芽，2天涂抹1次，连续涂抹3～5次，有替代低温打破休眠的作用。催花后期，对发育较晚的花蕾和叶片，也可采用300～500mg/kg的赤霉素溶液喷涂3～5次。

（6）修枝、抹芽、摘叶、压柄　在牡丹催花过程中，植株进入温室并充分"返水"后，应立即将无用、病残枝条及枝条上端的枯枝和无用芽剪掉、抹除。在剪除枝条时，应注意照顾株型，有些枝条即使没有花芽而只有叶芽，为使植株匀称、丰满也应该保留。催花中只保留最上端一个腋花芽，其余腋花芽、隐芽全部抹除。在牡丹催花过程中，摘叶是摘除生长特别旺盛的叶片，使养分集中供应花蕾。压柄是指把侧向上生长的复叶柄用手将其压平或压弯，使叶片平伸或略下垂，消除顶端优势，使养分集中供应花蕾，提高牡丹的观赏品质。

（7）病虫害防治　催花过程中由于温室内温、湿度较高等原因，易发生病虫害，其防治主要采取预防为主的原则。采用多菌灵、甲基托布津等药剂喷洒植株，或用50%多菌灵800倍液、甲基托布津1000倍液掺入催花素中涂抹鳞芽，以防治鳞芽发霉黑边。

二、菊花春节开放栽培技术

菊花为我国传统名花，具有较高的观赏价值。自然条件下，菊花多于深秋破霜盛开，影响了其应有的观赏效益。近年来，可通过遮光、补光以及其他栽培措施调整花期，使其适应市场需求。

（一）品种选择

若使菊花在春节开放，需将花期延迟60～80d。花期延后宜选择中晚熟秋菊和寒菊（正常栽培下在10月中旬以后开花）品种。

（二）操作过程

1．适时繁育

菊花从定植到开花约需120～130d，扦插繁殖适宜在农历八月初进行。方法是从健壮的菊花母株上剪下5～7cm长的顶梢或分枝作插穗，然后剪去基叶，并将剪口蘸泥浆，再插入盆或育苗池，浇透水后，进行适当遮阴，以后保持盆沙或育苗池湿润即可，插后15～20d即能生根，在农历八月二十五至二十六即可分株定植。

2．摘心

当菊花植株长至10～11cm高时即开始摘心。摘心主要是增多花枝，促使多开花，一般要进行2～3次摘心。第1次摘心在主茎上留2～3个节，以后每隔13d左右摘心1次，每个侧枝留两个节，如枝条够多可不进行第3次摘心（一般出口菊花规格每盆要求有花枝8支以上）。摘心能使植株发生分枝，有效控制植株高度和株型，使其长得矮而壮。最后二次摘心时，要对菊花植株进行定型修剪，去掉过多枝、过旺枝及过弱枝，保留10～12个枝即可。

3．短日照处理

菊花为短日照植物，只有在短日照条件才会花芽分化，因此可通过控制日照长短来控制开花，应进行短日照处理。短日照处理时间一般是种后3～4d开始照灯，在晚上8～10时照2h即可。灯光的瓦数是60～100W，大小瓦数的灯间隔排列，挂灯的距离是1.8～2m。菊花的品种较多，各个品种生长特性都有所不同。所以，收灯的时间是按各个品种不同的生长特性进行的。不同品种的菊花短日照处理情况见表4-1。

表4-1　不同品种菊花短日照处理

种植时间（农历）	品种名称	开始照灯时间/d	距离春节收灯天数/d
8月26	板栗黄	种植后4	62
8月26	丽金	种植后4	68
8月26	台红	种植后4	65
8月26	牡丹红	种植后4	70
8月26	黄金球	种植后4	68
8月26	宁波黄	种植后4	63
8月26	十八小姐	种植后4	63

4．病虫害防治

菊花虫害中蚜虫发生较多，可用50%辛硫磷乳剂1000倍液喷洒；病害中白粉病比较常见，发病率也比较高，可用20%粉锈宁800倍液喷施。

三、郁金香定时开花栽培技术

郁金香为百合科郁金香属鳞茎类球根花卉，有“花中皇后”的美誉，是世界上有名的切花及花坛、花镜素材。正常花期为4月。欲使其在春节开花，需要做到以下几个方面。

1．品种选择

促成栽培多采用5℃或9℃种球，一般为胜利型或达尔文杂交类型。郁金香作栽培用鳞茎规格为12+、11～12、11三种，这些尺码代表种球的圆周长度的cm数，“+”表示未明确标出最大值。目前，国内促成栽培所用种球多采用12+。

2．操作过程

（1）12月开花的方法　6月中下旬鳞茎收获后，将其放在34℃温度条件下1周，然后转到17～20℃下50～55d，以促进花芽分化与器官形成，最后在7～9℃下冷藏处理6周后，于9月下旬至10月上旬栽种，12月初即可开花。

（2）2月开花的方法　6月底至7月初收获鳞茎后，先将鳞茎置于17～20℃条件下55～60d，待花芽发育后，转入9℃以下冷藏处理1周，或者于9月中旬直接栽种（因品种而异），翌年2月中旬开花。

（3）3月开花的方法　7月收获鳞茎，先贮藏在23℃下50～55d，后在20℃下30d，10月1日后转入17℃以下，10月底到11月初栽种，翌年3月开花。

四、一串红花期调控技术

一串红为唇形科鼠尾草属多年生草本花卉，常作一年生栽培。主要的园林用途为布置“五一”、“十一”花坛。

（1）“五一”开花的方法　8月中旬取小串红种子播于露地，10月上旬将移植一次的幼苗攥坨假植于冷室，苗下垫腐叶土与沙的混合物，促进根系发达。11月至翌年1月陆续上盆，室内温度从15℃逐渐升至20℃，11月中旬至2月中旬换到23cm口径盆中，缓苗后每15d施1次有机肥水。经常摘心，充分见光，3月中下旬即可现蕾。为使“五一”开花，可持续摘心，最后一次摘心在3月28日左右，4月25日左右开花。

（2）“十一”开花的方法　3～4月露地播种，宜用大串红，水肥充足，充分见光，并不断摘心。最后一次摘心宜在9月1号左右进行，这次摘心后，只需25d左右即可开花。

五、万寿菊花期调控技术

万寿菊为菊科万寿菊属一年生草本，主要园林用途为布置花坛。其花期调控方法主要为调节播种期或定植时间。

（1）6月开花　选择以四季开花杂交一代和生长周期较短的杰出杂交一代，提前春播在冷床或温室中。生长期保持20～25℃，5月定植于露地，6月中旬即可开花。

（2）7～10月开花的方法　自4月下旬气温开始转暖至7月每15d播种一批，正常肥水管理，则花期自6月底至10月。如现蕾过早，可进行一次移栽，经移栽断根，可推迟5～7d开花。

六、昙花花期调控技术

昙花，又名月下美人，为仙人掌科常绿草本植物。昙花每年于高温的夏季可以开放3～4次，由于是夜间开放，不便人们观赏。为使其白天开放，可以选择多年生现蕾的大盆昙花，当花蕾开始膨大，长约18cm时，将昙花白天进行遮光处理，而黑夜给与40W的钨灯照射12～14h（18～8时），3～5d后，即可于9时开花。根据花蕾的大小，处理时间长短也不同，若花蕾只有12cm长，则需要处理6d左右。

若一大盆昙花有大小不同的花蕾10余朵，则可以最大的花蕾为准，进行处理。3d后，第1批花于9时开放，12时开败后，接着处理；第2批花则在翌日10时开放，较第1批晚1h，陈列结束后，继续处理；第3天上午11时第3批花又开放。可以看出遮光如有间断，会推迟开花的时间，间断的时间越长，开花时间越迟。

七、梅花花期调控技术

梅花，又名春梅、干枝梅，为蔷薇科木本花卉，其品种统计有300多个，属落叶乔木。

可利用梅花不同生长阶段对温度的反应，来控制休眠期的长短，从而催延花期。应选择对温度敏感的品种，选择生长势中度、枝条充实、株型较好、花芽较多且饱满的3～5年的盆栽植株。

（1）促进开花的措施　利用升温的办法打破休眠，促使其提前开放。秋季落叶后于11月下旬，将盆栽植株移入低温温室，放置在阴暗处，保持0～4℃，每周浇水1次，保持盆土湿润即可。此时花芽已经分化完成，并通过低温阶段，只需增温，即可促使花芽萌动。

① 元旦开花　依品种的不同，在元旦前15～25d，将盆栽植株移到中温温室，日温逐步升值18℃左右，充分见光，夜温12℃左右，浇1次肥水，每日喷水2～3次，保持枝条潮湿，使花芽鳞片软化，有利于花芽的萌动。花蕾透色时，将室温降到10～12℃，可以减缓花芽发育速度，促使花朵丰满，花色纯正。应注意增温不可过急，否则叶芽与花芽同时萌动，影响观赏效果。

② 春节开花　冬季入温室依据品种不同，于春节前10～20d（小宫粉10d、杏梅20d）将盆栽植株浇透一次肥水，移到温室向阳处，日温保持12℃左右，其他管理同元旦催化，春季可开花。如果春节在2月下旬，又逢气候偏暖的年份，在低温温室1～4℃下，光照适宜，有时无需另外加温，也可于春节自然开花。

（2）延迟开花的措施　当梅花处于冬季休眠期时，在1月下旬气候尚未回暖之前，将盆栽植株移到0～2℃的冷库中，延长休眠期，使休眠芽处于深度休眠状态。在要求开花之前10～15d出冷库，出冷库迟早依据当时气温决定。若气温平均为20℃左右，则提前10d即可；若温度低，则宜早出库。出库后放于荫棚下，逐步接受阳光，每日喷水2～3次，直至花蕾吐色为止。如果花蕾萌动过早，可在吐色后放至4℃冷库中，则可推迟4～5d开花；如果花蕾萌动较迟，应施用0.2%磷酸二氢钾2～3次。夏秋季用此方法，开花整齐。

国庆节开花　选择开过花的且易于形成花芽的品种，如白须朱砂、变绿萼、淡粉后等，1～2月换土时施入基肥。待新梢萌发后，每周施饼肥1～2次，以促使新梢迅速生长。4月中下旬，新梢长至20cm以上时进行摘心，适当控制浇水，抑制侧枝二次萌发，以积累营养。新梢停止生长15～20d后，开始花芽分化。第一阶段为生理分化，50～60d，此时应适当控制浇水；第二阶段为形态分化阶段，40～50d，这是应加强肥水管理。8月下旬摘叶，并放置在低温阴凉处，控制浇水，使盆土干旱，迫使其短暂休眠。9月下旬放置在阳光下，加强肥水管理，至国庆节即可开花。

【项目考核】

考核标准见表4-2。

表4-2　牡丹、菊花、郁金香、一串红、万寿菊、昙花、梅花花期调控技术考核标准

考核内容	考核标准	分值	得分	教师评价
牡丹（增温促成）	调控花期目标明确 调控方案制定合理 设施设备准备齐全 调控措施准确有效 栽培措施完善	20		
菊花（长日照延迟）		20		
郁金香（降温延迟）		20		
一串红（摘心延迟）		10		
万寿菊（分批播种延迟）		10		
昙花（颠倒昼夜处理）		10		
梅花（扣水促成）		10		

【知识拓展】

植物生长调节剂

植物生长调节剂，是用于调节植物生长发育的一类农药，包括人工合成的化合物和从生物中提取的天然植物激素。

一、植物生长调节剂的种类和作用

植物生长调节剂的种类目前已知的植物天然激素有生长素、赤霉素、细胞分裂素、脱落酸和乙烯五大类。人工合成的植物生长调节剂按其功能划分也是此五大类。

（1）生长素类　具有调动植物营养物质的能力，如吲哚垛丙酸（IPA）、萘乙酸（NAA）、2,4-D、"增产灵"（4-碘苯氧乙酸）、"防落素"（4-氯苯氧乙酸）等。

（2）赤霉素类　促进植物生长,调运养分,增进生长素的生理功能。赤霉素用GA表示,如GA_3、GA_4、GA_{12}等。

（3）细胞分裂素类　促进细胞分裂、分化和延缓组织衰老,对根茎的伸长起抑制作用。如玉米素（ZT）、激动素（KT）等。

（4）乙烯　抑制植物茎、根和叶的伸长,对果实有催熟作用,也有打破休眠,促进发芽的效应。如乙烯利。

（5）脱落酸　抑制植物生长，与GA有拮抗作用，能抑制芽的萌动。如脱落酸（ABA）、矮壮素（CCC）、青鲜素（MH）、三碘苯甲酸（11BA）、多效唑和比久（B_9）等。

二、利用植物生长调节剂进行花期调控的实际案例

1. 促进插条生根

应用植物生长调节剂可有效地促进插条生根，提高成活率，增加根系生长速度，提高繁殖系数。在促进插条生根方面，常用的植物生长调节剂是萘乙酸（NAA）和吲哚丁酸（IBA）等，大花假虎刺用2年生侧枝进行高空压条时，用5000mg/L的IBA和NAA处理能显著提高压条的生根率，甚至达到100%。IBA和NAA促进生根的效果因观赏植物的种类和品种而异，对多数植物是IBA优于NAA。其使用方法主要为短时速蘸和长时浸泡，均可有效促进插条生根。金鱼草插前以IBA500mg/L或NAA1000mg/L速蘸30s，或用NAA200～300mg/L浸泡，均可提高插穗生根率。短时速蘸效果明显优于长时浸泡。IBA和NAA使用的最佳浓度因观赏植物种类、插条类型、使用方法而异，一般是草本植物的使用浓度低于木本植物，如用IBA速蘸处理，金鱼草最佳浓度为500mg/L，瑞香为1000mg/L。幼嫩未木质化插条的使用浓度低于半木质化插条，如重瓣榆叶梅用速蘸法处理，幼嫩未木质化插条处理浓度以500mg/L最好，半木质化插条扦插处理浓度需提高至1000mg/L。浸泡浓度低于速蘸浓度，如金鱼草扦插前用NAA处理，浸泡的最佳浓度是200～300mg/L，速蘸的最佳浓度是1000mg/L。IAA与IBA还可以混合使用，提高药效，减少用量，节约成本。用红花夏鹃4～6cm健壮枝条顶梢作插穗，NAA单独用，100mg/L以下无效；IBA单独用，200mg/L以下无效，500mg/L以上才有显著效果，生根量为清水对照的163%；以NAA20mg/L+IBA100mg/L混合使用，生根量达清水对照的2倍，但提高二者浓度，增效效应抵消，抑制发根。

2．控制株形

（1）多效唑（PP_{333}）的应用　PP_{333}在控制株形上应用广泛，效果好，极少产生药害。应用于菊花，多表现为茎秆矮化，硬度增加，叶色浓绿，花序增大，花期推迟并延长。为不使菊花花期推迟，可在花茎即将停止生长时用赤霉素（GA_3）200mg/L处理花蕾。PP_{333}应用于菊花时，用PP_{333}5～10mg/L浇灌土壤，应用时期宜从理想高度开始直至现蕾，每15天1次。

（2）比久（B_9）的应用　B_9可普遍降低株高，控制株形，选用浓度越高，控制效果越强。不同植物应用B_9的适宜浓度不一样，浓度达6000mg/L，菊花就会产生药害，茎叶枯萎，以至死亡；而一串红在浓度达1.0%时也不产生药害。B_9应用于黄虾花,可使株高降低，叶片增厚，叶重增加，叶绿素含量增高，细胞透性降低，花期推迟，花苞数量增多，寿命延长。B_9应用于翠菊（0.3%溶液）、大花草原龙胆（5000mg/L）均可有效控制其株高。

（3）矮壮素（CCC）及缩节胺的应用　CCC可以使植株矮化、株形紧凑、叶色加深，但易发生药害。盆栽一串红于苗龄4个月左右用CCC溶液（0.2%～1.6%）喷1次或1周后加喷1次，能使植株的高度降低，节间缩短，叶色加深，但会使叶片黄化，甚至焦枯。浓度在0.8%以下的处理，叶边出现黄斑或整块黄化，1.6%浓度处理的植株，叶片从边缘向中心逐渐枯黄，少数植株地上部全部坏死。CCC的应用浓度范围较广，2500～10 000mg/L处理，可使营养生长期的矮牵牛矮化18.5%～50.5%，叶片厚度、叶片质量和叶绿素含量均有不同程度的增加。黄虾花在5000mg/L以下浓度矮化效果不明显，10 000mg/L较适宜。

缩节胺（DPC）100mg/L喷施一串红全株，使其茎节变短，分枝数提高，叶色深绿；400mg/L和800mg/L虽有矮化效果，但使植株叶色变浅，光合强度降低，影响了植株对水分和矿质元素的吸收，以致生长发育不良。重瓣玉簪在丛生叶刚展开时喷DPC（2～6mg/L），叶变小变厚，提高叶绿素含量和光合作用，浓度升高至6～10mg/L，出现毒害，生长受抑，净光合速率下降。

3．调控花期

PP_{333}应用于菊花，可推迟并延长花期。GA_3可诱导多数观赏植物开花，并使花期提前。隐棒花属植物在自然或人工栽培条件下极少开花，而用$GA_3$250～7500mg/L进行叶面喷施，能诱导开花。用GA_3（40μg/株）处理蝴蝶兰能使其在高温下（昼30℃、夜25℃）开花。7～9月间，用$GA_3$10～20mg/L处理仙客来，可使其提早开花20～65d，花量增加250%～310%。耧斗菜用$GA_3$250mg/L处理2次并配合摘叶处理，可提前9～14d开花。另外，香石竹在花芽展开期（1.5～1.7cm）用细胞激动素处理，花期提前4d，花量增加，而且还能使茎的基部再生花序。

4．提高抗逆性

休眠植物抗冷力与脱落酸（ABA）类物质的含量成正比。用外源ABA喷施石楠，可降低其半致死温度，提高抗寒性，使实生幼苗可在北京露地安全越冬。PP_{333}施用于菊花，不仅抑制营养生长，推迟、延长花期，提高叶绿素含量，还可增强抗寒力。

5．解除休眠

一些植物生长调节剂可以打破种子、芽或球茎的休眠状态，促其萌发。如9月用GA_3、丙酮液500mg/L处理6月采的二月兰种子16h，发芽率为91.8%；用$GA_3$50～100mg/L抹芽或用500mg/L喷雾，可使休眠的月季抽枝开花；用GA_3、6-BA、NAA和PP_{333}在石斛分蘖期前10d浸根2h，结果表明6-BA、NAA和PP_{333}均可增加有效分蘖数。唐菖蒲在低温打破休眠后，用乙烯利2000mg/L浸种球3h，可增加种球分球数，提高小球茎产量；乙烯利500mg/L处理，可使天竺葵侧枝增加93%。大花伽蓝菜用BA100mg/L喷施或涂茎，可使不分枝的植株发生侧枝。

三、应用中易出现的问题及注意事项

1．使用剂量问题

一般小剂量的植物生长调节剂就会出现明显的调控效果。剂量越大，调控效果越强。但剂量过大，则会对植物造成毒害。不同类型的调节剂、不同浓度、作用于不同的植物均会产生不同的效果，因此，大范围在一种园艺植物上应用某种调节剂之前，应先由低到高设一定梯度的浓度进行试验，选择最佳效果的浓度再大范围推广才比较安全。

2．使用方法问题

生长调节剂应用于园艺植物的方法有很多，如促进生根时，可以用浸泡、速蘸、沾粉、叶面喷洒等；改善株形时，可以用叶面喷洒、土壤浇灌等。因使用方法不同会导致最佳使用浓度、使用效果的改变。如促进生根时，浸泡和叶面喷洒的浓度低于速蘸，使用效果也往往不如速蘸。改善株形时，土壤浇灌往往优于叶面喷洒。这是被许多科研工作者研究所证实的，在实际工作中可以加以应用。

3．环境影响的问题

应用生长调节剂时的外界环境条件会影响到药效的发挥，如PP_{333}只有在一定的光照强度下才能发挥作用，在低光强（750lx）的室内应用则无效。应用植物生长调节剂时，一般应在气温20～28℃、无风的晴天条件下用药，温度过高或过低、大风及阴天条件下，可适当加大用药浓度。用药后6h内遇雨应补喷。

项目5 露地花卉栽培技术

知识目标： 1. 了解露地一二年生花卉、宿根花卉、球根花卉、水生植物及木本花卉各自的特点。

2．熟悉露地一二年生花卉、宿根花卉、球根花卉、水生物及木本花卉各自的繁殖方法。

3．掌握常见露地一二年生花卉、宿根花卉、球根花卉、生植物及木本花卉各自的栽培管理要点。

能力目标： 1. 识别露地花卉160种。

2．能进行常见露地花卉的栽培、养护。

知识链接： 露地花卉又称地栽花卉，是指在自然条件下，不需保施，即可完成全部生长过程的花卉。通常指一二年生草花、宿根花卉、球根花卉及园林绿地栽植的各类木本卉。花卉露地栽培是指将花卉直播或移栽到露地栽培方式。

一、露地花卉栽培的特点

（1）种类繁多，群体功能强　我国的自然气候分热带、亚热带、温带、寒带，所以露地栽培花卉种类繁多。在色彩上更是多种多样，可以满足多种要求。既可单株观赏，又可作为群体、成丛、成片种植，是布置花钵、花丛、花带、花坛、花境的良好材料。

（2）栽培容易，养护简单　露地花卉的繁殖、栽培大多没有特殊的要求，只要掌握好栽培季节和方法，均能成活。露地花卉对栽培条件适应性强，能自行调节水、肥、温、气栽培条件，依季节和天气的变化，对其进行必要的肥水管理即可正常生长和开花结果。但若要求定期开花或二次开花，则必须进行科学的修剪与抹芽，并配合适当的肥水措施，才能收到预期效果。

（3）成本低，收效快　露地花卉中的宿根花卉和球根花卉一次种植，可以连续多次开花，能长期展示观赏效果。成本低，收效快。一二年生草本花卉春季播种，夏、秋季即可开花，一般种植后2～3个月即可收效。

二、露地花卉生产方式

露地花卉根据应用目的有两种生产方式：一种是按园林绿地的要求，在花坛、花池、花台、花境和花丛等地直播生产方式；另一种是圃地育苗生产方式。

（1）直播生产方式　将种子直接播种于花坛或花池内使其生长发育至开花的过程称直播生产方式。适用于主根明显、须根少、不耐移植的花卉。如虞美人、香豌豆、飞燕草、矢车菊、茑萝、凤仙花、花菱草等。

（2）育苗移栽方式　先在育苗圃地播种培育花卉幼苗，长至成苗后，按要求定植到花坛、花池或各种园林绿地中的过程，称育苗移栽方式。育苗移栽方式要选择主根、须根发达而且耐移栽的花卉种类，如万寿菊、一串红、孔雀草、三色堇、金盏菊、金鱼草等。近年来，人们在园林绿化种植中普遍采用穴盘育苗。穴盘苗移栽，成活率高，见效快，应用广泛。

三、露地花卉的栽培管理

1．整地做畦

播种或移植前，做好整地工作。整地深度视花卉种类及土壤状况而定。一二年生花卉生长期短，根系较浅，为了充分利用表土的优越性，一般翻20cm左右；球根花卉需要疏松的土壤条件，翻需30cm左右。多年生露地木本花卉在栽植时，除应将表土深耕整平外，还需要开挖定植穴。大苗的穴深为80～100cm，中型苗木为60～80cm，小型苗木为30～40cm。

做畦方式，依地区及地势不同而有差别，通常有高畦和低畦之分。高畦多用于南方多雨地区及低湿之处，其畦面高于地面20～30cm，畦面两侧为排水沟，便于排水；低畦多用于北方干旱地区，畦两面有畦埂高出，能保留雨水及便于灌溉。

2．间苗

在育苗过程中，将过密苗拔去称为间苗，也称疏苗。种子撒播于苗床出苗后，幼苗密生、拥挤，茎叶细长、瘦弱，不耐移栽。所以当幼苗出芽、子叶展开后，根据苗的大小和生长速度进行间苗。间苗时应去密留稀、去弱留壮，使幼苗之间有一定距离，分布均匀。间苗常在土壤干湿适度时进行，并注意不要牵动留下幼苗的根系。露地培育的花苗一般多间苗2次。第1次在花苗出齐后进行，每墩留苗2～3株，按已定好的株行距把多余的苗木拔掉；第2次间苗称定苗，在幼苗长出3～4片真叶时进行，除准备成丛培养的花苗外，一般均留一株壮苗，间下的花苗可以补栽缺株。对于一些耐移植的花卉，还可移植到其他圃地继续栽植。间苗后需对畦面进行一次浇水，使幼苗根系与土壤密接。

间苗后使得空气流通，光照充足，改善了苗木生长的环境条件，并可预防病虫害的发生；同时也扩大了幼苗的营养面积，使幼苗生长健壮。

3．移植与定植

露地花卉栽培中，除不宜移植而进行直播的种类外，大部分花卉均应先育苗，经几次移植，最后定植于花坛或绿地。包括一二年生草花、宿根花卉以及木本花卉。

（1）移植　移植包括起苗和栽植两个过程。由苗床挖苗称起苗。若是幼苗和易移植成活的大苗可以不带土；若是较大花苗和移植难以成活而又必须移植的花苗须带土移植。移植时可在幼苗长出4～5枚真叶或苗高5cm时进行，栽植时要使根系舒展、不卷曲，防止伤根。不带土的应将土壤压紧，带土的压时不要压碎土团。种植深度可与原种植深度一致或再深1～2cm。移植时要掌握土壤不干不湿。避开烈日、大风天气，尽量选择阴天或下雨前进行，若晴天可在傍晚进行。移植后需遮阳管理，减少蒸发，以缩短缓苗期，提高成活率。

（2）定植　将幼苗或宿根花卉、木本花卉，按绿化设计要求栽植到花坛、花境或其他绿地称为定植。定植前要根据花卉的要求施入肥料。一二年生草花生长期短，根系分布浅，以壤土为宜。宿根花卉和木本花卉要施入有机肥，可供花卉生长发育吸收。定植时要掌握好苗木的株行距，不能过密，也不能过稀，按花冠幅度大小配置，以达到成龄花株的冠幅互相能衔接又不挤压为度。

4．水肥管理

（1）灌溉与排水　灌溉用水以清洁的河水、塘水、湖水为好。井水和自来水可以贮存1～2d后再用。新打的井，用水之前应经过水样化验，水质呈碱性或含盐质，或已被污染的水不宜应用。灌溉的次数、水量及时间主要根据季节、天气、土质、花卉种类及生长期等不同而异。春、夏季气温渐高，蒸发量大，北方降水量比较稀少，植物在生长季节，灌水要勤，且量要大，尤其对刚移植后的幼苗和一二年生草花及球根花卉，灌溉次数应较非移植的和宿根花卉为多。就宿根花卉而言，幼苗期要多浇水，但定植后管理可较粗放，肥水要减少。立秋后，气温渐低，蒸发量小，露地花卉的生长多已停止，应减少灌水量，如天气不太干旱，一般不再灌水。冬季除一次冬灌外，一般不再进行灌溉。同一种花卉不同的生长发育阶段对水分的需求量也不同，种子发芽前后浇水要适中；进入幼苗生长期，应适度减少浇水量，进行扣水蹲苗，利于孕蕾并防止徒长；生长盛期和开花盛期要浇足水；花前应适当控水；种子形成期，应适当减少浇水量，以利于种子成熟。

灌溉时间因季节而异。夏季为防止因灌溉而引起土壤温度骤降，伤害苗木的根系，常在早晚进行，此时水温与土温相近。冬季宜在中午前后。春、秋季视天气和气温的高低，选择中午和早晚。如遇阴天则全天都可以进行灌溉。

灌溉方法因花株大小而异。播种出土的幼苗，一般采用小水漫灌法，使耕作层吸足水分，也可用细孔喷水壶浇灌，要避免水的冲击力过大，冲倒苗株或溅起泥浆沾污叶片。对夏季花圃的灌溉，有条件的可采用漫灌法，灌一次透水，可保持园地湿润3～5d。也可用胶管、塑料管引水灌溉。大面积的圃地与园地的灌溉，需用灌溉机械进行沟灌、漫灌、喷灌或滴灌。

（2）施肥　花卉在生长发育过程中，植株从周围环境吸收大量水分和养分，所以，必须向土壤施入氮、磷、钾等肥料来补充养料，满足花卉的需要。施肥的方法、时期、种类、数量与花卉种类、花卉所处的生长发育阶段、土质等有关。通常施肥分为以下几种。

① 基肥　基肥也称底肥。选用厩肥、堆肥、饼肥、河泥等有机肥料加入骨粉或过磷酸钙作基肥，整地时翻入土中，有的肥料如饼肥、粪干有时也可进行沟施或穴施。这类肥料肥效较长，还能改善土壤的物理和化学性能。

② 追肥　追肥是补充基肥的不足，在花卉的生长、开花、结果期，定期追施充分腐熟的肥料，及时有效地补给花卉所需养分，满足花卉不同生长、发育时期的特殊要求。追肥的肥料可以是固态的，也可以是液态的。追施液肥，常在土壤干燥时，结合浇水一起进行。一二年生花卉所需追肥次数较多，可10～15d一次。

③ 根外追肥 即对花卉枝、叶喷施营养液，也称叶面喷肥。当花卉急需养分补给或遇上土壤过湿时，可采用根外追肥。营养液中，养分的含量极微，很易被枝、叶吸收，此法见效快，肥料利用率高。将尿素、过磷酸钙、硫酸亚铁、硫酸钾等，配成0.1%～0.2%的水溶液，在无风或微风的清晨、傍晚或阴天喷施于叶面，要将叶的正反两面全喷到，雨前不能喷施。一般每隔5～7d喷1次。根外追肥与根部施肥相结合，才能获得理想的效果。

一般花卉在幼苗期吸收量少，在中期茎叶大量生长至开花前吸收量呈直线上升，一直到开花后才逐渐减少。准确施肥还取决于气候、管理水平等。施用时不能沾污枝叶，要贯彻“薄肥勤施”的原则，切忌施浓肥。

水肥管理对花卉的生长发育影响很大，只有合理的进行浇水、施肥，做到适时、适量，才能保证花卉健壮的生长。

5．中耕除草

中耕除草的作用在于疏松表土，减少水分蒸发，增加土温，增强土壤的通透性，促进土壤中养分的分解，以及减少花、草争肥而有利于花卉的正常生长。雨后和灌溉之后，没有杂草也需要及时进行中耕。苗小中耕宜浅，以后可随着苗木的生长而逐渐增加中耕深度。

6．修剪与整形

通过修剪与整形可使花卉植株枝叶生长均衡，协调丰满，花繁果硕，有良好的观赏效果。修剪包括摘心、抹芽、剥蕾、折枝捻梢、曲枝、短截、疏剪等。

（1）摘心 是指摘除正在生长的嫩枝顶端。摘心可以促使侧枝萌发，增加开花枝数，使植株矮化，株形圆整，开花整齐。摘心也有抑制生长，推迟开花的作用。需要进行摘心的花卉有一串红、万寿菊、千日红等。但以下几种情况不宜摘心，如植株矮小，分枝又多的三色堇、石竹等，主茎上着花多且朵大的球头鸡冠花、凤仙花等，以及要求尽早开花的花卉。

（2）抹芽 是指剥去过多的腋芽或挖掉脚芽，限制枝数的增加或过多花朵的发生，使营养相对集中，花朵充实，花朵大，如菊花、牡丹等。

（3）剥蕾 剥去侧蕾和副蕾，使营养集中供主蕾开花，保证花朵的质量，如芍药、牡丹、菊花等。

（4）折枝捻梢 折枝是将新梢折曲，但仍连而不断；捻梢指将梢捻转。折枝和捻梢均可抑制新梢徒长，促进花芽分化。一些蔓生藤本花卉常采用这种作法，如牵牛、茑萝等常用此方法修剪。

（5）曲枝 为使枝条生长均衡，将生长势过旺的枝条向侧方压曲，将长势弱的枝条顺直，可得抑强扶弱的效果，如大立菊、一品红等。木本花卉用细绳将枝条拉直或向左或向右方向拉平，使枝条分布均匀，如金橘、代代、佛手等。

（6）疏剪 剪除枯枝、病弱枝、交叉枝、过密枝、徒长技等，以利通风透光，且使树体造型更加完美。

（7）短截 分重剪和轻剪。重剪是剪去枝条的2/3，轻剪是将枝条剪去1/3。月季、牡丹冬剪时常用重剪方法，生长期的修剪多采用轻剪。

7．越冬防寒

我国北方冬季寒冷，冰冻期又长，露地生长的花卉采取防寒措施才能安全越冬。

（1）覆盖法 霜冻到来之前，在畦面上覆盖干草、落叶、马粪、草帘等，直到翌年春季。

（2）培土法 冬季将地上部分枯萎的宿根、球根花卉或部分木本花卉，壅土压埋或开沟压埋待春暖后，将土扒开，使其继续生长。

（3）灌水法　冬灌能减少或防止冻害；春灌有保温、增温效果。由于水的热容量大，灌水后能提高土的导热量，使深土层的热量容易传导到土面，从而提高近地表空气温度。

（4）包扎法　一些大型露地木本花卉常用草或薄膜包扎防寒。

（5）浅耕法　浅耕可降低因水分蒸发而产生的冷却作用。同时，因土壤疏松，有利于太阳热的导入，对保温和增温有一定效果。

子项目一　露地一二年生花卉栽培技术

【项目目标】

1. 识别露地一二年生花卉40种。
2. 能够进行常见露地一二年生花卉的栽培、养护。

【项目分析】

该项目重点为露地一二年生花卉的识别及养护管理技术要点，难点为各种花卉具体的栽培管理技术。教师可以通过多媒体图片结合现场教学完成花卉的识别项目，通过贯穿整个学期的花卉养护记录完成各种花卉的栽培养护项目。

【知识链接】

在露地花卉中，一二年生花卉对栽培管理条件要求比较严格，在花圃中要选择土壤灌溉和管理条件最为优越的地段栽培养护。

一、一二年生花卉的特点

通常在栽培中所说的一二年生露地花卉包括三类：一类是一年生花卉，这类花卉一般在一个生长季节内完成其生活史，通常在春天播种，夏秋开花结实，冬季低温季节枯死，如鸡冠花、百日草等；一类是二年生花卉，在两个生长季内完成其生活史，通常在秋季播种，次年春夏开花，然后死亡，如须苞石竹、紫罗兰、羽衣甘蓝等；还有一类是多年生作一二年生栽培的花卉，其个体生命超过2年，能够多次开花结实，但在人工栽培的条件下，第2次开花株型不整齐，开花不繁茂，因此常作一二年生栽培，如一串红、金鱼草、矮牵牛等。

二、一二年生花卉繁殖和栽培特点

一二年生花卉以播种繁殖为主，播种期因地而异。

一年生花卉又名春播花卉，多原产热带和亚热带，耐寒力不强，遇霜即枯死，通常于春季晚霜后播种。我国南方一般在2月下旬到3月上旬播种，北方则在4月上中旬播种。此外，为提前开花，往往在温室或者冷床中提前播种育苗，晚霜过后再移植露地。

一年生花卉的栽培过程为：整地作床—播种—间苗—移植—（摘心）—定植—管理（同露地花卉管理）。

二年生花卉耐寒力较强，华东地区不加防寒保护即可越冬，北方地区多在冷床中越冬。二年生花卉秋播，要求在严冬到来之前，在冷凉、短日照条件下形成强健的营养器官，次年春天开花。二年生花卉秋播时间因南北地区不同而异，南方较迟，约在9月下旬到10月上旬；北方早些，约在9月上旬至中旬。而在一些冬季特别寒冷的地区，二年生花卉亦可春播。另外，一些露地二年生花卉在冬季严寒到来之前，地面尚未封冻时进行播种，华北地区一般在11月下旬进行，使种子在休眠状态下越冬，并经过冬春低温完成春花阶段，如锦团石竹、福禄考等。还有一些直根性的二年生花卉亦属此类，如飞燕草、虞美人、矢车菊等。初冬直播在观赏地段，不用移植，如冬季未能播种，也可以在早春地面解冻10cm时进行播种，早春的低温尚可满足其春化的要求，但不如冬播的好。

二年生花卉的栽培过程为：整地作床—播种—间苗—移植—越冬—移植—（摘心）—定植—管理（同露地花卉栽培管理）。

【项目实施】

一、一串红栽培技术

一串红别名墙下红、撒尔维亚、爆竹红，为唇形科鼠尾草属。

1. 形态特征

在华南露地栽培的可多年栽培和生长，呈亚灌木状。生产栽培多进行一年生栽培。全株光滑，株高30～80cm，茎四棱形，幼时绿色，后期呈紫褐色，基部半木质化。叶卵形或三角状卵形，对生，有长柄。轮伞状花序，密集成串着生，每序着花4～6朵。花冠唇形，伸出萼外，花萼钟状，和花冠同为红色。小坚果卵形，似鼠粪，黑褐色，千粒重2.8g，种子寿命1～4年。

2. 类型及品种

一串红著名的品种有："火凤凰"、"展望"、"帝王"、"热线"、"皇后"和"西兹"等，其中"西兹"、"展望"和"热线"等品种除了红色外，还有紫、红、鲑鱼肉色及复色等颜色。上述品种间虽有高矮不同特性，但一般在20～30cm之间。相比较之下，"火凤凰"比其他品种耐热性、耐湿性更强，园林效果更佳，花期更长。

同属常见栽培的还有：① 朱唇。别名红花鼠尾草。原产北美南部，多作一年生栽培。花萼绿色，花冠鲜红色，下唇长于上唇两倍，自播繁衍，栽培容易。② 一串紫。原产南欧，一年生草本。具长穗状花序，花小，紫、雪青等色。③ 一串蓝。别名粉萼鼠尾草。原产北美南部，在华东地区多作多年生栽培，华北作一年生栽培。花冠青蓝色，被柔毛。此外还有一串粉、一串白。

3. 产地与生态习性

原产于南美巴西。性喜温暖湿润气候，不耐寒，怕霜冻。最适生长温度20～25℃。喜阳光充足环境，但也能耐半阴。幼苗忌干旱又怕水涝。对土壤要求不严，在疏松而肥沃的土壤上生长良好。

4. 繁殖方法

采用播种、扦插和分株等方法繁殖。现今用于大规模商品生产的一串红几乎全部用种子繁殖。

一串红种子每克有220～300粒。在长江中下游地区保护地条件下，一年四季均可播种。

“五一”、“十一” 等节日的用花量大，所以其播种时间以12月和6月为主。播种采用疏松的人工介质，以床播、箱播育苗，有条件的可以采用穴盘育苗。介质要求pH为5.8～6.2，EC值为0.5～0.75，经过消毒处理，播种后保持介质温度22～24℃，5～10d出芽，播种后注意防止鼠害。

第一阶段：播种后4～5d胚根展出。初期保持育苗介质的湿润非常重要，所以，播种后需要覆盖一层薄薄的保湿介质，建议以粗片蛭石为好。不用施肥，温度保持在22～24℃。冬季育苗时温度要保证，如果温度偏低或者偏高，容易造成发芽势弱。

第二阶段：仍保持介质的湿润，但要防止过湿。此阶段，主根可以长到1～2cm，子叶展开，长出第一片真叶。可以开始施肥，施肥浓度以50ppm的20–10–20水溶性肥料为主。

第三阶段：种苗已经进入快速生长期。由于一串红对过高的EC较敏感，可每隔5～10d交替施用70～100ppm的20–10–20和14–0–14水溶性肥料。适当控制水分，促进根系生长。介质和环境温度可以适当控制在18℃左右。此阶段后期，植株根系可以长到3～5cm，苗高也有3～4cm，有2～3对真叶。

第四阶段：本阶段根系已经完好形成，有3对真叶，温度和湿度要求同第三阶段，适当控制水分，施用50～100ppm的14–0–14肥料，加强通风，防治徒长。

5．栽培管理技术

（1）移植上盆　用穴盘育苗，应在长至2～3对真叶时移植上盆。用12～13cm口径的营养钵，一次上盆到位，不再进行换盆。如果是开敞式育苗盘撒播育苗，最好在1～2对真叶时，用72或128穴盘移苗一次，然后再上盆。

（2）光照调节　一串红是喜光花卉。在光照充足的情况下，植株健壮、花多、花色鲜艳、抗病能力强。因此，一串红进温室后，必须摆放在光线最好的地方，必要时补充人工光源。

（3）温度控制　上盆后温度可以由22℃降至18℃，经过几周可以降至15℃，开花前后可以降至12～14℃，这样的温度对形成良好的株型最理想，但在实际生产中可能很难达到这种条件。所以，一般来讲，只要在5℃以上就不会受冻害，10～30℃之间均可以良好生长。夏季35℃以上的高温，除非是极端事件或者偶尔有之，否则大多数品种都难以承受。

（4）水肥管理　水分管理的关键是采用排水良好的介质。保持介质的湿润虽然很重要，但每次浇水前适当的干燥也很必要，当然不能使介质过干而导致植株枯萎。对于完全用人工介质栽培的，施肥宜采用20–10–20和14–0–14肥料，以200～250ppm的浓度7～10d交替施用1次。在冬季气温较低时，要减少20–10–20肥料的施用量。如果是以普通土壤为介质的，则可以用复合肥在介质装盆前适量混合作基肥。当肥力不足时，再追施水溶性肥料。

（5）摘心修剪　本来新的矮生品种均不必摘心，但由于国内用户大多数喜欢大盆大株型，所以仍常常摘心1～2次。第1次在3～4对真叶时；第2次新枝留1～2对真叶。如果第1次出花后未销售掉，还可以修剪一次，之后再栽培养护3～5周，虽然质量上有所下降，但如果机会把握得好，仍可获得收益。

（6）病虫害防治　一串红的病害主要有苗期猝倒病、灰霉病、霜霉病，可以用普力克800～1500倍液喷施。生长期主要由叶斑病、灰霉病、疫病、根腐病，用百菌清800倍液、甲霜灵1000～1500倍液防治。虫害有蚜虫、菜蛾、蓑蛾等。

（7）出圃　采用12cm的营养钵栽培。在露色时至盛花前出圃，冠幅一般在20～25cm之间，株型整齐、饱满，开花一致。一串红不耐长途运输，高温季节装车后最好不超过8h，低温季节也不要超过16h。

6．园林应用

一串红可单一布置花坛、花境或花台，也可作花丛和花群的镶边。盆栽一串红是设计盆花群不可缺少的材料，可与其他盆花形成鲜明的色彩对比。全株均可入药，有凉血消肿的功效。一串红还是一种很好的抗污花卉，对硫、氯的吸收能力较强，但抗性弱，所以既是硫和氯的抗性植物，又是二氧化硫、氯气的监测植物。

二、矮牵牛栽培技术

矮牵牛别名碧冬茄、番薯花，为茄科碧冬茄属花卉。

1．形态特征

株高30～60cm，茎梢直立或匐地生长，全身被短毛。上部叶对生，中下部互生，卵圆形，先端尖，全缘。花单生于枝顶或叶腋，花冠喇叭状，花径5～6cm，花筒长约6～7cm，花色丰富，有白、粉、红、雪青等，有一花一色的，也有一花双色或三色的。花萼5深裂，雄蕊5枚。蒴果卵形，成熟后呈两瓣裂。种子细小，千粒重0.16g，种子寿命3～5年。花期长，北方可从4月开到10月，南方冬季亦可开花。

2．类型及品种

常见栽培品种有：① 单瓣大花类。苹果花、蓝霜、红瀑布、狂欢之光。② 单瓣多花种。夏季之光。③ 重瓣多花种。蓝色多瑙河。④ 矮生种。超红、超粉。

株型有高（40cm以上）、中（20～30cm）、矮丛（低矮多分枝）、垂枝型；花色有白、粉、红、紫、堇至近黑色以及各种斑纹。

3．产地与生态习性

原产南美。是由南美的野生种经杂交培育而成。性喜温暖怕寒，耐暑热，在干热的夏季也能正常开花。最适生长温度，白天27～28℃，夜间15～17℃，喜阳光充足，耐半阴，忌水涝，需疏松肥沃的微酸性土壤。

4．繁殖方法

有播种和扦插两种方法，以播种繁殖为主。矮牵牛种子每克有10 000粒左右，在长江中下游地区保护地条件下一年四季均可播种育苗，但考虑用花条件限制和高温对开花的影响，一般花期控制在“五一”、“十一”，所以播种时间在10～11月和6～7月之间。播种宜采用疏松的人工介质，因种子过于细小，一般采用床播、箱播育苗，穴盘育苗需要采用丸粒化种子，可用288穴或128穴。播种前装好介质，浇透水再播种，播后用细雾湿润种子。矮牵牛种子细小，播种后不能覆盖任何介质，否则会影响种子发芽。介质要求pH为5.8～6.2，EC值为0.5～0.75，经消毒处理，播后保持介质温度22～24℃，4～7d出苗。在播后的3～5d，保持介质湿润，不需施肥，温度保持在22～24℃，若采用发芽室播种的，最好用1000lx的光照补光。第1对真叶出现后，可以开始施肥，施肥一般采用氮肥或20-10-20水溶性肥料，浓度控制在50ppm左右，不可过高，以免产生肥害。种苗长到2～3对真叶时，介质温度可以降低到18～20℃左右，每隔7～10d，间施一次尿素或20-10-20的水溶性肥料和N-P-K为15-15-15的0.1%复合肥，注意通风，每隔一周喷施百菌清或甲基托布津800～1000倍液。3对真叶后，根系已经完好，可移栽上盆。

5．栽培管理技术

（1）移植上盆　用288穴的育苗盘育苗，直接移入10～12cm口径的营养钵中；也可以先定植于苗床，再移入营养钵内。矮牵牛移植后恢复缓慢，所以上盆时应注意尽量多带土。

（2）光照要求　矮牵牛为阳性植物，生长、开花需要阳光充足，夏季生产比较耐高温。一般只在移植后几天加以遮阴缓苗，在整个生长期均不需要遮阴。

（3）温度要求　矮牵牛移植后温度控制在20℃左右，但不要低于15℃，温度过低会推迟花期，甚至不开花。在实际生产中，要求“十一”开花的要在大棚内进行生产，避免在国庆节前因温度低而影响开花。要求“五一”开花的，也可在露地条件下进行生产，但必须保证冬季霜不直接落在叶片上，否则叶片会出现白色斑点，影响效果。

（4）水肥要求　浇水始终遵循不干不浇，浇则浇透的原则。夏季生产盆花，小苗生长前期应薄肥勤施，肥料选择宜N、K含量高，P含量偏低。N肥可以选择尿素，复合肥选择N-P-K比例为15-15-15或N、K含量高的，浓度控制在0.1%～0.2%，水溶性肥料一般选择20-10-20和14-0-14两种，浓度在50～100ppm。浓度过高，特别是在高温季节容易造成肥害。冬季盆花生产，在3～4月勤施复合肥，视生长情况，适当追施N肥。

（5）摘心　矮牵牛生产中一般不经过摘心处理，但在夏季生产中因气温关系，一般主枝生长较快，需要摘心一次。矮牵牛较耐修剪，如果在第一次销售未完，可以再修剪一次，之后通过换盆，勤施薄肥，精心养护，一般不影响质量，仍可以出售。

（6）病虫害防治　矮牵牛的病害主要有苗期猝倒病，可以采用百菌清、甲基托布津800～1000倍液喷施，生长期茎腐病。主要虫害有菜蛾、蚜虫、青虫、卷叶蛾等，尤其是国庆节花卉生产中较为常见。矮牵牛如出现蚜虫，不能用杀灭菊酯喷施，容易引起药害，影响生长。

（7）出圃　冬季生产的盆花，采用12cm的营养钵，冠幅一般在20～25cm间，株型整齐、饱满、开花一致；夏季生产的盆花，采用10cm的营养钵，冠幅在15～18cm间。矮牵牛可以进行长途运输。

6．园林应用

矮牵牛花大，色彩丰富，花期长，夏季仍开花不断，是目前最为流行的花坛和种植钵花卉之一。目前流行的品种一般均为F_1代杂交种，品种极为丰富。大花重瓣品种多用作盆栽造型。长枝种还可作为窗台、门廊的垂直美化材料。种子入药，有驱虫之功效。

三、大花三色堇栽培技术

大花三色堇别名蝴蝶花、猫儿脸、鬼脸花，为堇菜科堇菜属花卉。

1．形态特征

株高15～25cm，全株光滑，分枝多。叶互生，基生叶卵圆形，有叶柄；茎生叶披针形，具钝圆状锯齿。花顶生或腋生，挺立于叶丛之上；花瓣5片，上面1片先端短钝，下面的花瓣有腺形附属体，并向后伸展，状似蝴蝶，花色绚丽，每花有黄、白、蓝三色，花瓣中央还有一个深色的“眼”状斑纹。除一花三色外，还有纯黄、纯蓝、纯白、褐、红色。蒴果椭圆形，呈三瓣裂。种子倒卵形，果熟期5～7月，千粒重1.16g，种子寿命2年。花期通常为4～6月，南方可在1～2月开花。

2．类型及品种

主要品种有“阿特拉斯”、“自然”、“闪烁”、“皇冠”、“宾哥”、“宝贝宾哥”、“德尔塔”等系列。颜色有红色、黄色、紫罗兰色、橘红色、蓝色、淡黄色、白色、玫红色等纯色；在“阿特拉斯”、“闪烁”、“宾哥”等系列中，还有双色品种：红黄双色、紫白双色、白色花斑、玫红花斑、蓝色花斑等。同属品种还有角堇（又名小三色堇）珍品系列，也是理想的花坛材料。

3．产地与生态习性

原产欧洲南部，喜冷凉气候条件，较耐寒而不耐暑热。为二年生花卉中最为耐寒的品种之一。要求适度阳光照晒，略耐半阴。要求肥沃湿润的沙质壤土，在瘠薄的土壤上生长发育不良。

4．繁殖方法

现今用于大规模商品生产的三色堇几乎全部用种子繁殖。

三色堇种子每克有600～1200粒之间。在长江中下游地区保护地条件下，一般播种时间为7～10月。播种采用疏松的人工介质，采用床播、箱播育苗，有条件的可以采用穴盘育苗。介质要求pH为5.5～5.8，EC值为0.5～0.75，经过消毒处理，播种后保持介质温度18～22℃，遮光荫蔽，6～10d陆续出苗。

第一阶段：播种后6～10d胚根展出。播种后必须保持介质湿润，需要覆盖粗蛭石，覆盖以不见种子为度。播种后必须加盖双层遮阳网，一方面保证土壤湿润；另一方面防止种子发芽后，直接见光，容易造成根系生长不良。为确保元旦用花，播种时间一般控制在7～8月间，此时夏季高温季节，若不采取一定降温措施将温度控制在26℃以下，会严重影响种子和幼苗的生长，有条件的可以采用发芽室或人工控制降温或者选择高山育苗，当然也可以向种苗生产单位购苗。

第二阶段：第一片真叶出现（10～15d）。此阶段土壤适宜温度为17～24℃。真叶长出2片后，可以开始施淡肥，施肥浓度以50ppm的20-10-20水溶性肥料为主。此阶段仍为夏季高温季节，应注意病虫防治和通风，定期喷施百菌清和甲基托布津800～1000倍液，以防苗期猝倒病。

第三阶段：成苗期，小苗进入快速生长期。床播的可以先移植一次，移植到穴盘或苗床均可，植株充分见光，若气温超过35℃以上，需遮阴以降温。用14-0-14水溶性肥料，浓度为50ppm，浇水前可以先让土壤干透，但要保证植株叶片不出现萎蔫。此阶段应做好通风工作，防止病害发生。

第四阶段：根系已经完好形成，有5～6片真叶，温度和湿度要求同第三阶段，适当控制水分，可以增加复合肥或14-0-14水溶性肥料使用次数，加强通风，经过炼苗阶段，准备移植上盆。

5．栽培管理技术

（1）移植上盆　用穴盘育苗的，应在4～5片真叶时移植上盆。床播，最好在2～3片真叶时，用72或128穴盘移苗一次，待苗长至5～6片真叶时直接上盆。根据冬季草花规模化生产规格要求，一般采用10cm×12cm营养钵上盆，一次到位，不再进行换盆。穴盘苗根系移植损坏少，容易成活；敞开式育苗，移植时间选择在傍晚或者阴天进行，以提高成活率。盆土要求疏松、肥沃。

（2）光照调节　7～9月育苗期应注意避免中午太阳直射。小苗上盆缓苗后，应给予全光照条件，光照不足，植株容易纤细瘦弱。阴雨天加强通风。

（3）温度控制　三色堇为二年生草本花卉，生长要求温度相对偏低，发芽适宜温度为18～21℃，生长适宜温度为10～13℃。要满足元旦供花，首先需要解决小苗生长期间的降温问题。上盆后的温度调控，如果希望达到一定株径，可利用保护设施栽培。在大棚内生产可以达到一定温度，但必须注意经常通风，否则容易引起徒长和病害。

（4）水肥管理　三色堇生产一般在保护地条件下，日常养护需要注意水肥的控制，浇水要适度，过湿容易造成茎部腐烂，多病害。过干容易造成植株萎蔫。在10～11月份气温已经开始下降，此阶段三色堇可以忍耐一定的干燥，不会影响植物的正常生长，一般以植物叶片的轻度萎蔫为准。应勤施薄肥，生长期可用50～100ppm的20-10-20和14-0-14的水溶性肥料间隔使用，初花期只用14-0-14水溶性肥料，盛花期适当拉长施肥时间。冬季肥水过多，特别是尿素，容易引起僵苗。

（5）摘心修剪　三色堇生产过程中一般不用摘心控制高度。

（6）病虫害防治　三色堇的病害主要有苗期猝倒病，可以用普力克800～1500倍液喷施；生长期主要茎腐病，用百菌清800倍液、甲霜灵1000～1500倍液防治；虫害有蚜虫、夜蛾等。三色堇对各种矮化剂及其残留比较敏感，容易引起药害造成植株瘦小。

（7）出圃　生产采用10cm×12cm的营养钵栽培。在第一朵花露色至盛花前出圃，冠幅一般在12～15cm之间，株型整齐、饱满，开花一致。耐运输。

6．园林应用

三色堇花期长，色彩丰富，株型矮，常用于花坛、花境及镶边，或用不同花色品种组成图案式花坛。可以和其他开花较晚的花卉间种套作，如与大花美人蕉套作，可提高绿化效果。也可盆栽及作切花。

四、万寿菊栽培技术

万寿菊别名臭芙蓉、蜂窝菊、臭菊，为菊科万寿菊属花卉。

1．形态特征

茎粗壮而光滑，株高30～60cm，全株具异味，叶对生或互生，单叶羽状全裂。裂片披针形，具锯齿，裂片边缘有油腺点，有强臭味，因此无病虫。头状花序着生枝顶，黄或橘黄色。舌状花有长爪，边缘皱曲。总花梗肿大、瘦果线性，种子千粒重3g。

2．类型及品种

目前市场流行的万寿菊品种多为F_1代杂交种。包括两大类：一类为植株低矮的花坛用品种，一类为切花品种。花坛用品种植株高度通常在40cm以下，株形紧密，既有长日照条件下开花的品种，如万夏系列、四季系列、丽金系列。也有短日照品种，如虚无系列。切花品种一般植株高大，株高60cm以上，茎秆粗壮有力，花径10cm以上，多为短日照品种，如欢呼系列、英雄系列、明星系列、丰富系列等。根据品种不同，从播种到开花大概需要10～12周。

3．产地与生态习性

原产墨西哥，我国南北均可栽培。喜温暖，稍耐早霜，要求阳光充足，在半阴处也可开花。抗性强，对土壤要求不严，适宜pH为5.5～6.5。耐移植，生长迅速，病虫害少。

4．繁殖方法

现今用于大规模商品生产的万寿菊几乎全部采用F_1代种子播种。

万寿菊种子每克在260～380粒之间。在长江中下游地区保护地条件下，一年四季均可播种。“五一”、“十一”等节日的用花量大，而且万寿菊的播种要求气温比较高（15℃以上），所以其播种时间为11月至次年6月。气候暖和的南方可以四季播种，北方流行春播。如果是在1～3月育苗，应注意确保一定的生长温度，尽量避免生长停滞。播种采用疏松的人工介质，床播、箱播育苗，有条件的可以采用穴盘育苗。介质要求pH为6.0～6.5，EC值小于0.75，经过消毒处理，播种后用蛭石覆盖，保持介质温度22～24℃，5～8d发芽。

第一阶段：播种后2～5d露白（胚根显露）。万寿菊种子发芽无需光照，通常在播种后覆盖一层薄薄的基质，建议以粗片蛭石为好，这样既可以遮光，又可以保持育苗初期介质的湿润。温度保持在22～26℃。

第二阶段：介质略干后再浇水，这样有利于更好的发芽和根的生长。给予4500～7000lx的光照，并保持介质pH在6.0～6.5之间，EC值在0.75以下，介质温度在20～21℃。如果所使用的介质不含有营养启动剂，则可以在子叶完全展开时施用50ppm的14-0-14水溶性肥料。春夏播种的万寿菊，如果要求开花早且整齐，则可以在发芽结束后给予2周的短日照处理（每天的光照时间为8h）。

第三阶段：种苗已经进入快速生长期。万寿菊的种苗生长要防治湿度过高，所以两次浇水之间要让介质干透，当然不能使介质过干导致小苗枯萎。保持介质pH在6.0～6.2，EC值小于1.0，介质和环境温度可以适当降低至18℃。每隔5～10d交替施用100～150ppm的20-10-20和14-0-14水溶性肥料。如果介质温度低于18℃，则避免施用硝酸铵。此阶段后期，植株根系可以长到3～5cm，苗高也有3～4cm，有2～3对真叶。

第四阶段：根系已经完好形成，有3对真叶，温度可以降低到15℃，如果需要可以施用100～150ppm的14-0-14肥料，但要避免施用硝酸铵。与第二阶段相同，两次浇水之间要让介质干透，并加强通风，防治徒长。温度过低或者介质过干，小苗叶片会变为红色，影响生长。

5．栽培管理技术

（1）移植上盆　用穴盘育苗，应在长至2～3对真叶时移植上盆，用12cm口径的营养钵，一次上盆到位，不再进行换盆。如果是开敞式育苗盘撒播育苗，最好在1～2对真叶时，用72或128穴盘移苗一次，然后再移栽上盆。

（2）光照调节　万寿菊为阳性花卉，生长、开花均要求阳光充足，光照充足还有利于防止植株徒长。在光照强烈、温度高的季节和地区，正午前后要遮阴降温。

（3）温度控制　上盆后温度可以由22℃降至18℃，经过几周可以降至15℃，开花前后可以降至12～14℃，这样的温度对形成良好的株型最理想，但在实际生产中可能很难达到这种条件。所以，一般来讲，只要在5℃以上就不会受冻害，10～30℃之间均可以良好生长。

（4）水肥管理　水分管理的关键是采用排水良好的介质。保持介质的湿润虽然很重要，但每次浇水前适当的干燥也很必要，当然不能使介质过干而导致植株枯萎。对于完全用人工介质栽培的，施肥宜采用20-10-20和14-0-14肥料，以200～250ppm的浓度7～10d交替施用1次。在冬季气温较低时，要减少20-10-20肥料的施用量。如果是以普通土壤为介质的，则可以用复合肥在介质装盆前适量混合作基肥。当肥力不足时，再追施水溶性肥料。万寿菊跟孔雀草一样，介质pH偏低，会引起铁、锰中毒而叶色发暗，严重时会使植株生长停滞，影响观赏。

（5）株型控制　对移出发芽室的万寿菊进行2周的短日照处理，可以使植株矮化。大多数种植户会采用摘心的方法来控制株高，尤其是万寿菊“十一”用花种植时。摘心的结果是花头较多，株型更为丰满，但会推迟花期10～15d，同时也摘掉了最漂亮、最大的一朵花；早春栽培的万寿菊一般很少摘心。摘心通常在3～4对真叶时进行。

（6）病虫害防治　万寿菊的病虫害较少，但在温室栽培中，常出现潜夜蛾。前期生长时的蛾类幼虫会蚕食新叶，需要定期检查，一有发现立即喷药防治。红蜘蛛和蚜虫也会经常发生，而且会传染病毒和病菌，上盆时可以放置呋喃丹。万寿菊忌用代森类农药，否则植株变色，生长缓慢。

（7）出圃　采用12cm的营养钵栽培。在露色时至盛花前出圃，冠幅一般在20～25cm之间，株型整齐、饱满，开花一致。

6．园林应用

万寿菊花大色美，花期长，其中矮生品种最适宜布置花坛或花丛、花境，还可作吊篮、种植钵；高生品种花梗长，切花水养持久。抗二氧化硫及氟化氢性能强，同时也能抗氮氧化物、氯气等有害气体，也能吸收一定量的氯蒸气，是工厂抗污染花卉。

【项目考核】

考核标准见表5-1。

表5-1　一串红、矮牵牛、大花三色堇、万寿菊栽培技术考核标准

考核内容	考核标准	分值	得分	教师评价
一串红	繁殖方法选用得当；发芽率高 水肥管理得当、成活率高 株型整齐；开花期一致	25		
矮牵牛		25		
大花三色堇		25		
万寿菊		25		

【知识拓展】

一、鸡冠花栽培技术

鸡冠花别名红鸡冠、鸡冠苋，为苋科青葙属花卉。

1．形态特征

株高30～50cm，茎直立，上部有棱状纵沟，少分枝；单叶互生，卵形或线状披针形，全缘，有红、红绿、黄、黄绿等色，叶色与花色常有相关性。穗状花序单生茎顶，花序梗扁平肉质似鸡冠，中下部集生小花；花萼膜质，5片，上部花退化，但密被羽状苞片；花萼及苞片有白、黄、红黄、橙、淡红、红和玫瑰紫等色。胞果卵形，种子细小，亮黑色，千粒重0.85g。

2．类型及品种

鸡冠花园艺变种、变型很多。按花型分为头状和羽状；按高矮分为高型鸡冠（80～120cm）、中型鸡冠（40～60cm）和矮型鸡冠（15～30cm）。同属常见栽培的有青葙，高60～100cm，茎紫色，叶晕紫，花序火焰状，紫红色。性极强健，适宜任何土壤。

3．产地与生态习性

原产印度，我国广泛栽培。喜光，喜炎热干燥的气候，不耐寒，不耐涝，喜肥沃湿润的沙质壤土，可自播繁衍。

4．繁殖方法

现今用于大规模商品生产的鸡冠花几乎全部采用种子播种。

鸡冠花种子每克在1200～1600粒之间。在长江中下游地区保护地条件下，春季和秋季可播种。供花期从4月下旬开始到11月中旬，在夏季和“十一”期间用花量大，所以其播种时间为3～7月。播种采用疏松的人工介质，采用平盘或穴盘育苗。介质要求pH为5.8～6.5，EC值小于0.5～0.75，经过消毒处理，播种后用蛭石覆盖，保持介质温度22～24℃，4～7d发芽。

第一阶段：播种后2～4d胚根展出。初期保持介质湿润非常重要，通常在播种后覆盖一层薄薄的基质，建议以粗片蛭石为好，温度保持在22～24℃，早春播种需要特别注意温度不能偏低。光照有利于鸡冠花种子的发芽，因此，在发芽时最好有1000～10000lx左右的光照强度。

第二阶段：从胚根长出到子叶展开，仍需要保持介质湿润，但不能太湿。此阶段后期主根可以长至2～3cm，长出第1片真叶。子叶完全展开始施用50～75ppm的20-10-20水溶性肥料。

第三阶段：种苗已经进入快速生长期。适当控水，有利于根系生长。每隔5～7d交替施用75～100ppm的20-10-20和14-0-14水溶性肥料。如此阶段后期，植株根系可以长到4～5cm，苗高也有3～4cm，有2～3对真叶。

第四阶段：本阶段根系已经完好形成，有3对真叶，温度和湿度要求同第三阶段。适当控制水分，施用75～150ppm的14-0-14肥料，并加强通风，防止徒长。需要注意的是鸡冠花小苗在这一阶段很容易因肥水管理不当而导致花芽分化，产生小老苗，提前开花。介质不能过干或者过湿，每隔4～5d施肥1次，及时移栽上盆。从品种来看，羽状的品种、黄色的品种、矮性的品种相对容易出现早花现象。

5．栽培管理技术

（1）移植上盆　及时上盆对鸡冠花来说非常重要。上盆不及时会导致花芽分化提前，从而使植株产生老化现象，品质下降，严重时整批花报废。用穴盘育苗，应在3对真叶完全展开时移植上盆。用12cm口径的营养钵，　次上盆到位，不再换盆。如果是开敞式育苗盘撒播育苗，最好在1对真叶时用72或128穴盘移苗一次，然后再移栽上盆。

（2）光照调节　鸡冠花为阳性花卉，生长、开花均要求阳光充足。光照充足还有利于防止植株徒长，特别是在苗期更应注意加强光照。

（3）温度控制　上盆后温度最好在20～25℃，生长温度在15～30℃间均可良好生长。开花后降低温度对延长花期很有效，一般来讲，鸡冠花只要在5℃以上就不会受冻害，超过35℃对植株的生长有影响，植株高度难以控制，且花穗容易畸形生长。

（4）水肥管理　水分管理的关键是采用排水良好的介质。保持介质的湿润虽然很重要，但每次浇水前适当的干燥也很必要，当然不能使介质过干而导致植株枯萎。对于完全用人工介质栽培的，施肥宜采用20-10-20和14-0-14肥料，以200～250ppm的浓度7～10d交替施用1次。在冬季气温较低时，要减少20-10-20肥料的施用量。如果是以普通土壤为介质的，则可以用复合肥在介质装盆前适量混合作基肥。当肥力不足时，再追施水溶性肥料。

（5）打顶　一般鸡冠花均不摘心，但对某些品种可以打顶，如大部分羽状鸡冠及头状鸡冠，在生产上由于要求不同可以选择打顶或不打顶。如果需要打顶，在3～4对真叶时进行。

（6）病虫害防治　鸡冠花的病害有苗期猝倒病、叶斑病、疫病等，可以用普力克800～1500倍液、百菌清800～1000倍液、代森锰锌1000～1500倍液进行防治。生长期有叶斑病、灰霉病、疫病、根腐病；虫害主要有蚜虫、菜蛾、蓑蛾等。

（7）出圃　采用12～13cm口径营养钵栽培。出圃前，冠幅一般在15～22cm之间，株型整齐、饱满，开花一致。鸡冠花可以进行一定距离的长途运输，高温季节最好不要超过24h，低温季节也不要超过48h。

6．园林应用

鸡冠花花序形状奇特，色彩丰富，花期长，植株又耐旱，适用于布置秋季花坛、花池和花境，也可盆栽或作切花，水养持久；制成干花，经久不凋。对二氧化硫抗性强。鸡冠花的花序、种子都可入药；茎叶可作蔬菜。

二、百日草栽培技术

百日草别名百日菊、步步高、对叶梅、节节高，为菊科百日草属花卉。

1．形态特征

茎直立，株高40～120cm，茎秆有毛。侧枝呈杈状分枝。叶无柄、卵形至椭圆形，抱茎对生。夏秋开花，头状花序单生枝顶，花径约10cm，花梗较长；舌状雌花倒卵形，顶端稍向后翻转，管状两性花上端有5浅裂；花有白、黄、红、紫等色。瘦果，种子千粒重7.3g。

2．类型及品种

常见栽培品种，多为F_1代。花有纽扣、鸵羽、大丽花等不同花型；有高、中、矮株型；有斑纹等各种花色。园林中栽培的同属花卉有：

小百日草：一年生，高20～30cm，多分枝。枝叶均极细致，叶阔披针形。头状花序小，径2.5～4.0cm；舌状花单轮，黄橙色，瓣端及基部色略深，中盘花突起，花开后转暗褐色。株型散，不整齐。温度22℃生长极快，45d可开花。适宜大面积种植。

细叶百日草:一年生，高30～40cm，多分枝。叶线状披针形。花径4～5cm，舌状花单轮，浓黄色，瓣端带橘黄色，中盘花不突起，也为黄色。其枝叶纤细，紧密丛生，尤其在生长后期，仍保持整齐的株型和繁茂的花朵，是优美的花坛、花境材料，可作小面积的地被植物。

3．产地与生态习性

百日草原产墨西哥，性强健，耐干旱喜阳光，喜肥沃深厚的土壤，忌酷暑。在夏季阴雨、排水不良的情况下生长不良。

4．繁殖方法

现今用于大规模商品生产的百日草一般采用种子播种。

百日草每克种子大花型在125粒左右，中花型在300粒左右，多花型在1500粒左右。用量最大的是“十一”期间花坛、摆花以及花境中，播种时间为6～7月。播种采用疏松的人工介质，床播、盘播育苗，有条件的可以采用穴盘育苗。介质要求pH为5.8～6.2，EC值小于0.75。经过消毒处理，保持介质温度22～24℃，3～5d发芽。

第一阶段：播种后3d胚根展出，介质湿润度相对干燥一些；过于湿润，容易造成种子腐烂。但在此阶段保持种子四周的湿润和充足的氧气非常重要，所以通常在播种后覆盖一层薄的粗片蛭石有利于种子发芽，覆盖厚度以不见种子为度。进行敞开式育苗，必须覆盖遮阴网，保证湿度、降低温度；在发芽室育苗，可以给予适当补光。此阶段不需施肥。

第二阶段：保持土壤相对湿润，不能过干或过湿，此时主根长至1～2cm，子叶展开，开始长出第1对真叶，小苗可以逐渐见光。开始施肥，一般采用50ppm的20-10-20水溶性肥料，N肥能促进营养生长。

第三阶段：种苗已经进入快速生长期，应加强水肥管理，进行从干到湿再到干的循环过程，这样有利于幼苗的根系生长，也能避免徒长。此阶段应注意病虫害防治，可以适当追施0.1%的尿素或者复合肥，复合肥种类可以使用N-P-K比例为15-15-15。条件许可，介质和环境温度降至20℃左右。根据苗期长势，适当控制水分。注意通风，防止病害发生。每隔1周喷施1次百菌清或者甲基托布津，若在此阶段出现徒长，应马上喷B_9以控制株高。

第四阶段：根系已经完好形成，有3～4对真叶，若出现徒长应马上喷B_9以控制株高，温度、湿度要求同第三阶段。经过炼苗阶段，准备移植上盆。

5．栽培管理技术

（1）移植上盆　用穴盘育苗，应在长至2～3对真叶时移植上盆；开敞式育苗盘撒播育苗，在3～4对真叶时，也可直接上盆。用12cm口径的营养钵，一次上盆到位，不再进行换盆。

（2）光照调节　百日草为阳性花卉，生长、开花均要求阳光充足。光照不足容易产生茎节徒长、重瓣率低，影响观赏效果。上盆后的整个生长期不需要遮阴。

（3）温度控制　百日草虽然喜热，但在夏季酷热条件下，生长势稍弱，开花效果不理想。生长开花最适宜温度为15～20℃。

（4）水肥管理　水分管理的关键是采用排水良好的介质。保持介质的湿润虽然很重要，但每次浇水前适当的干燥也很必要，当然不能使介质过干而导致植株枯萎。对于完全用人工介质栽培的，施肥宜采用20-10-20和14-0-14肥料，以200～250ppm的浓度7～10d交替施用1次。如果是以普通土壤为介质，则可以用复合肥在介质装盆前适量混合作基肥。

（5）株型控制　因百日草的侧枝具有顶生着蕾开花习性，若不控制自然生长，着花部位会越来越高，影响株型。移栽前后应适时摘心，控制株型。摘心一般保留2～3对真叶。百日草可以修剪，但修剪后长势较差，一般不采用这种方法。

（6）病虫害防治　百日草的病害有苗期猝倒病、生长期青枯病、茎腐病、叶斑病；虫害主要有夜蛾、红蜘蛛、菜青虫等，应及时防治。

（7）出圃　采用13cm的营养钵栽培。在第一朵花露色时至盛花前出圃，冠幅一般在20～25cm之间，株型整齐、饱满，开花一致。

6．园林应用

百日草生长迅速，花色繁多艳丽，是炎夏园林中的优良花卉，可布置花坛、花境。百日草也是优良的切花材料。对二氧化硫的抗性强，对氯气、氟化物、氮氧化物等也有一定抗性。

三、翠菊栽培技术

翠菊别名江西腊、蓝菊、七月菊，为菊科翠菊属花卉。

1．形态特征

茎直立，株高30～90cm，茎有白色糙毛。叶互生，广卵形至三角状卵圆形。中部叶卵形或匙形，具不规则粗钝锯齿，头状花序单生枝顶，花径3～15cm。总苞片多层，苞片叶状；盘缘舌状花，色彩丰富，盘心筒状花黄色。花期7～10月。瘦果，种子楔形，浅褐色，种子千粒重3.4～4.4g。

2．类型及品种

盆栽品种有“院落盆栽”系列，切花品种有“日光”、“松本”、“格列高”等系列。

3．产地与生态习性

翠菊原产我国东北、华北以及四川、云南各地。喜凉爽气候，但不耐寒，怕高温。白天最适宜生长温度20～23℃，夜间14～17℃。要求光照充足。喜适度肥沃、潮湿而又疏松的沙质土壤。忌涝，浅根性，不宜连作。

4．繁殖方法

每克种子约有423粒，好光，发芽适宜温度15～21℃，发芽时间8～10d。

5．栽培技术

如要在“五一”开放，应在上年的10月份播种（温室过冬）；要在“十一”开花，应在4～5月播种，经过长日照处理，使植株达到一定大小后，再经过短日照处理。各品种生长周期变化较大，像院落盆栽系列，从播种到开花，夏季需要90d，冬季需要120d。

6．园林应用

翠菊品种多，花色鲜艳多样，花型多变，姿色美，观赏效果可与菊花媲美。矮生种用于花坛、盆栽，中高型品种适于各种类型的园林布置。翠菊是很好的切花材料，花梗长且坚挺，水养时间长。是氯气、氟化氢和二氧化硫的监测植物。

四、千日红栽培技术

千日红别名火球花、红光球、千年红，苋科千日红属花卉。

1．形态特征

一年生直立草本，株高20～60cm。全株密被灰白色柔毛。茎粗壮，有沟纹，节膨大，多分枝，单叶互生，椭圆或倒卵形，全缘，有柄。头状花序单生或2～3个着生枝顶，花小，每朵小花外有二个蜡质苞片，并具有光泽，颜色有粉红，红、白等色，观赏期8～11月。胞果近球形，种子细小橙黄色。

2．类型及品种

栽培中常有白花变种：千日白，小苞片白色；千日粉，小苞片粉红。此外，还有近淡黄和近红色的变种。

3．产地与生态习性

原产亚洲热带。现各地均有栽培，喜温暖、喜光，喜炎热干燥气候和疏松肥沃土壤，不耐寒。要求肥沃而排水良好的土壤。

4．繁殖方法

播种育苗，种子每克约360粒，发芽需要黑暗条件，育苗时用粗蛭石进行覆盖，发芽最佳温度为25℃，最佳条件下的发芽天数为10～14d。

5．栽培管理技术

栽培管理简单，在干旱和高温下仍然可以保持株型和花色，花期持续至霜降。一般3月播种，

6月开花至霜冻。

6．园林应用

植株低矮，花繁色浓，是布置夏秋季花坛的好材料，也适宜于花境应用。球状花主要是由膜质苞片组成，干后不凋，是优良的自然干花材料；也可作切花材料。对氟化氢敏感，是氟化氢的监测植物。

子项目二 露地球根花卉栽培技术

【项目目标】

1．识别常见球根花卉20种。

2．能够对常见露地球根花卉进行栽培、养护。

【项目分析】

该项目重点为球根花卉的识别及养护管理技术要点，难点为各种花卉具体的栽培管理技术。教师可以通过多媒体图片结合现场教学完成花卉的识别项目，通过贯穿整个学期的花卉栽培及记录完成各种花卉的栽培养护项目。

【知识链接】

一、球根花卉特点

球根花卉为多年生花卉中地下部分变态（包括根和地下茎），膨大成块状、根状、球状的这类花卉的总称。综合来讲，球根花卉有如下特点：

（1）种类多、品种丰富；

（2）花色鲜艳，是园林中色彩的主要来源之一；

（3）适应性强、栽培简单；

（4）繁殖容易，球根种源交流便利。

因此球根花卉广泛应用于花坛、花境、花带、岩石园或作地被、基础栽植等园林布置，同时还是商品切花和盆花的优良材料。

二、球根花卉繁殖和栽培要点

球根花卉按地下变态器官的结构，可分为鳞茎（如水仙、郁金香、百合等）、球茎（如唐菖蒲、小苍兰等）、块茎（如马蹄莲、仙客来、大岩桐等）、根茎（如大花美人蕉、荷花等）、块根（如大丽花、花毛茛等）五大类。按栽培季节，球根花卉可分为春植球根花卉和秋植球根花卉。春植球根花卉在春季植球，夏秋开花，秋季起球，冬天休眠，如大丽花、唐菖蒲、美人蕉、晚香玉等。秋植球根花卉在秋季植球，经冬季后春季开花，夏季来临之前起球，夏季休眠，如水仙、郁金香、风信子等。

球根花卉主要采用分球繁殖。可以采用分栽自然增殖球，或利用人工增殖的球。自然增殖力差的块茎类花卉主要是播种繁殖；还可依花卉种类不同，采用鳞片扦插、分珠芽等方法繁殖。

一般在采收后，把自然产生的新球依球的大小分开贮存，在适宜种植时间种植即可。也有个别种类需要在种植前再分开老球与新球，以防伤口感染。

园林中一般球根花卉栽培过程为：整地—施肥—种植球根—生长期管理—采收—贮存。

（1）整地　整地深度可为40～50cm，在土壤中施足基肥。磷肥对球根的充实及开花极为重要，常用骨粉配合作基肥。有机肥必须充分腐熟，否则招致球根腐烂。球根花卉对土壤要求较严，大多数的球根花卉喜富含有机质的沙壤土或壤土，尤以下层土为排水好的沙砾土，而表土为深厚的沙质壤土最理想。排水差的地段，在30cm土层下加粗沙砾以提高排水力或用抬高种植床的方法。

（2）施肥　球根花卉喜磷肥，对钾肥要求量中等，对氮肥要求较少，追肥注意肥料比例。

（3）栽植　球根栽植的深浅，因种类和栽培目的而异，一般为球高的3倍左右。但晚香玉、葱兰以覆土至球根顶部为宜；而百合类中，多数种类要求深度为球高的4倍以上。球根较大或数量较少时常穴栽，球小而量多时常开沟栽植。株行距也应视植株大小，一般大丽花为60～100cm，风信子、水仙为20～30cm，葱兰为5～8cm。在栽植时，还应注意分离小球，以免分散养分而开花不良。最好大、小球分开栽植。球根花卉种植初期，一般不需浇水，如果过于干旱则应浇一次透水。

（4）生长期管理　球根花卉大多根少而脆，断后不能再生新根，因此栽后于生长期间绝不可移植。其叶片大多数少或有定数，栽培中应注意保护，避免损伤，否则影响养分合成，不利于新球的生长，也影响开花和观赏。花后正值新球成熟、充实之际，为了节省养分使球长好，应剪去残花和果实。球根花卉中除大丽花等少数几种花卉根据需要应进行除芽、剥蕾等修剪整形外，其他花卉基本不需要进行此项工作。但生产球根栽培时，为了使地下部分的球根迅速肥大且充实，也要尽早剥蕾以节省养分。此外中耕除草时注意不要损伤球根。球根花卉大多不耐水涝，应做好排水工作，尤其在雨季。花后仍需加强水肥管理。春植球根花卉，秋季掘出贮藏越冬。秋植球根花卉，冬季在南方有的可以露地越冬，在北方常在冷床或保护越冬。

（5）球根的采收　球根花卉在停止生长，进入休眠后，大部分种类的球根需要采收并进行贮藏。春植球根花卉在寒地为防冬季冻害，常于秋季采收贮藏越冬。秋植球根夏季休眠时，如留在土中，易因多雨湿热而腐烂。球根采收后，便于分大小、优劣，合理繁殖和培育或供布置观赏、出售等用。在新球或子球增殖较多时，如不采收分离，会因拥挤而生长不良。发育不够充实的球根，采后置于较干燥、通风条件下，能促进后熟，否则在土中易腐烂、死亡。同时，采收后可将土地翻耕，加施基肥，有利于下一季的栽培，或在球根休眠期间栽种其他花卉。因此，在大规模的专业生产中，即使采收球根的工作量较大，仍每年进行采收。在园林应用中，如地被覆盖、嵌花草坪、多年生花境及其他自然式布置时，有些适应性较强的球根花卉，可隔数年掘起和分栽一次。

采收应于生长停止、茎叶枯黄未脱落、土壤略湿润时进行。采收过早，养分尚未充分积聚于球根中，球根不够充实；采收过晚，茎叶枯萎脱落，不易确定土中球根的位置，采收时易受损伤且子球易散失。以叶变黄1/2～2/3为采收适期。

采收时可掘起球根，除去过多的附土，并适当剪去地上部分。春植球根中的唐菖蒲、晚香玉可翻晒数天，使其充分干燥；大丽花、美人蕉等可阴干至外皮干燥，勿过干，勿使球根表面皱缩。大多数秋植球根，采收后不可置于炎日下暴晒，晾至外皮干燥即可。经晾晒或阴干的球根就可进行贮藏。

（6）球根的贮藏　贮藏前应剔去病残球根。数量少而又名贵的球根，病斑不大时，可用刀将病部刮去，并涂上防腐剂或草木灰等。易受病害感染者，贮藏时最好混入药剂或先用硫酸铜等药液浸洗，消毒后再贮藏。

贮藏方法，对于通风要求不高，球根需保持一定湿度的种类，可用微湿的锯末、细沙等，将球根堆藏或埋藏起来。量少可用盆、箱贮藏，量大可堆于室内地上或挖窖贮藏。块根、根茎、块茎类球根花卉中许多种类需要这样贮存，如美人蕉、大丽花、蕉藕、大岩桐等。无皮鳞茎如百合类，少数有皮鳞茎如玉帘属、雪滴花属，也要这样贮存。对于要求通风良好，充分干燥的球根，可于室内设架，铺以细铁丝网、苇帘等，还可以使用网兜悬挂，置于通风处。球茎花卉一般都可采用此法，如唐菖蒲、小苍兰。鳞茎类的大多数花卉也可以这样贮存，如水仙、风信子、郁金香、晚香玉、球根鸢尾等。少数块根，如花毛茛、银莲花以及块茎如马蹄莲也需要干存。

贮藏的环境条件，春植球根应保持室温4～5℃，不可低于0℃或高于10℃。秋植球根花卉于夏季贮藏时，应使环境干燥和凉爽，室温在20～25℃，切忌闷热潮湿。在贮藏过程中，必须防止鼠害及球根病虫害的传播，应经常检查。

【项目实施】

一、大丽花栽培技术

大丽花别名大理花、天竺牡丹、西番莲、地瓜花，为菊科大丽花属块根类春植球根花卉。

1．形态特征

地下部分具肥大纺锤形肉质块根，形似地瓜，故名地瓜花。茎中空，高50～100cm。叶对生，1～2回羽状分裂，裂片卵形或椭圆形，边缘具粗钝锯齿。头状花序顶生，其大小、色彩、形状因品种而异，花序由外围舌状花与中部管状花组成，舌状花单性或中性，管状花两性。花期6～10月。瘦果黑色，长椭圆形或倒卵形，扁平状。

2．类型及品种

大丽花全世界有3万个品种，植株高矮、花朵、花型、花色变化多端。下面介绍国内常用的几种分类方案。

（1）按植株高度分类

高型：植株粗壮，高约2m，分枝较少。

中型：株高1.0～1.5m，花型及品种最多。

矮型：株高0.6～0.9m，菊半重瓣品种较多，花较少。

极矮型：株高20～40cm，单瓣型较多，花色丰富，常用播种繁殖。

（2）依花色分类　有白、粉、黄、橙、红、紫红、堇、紫及复色等。同属中还有小丽花，株型矮小，花色五彩缤纷，盛花期正值国庆节，最适合家庭盆栽。目前世界上栽培的品种约7000多种，我国至少有500种以上。

3．产地与生态习性

原产墨西哥高原海拔1500m以上地带。不耐寒，又畏酷暑，生长适温10～25℃。在夏季气候凉爽、昼夜温差大的地区，生长开花更好。生育期对水分要求比较严格，不耐干旱又忌积水，喜排水及保水性能好、腐殖质较丰富的沙壤土。喜阳光，但阳光过强对开花不利，一般应早晨给予充足阳光，午后略加遮阴。大丽花为短日照春植球根花卉，春天萌芽生长，夏末秋初气候凉爽，日照渐短时进行花芽分化并开花。秋天经霜后，枝叶停止生长而枯萎，进入休眠。

4．繁殖方法

通常以分根、扦插繁殖为主，也可用播种和块根嫁接。

（1）分根法　常用分割块根法。大丽花仅块根的根颈部有芽，故要求分割后的块根上必须带有芽的根颈。通常于每年2～3月间将贮藏的块根取出先行催芽。选带有发芽点的块根排列于温床内，然后壅土、浇水，白天室温保持18～20℃，夜间15～18℃，14d发芽，即可取出分割，每1块根带1～2个芽，每墩块根可分割5～6株，在切口处涂抹草木灰以防腐烂，然后分栽。

（2）扦插法　大丽花的扦插在春、夏、秋三季均可进行。一般是春季当新芽长至6～7cm时，留基部一对芽切取插穗扦插，保持室温15～22℃，插后约10d即可生根，当年秋可以开花。如为了多获得幼苗，还可以继续截取新梢扦插，直到6月，如管理得当，成活率可达100%。夏季扦插因气温高，光照强，9～10月扦插因气温低，生根慢，成活率不如春季。

（3）块根嫁接　春季取无芽的块根作砧木，以大丽花的嫩梢作接穗，进行劈接。接后埋入土中，待愈合后抽枝发芽形成新植株。嫁接法由于用块根作砧木，养分足，苗壮，对开花有利，但不如扦插简便。

（4）播种繁殖　播种适宜于矮生花坛品种及培育新品种。春季将种子在露地或温床条播，也可在温室盆播，当盆播苗长至4～5cm时，需分苗移栽到花盆或花槽中。播种可迅速获得大批实生苗，且生长势比扦插苗和分株苗生长健壮，但大丽花为多源杂种，遗传基因复杂，播后性状易发生变异。

5．栽培管理技术

地栽大丽花应选择背风向阳、排水良好的高燥地（高床）栽培。大丽花喜肥，宜于秋季深翻，施足基肥。春季晚霜后栽植，深度为根颈低于土面5cm左右，株距视品种而异，一般1m左右，矮小者40～50cm。苗高15cm左右即可开始打顶摘心，使植株矮壮。生长期间应注意整枝修剪及摘蕾等工作。孕蕾时要抹去侧蕾使顶蕾健壮，要及时设立支柱，以防风折。花凋后及时剪去残花，减少养分消耗。生长期间，每10d施追肥1次，夏季植株处于半休眠状态，要防暑、防晒、防涝，不需施肥。霜后剪去枯枝，留下10～15cm的根颈，并掘起块根，晾1～2d，沙藏于5℃左右的冷室越冬。

盆栽大丽花多选用扦插苗，以低矮中、小花品种为好。栽培中除按一般盆花养护外，应严格控制浇水，以防徒长与烂根。应掌握的原则是：不干不浇，间干间湿。幼苗到开花之前须换盆3～4次，不可等须根满盆再换盆，否则影响生长。最后定植，以高脚盆为宜。

大丽花常见病虫害有枯萎病、花叶病、金龟子类等。枯萎病常因土壤过湿，排水不良或空气湿度过大引起。防治方法是栽植前对土壤消毒，以溴甲烷封闭式消毒为主，及时清除、销毁病残体，定期喷洒64%杀毒矾可湿性粉剂1000倍液、70%代森锰锌可湿性粉剂400倍液，或用五氯硝基苯500倍液浇灌。大丽花花叶病是由蚜虫或其他害虫传播而由病毒引起。故要及时用1.2%烟参碱或10%吡虫啉消灭蚜虫。发现病株应及时拔除销毁。金龟子类主要危害嫩芽、嫩叶及花朵，严重时可将上述器官全部吃光，可在清晨人工捕杀。

6．园林应用

大丽花以富丽华贵取胜，花色艳丽，花型多变，品种极为丰富，是重要的夏秋季园林花卉，尤其适用于花境或庭前丛植。矮生品种最适宜盆栽观赏或花坛使用，高型品种宜作切花。

二、美人蕉类栽培技术

美人蕉类别名红蕉、苞米花、宽心姜，为美人蕉科美人蕉属根茎类春植球根花卉。

1．形态特征

具粗壮肉质根状茎，地上茎肉质，不分枝，叶片宽大，广椭圆形，绿色或红褐色，互生，全缘。总状花序，自茎顶抽出，每花序有花10余朵。两性，花萼3枚，苞片状；花瓣3片，绿色或红色，萼片状。雄蕊5枚瓣化，为主要观赏部分，其中3枚呈卵状披针形，一枚翻卷为唇瓣，另一枚具单室的花药。雌蕊亦瓣化形似扁棒状。瓣化雄蕊的颜色有鲜红、橙黄或有橘黄色斑点等。蒴果球形，种子黑色，种皮坚硬。

2．类型及品种

美人蕉科仅有美人蕉属一属，约50种，目前园艺上栽培的美人蕉绝大多数为杂交种及混交群体。主要种类如下。

（1）大花美人蕉　别名法国美人蕉、红艳蕉。为法国美人蕉系统的总称，主要由美人蕉杂交改良而来，为目前广泛栽培种，也是最艳丽的一类。株高约1.5m，一般茎叶均被白粉；叶大，阔椭圆形。瓣化瓣5枚，圆形，直立而不反卷，花较大，有深红、橙红、黄、乳白色等。

（2）蕉藕　别名食用美人蕉、姜芋。植株粗壮高大，2～3m，茎紫红色。叶背及叶缘晕紫色。花期8～10月，但在我国大部分地区不见开花。原产印度和南美洲。

（3）美人蕉　别名小花美人蕉、小芭蕉。株高1～1.3m，茎叶绿而光滑。花小，着花少，红色。原产热带美洲。

（4）黄花美人蕉　别名柔瓣美人蕉。株高1.2～1.5m，茎绿色。叶片长圆状披针形，花序单生而稀疏，着花少，苞片极小；花大而柔软，向下反曲，淡黄色。原产美国佛罗里达州至南卡罗来纳州。

（5）紫叶美人蕉　别名红叶美人蕉。株高1～1.2m，茎叶均紫褐色并具白粉。总苞褐色，花大，红色。原产哥斯达黎加和巴西。

3．产地与生态习性

原产热带美洲，我国各地普遍栽培。生长健壮，性喜温暖向阳，不耐寒，早霜开始地上部即枯萎。在华北、东北地区不能露地越冬，畏强风。喜肥沃土壤，耐湿但忌积水。花期长，从6月可延续到11月。

4．繁殖方法

多用分株法繁殖。将根茎切离，每丛保留2～3个芽就可栽植，切口处涂抹草木灰防腐。也可用种子繁殖。美人蕉种皮坚硬，播前应将种皮刻伤或开水浸泡，温度保持25℃，2～3周即可发芽，定植后当年便可开花。

5．栽培管理技术

美人蕉适应性强，管理粗放。每年3～4月挖穴栽植，内可施腐熟基肥，覆土8～10cm。开花前要施2～3次追肥，经常保持土壤湿润。花后要及时剪去花葶，有利于继续抽出花枝。长江以南，根茎可以露地越冬，霜后剪去地上部枯萎枝叶，在植株周围穴施基肥并壅土防寒。但经2～3年需挖出重新栽植。长江以北在秋季经霜后，茎叶大部分枯黄时将地下茎掘起，适当干燥后，沙藏于冷室内或埋藏于高燥向阳不结冰之处，翌年春暖挖出分栽。栽培时注意防治美人蕉花叶病，发现病株及时拔除并销毁；及时防治蚜虫，消灭传毒介体；定期采用增抗剂，提高植物抗病毒能力。

6．园林应用

美人蕉茎叶繁茂，花期长且花大色艳，是园林绿化的好材料。宜作花境背景或花坛中心栽植，也可丛植于草坪边缘或绿篱前，展现群体美；还可用于基础栽植，遮挡建筑死角，柔化钢硬的建筑线条；可成片作自然式栽植或作室内盆栽装饰。它还是净化空气的好材料，对有害气体如二氧化硫、氯气、氟等具有良好的抗性。其根茎和花均可入药，有清热利湿、安神降压的功效。

三、水仙栽培技术

水仙别名水仙花、金盏银台、天蒜、雅蒜，为石蒜科水仙属鳞茎类秋植球根花卉。

1．形态特征

鳞茎卵圆形。叶丛生于鳞茎顶端，狭长，扁平，先端钝，全缘，粉绿色，花茎直立，不分枝，略高于叶片。伞形花序，有花4～8朵，花被6片，高脚碟状花冠，芳香，白色，副冠黄色，杯状。花期1～2月。

2．类型及品种

中国水仙尽管有近千年的栽培历史，但品种只有2个。

（1）金盏银台　花被纯白色，平展开放，副花冠金黄色，浅杯状，花期2～3月。产于浙江沿海岛屿和福建沿海。现福建漳州和上海崇明有大量栽培，远销国内外。

（2）玉玲珑　花变态，重瓣，花瓣褶皱，无杯状副冠。花姿美丽，但香味稍逊于单瓣。产地同上。

水仙属植物有40个原生种，园林中常见栽培的同属种类有：

（1）喇叭水仙　别名洋水仙、漏斗水仙。鳞茎球形，叶扁平线形，长20～30cm，宽1.4～1.6cm，灰绿色，光滑。花单生，大型，淡黄色，径约5cm；副冠约与花被片等长。花期2～3月。本种有许多园艺品种，有宽叶和窄叶品种，有花被白色、副冠黄色或花被副冠全为黄色。

（2）仙客来水仙　叶狭线性，背隆起呈龙骨状。植株矮小。花2～3朵聚生，形小而下垂或侧生；花黄色，花被片自基部极度向后卷曲。副花冠与花被片等长，鲜黄色，边缘具不规则锯齿。

3．产地与生态习性

水仙属植物主要原产北非、中欧及地中海沿岸，其中法国水仙分布最广，自地中海沿岸一直延伸至亚洲，有许多变种和亚种。中国水仙是法国水仙的主要变种之一，主要集中于中国东南沿海一带。水仙是秋植球根植物，秋冬为生长期，夏季为休眠期，鳞茎球在春天膨大，其内花芽分化在高温中（26℃以上）进行，温度高时可以长根，随温度下降才发叶，至6～10℃时抽花等。适于冬季温暖、夏季凉爽、在生长期有充足阳光的气候环境。但多数种类也耐寒，在我国华北地区不需保护即可露地越冬。对土壤要求不严，但以土层深厚肥沃、湿润而排水良好的黏质土壤最好。水仙耐湿，生长期需水量大；耐肥，需充足的畜禽厩肥作底肥。

4．繁殖方法

以分球繁殖为主，将母株自然分生的小鳞茎分离下来作种球，另行栽植培养。为培育新品种可采用播种繁殖，种子成熟后于秋季播种，翌春出苗，待夏季叶片枯黄后挖出小球，秋季再栽植。另外也可用组织培养法获得大量种苗和无菌球。

5. 栽培管理技术

生产栽培有旱地栽培法与灌水栽培法两种。

（1）旱地栽培法　上海崇明采用旱地栽培法。选背风向阳的地方在立秋后施足基肥，深耕耙平后做出高垄，在垄上开沟种植。生长期追施1～2次液肥，养护管理粗放。夏季叶片枯黄后将球茎挖出，贮藏于通风阴凉处。

（2）灌水栽培法　福建漳州采用灌水栽培法。9月下旬至10月上旬先在翻耕后的田面上做出高40cm、宽120cm的高畦。多施基肥，畦四周挖深30cm的灌水沟。一年生小鳞茎可用撒播法，二三年生鳞茎用开沟条植法。由于水仙的叶片是向两侧伸展的，注重排球时鳞茎上芽的扁平面与沟平行，采用的株距较小，10～20cm，行距较大，30～40cm，以使有充足空间，沟深10cm左右，顶部向上摆入沟内，覆土不要太深，栽后浇液肥，肥干后浸水灌溉，使水分自底部渗透畦面。隔1～2个月再于床面覆稻草，草的两端垂入水沟，保持床面经常湿润。一般一二年生球10～15d施肥1次，三年生球每周施追肥1次。

漳州水仙主要是培养大球，每球有4～7个花芽。为使球大花多，第3年栽培前数日要先行种球阉割。水仙的侧芽均在主芽的两侧，呈一直线排列。阉割时将球两侧割开，挖去侧芽，勿伤茎盘，保留主芽，使养分集中。再经一年的栽培，形成以主芽为中心的膨大鳞茎，和数个侧生的小鳞茎，构成笔架形姿态，花多，叶厚。二三年生鳞茎栽培后，当年冬季主芽常开花，可留下花基1/3处剪下，避免鳞茎养分消耗，继续培养大球。

6月以后，待地上部分枯萎后掘起，鳞茎掘起后去掉叶片和须根。在鳞茎盘处抹上护根泥，保护脚芽不脱落，晒到贮藏所需要的干燥程度后，即可贮藏。

10月份进入分级包装上市销售阶段，用竹篓包装，一篓装进20只球的为20庄，另外还有30庄、40庄、50庄。

（3）水养法　室内观赏栽培常用水养法，多于10月下旬选大而饱满的鳞茎，将水仙球的外皮和干枯的根去掉。先将鳞茎放入清水中浸泡一夜，洗去黏液，然后用小石子固定，水养于浅盆中，置于阳光充足，室温12～20℃条件下，4～5周即可开花。水养期间，每隔1～2d换清水1次，换水冲洗时注意不要伤根。开花后最好放在室温10～12℃地方，花期可延长15d；如果室温超过20℃，水仙花开放时间会缩短，而且叶片会徒长，倒伏。

水仙鳞茎球经雕刻等艺术加工，可产生各种生动的造型，提高观赏价值，并能使开花期提早。雕刻形式多样，基本分为笔架水仙及蟹爪水仙2种。笔架水仙即将球纵切，使鳞茎内排列的花芽利于抽生；而蟹爪水仙，则雕刻时刻伤叶或花梗的一侧，未受伤部位与受伤部位生长不平衡，即形成卷曲。不管是笔架水仙或蟹爪水仙刻伤后，均需浸水1～2d。将其黏液浸泡干净，以免凝固在球体上，使球变黑、腐烂。然后进行水养。

（4）病虫害防治　水仙病虫害有大褐斑病、病毒病、基腐病、线虫病、刺足根螨、蓟马及灰条球根蝇等。大褐斑病：发生在叶片中部和边缘，病重时叶片像火烧似的，漳州花农称为“火团病”。用0.5%甲醛浸泡30min或用65%代森锰锌300倍液浸泡15min，可减初次侵染菌源。从水仙萌发到开花期末，用75%百菌清600倍液或50%克菌丹500倍液，每10d一次，交替使用。水仙茎线虫病，危害叶及鳞茎。要加强检疫，种球可用40%甲醛120倍液浸蘸。还可用热处理除线虫，45℃温水浸泡10～15min，55～57℃温水处理3～5min。

6．园林应用

水仙是我国十大传统名花之一，有“凌波仙子”之称。植株低矮，花姿雅致，芳香，叶清秀，是早春重要的园林植物。散植于庭院一角，或布置于花台、草地，清雅宜人。若水养，将其摆放在书房或几案上，严冬中散发淡淡清香，令人心旷神怡。水仙也可作切花供应。鳞茎可入药，捣烂敷治痈肿。其花可提取香精，为高级香精原料。漳州水仙球大花多，闻名世界；崇明水仙开花适时，可加工造型，销售均遍及全国，并行销国际市场。

四、郁金香栽培技术

郁金香别名洋荷花、草麝香，为百合科郁金香属鳞茎类球植球根花卉。

1．形态特征

多年生草本，株高20～80cm，整株被白粉。鳞茎卵圆形，被棕褐色皮膜，高3～4.5cm，径3～6cm，茎光滑。叶着生基部，阔披针形或卵状披针形，通常3～5枚，全缘并为波缘。花茎高20～40cm，顶生1花，稀有2花，花直立，花被6，抱合呈杯形、碗形、卵形、百合花形或重瓣，花瓣有全缘、锯齿、平整、皱边等变化，花有红、橙、黄、紫、白等色或复色，并有条纹，基部常黑紫色，花白天开放，夜间及阴雨天闭合。花期3月下旬至5月下旬，视品种而异，单花开10～15d。蒴果，种子扁平。

2．类型及品种

郁金香属植物约150种，其栽培品种已达10 000多个。这些品种的亲缘关系极为复杂，是由许多原种经过多次杂交培育而成，也有通过芽变选育的，所以在花期、花型、花色及株型上变化很大。主要种类如下。

（1）克氏郁金香　鳞茎外皮褐色革质，具有匍匐枝。叶2～5枚，灰绿色，无毛，狭线形；花茎高约30cm；花冠漏斗状，先端尖，有芳香，白色带柠檬黄晕，基部紫黑色；花期4～5月。不结实，为异源多倍体。分布于葡萄牙经地中海至希腊、伊朗一带。

（2）福氏郁金香　本种茎叶具二型性，高型种株高20～25cm，叶3片，少数4片，宽广平滑，缘具明显的紫红色线，直立性。矮型种高15～18cm，有白粉。两者花形相同。花冠杯状，径15cm，星形；花被片长而宽阔，端部圆形略尖，常有黑斑，斑纹有黄色边缘，凡具黑斑的植株，其花药、花丝均为黑色，花粉紫色。也有无黑斑者，其花药为黄色，花色鲜绯红色。本种原产中亚细亚，具美丽的花朵，为本属中花色最美的种类。对病毒抵抗力强，因此近年来常用作培育抗病品种的材料。但其鳞茎产生子球数量少，并且需培养2～3年才能开花。

（3）香郁金香　株高7～15cm。叶3～4枚，多生茎的基部，最下部叶呈带状披针形。花冠钟状，长3～7cm；花被片长椭圆形，鲜红色，边缘黄色有芳香。本种原产俄罗斯南部至伊拉克。

3．产地与生态习性

原产地中海沿岸及中亚细亚、土耳其等地，荷兰栽培茂盛，形成了适应冬季寒冷和夏季干热的特点。喜冬季温暖湿润、夏季凉爽的条件。生长开花的适温为15～20℃，花芽分化的适温为20～25℃，最高不能超过28℃。一般可耐-30℃的低温，忌酷热，夏季休眠。需水较少，耐干旱，栽后浇足水，以喷水保持土壤湿度即可，水多鳞茎易烂。喜欢阳光充足和通风良好的环境。早春出芽后，应放置阳光下，以利于早开花。要求土壤为富含腐殖质和排水良好的沙壤土，忌碱土及连作。

4. 繁殖方法

通常采用分球繁殖，若大量繁殖或育种也可采用播种法。秋季9～10月分栽小球，母球为一年生，每年更新，即开花后干枯死亡，在旁边长出和它同样大小的新鳞茎1～3个，来年可开花。在新鳞茎的下面还能长出许多小鳞茎，秋季分离新球及子球栽种，子球需培养3～4年才能开花。新球与子球的膨大生长，常在开花后1个月的时间完成。在栽种小子球前，应施足基肥，以有机肥料为主。深翻土壤，做畦，栽种前几天，浇透水。播种之后，不要马上灌水，这样才能诱导鳞茎向深处扎根，有利于来年更好地生长发育。

5. 栽培管理技术

郁金香属秋植球根，可地栽和盆栽，华东及华北地区以9月下旬～10月上旬为宜，暖地可延至10月末至11月初。栽前要深耕施足基肥，栽植深度为球高的3倍，不可过深或过浅。株行距10cm×20cm，栽后浇水。北方寒冷地区应适当覆盖。来年早春化冻前及时将覆盖物除去同时灌水，生长期内追肥2～3次，花后应及时剪掉残花不使其结实，这样可保证地下鳞茎充分发育。入夏前茎叶开始变黄时及时挖出鳞茎，放在阴凉通风干燥的室内贮藏过夏休眠，贮藏期间鳞茎内进行花芽分化。

郁金香还可盆栽促成栽培。秋季选充实肥大适宜促成栽培的中早花品种的鳞茎作为种球。种球需提前进行低温处理，具体办法是把经过干燥的种球先在气温17～20℃，相对湿度65%～70%的环境中贮藏，促使其花芽分化；然后在进入温室前，经过9～12周（因品种而异）的5℃低温处理，即可进行栽植。用口径17～20cm的深筒盆栽植，盆土用园土3份、厩肥2份、砻糠灰1份或腐叶土6份、沙土3份、厩肥1份混匀配制而成。每盆3球，种球一定要摆正，顶部与土面平齐，不可过深，土不必压实，盆土及容器均要进行充分消毒。定植后新根尚未长出前，浇水不宜过多，否则植株萌芽过快容易导致徒长。当植株现蕾后，可适当加大浇水量，以促使花梗抽生。在郁金香整个栽培管理中，应掌握气温低少浇水，气温高多浇水的原则，浇水后要及时通风。施肥可在其长出2～3枚叶片时，花葶抽生后，分别追施富含磷、钾的稀液体肥料1次。

温度是影响郁金香开花的重要限制因子。上盆后土温要求9～10℃，并保持10～15d后开始生根，在此期间光照要求不严，不见光利于生根。种球长好根系，开始冒芽展叶，应将环境温度控制在10～15℃，这样才能保证郁金香正常开花，如果环境温度过高，则植株常常出现哑蕾。郁金香开花后，保持土壤湿润，温度8～12℃，湿度不大于80%，环境明亮无强光直射，可保证有1个月的观赏期。

郁金香易感染病害，主要有郁金香碎色病、基腐病、郁金香火疫病等。应以预防为主，避免连作；严格进行土壤及种球消毒；及时清理病株；定期喷浇杀菌剂；在挖取及栽植鳞茎时避免损伤；土壤勿过湿。蛴螬易危害鳞茎和根，施用基肥应充分腐熟，可用75%辛硫磷1000倍液灌根，蚜虫用40%速果乳油2000倍液或25%灭蚜灵乳油500倍液防治。

6. 园林应用

郁金香是世界著名花卉。刚劲挺拔的花茎从秀丽素雅的叶丛中伸出，顶托着一个酒杯似的花朵，花大而色繁，如成片栽植，花开时绚丽夺目，呈现一片春光明媚的景象。近年我国各大城市纷纷引种栽培，是春季园林中的重要球根花卉，宜作花境丛植及带状布置，也可作花坛群植，同二年生草花配置。

【项目考核】

考核标准见表5-2。

表5-2　大丽花、美人蕉、水仙、郁金香考核标准

考核内容	考核标准	分值	得分	教师评价
大丽花	繁殖方法选用得当；成活率高 水肥管理得当、病虫害控制良好 株型整齐；开花期一致	25		
美人蕉		25		
水仙		25		
郁金香		25		

【知识拓展】

一、风信子栽培技术

风信子别名洋水仙、五色水仙，为百合科风信子属鳞茎类秋植球根花卉。

1．形态特征

鳞茎球形或扁球形，外被皮膜具光泽，颜色常与花色有关，呈紫蓝色、粉红或白色等。叶4～6枚，基生，肥厚，带状披针形，具浅纵沟。花莛高15～45cm，中空，顶端着生总状花序；小花10～20余朵密生上部，多横向生长，少有下垂。花冠漏斗状，基部花筒较长，裂片5枚，向外侧下方反卷。花期早春，花色有白、黄、红、蓝、雪青等。原种为浅紫色，具芳香。

2．类型及品种

风信子栽培品种极多，具各种颜色及重瓣品种，亦有大花和小花品种、早花和晚花品种等。

3．产地与生态习性

风信子原产欧洲南部、地中海东部沿岸及小亚细亚一带。较耐寒，在我国长江流域冬季不需防寒保护。喜凉爽、空气湿润、阳光充足的环境。要求排水良好的沙质土，低湿黏重土壤生长极差。6月上旬地上部分枯黄进入休眠，在休眠期进行花芽分化，分化的温度是25℃左右，分化过程需1个月左右。在花芽伸长前需经过2个月的低温环境，气温不能超过13℃。

4．繁殖方法

风信子以分球繁殖为主，夏季地上部枯死后，挖出鳞茎，将大球和子球分开，贮于通风的地方，大球秋植后第2年春季可开花，子球需培养3年后才开花。

为了扩大繁殖量，可在每年夏季休眠期间对大球采用阉割手术，刺激其长出更多的子球。操作方法是：于8月上、中旬将大球的底部茎盘先均匀地挖掉一部分，使茎盘处的伤口呈凹形，再自下向上纵横各切一刀，呈十字形切口，深度达鳞茎内的芽心为止。切口用0.1%的氯化汞涂抹，然后在烈日下将伤口暴晒1～2h，平摊在室内，室温保持在21℃左右，使其产生愈伤组织，再将室温提高到30℃，保持85%的空气湿度，3个月左右即可长出许多小鳞茎。

播种繁殖多在培育新品种时使用，秋季将种子播于冷床中，培养土与沙混合或轻质壤土，种子

播后覆土1cm，第2年1月底至2月初萌芽，入夏前长成小鳞芽，4～5年可开花。

5. 栽培管理技术

风信子在每年9～10月间栽种，不宜种的太迟，否则发育不良，影响第2年开花。选择土层深厚，排水良好的沙质壤土，先挖20cm深的穴，穴内施入腐熟的堆肥，堆肥上盖一层土再栽入球根，上面覆土，冬季寒冷的地区，地面还要覆草防冻，长江流域以南温暖地区可自然越冬。春天施追肥1～2次。花后须将花茎剪除，勿使结籽，以利于养球。栽培后期应节制肥水，避免鳞茎腐烂。采收鳞茎应及时，采收过早鳞茎不充实，反之则鳞茎不能充分阴干而不耐贮藏。鳞茎不宜留在土中越夏，每年必须挖出贮藏，贮藏环境必须干燥凉爽，将鳞茎分层摊放以利通风。

盆栽风信子，选口径15cm的花盆，盆土以泥炭和河沙等量混合配制而成。种植深度以土层高出球茎2cm左右为宜。种植后，浇透水，放入冷室催根；冷室温度9℃左右，根系充分发育后移入栽培室，环境温度控制在8～18℃，不宜低于0℃。给于充足的光照，平时浇水不要过多，保持微潮的土壤环境。因风信子商品鳞茎中贮藏了大量的营养物质，可不另行施肥，也可在旺盛生长期半个月施一次稀薄液肥。花朵开放后，将风信子置于无日光直射的明亮之处，保持环境通风。温度10℃左右，可延长观赏期。

风信子常见病害有：黄腐病、软腐病、病毒病等。防治方法：首先应选健壮的鳞茎，已发病地区避免连作，用甲醛溶液进行土壤消毒，生长期可喷洒72%农用链霉素可溶性粉剂1000倍液。

6. 园林应用

风信子为著名的秋植球根花卉，株丛低矮，花丛紧密而繁茂，最适合布置早春花坛、花境、林缘，也可盆栽、水养或作切花观赏。

二、花毛茛栽培技术

花毛茛别名芹菜花、波斯毛茛、陆地莲，为毛茛科、毛茛属块根类秋植球根花卉。

1. 形态特征

地下部分具纺锤状小块根，常数个聚生在根颈处。地上茎细而长，单生或少有分枝，具短刚毛，基生叶椭圆形，多为3裂，有粗钝锯齿，具长柄。茎生叶羽状细裂，几无柄。花单生枝顶，花瓣平展，多为上下2层，每层8枚。花色丰富，有白、黄、橙、水红、大红、紫、褐等。

2. 类型及品种

园艺品种较多，花常高度瓣化为重瓣型，色彩极丰富。

3. 产地与生态习性

花毛茛原产欧洲东南部和亚洲西南部。喜凉爽和半阴的环境。较耐寒，在我国长江以南可露地越冬；不耐酷暑，怕阳光暴晒，在我国大部分地区夏季休眠。要求含腐殖质丰富、排水良好的肥沃沙质土或略黏质土。pH以中性或微碱性为宜。

4. 繁殖方法

繁殖方法以分株繁殖为主。多在秋季9～10月栽植，将块根自根颈部顺自然分离状态用手掰开，每部分带有一段根颈即可。种子繁殖常在培育新品种时应用。在秋季盆播育苗，利用人工催芽，将种子浸湿后置于7～10℃下，经20d便可发芽。若盆播育苗放入温室越冬生长，翌年3月下旬出室定植，入夏可开花。

5．栽培管理技术

无论地栽或盆栽应选择无阳光直射、通风良好和半阴环境。秋季块根栽植前最好用甲醛溶液进行消毒。地栽株行距20cm×20cm，覆土约3cm。初期浇水不宜过多，以免腐烂。早春萌芽前要注意浇水防干旱，开花前追施液肥1～2次。入夏后枝叶干枯将块根挖起，放室内阴凉处贮藏，立秋后再种植。管理过程中如浇水过多，土壤排水不良易发生白绢病和灰霉病。要及时摘除病叶，清除病株，保持通风透光，及时排灌，合理施用氮、磷、钾肥，白绢病可采用70%代森锰锌对土壤进行消毒。灰霉病可喷施50%速克灵可湿性粉剂1000倍液或50%多菌灵可湿性粉剂1000倍液，连续用药2～3次。

6．园林应用

花毛茛花大色艳，是园林蔽荫环境下优良的美化材料，多配植于林下树坛之中、建筑物的北侧、或丛植于草坪的一角。可盆栽布置室内，也可剪取切花瓶插水养。

三、白头翁栽培技术

白头翁别名老公花、毛姑多花，为毛茛科白头翁属块茎秋枝球根花卉。

1．形态特征

多年生草本。株高20～40cm，地下茎肥厚，根圆锥形，有纵纹。全株密被白色长柔毛。叶基生，三出复叶4～5片，具长柄，叶缘有锯齿。花单生，萼片花瓣状，6片成2轮，蓝紫色，外被白色柔毛，花期4～5月。瘦果宿存，瘦果顶部有羽毛状宿存花柱，银丝状花柱在阳光下闪闪发光，十分美丽。

2．类型及品种

朝鲜白头翁、欧洲白头翁。

3．产地与生态习性

原产中国，除华南外各地均有分布。性耐寒，喜凉爽气候，要求向阳、干燥的环境，喜肥沃及排水良好的沙质土壤，忌低洼、湿涝，不耐移植。

4．繁殖方法

播种或分割块茎繁殖。播种繁殖多采用直播，种子成熟后立即播种即可。分割块茎法可在秋末掘起地下块茎，用湿沙堆积于室内，翌年3月上旬在冷床内栽植催芽，萌芽后将块茎用刀切开，每块要带有萌发的顶芽，栽于露地或盆内。

5．栽培管理技术

幼苗期生长缓慢，需加强管理，及时浇水、除草、间苗和防治病虫害，实生苗2～3年开花。生长期主要是肥水管理。花后注意防虫，以免花梗早枯，影响种子发育、成熟。

6．园林应用

白头翁全株被毛，十分奇特，适于野生花卉园自然式栽植，亦可盆栽。其根入药。

子项目三　露地宿根花卉栽培技术

【项目目标】

1．识别常见露地宿根花卉60种。

2. 能够对常见露地宿根花卉进行栽培、养护。

【项目分析】

该项目重点为宿根花卉的识别及养护管理技术要点；难点为各种花卉具体的栽培管理技术。教师可以通过多媒体图片结合现场教学完成花卉的识别项目，通过贯穿整个学期的花卉培养及记录完成各种花卉的栽培养护项目。

【知识链接】

一、宿根花卉特点

（1）宿根花卉是指植株地下部分宿存越冬而不膨大，次年仍能继续萌芽开花，并可持续多年的草本花卉。

（2）宿根花卉种类繁多，适应环境能力强，耐寒、耐旱、耐瘠薄土壤，病虫害少，繁殖容易，栽培简单，管理较粗放，成本低，见效快。

（3）群体功能强，在园林中得到了广泛应用。

二、宿根花卉繁殖和栽培要点

1. 宿根花卉繁殖方法

宿根花卉繁殖以营养繁殖为主，包括分株、扦插等。最普遍、简单的方法是分株。为了不影响开花，春季开花的种类应在秋季或初冬进行分株，如芍药、荷包牡丹；而夏秋开花的种类宜在早春萌芽前分株，如桔梗、萱草、宿根福禄考。还可以用根蘖、吸芽、走茎、匍匐茎繁殖。此外，有些花卉也可以采用扦插繁殖，如荷兰菊、紫菀等。还可采用播种繁殖，播种期因种而异，可秋播或春播。

2. 宿根花卉栽培特点

宿根花卉的栽培管理与一二年生花卉的栽培管理有相似的地方，但由于其自身的特点，决定其应注重以下几方面：

（1）土壤要求　宿根花卉根系强大，入土较深，种植前应深翻土壤。整地深度一般为40～50cm。当土壤下层混有沙砾，且表土为富含腐殖质的黏质土壤时花朵开得更大。种植宿根花卉应选排水良好之处，株行距40～50cm。若播种繁殖，其幼苗喜腐殖质丰富的沙质土壤，而在第2年以后以黏质壤土为佳。因其一次种植后不用移植，可多年生长，因此在整地时应大量施入有机质肥料，以维持较长期的良好的土壤结构，以利宿根花卉的正常生长。

（2）水肥管理　播种繁殖的宿根花卉，其育苗期应注意浇水、施肥、中耕除草等工作，定植后一般管理比较简单、粗放，施肥也可减少。但要使其生长茂盛，花多花大，最好在春季新芽抽出时施以追肥，花前、花后可再追肥一次。秋季叶枯时可在植株四周施以腐熟厩肥或堆肥。

宿根花卉与一二年生花卉相比，能耐干旱，适应环境的能力较强，浇水次数可少于一二年生花卉。但在其旺盛的生长期，仍需按照各种花卉的习性给予适当的水分，在休眠前则应逐渐减少浇水。

3. 修剪整形

宿根花卉修剪整形常用的措施有：除芽，多用于花卉生长旺盛季节，将枝条上不需要的侧芽于基部摘除，如在培育标本菊时；剥蕾，剥除侧蕾或过早发生的花蕾，如芍药、菊花的栽培过程中；绑扎、立支柱、支架，此为防止倒伏或使株型美观所采取的措施，如栽培标本菊、悬崖菊、大立菊等时常用。大株的宿根花卉定植时，要进行根部修剪，将伤根、烂根和枯根剪去。

4．越冬养护

宿根花卉的耐寒性较一二年生花卉强，无论冬季地上部分落叶的，还是常绿的，均处于休眠、半休眠状态。常绿宿根花卉，在南方可露地越冬，在北方应温室越冬。落叶宿根花卉，大多可露地越冬，其通常采用的措施有：培土法：花卉的地上部分用土掩埋，翌春再清除泥土。灌水法：利用水有较大的热容量的性能，将需要保温的园地漫灌，而达到保温增湿的效果如芍药。大多数宿根花卉入冬前都可采用这种方法。除此之外，宿根花卉也可以采用覆盖法保护越冬。

【项目实施】

一、菊花栽培技术

菊花别名黄花、节花、秋菊、金蕊，为菊科菊属落叶宿根花卉。

1．形态特征

多年生草本花卉，株高60～150cm，茎直立多分枝，小枝绿色或灰褐，被灰色柔毛。单叶互生，有柄，边缘有缺刻状锯齿，托叶有或无，叶表有腺毛，分泌一种菊叶香气，叶形变化较大，常为识别品种依据之一。头状花序单生或数个聚生茎顶，花序直径2～30cm，花序边缘为舌状花，俗称“花瓣”，多为不孕花，中心为筒状花，俗称“花心”。花色丰富，有黄、白、红、紫、灰、绿等色，浓淡皆备。花期一般在10～12月，也有夏季、冬季及四季开花等不同生态型。瘦果细小褐色。

2．类型及品种

我国目前栽培的有观赏菊和药用菊两大类。药用菊有杭白菊、徽菊等。

菊花经长期栽培，品种十分丰富。园艺上的分类习惯，常按开花季节、花茎大小和花型变化等进行。

（1）按开花季节分类

夏菊：花期6月至9月。中性日照。10℃左右花芽分化。

秋菊：花期10月中旬至11月下旬。花芽分化、花蕾生长、开花都要求短日照条件。15℃以上进行花芽分化。

寒菊：花期12月至翌年1月。花芽分化、花蕾生长、开花都要求短日照条件。15℃以上进行花芽分化，高于25℃，花芽分化缓慢，花蕾生长、开花受抑制。

四季菊：四季开花。花芽分化、花蕾生长，中性日照，对温度要求不严。

（2）按花茎大小分类

大菊系：花序直径10cm以上，一般用于标本菊的培养。

中菊系：花序直径6～10cm，多供花坛、作切花及大立菊栽培。

小菊系：花序直径6cm以下，多用于悬崖菊、塔菊和露地栽培。

也有将花径6cm以上称为大菊系，6cm以下均称为小菊系，而不另立中菊系统。

（3）按花型变化分类　在大菊系统中基本有五个瓣类，即平瓣、匙瓣、管瓣、桂瓣和畸瓣，瓣类下又进一步分为花型和亚型。如1982年11月在上海召开的全国菊花品种分类学术讨论会上，曾在5个瓣型下又分为30个花型和13个亚型。在小菊系统中基本有单瓣、复瓣（半重瓣）、龙眼（重瓣或蜂窝）和托桂几个类型。

（4）依整枝方式和应用分类

独本菊：一株一本一花。

立菊：一株多干数花。

大立菊：一株数百至数千朵花。

悬崖菊：通过整枝修剪，整个植株体成悬垂式。

嫁接菊：在一株的主干上嫁接各种花色的菊花。

案头菊：与独本菊相似但低矮，株高20cm左右，花朵硕大。

菊艺盆景：由菊花制作的桩景或盆景。

3．产地与生态习性

菊花原产我国，至今已有2500年以上的栽培历史。适应性很强，喜凉，较耐寒，生长适温18～21℃，最高32℃，最低10℃，地下根茎耐低温极限一般为-10℃。喜充足阳光，但也稍耐阴。较耐干，最忌积涝。喜地势高燥、土层深厚、富含腐殖质、疏松肥沃而排水良好的沙壤土，在微酸性到中性的土壤中均能生长。忌连作。菊花为短日照花卉。

4．繁殖方法

以扦插为主，也可用播种、嫁接、分株的方法繁殖。

（1）扦插繁殖

① 嫩枝扦插　为常用的繁殖方法。每年春季4～6月，取宿根萌芽条具3～4个节的嫩梢，长8～10cm作插穗，仅顶段留2～3叶片，如叶片过大可剪去一半插入已准备好的苗床或盆内。扦插株距3～5cm，行距10cm。插时用竹扦开洞，深度为播条的1/3～1/2，将周围泥土压紧，立即浇透水，保持湿润即可，3周即可生根，生根1周后可以移植。

② 芽插　通常用根际萌发的脚芽进行扦插。在冬季11～12月菊花开花时，挖取长8cm左右的脚芽，要选芽头丰满、距植株较远的脚芽。选好后，剥去下部叶片，按株距3～4cm，行距4～5cm，保持7～8℃室温，至次年3月中、下旬移栽，此法多用于大立菊、悬崖菊的培育。

若遇开花时缺乏脚芽，又需引种繁殖，则可用腋芽插，即用茎上叶腋处长出的芽带一叶片作插条，此芽形小细弱，养分不足，插后应精细管理。腋芽插后易生花蕾，故应用不多。

（2）嫁接繁殖　菊花嫁接多采用黄蒿和青蒿作砧木。黄蒿的抗性比青蒿强，生长强健，而青蒿茎较高大，最宜嫁接塔菊。每年于11～12月从野外选取色质鲜嫩的健壮植株，挖回上盆，放在温室越冬或栽于露地苗床内，加强肥水管理，使其生长健壮，根系发达。嫁接时间为3～6月，多采用劈接法。砧木在离地面7cm处切断（也可以进行高接），切断处不宜太老。如发现髓心发白，表明已老化，不能用。接穗采用充实的顶梢，粗细最好与砧木相似，长5～6cm，只留顶上没有开展的顶叶1～2枚，茎部两边斜削成楔形，再将砧木在剪断处劈开相应的长度，然后嵌入接穗，用塑料薄膜绑住接口，松紧要适当。接后置于阴凉处，2～3周后可除去缚扎物，并逐渐增加光照。

（3）播种繁殖　一般用于培养新品种。将种子掺沙撒播于盆内，然后覆土、浸水。播后盆面盖上玻璃或塑料薄膜，放于较暗处，晚上需揭开玻璃，以通空气，4～5d后开始发芽，但出芽不整齐，全部出齐需一个月左右。发芽后要逐渐见阳光，并减少灌水。幼苗出现2～4真叶时，即可移植。

（4）分株繁殖　菊花开花后根际发出多数蘖芽，每年11～12月或次年清明前将母株掘起，分成若干小株，适当修除基部老根，即可移栽。

5．栽培管理技术

菊花的栽培因园艺菊造型不同、栽培目的不同，差别很大。现分述如下。

（1）标本菊的栽培　一株只开一朵花，又称标本菊或品种菊。由于全株只开一朵花，花朵无论在色泽、瓣形及花型上都能充分表现出该品种的优良特性，因此在菊花品种展览中采用独本菊形式。独本菊有多种整枝及栽培方法。现以北京地区为例，介绍如下：

① 冬存　秋末冬初时，在盆栽母株周围选健壮脚芽扦插育苗。多置于低温温室内，温度维持0～10℃之间，作保养性养护。

② 春种　清明节前后分苗上盆，盆土用普通腐叶土，不加肥料。

③ 夏定　7月中旬左右通过摘心、剥侧芽，促进脚芽生长。再从盆边生出的脚芽苗中选留一个发育健全、芽头丰满的苗，其余除掉，待新芽长至10cm高时，换盆定植。定植时用加肥腐叶土换入口径20～24cm的盆中，并施入基肥。上盆时将新芽栽在花盆中央，斜在一旁，不需剪掉。新上盆的夏定苗第1次填土只填到花盆的1/2处。注意夏定不可过早或过晚，否则发育不良。

④ 秋养　8月上旬以后，夏定的新株已经长成，可将老株齐土面剪掉，松土后，进行第2次填土，使新株再度发根，形成新老三段根。9月中旬花芽已全部形成并进入孕蕾阶段，此时秋风阵起，需架设支架。秋养过程中要经常追肥，每7d追施一次稀薄液肥，至花蕾透色前为止。10月上旬起要及时进行剥蕾，防止养分分散。为延长花期，可放入疏荫下，减少浇水，掌握干透浇透的原则。

（2）大立菊的栽培　大立菊是一株着花可达数百朵乃至数千朵以上的巨型菊花。大菊和中菊中有些品种，不仅生长健壮、分枝性强，且根系发达、枝条软硬适中、易于整形，适于培养大立菊。培养一株大立菊要1～2年的时间，可用扦插法栽培。特大立菊则常用蒿苗嫁接。

通常于11月挖取菊花根部萌发的健壮脚芽，插于浅盆中，生根后移入口径25cm花盆中，冬季在低温温室中培养。多施基肥，待苗高20cm左右，有4～5片叶片时，开始摘心。摘心工作可以陆续进行5～7次，直至7月中下旬为止。逐渐换入大盆。每次摘心后要养成3～5个分枝，这样就可以养成数百至上千个花头。为了便于造型，植株下部外围的花枝要少摘心一次，使枝展开阔。一般每次摘心后，可施用微量速效化肥催芽。夏季可10d左右施用1次氮磷钾复合肥。7月下旬最后一次摘心后，施用充分腐熟的饼肥，间隔15天再施1次，9月中旬第二次追肥，9月下旬以后，每周追液肥1次，直至花蕾露色为止。9月上旬移入缸盆或木盆中。立秋后加强水肥管理，经常除芽、剥蕾。为了使花朵分布均匀，要套上预制的竹箍，并用竹竿作支架，用细铅丝将蕾逐个进行缚扎固定，形成一个微凸的球面。当花蕾发育定型后，即开始标扎，使花朵整齐、均匀地排列在圆圈上。花蕾上架裱扎时，盆土稍带干燥，不使枝叶水分过多，以免上架折断花枝。花蕾上架标扎工作最好在午后进行，此时枝叶含水少，柔软，易弯曲，易牵引。

（3）悬崖菊培育　小菊的一种整枝形式，仿效山野中野生小菊悬垂的自然姿态，经过人工栽培而固定下来。通常选用单瓣品种及分枝多、枝条细软、开花繁密的小花品种。

11月在室内扦插，生根后上盆。悬崖菊主枝不摘心。苗高40～50cm时，要用细竹竿绑扎主干，将主干作水平诱引。植株主干不断向前生长，逐级绑于竹竿上。侧枝长出时，依不同部位进行不同长度的摘心。基部侧枝要稍长，有9～10片叶时，留5～6片摘心。中部侧枝稍短，留3～4片摘心。顶部侧枝更短，仅留2～3片叶摘心。以后侧枝又生侧枝时，均在生出4～5片叶后留2～3片叶摘心。如此进行多次，以促进多分枝。最后一次摘心的时间在9月上中旬。小菊有顶端花朵先开的习性，顺次向下部开放。上、下部位花蕾开花期相差10d，欲使花期一致，下部要先摘心10d，然后中部，再后上部。小菊花花蕾形成在10月上旬，若为地栽悬崖菊，应在此时带土坨移入大龙盆中种植。掘起时不要碰碎土球。上盆后置荫处2～3d，每天喷水2次，可防止叶片萎蔫。花蕾显色后不能喷水，免使花朵腐烂。因为悬崖菊是用竹竿作水平诱引，主干横卧，所以在布置观赏时，宜在高处放置。拔掉竹竿后，主干成自然下垂之姿，甚为雄壮秀丽。

（4）塔菊（“十样锦”）培育　通常以黄蒿和白蒿为砧木嫁接的菊花。北京地区约在6月下旬至7月上旬进行。砧木主枝不截顶，养至3～5m高，并形成多数侧枝。将花期相近、大小相同的各不同花型、花色的菊花在侧枝上分层嫁接，均匀分布。开花时，五彩缤纷，因其越往高处，花数越少，层层上升如同宝塔，故称塔菊。

（5）案头菊　实际上是一种矮化的独本菊，高仅20cm，可置于案头、厅堂，颇受人们喜爱。在培养过程中，需用矮壮素B_9（N–2甲胺基丁二酰胺酸）2%水溶液喷4～5次，以实现矮化。注意选择品种，宜选花大、花型丰满、叶片肥大舒展的矮形品种。

在8月25日前后选择嫩绿、茎粗壮、无腋芽萌发迹象、无病虫害侵染、长6～8cm的嫩梢，除去基部1～2片叶，插穗蘸取萘乙酸或吲哚丁酸粉剂后，扦插于沙或珍珠岩加草炭土的介质中，插后采用高湿全光育苗，生根后立即移栽，定植于小花盆中，栽后放在荫棚下，每天喷2～3次水，10d左右移至阳光充足、通风透光之地。此时或开始施用较淡的液肥，同时施用0.2%的尿素，隔天和水混合浇施一次，促使长叶。20d后，加入0.1%的磷酸二氢钾。同时可用同等浓度的磷酸二氢钾进行叶面喷肥。待现蕾后，加大肥水用量，追肥可用充分腐熟的花生麸，少量多次。为了避免菊苗徒长，案头菊浇水不宜过多，保持表土湿润即可，浇水应在午前进行。午后菊花如出现略萎蔫不要着急，但要防止过度萎蔫，此时可进行叶面喷雾。案头菊一盆只开一朵花，因此只留主蕾，侧蕾全部摘除。要使菊花矮化，扦插成活后即用激素进行处理，可用2% B_9水溶液，第1次在扦插成活后喷在顶部生长点；第2次在上盆1周后全株喷洒，以后每10d喷洒1次，至现蕾为止，喷洒时间以傍晚为好，以免产生药害。

菊花常见的病害有：菊花叶斑病和菊花白粉病。菊花叶斑病防治可在夏末开始每隔7～10d喷洒1次0.5%的波尔多液或70%代森锰锌400倍液。菊花白粉病防治，初病期喷洒36%甲基硫菌灵悬浮剂500倍液，严重时用25%敌力脱乳油4000倍液防治。

6．园林应用

菊花是我国一种传统名花，文化内涵丰富，被赋予高洁品性，为世人称颂。它品种繁多，色彩丰富，花形各异，每年深秋，很多地方都要举办菊花展览会，供人观赏。盆栽标本菊可供人们欣赏品评，进行室内布置；菊花造型多种多样，可制作成大立菊、悬崖菊、塔菊、盆景等。切花可瓶插或制成花束、花篮等。近年来，开始发展地被菊，作开花地被使用。菊花还可食用及药用。菊花具有抗二氧化硫、氟化氢、氯化氢等有毒气体的功能，也是厂矿绿化的好材料。

二、芍药栽培技术

芍药别名将离、娄尾春、白芍、没骨花、余容，为毛茛科芍药属落叶宿根花卉。

1．形态特征

根肉质、粗壮、纺锤形或长柱形；茎簇生，高60～80cm，初生茎叶褐红色，二回三出复叶，小叶通常三深裂；花单花，具长梗，着生于茎顶或近顶端叶腋处。花单瓣或重瓣，原种花外轮萼片5片，绿色；花瓣5～10片，花色有白、黄、粉红、紫红等。蓇葖果2～8枚离生，每枚内有种子1～5粒。种子球形，黑褐色。

2．类型及品种

目前世界上芍药栽培品种已达千余。按花色分为黄色类、红色类、紫色类、绿色类和混色类。按开花早迟分为早花类和迟花类。按花型常分为单瓣类、千层类、楼子类和台阁类。

（1）单瓣类　花瓣1～3轮，宽大，多圆形或长椭圆形，正常雄雌蕊，如紫玉奴、紫蝶等。

（2）千层类　花瓣多轮，层层排列渐变小，无内外瓣，雄蕊仅生于雌蕊周围，不散生于花瓣之间，雌蕊正常或瓣化，全花扁平。

（3）台阁型　全花可区分为上方、下方两花，在两花之间可见到明显着色的雌蕊瓣化瓣或退化雌蕊，有时也出现完全雄蕊或退化雄蕊。

3．产地与生态习性

原产我国北部、日本和西伯利亚地区。耐寒，健壮，适应性强，我国北方大部分为露地越冬；喜阳光充足，光线不足也可开花，但生长不良。忌夏季酷热。好肥，忌积水，要求土层深厚、湿润而排水良好的壤土；尤喜富含磷质有机肥的土壤；黏土、盐碱土都不宜栽种。开花期因地区不同略有差异，在4月下旬至6月上旬之间。

4．繁殖方法

以分株为主，也可以播种和根插繁殖。

（1）分根繁殖　此法可以保持品种特性，分根时间以秋季9月至10月上旬进行，若分株过迟，地温低会影响须根的生长。切忌春季分根，我国花农有"春分分芍药，到老不开花"的谚语。分株时将全株掘起，震落附土，根据新芽分布状况，切分成数份，每份需带新芽3～4个及粗根数条，切口涂以硫黄粉。芍药的粗根脆嫩易折断，新芽也易碰伤，要特别小心。一般花坛栽植，可3～5年分株1次。

（2）播种繁殖　种子成熟后要随采随播，播种越迟，发芽率越低。也可与湿沙混匀，贮藏于阴凉处，保持湿润，9月中下旬播种，秋季萌发幼根，翌年发芽。4～5年后开花。芍药有上胚轴休眠的习性，经低温可以打破休眠。播前可进行催芽。最适生根温度20℃，待胚根长出1～3cm时，放在4℃条件下处理40d，再将发芽的种子转到11℃条件下培养，子叶迅速伸长，长成正常的幼苗。

（3）根插繁殖　秋季分株时，收集断根，切成5～10cm长的小段作为插条，插在已深翻平整好的苗床内，开沟深10～15cm，插后覆土5～10cm，浇透水。翌年春季可生根，生长发育成新株。

5．栽培管理技术

芍药根系较深，栽培前土地应深耕，并充分施以基肥，如腐熟堆肥、厩肥、油粕及骨粉等。筑畦后栽植，株行距为花坛70cm×90cm，花圃45cm×60cm，注意根系舒展，栽植深度要合适，过深芽不易出土，过浅植株根颈露出地面，不易成活。根颈覆土2～4cm为宜；覆土时应适当压实。

芍药喜湿润土壤，又稍耐干旱，但在花前保持湿润可使花大而色艳。此外早春出芽前后结合施肥浇一次透水；在11月中下旬浇一次“冻水”，有利于越冬及保墒。芍药喜肥，除栽前充分施基肥外，根据芍药不同时期的需要，施肥期可分为3次：花显蕾后，绿叶全面展开，花蕾发育旺盛，此时需肥量大；花刚开过，花后孕芽，消耗养料很多，是整个生育过程中需要肥料最迫切的时期；为促进萌芽，需要在霜降后，结合封土施一次冬肥。施用肥料时，应注意氮、磷、钾三要素的结合，特别对含有丰富磷质的有机肥料，尤为重要。开花前除去所有侧蕾，对于开花时易倒伏的品种应设立支柱。花后及时剪去残枝。

此外，在施肥、浇水后，应及时中耕除草，尤其在幼苗生长期更需要适时除草，加强管理，适度遮阴，幼苗才能健壮生长。

芍药生长过程中，易遭受红斑病、白绢病、白粉病及蛴螬、蚜虫、红蜘蛛等危害，必须注意病虫害的防治。

芍药红斑病的防治：及时清理并烧毁枯枝落叶，及时摘除病叶，注意通风透光，增施磷钾肥。发病初期喷洒0.5%～1%波尔多液或70%代森锰锌可湿性粉剂400倍液。

芍药白粉病的防治：秋季及时清除地面枯病枝叶，彻底销毁。防止栽植过密，以利通风；从芍药盛花期开始，每隔10～15d叶面喷洒25%粉锈宁可湿性粉剂1000倍液或75%百菌清可湿性粉剂800倍液或腈菌唑可湿性粉剂3000倍液，连续用药2～3次。

红蜘蛛防治：螨体侵叶盛期喷洒1.8%爱福丁乳油3000倍液，每周1次，连续3～4次。

6．园林应用

芍药为我国传统名花，因其与牡丹外形相似而被称为“花相”。其适应性强，花期长,品种丰富，观赏效果胜于牡丹，是重要的露地宿根花卉。可布置芍药专类园；可筑台展现芍药色、香、韵特色；可作花境、花带。我国古典园林中常置于假山湖畔来点缀景色。除地栽外，芍药还可盆栽或用作切花材料。芍药根经加工后即为“白芍”，为药材之成品。

三、萱草类栽培技术

萱草类别名忘忧草、黄花菜，为百合科萱草属落叶宿根花卉。

1．形态特征

根肥大呈肉质纺锤形。叶基生成丛，二列状，带状披针形，花茎高出叶丛，上部有分枝。花大，花冠呈长漏斗形，花被6片，长椭圆形，先端尖，分成内外两轮，每轮3片。花色橘红至橘黄色。蒴果背裂，内含少数黑色种子。原种单花期1天，花朵开放时间不同，有的朝开夕凋，有的夕开次日清晨凋谢，有的夕开次日午后凋谢。

2．类型及品种

（1）萱草　别名，忘忧草。株高60cm，花茎高可达120cm，具短根状茎及纺锤形膨大的肉质根；叶基生，长带形；花茎粗壮，着花6～12朵，盛开时花瓣裂片反卷。变种很多，如千叶萱草：花半重瓣，橘红色；长筒萱草：花被管较细长，花色橘红色至淡粉红；斑花萱草：花瓣内部有红紫色条纹。栽培广泛。多倍体萱草是国外引进的园艺品种，花大，花径可达19cm，一个花葶上可开花40余朵。茎粗，叶宽，花色丰富。每朵花可开24h，整株花期达20～30d。生长健壮，病虫害少，栽培容易，对土壤要求不严，北京地区可露地越冬。

（2）大花萱草　原产中国东北、日本及西伯利亚地区。株丛低矮，花期早。叶较短、窄，花茎高于叶丛，花梗短，2～4朵簇生顶端；花被管1/3～2/3被大三角形苞片包裹。

（3）小黄花菜　原产中国北部、朝鲜及西伯利亚地区。植株小巧，根细索状。叶纤细，二列状基生。花茎高出叶丛，着花2～6朵；小花芳香，傍晚开放，次日中午凋谢。干花蕾可食。

（4）黄花菜　别名黄花、金针菜、柠檬萱草，原产中国长江及黄河流域。具纺锤形膨大的肉质根。叶2列状基生，带状。花茎稍长于叶，有分枝，着花可达30朵；花被淡黄色；花芳香，夜间开放，次日中午闭合。干花蕾可食。

3．产地与生态习性

萱草原产我国中南部，各地园林多栽培，欧美近年栽培颇盛。性强健，耐寒力强，宿根在华北大部分地区可露地越冬，东北寒冷地区需埋土防寒。喜阳光，也耐半阴。对土壤要求不严，但以富含腐殖质、排水良好的沙质壤土为好；耐瘠薄和盐碱，也较耐旱。

4．繁殖方法

繁殖方法主要有分株、扦插及播种，以分株繁殖为主。

分株繁殖在春、秋两季均可进行。在秋季落叶后或早春萌芽前将老株挖起分栽，每丛带2～3个芽。栽植在施入堆肥的土壤中，次年夏季开花。一般3～5年分株1次。

扦插繁殖可剪取花茎上萌发的腋芽，按嫩枝扦插的方法繁殖。夏季在荫蔽的环境下，2周即可生根。

播种繁殖春、秋均可。春播时，头一年秋季将种子沙藏，播后发芽迅速而整齐；秋播时，9～10月露地播种，翌春发芽，实生苗一般2年开花。宜秋播，约1个月可出苗，冬季幼苗需覆盖防寒。播种苗培育2年后可开花。多倍体萱草可用播种、分根、扦插等方法繁殖，以播种最好，但需经人工授粉才结种子。人工授粉前，先要选好采种母株，并选择1/3的花朵授粉，授粉时间以每天10～14时为好，一般需要连续授粉3次，3个月后，方可收到饱满种子。采种后，立即播于浅盆中，遮阴保持一定湿度，40～60d出芽，待小苗长出几片叶子后，大约6月份，既可栽于露地，次年7～8月开花。

5．栽培管理技术

萱草适应性强，在定植的3～5年内不需特殊管理，我国南北地区均可露地栽培。栽前要施入堆肥作基肥，栽植株行距50cm×50cm左右，每穴3～5株，并经常灌水，以保持湿润。在雨季应注意排水；每年施肥数次，入冬前施一次腐熟堆肥是十分必要的。要及时防治病虫，特别是蚜虫，危害较大，蚜虫发生期喷施25%灭蚜灵乳油500倍液，保护蚜茧蜂、食蚜蝇、草蛉、瓢虫等天敌。如欲使其在国庆节仍能保持株形美观，枝叶碧绿，以提高观赏效果，可在7～8月份加强肥水管理，并追施1：4的黑矾水，可收到显著效果。

6．园林应用

萱草春天萌芽，叶丛美丽，花茎高出叶丛，花色艳丽，是优良的夏季园林花卉。可作花丛、花境或花坛边缘栽植。也可丛植于路旁、篱缘、树林边，能够很好的体现田野风光。同时还可作为切花。萱草的花蕾可食，采收后经蒸熟，干制，即为著名的“金针菜”。

四、鸢尾类栽培技术

鸢尾类别名蝴蝶花、铁扁担，为鸢尾科鸢尾属落叶宿根花卉。

1．形态特征

地下具短而粗的根状茎，坚硬匍匐多节，节间短、浅黄色。叶剑形，基部重叠互抱成二列，长30～50cm，宽3～4cm，革质，花梗从叶丛中抽出，单一或二分枝，高与叶等长。每梗顶部着花1～4朵，花构造独特，花从两个苞片组成的佛苞内抽出；花被6片，外3片大，外弯或下垂，称为“垂瓣”，内3片较小，直立或呈拱形，称为“旗瓣”。是高度发达的虫媒花。蒴果长椭圆形，具6棱。花期5月。

2．类型及品种

本属植物约200种以上，我国野生分布约45种，其生物学特性、生态要求也各有不同。同属常见栽培种如下。

（1）德国鸢尾 花大，径约14cm，园艺品种很多，有白、黄、淡红、紫等色，花期5～6月。喜阳光充足、排水良好而适度湿润的土壤，黏性石灰质土壤亦可栽培。根茎可提供芳香油。原产欧洲中南部，我国广泛栽培。

（2）香根鸢尾 花大，淡紫色，尚有白花品种。花期5月。根状茎可提取优质芳香油。原产欧洲南部及西亚。

（3）蝴蝶花 花中等，径约6cm，花色淡紫，花期4～5月。喜阳湿环境，常群生于林缘。原产我国中部及日本。

（4）花菖蒲 又名玉蝉花，花大，径可达15cm，花色丰富，有黄、白、红、堇、紫等色，花期6～7月。耐寒，要求光照充足，喜湿，可栽培于浅水池，宜富含腐殖质丰富的酸性土。原产我国东北、日本及朝鲜，野生多分布于草甸沼泽。

（5）黄菖蒲 花中大，鲜黄色，花期5～6月。喜水湿，腐殖质丰富的酸性土。原产欧洲及亚洲西部。

（6）溪荪 花径中等，紫蓝、白或暗黄色，花期5月。喜湿，是常见的丛生性沼生鸢尾。原产于中国、日本及欧洲。

（7）马蔺 植株基部有红褐色的枯死纤维状叶鞘残留物。花小，淡蓝紫色，瓣窄。生沟边、草地，耐践踏。可作路旁，沙地地被植物，减少水土流失。原产我国东北及日本、朝鲜。

3．产地与生态习性

原产我国西南地区及陕西、江西、浙江各地，日本、缅甸皆有分布。园林广泛栽培。耐寒力强，根状茎在我国大部分地区可安全越冬。要求阳光充足，但也耐阴。3月新芽萌发，开花期5月。花芽分化在秋季进行。春季根茎先端顶芽生长开花，在顶芽两侧常发生数个侧芽，侧芽在春季生长后，形成新的根茎，并在秋季重新分化花芽，花芽开花后则顶芽死亡，侧芽继续形成花芽。

4．繁殖方法

多采用分株繁殖。当根状茎长大时就可进行分株繁殖，可每隔2～4年进行一次，于春、秋两季或花后进行。分割根茎时，应使每块至少具有1芽，最好有芽2～3个。大量繁殖时，可将分割的根茎扦插于20℃的湿沙中，促进根茎萌发不定芽。也可采用播种的方法繁殖。播种在种子成熟后立刻进行，播种后2～3年可开花。若种子成熟后（9月上旬）浸水24h，再冷藏10d，播于冷床中，10月间即可发芽。

5．栽培管理技术

分根后及时栽植，注意将根茎平放在土内，原来向下颜色发白的一面仍需向下，颜色发灰的一面向上，深度以原来深度为准，一般不超过5cm，覆土浇水即可。3月中旬浇返青水，同时进行土壤消毒和施基肥，以促进植株生长和新芽分化。生长期内需追肥2～3次，特别8～9月形成花芽时，更要适当追肥，还要注意排水。花谢后及时剪掉花葶。鸢尾类花卉种类繁多，管理上要注意区别对待。在管理过程中注意防治鸢尾叶枯病，及时清除病残体，增加环境湿度，减少土壤含水量；发病初期喷洒70%代森锰锌可湿性粉剂400倍液防治。

6．园林应用

鸢尾类植物种类丰富，品种繁多，株型高矮大小差异显著，花姿花色多变，生态适应性各异，是园林中的重要宿根花卉。主要应用于鸢尾专类园，也可在园林中丛植，布置花境、花坛镶边，点缀于水边溪流、池边湖畔，也可点缀岩石园。还是重要的地被植物与切花材料。

【项目考核】

考核标准见表5-3。

表5-3　菊花、芍药、萱草、鸢尾考核标准

考核内容	考核标准	分值	得分	教师评价
菊花栽培技术	繁殖方法选择适当，操作熟练 水肥管理合适，长势旺盛 病虫害控制得当，无明显病株 株型整齐，开花一致	25		
芍药栽培技术		25		
萱草栽培技术		25		
鸢尾栽培技术		25		

【知识拓展】

一、宿根福禄考类栽培技术

宿根福禄考类别名天蓝绣球、锥花福禄考，为花荵科福禄考属落叶宿根花卉。

1．形态特征

茎直立或匍匐。叶全缘，对生或上部互生。聚伞花序或圆锥花序；花冠基部紧收成细管样喉部，端部平展；开花整齐一致。

2．类型及品种

（1）宿根福禄考　别名锥花福禄考、天蓝绣球。株高60～120cm，茎直立，不分枝。叶交互对生或上部叶子轮生，先端尖，边缘具硬毛。圆锥花序顶生，花朵密集；花冠高脚碟状，先端5裂，粉紫色；萼片狭细，裂片刺毛状。花色鲜艳具有很好的观赏性。园艺品种很多，花色有白、红紫、浅蓝。

（2）丛生福禄考　植株成垫状，常绿。茎密集匍匐，基部稍木质化。叶锥形簇生，质硬。花具梗，花瓣倒心形，有深缺刻。耐热、耐寒、耐干燥。有很多变种，花色不同。适于作地被植株和模纹花坛。近年来，园林应用十分广泛。

（3）福禄考　株被茸毛，茎低矮，匍匐呈垫状。叶锥状，长2cm。花径约25cm，花冠裂片全缘或有不整齐齿牙缘。外形与丛生福禄考相似。适用于模纹花坛。

3．产地与生态习性

福禄考属植物约有70种，仅一种产自西伯利亚地区，其余均产自北美洲。性强健，耐寒，喜阳光充足，忌炎热多雨。喜石灰质壤土，但一般土壤也能生长。匍匐类福禄考尤其抗旱。

4．繁殖方法

分株、扦插、播种均可。以早春或秋季分株繁殖为主。也可以春季扦插繁殖，新梢6～9cm时，取3～6cm作插穗，易生根。种子可以随采随播。实生苗花期、高矮差异大。

5．栽培管理技术

春、秋皆可栽植，株距因品种而异，一般40cm左右。可摘心促分枝。生长期要保持土壤湿润，夏季不可积水。生长期可追肥1～3次。花后适当修剪，促发新技，可以再次开花。宿根类3～4年进行分株更新。匍匐类5～6年分株更新。管理过程中注意防治福禄考斑枯病、福禄考白粉病、福禄考病毒病等。福禄考斑枯病防治，浇水时，尽量减少水飞溅到植株叶片上，春雨之前用40%多硫胶悬剂800倍液、50%多菌灵可湿性粉剂1000倍液，夏季梅雨季节要重点防治，每隔10～15d喷药1次。白粉病防治，适当增施磷、钾肥，6～8月喷施2次0.5%～1.0%的磷酸二氢钾溶液；发病初期，每隔7～10d，喷施25%粉锈宁可湿性粉剂1000倍液，连续喷2～3次。病毒病防止要及时消灭蚜虫，选用无病毒苗木，植物生长季节喷施植病灵等药剂2次，以提高植株抗病毒能力。

6．园林应用

开花紧密，花色鲜艳，是优良的园林夏季花卉。宿根类可用于花境，成片种植可以形成良好的水平线条；一些种类扦插的整齐苗可用于花坛。匍匐类福禄考植株低矮，花大色艳，是优良的岩石园和毛毡花坛材料，在阳光充足处也可大面积丛植作地被，在林缘、草坪等处丛植或片植也很美丽。可作切花栽培。

二、荷包牡丹栽培技术

荷包牡丹别名铃儿草、兔儿牡丹，为罂粟科荷包牡丹属落叶宿根花卉。

1．形态特征

地下茎水平生长，稍肉质；株高30～60cm，茎带红紫色；叶有长柄，一至数回三出复叶，以叶形略似牡丹而得名。花序顶生或与叶对生，呈下垂的总状花序，小花具短梗，向一侧下垂，每序着花10朵左右。花形奇特，萼2片，较小而早落，花瓣4枚，分内外两层，外层2片茎部联合呈荷包形，先端外卷，粉红至鲜红色；内层2片，瘦长外伸，白色至粉红色。果实为蒴果，种子细长，先端有冠毛。花期4～6月。

2．类型及品种

同属常见的栽培种有大花荷包牡丹、美丽荷包牡丹、加拿大荷包牡丹。

3．产地与生态习性

原产我国东北和日本，耐寒性强，宿根在北方也可露地越冬。忌暑热，喜荫蔽，忌烈日直射。要求肥沃湿润的土壤，在黏土和沙土中明显生长不良。

4．繁殖方法

以分株繁殖为主，也可采用扦插和种子繁殖。春季当新芽开始萌动时进行繁殖最宜，也可在秋季繁殖。把地下部分挖出，将根茎按自然段顺势分开，每段根茎需带3～5个芽，分别栽植。也可夏季扦插、茎插或根插，成活率高，次年可开花。采用种子繁殖，春、秋播均可，实生苗三年可以开花。

5．栽培管理技术

春季浇足、浇透返青水，同时喷1%的敌百虫液进行土壤消毒。生长期要及时浇水，保证土壤有充足的水分；孕蕾期间，施1～2次磷酸二氢钾或过磷酸钙液肥，可使花大色艳。若栽植于树下等有侧方遮阴的地方，可以推迟休眠期。7月至翌年2月为休眠期，要注意雨季排水，以免植株地下部分腐烂。11月份除浇防冻水外，还要在近根处施以油粕或堆肥。盆栽时一定要使用桶状深盆，盆底多垫一些碎瓦片以利排水。欲使其春节开花，可于7月花后地上部分枯萎时，将植株崛起，栽于盆中，放入冷室至12月中旬，然后移入12～13℃的温室内，经常保持湿润，春节即可开花。花后再放回冷室，待早春重新栽植露地。

6．园林应用

植株丛生而开展，叶翠绿色，形似牡丹，但小而质细。花似小荷包，悬挂在花梗上优雅别致，是花境和丛植的好材料，片植则具自然之趣。也可盆栽供室内、廊下等陈放；还可剪取切花。

三、金光菊类栽培技术

金光菊类为菊科金光菊属落叶类宿根花卉。

1．形态特征

茎直立，单叶或复叶，互生。头状花序顶生。外围舌状花瓣6～10枚，金黄色，有时基部带褐色。花心部分的筒状花呈黄绿至黑紫色，顶端有冠毛。果为瘦果。

2．类型及品种

园林中常用种类如下。

（1）金光菊　又名太阳菊、裂叶金光菊，原产加拿大及美国。株高1.2～2.4m，茎多分枝，无毛或稍被短粗毛。基生叶呈羽状深裂，共有裂片5～7枚，茎上叶片互生，3～5深裂。边缘具稀锯齿。头状花序顶生，有长梗，着花一至数朵。外围舌状花瓣6～10枚，倒披针形，长约3cm，金黄色，花心部分的筒状花呈黄绿色。果为瘦果。花期7～10月。主要变种有重瓣金光菊，花重瓣，开花极为繁茂。

（2）黑心菊　园艺杂种，全株被粗糙硬毛。基生叶3～5浅裂，茎生叶互生，无柄，长椭圆形。舌状花单轮，黄色，管状花深褐色。半球形。瘦果细柱状，有光泽。为花境、花带、树群边缘的极好绿化材料。

（3）毛叶金光菊　原产北美。全株被粗毛，下部叶近匙形，叶柄有翼；上部叶披针形，全缘无柄。舌状花单轮，黄色，基部色深为褐红色，管状花紫黑色。

3．产地与生态习性

原产于北美，在我国北方园林中栽培较多。耐寒性强，在我国北方入冬后宿根可在露地越冬。喜充足的阳光，也较耐阴，对土壤要求不严，但在疏松而排水良好的土壤上生长良好。

4．繁殖方法

播种、扦插或分株繁殖。春、秋均可播种，可根据花期需要确定播种期。如要求6月开花，则应于前一年8月播种。发芽适温10～15℃，2周发芽。花坛用花，可用营养钵育苗，于花前定植即可。也可进行分株繁殖，春、秋皆可。多于早春掘出地下宿根分根繁殖，每株需带有顶芽3～4个，温暖地区也可在10～11月分根。还可自播繁衍。

5．栽培管理技术

可利用播种期的不同控制花期，如秋季播种，翌年6月开花；4月播种，7月开花；6月播种，8月开花；7月播种，10月可开花。地栽的株行距保持80cm左右，3月上旬及时浇返青水。生长期适当追肥1～2次。也可盆栽，但需用加肥培养土上入大盆。夏季开花后可将花枝剪掉，秋季还可长出新的花枝再次开花。管理过程中注意防治白粉病，在发病前喷洒保护性杀菌剂，如75%百菌清可湿性粉剂800倍液；发病初期喷洒25%粉锈宁可湿性粉剂1500倍液，每隔7～10d喷洒1次，连续3～4次。

6．园林应用

金光菊类风格粗放，耐炎热，花期长，株高不同，是夏季园林中常用花卉。可用于花境、花坛或自然式栽植，又可作切花。叶可入药。

子项目四 露地木本花卉栽培技术

【项目目标】

1．识别常见露地木本花卉30种。

2．能够对常见露地木本花卉进行栽培、养护。

【项目分析】

该项目重点为木本花卉的识别及养护管理技术要点；难点为各种花卉具体的栽培管理技术。教师可以通过多媒体图片结合现场教学完成花卉的识别项目，通过贯穿整个学期的花卉培养及记录完成各种花卉的栽培养护项目。

【知识链接】

一、木本花卉的特点

（1）寿命长，大大减少更换次数；

（2）栽培管理简单方便，生态效益高；

（3）种类丰富，是园林绿化的主要材料。

二、木本花卉繁殖和栽培要点

（1）繁殖方法　主要有分株、扦插、嫁接、压条以及播种繁殖。

（2）栽培要点　树木物候表现十分明显，生产中也常常结合物候期进行栽培养护。

12～次年2月份：为休眠期，主要进行整形修剪、防治虫病、积肥、积雪等工作。

3～4月份：为春季阶段，大地回春，各种树木陆续发芽，展叶开始生长。这个阶段主要进行的是灌水、施肥、病虫防治、修剪、拆除防寒物等工作；维护巡查。

5～6月份：为初夏阶段，气温迅速上升，树木大量生长。这个阶段主要进行的是灌水、病虫防治、施肥、修剪、除草等工作。

7～9月份：为盛夏阶段，气候高温多雨，正是树木生长的旺盛时期。这个阶段主要进行的是病虫防治、中耕除草、施肥、汛期排水防涝、修剪、扶直等工作。

10～11月份：为秋季阶段，气温较低，树木准备休眠。这个阶段主要进行的工作有灌冻水、防寒、施底肥、病虫防治等工作。

【项目实施】

一、牡丹栽培技术

牡丹别名富贵花、洛阳花、花王、木芍药，为芍药科芍药属木本花卉。

1．形态特征

落叶灌木，株高1～3m，肉质直根系，枝干丛生。茎枝粗壮且脆，表皮灰褐色，常开裂脱落。叶呈二回三出羽状复叶，小叶阔卵状或长卵形等，顶生小叶常先端3裂，基部全缘，基部小叶先端常2裂。叶面绿色或深绿色，叶背灰绿或有白粉，叶柄长7～20cm。花单生于当年生枝顶部，大型两性花。花径10～30cm，花萼5瓣。原种花瓣多5～11片，离生心皮5枚，多为紫红花色。现栽培品种花色极为丰富，按花色可分为白、黄、粉红、紫、墨紫、雪青及绿等花色，有单瓣、半重瓣及重瓣等品种及多种花型。果为蓇葖果，外皮革质，外部密布黄色绒毛，成熟时开裂，种子大，圆形或长圆形，黑色。花期4～5月。

2．类型及品种

牡丹在我国栽培历史悠久，栽培品种繁多，有多种分类方法。按花色可分为红、黄、紫、白花系；按花期早晚可分为早、中、晚花3种，相差时间10～15d；按花瓣的多少和层数分为单瓣类、复瓣类、千瓣类和楼子类；按用途分为观赏种和药用种。在栽培中主要按花型分类，主要花型有单瓣型、荷花型、千瓣型、金环型、托桂型、楼子型和绣球型。较常见的名品花有姚黄、魏紫、墨魁、豆绿、二乔、白玉、状元红、洛阳紫、天女散花等。

3．产地与生态习性

原产于我国西北部，野生种分布于甘肃、陕西、山西、河南、安徽等省的山地及高原。喜凉恶热，喜燥怕湿，可耐-30℃的低温，在年平均相对湿度45%左右的地区可正常生长。喜阳光，适合于露地栽培。栽培场地要求地下水位低，土层深厚、肥沃、排水良好的沙质壤土。怕水涝，土壤粘重，通气不良，易引起根系腐烂，造成整株死亡。因此地势高燥、土层深厚、肥沃疏松是牡丹栽植的必备条件。

4．繁殖方法

常用分株和嫁接法繁殖，也可播种、扦插和压条。

（1）分株繁殖　秋季选4～5年生的植株，挖出去土，晾1～2d，顺根系缝隙处分开，据株丛大小可分成数株另栽，并剪去老根、死根和病根。分株早些可多生新根，分株太晚，新根不发易造成冬季死亡。

（2）嫁接繁殖　在生产中多采用根接法，选择2～3年生芍药根作砧木，在立秋前后先把芍药根挖掘出来，阴干2～3d，稍微变软后取下带有须根的一段剪成长10～15cm，随即采生长充实、表皮光滑而又节间短的当年生牡丹枝条作接穗，剪成长6～10cm一段，每段接穗上要有1～2个充实饱满的侧芽，并带有顶芽。用劈接法或切接法嫁接在芍药的根段上，接后用胶泥将接口包住即可。接好后立即栽植在苗床上，栽时将接口栽入土内6～10cm，然后再轻轻培土，使之呈屋脊状。培土要高于接穗顶端10cm以上，以便防寒越冬。寒冷地方要进行盖草防寒，来年春暖后除去覆盖物和培土，露出接穗让其萌芽生长。

5．栽培管理技术

以地栽为主，少量盆栽只作短期观赏。栽植时期为9～10月，不可过早或过迟。

（1）浇水　牡丹虽耐旱，但在干旱季节，仍需供应水分。春季要充分浇水；夏季要注意雨后排水，勿使受涝；秋季适当控制浇水。

（2）施肥　牡丹喜肥，一年至少施用3次。

① 花肥　春天结合浇返青水施入，宜用速效肥。

② 芽肥　于花后追肥，补充开花的消耗和为花芽分化供应充足养分，除氮肥外可增加磷、钾肥。

③ 冬肥　结合浇封冻水进行，利于植株安全越冬。

（3）中耕除草　从春天起按照“除小、除净”的原则及时松土除草，尤其七八月，天热雨多，杂草滋生迅速，更要勤除，除净。

（4）整形修剪　栽培2～3年后要进行定枝。生长势旺、发枝力强的品种，可留3～5枝；生长势弱、发枝力差的品种，只剪除细弱枝，保留强枝。观赏用植株，应尽量去掉基部的萌生枝，以尽快形成美观的株形；繁殖用的植株，则萌生枝可适当多留。

（5）摘芽　为使植株花繁叶茂，应进行摘芽。一般5～6年生，可留3～5个花芽。新栽的植株，第2年不使开花，应去除全部花蕾。当花芽分化基本完成后，加以特殊的栽培措施催（延）花期，可使牡丹在元旦、春节、“十一”、“五一”等节日，应节而开。

（6）病虫害防治　牡丹锈病，发病时喷50%代森锰锌500倍液，敌锈钠300倍液，15%粉锈宁1000倍液。每隔5～7d喷1次。

6．园林应用

牡丹雍容华贵，国色天香，花大色艳，自古尊为“花王”，称为“富贵花”，象征着我国的繁荣昌盛，幸福吉祥，是我国传统名花之一。多植于公园、庭院、花坛、草地中心及建筑物旁，为专类花园和重点美化用，也可与假山、湖石等配置成景。亦可作盆花室内观赏或切花之用。牡丹的根皮叫“丹皮”，可供药用。

二、桃花栽培技术

桃花别名花桃、观赏桃，为蔷薇科李属木本花卉。

1. 形态特征

落叶小乔木，高2～8m，树冠开张。小枝褐色，光滑，芽并生，中间多为叶芽，两旁为花芽。叶椭圆状披针形，先端渐长尖，边缘有粗锯齿，花侧生，多单朵，先叶开放，通常粉红色单瓣。观赏桃花色彩变化多，且多重瓣。品种繁多。花期3～4月，果6～9月成熟。

2. 类型及品种

常见栽培品种有：碧桃，花粉红，重瓣；白花碧桃，花白色，重瓣；红花碧桃，花深红色，重瓣；撒金碧桃，同一株上有红、白花朵及一个花朵有红、白相间的花瓣或条纹；紫叶桃，叶紫红，花深红色；垂枝碧桃，枝下垂，花重瓣，有白、淡红、深红、洋红等色；寿星桃，又名矮脚桃，树形矮小，花多重瓣，花白或红，宜盆栽。

3. 产地与生态习性

原产我国西北、西南等地，现世界各国多栽培。喜光，耐旱，喜高温，较耐寒，怕水涝。要求肥沃、排水良好的沙壤土及通风良好的环境条件，若缺铁则易发生黄叶病。

4. 繁殖方法

以嫁接为主，也可压条。用毛桃、山桃为砧木，嫁接方法通常采用切接和芽接法。

5. 栽培管理技术

移植或定植可在落叶后至翌春芽萌动前进行，幼苗裸根或打泥浆，大苗及大树则应带土球。定植穴内应施有机肥作基肥，以满足其生长发育的需要。修剪以自然开心型为主，要注意控制内部枝条，以改善通风透光条件，夏季对生长旺盛的枝条摘心，春季对长枝适当缩剪，能促使多生花枝，并保持树冠整齐。秋季施基肥1次，花前及5～6月分别施肥，以利开花和花芽的形成。

常见病虫害有：桃蚜、桃粉蚜，可用3%莫比朗乳油2000倍液，或32%杀蚜净乳油1000～2500倍液防治。春季越冬卵孵化后尚未进入繁殖阶段和秋季蚜虫产卵前分别喷施1次10%吡虫啉2000～3000倍液防治。利用黄色黏胶板诱黏有翅蚜虫。在天敌发生较多情况下尽量不使用农药，以充分发挥瓢虫、草蛉、食蚜蝇、蚜茧蜂、蚜小蜂等天敌的控制作用。桃小食心虫、天牛、缩叶病等，也应注意防治。

6. 园林应用

桃花芳菲烂漫，妩媚动人。可植于路旁、园隅，或成丛成片植于山坡、溪畔，形成佳景，有桃园、桃溪、桃花峰、桃花源等美称。桃花与柳树配植，可形成桃红柳绿的佳景。桃花还宜作盆栽、催花、桩景及切花等用。

三、梅花栽培技术

梅花别名春梅、红梅、干枝梅，为蔷薇科李属木本花卉。

1. 形态特征

落叶小乔木或灌木，高可达10m，树干灰褐色或褐紫色，小枝多绿色，叶椭圆或卵圆形，长4～10cm，先端长渐尖，边缘具细锯齿。花芽生于叶腋间，1～2朵，具短梗，花5瓣，花型有单瓣、复瓣或重瓣；花色有红、粉、白、绿等色，先花后叶，花期从南向北从12月份开始到第2年4月。果球形，黄色或绿色，密被短毛，核面凹点甚多，5～6月成熟。

2．类型及品种

中国梅花现有300多个品种，根据北京林业大学陈俊愉教授对梅花的分类系统可归为3系5类16型：真梅系中的直枝梅类、垂枝梅类、龙游梅类；杏梅系的杏梅类；樱李梅系的樱李梅类。

3．产地与生态习性

原产我国江南及西南地区，在南方成片地栽，北方多为盆栽。性喜温暖而湿润的气候，具有一定的耐寒性，在华北地区栽植多选择抗寒性强的品种，并植于背风向阳面。要求有充足的光照和通风良好的条件，对土壤要求不严，耐贫瘠，以深厚、疏松、肥沃的壤土为好。不耐积水，以免造成烂根。

4．繁殖方法

可用嫁接、扦插、压条、播种等法，以嫁接为主。砧木在南方多用梅或桃，北方常用杏、山杏或山桃。砧木应选1～2年生实生苗，嫁接时间和方法各地不同，在春季多采用切接、劈接、腹接、靠接，在冬季采用腹接，夏秋季采用芽接。播种繁殖多用于培养砧木和用于培育新品种，约在6月采收成熟种子，将种子清洗晾干，实行秋播。如春播，应混沙层积，以待来春播种。扦插宜在早春或晚秋进行，扦插时选一年生健壮枝条，取其中下部位，剪成10～15cm的插穗，刀口处可用1000mg/L的萘乙酸处理8～10s，插入蛭石中2/3～1/2，上留1个芽节，长度不超过3cm，浇透水，遮阴，保温，保湿，促进生根。

5．栽培管理技术

露地栽培宜选择排水良好的高燥地，成活后一般天气不干旱就不必浇水。每年施肥3次，即初冬施基肥，含苞前施速效性催花肥，新梢停止生长后施速效性花肥，以促进花芽分化，每次施肥后都要浇透水。地栽的整形修剪以疏剪为主，株形为自然开心形，剪枝时以轻剪为宜，重剪常导致徒长，影响全年开花。多在初冬疏剪枯枝、病枝和徒长枝，花后对全株适当整形。此外，生长期间应结合水肥管理开展中耕、除草、防治病虫工作。

常见病虫害有蚜虫，发现后用40%乐果乳剂3000倍液；50%灭蚜松乳剂1500倍液；25%飞虱宝可湿性粉1000～1500倍；10%施飞特可湿性粉2000倍等任选一种，稀释后均匀喷洒全株，并在5～7d后再喷1次，便可较长期有效控制蚜虫为害。黄刺蛾1年发生1～2次，以老熟幼虫在受害枝干上结茧越冬，以幼虫啃食造成危害。严重时叶片吃光，只剩叶柄及主脉。防治方法：点灯诱杀成虫；人工摘除越冬虫茧；在初龄幼虫期喷80%敌敌畏乳油1000倍液，或25%亚胺硫磷乳油1000倍液防治。

6．园林应用

梅花是我国传统名贵花卉，已有3000多年的栽培历史。梅花傲霜斗雪而开，先于百花怒放，神、姿、色、态、香俱佳，与松、竹混合栽植成“岁寒三友”。梅、兰、竹、菊并称为“四君子”。梅傲霜斗雪，坚韧顽强，象征着中华民族坚贞不屈、顽强拼搏的民族精神，深受广大人民的喜爱。在江南一带广为种植，如形成规模的梅园、梅岭。梅花最适宜成片植于草坪、低山丘陵，成为季节性景观，也可孤植和丛植，植于建筑物一角，配置山石。用梅花作盆景，苍劲古雅，疏枝横斜，暗香浮动，具有极高的观赏价值。可置于厅堂及案几上，也可做切花进行室内装饰。

四、紫薇栽培技术

紫薇别名百日红、满堂红、怕痒树，属于千屈菜科紫薇属木本花卉。

1. 形态特征

树皮光滑，黄褐色，小枝略呈四棱形。单叶对生或上部互生，椭圆形或倒卵形，全缘。花为顶生圆锥花序，花冠紫红色或紫堇色，花瓣6片。花期长，6～9月陆续开花不绝。

2. 类型及品种

主要变种有：红薇，花红色；银薇，花白色；翠薇，花紫色带蓝。

3. 产地与生态习性

原产华东、华中、华南、西南各地，园林中普遍栽培。喜光，喜温暖气候，不耐寒。适于肥沃、湿润而排水良好之地。有一定耐旱力。喜生于石灰性土壤。

4. 繁殖方法

常用播种或扦插法繁殖。

播种法可用10～11月采收蒴果，暴晒果裂后，去皮净种，装袋贮存，于次年早春播种，4月即可出苗。苗期要保持床土湿润，每隔15d施1次薄肥，立秋后施1次过磷酸钙。苗木留床培育2～3年后，再行定植。

扦插于春季萌芽前，选1～2年生健壮枝条，剪成15～20cm长的插穗，插深2/3。插床以疏松而排水好的沙质壤土为佳。插后保持土壤湿度，一年生苗可高50cm左右。梅雨季节可用当年生嫩枝扦插，插后要注意遮阴保湿。

5. 栽培管理技术

大苗移栽需带土球，以清明时节栽植最好。栽后管理在生长期要经常保持土壤湿润，早春施基肥，5～6月追肥，以促进花芽增长，这是保证夏季多开花的关键。冬季要进行整形修剪，使枝条均匀分布，冠形完整，可达到花繁叶茂的效果。

常见病害有烟煤病、煤污病，要注意栽植不可过密，通风透光好，有利病虫害防治。煤污病的防治应以治虫为主，春末夏初防治介壳虫和蚜虫，控制其虫口密度的迅猛增长，可喷洒10～20倍液的松脂合剂及50%硫磷乳剂1500～2000倍液以杀死介壳虫（在幼虫初孵时喷施效果较好），3%莫比朗乳油1500倍。5%乙醇溶液擦掉介壳虫。除含铜离子的杀菌剂易产生药害（致使紫薇叶变黄脱落）外，常用杀真菌剂均可使用。每周1～2次，稀释倍数按常规操作。25%苯菌灵乳油800倍液；20%络氨铜、锌水剂500倍液等效果也较好。

6. 园林应用

常于堂前对植两株。此外，在池畔水边、草坪角隅植之均佳。或制作盆景。

【项目考核】

考核标准见表5-4。

表5-4 牡丹、梅花、桃花、紫薇栽培技术

考核内容	考核标准	分值	得分	教师评价
牡丹栽培技术	繁殖方法选择适当，操作熟练 水肥管理合适，长势旺盛 病虫害控制得当，无明显病株 株型整齐，开花一致	25		
梅花栽培技术		25		
桃花栽培技术		25		
紫薇栽培技术		25		

【知识拓展】

一、樱花栽培技术

樱花别名山樱花、山樱桃、福岛樱，属于蔷薇科李属。

1．形态特征

落叶乔木，树皮暗褐色，有绢丝状光泽。叶卵形至卵状椭圆形，边缘具芒状齿。花2～6朵簇生，呈伞房花序，花白色或粉红色。核果球形。花期4～5月。

2．类型及品种

主要变种有：山樱花，花单瓣，较小，白色或粉色，野生于长江流域；毛樱花，叶、花梗及萼片有毛，其余同山樱花。具有观赏价值的有：重瓣白樱花，花白色，重瓣；重瓣红樱花，花粉红色，重瓣；玫瑰樱花，花大，淡红色，重瓣；垂枝樱花，枝开展而下垂，花粉色，重瓣。日本樱花，花朵纷繁，花态美丽，单瓣或重瓣，品种繁多。此外，还有樱桃，花白色，果球形，熟时红色，可食。以上均为我国庭院常见栽培的花木。

3．产地与生态习性

主产我国长江流域，东北、华北均有分布。喜光，较耐寒，喜肥沃湿润而排水良好的壤土，不耐盐碱土，忌积水。

4．繁殖方法

常用嫁接法繁殖。以樱桃或山樱桃的实生苗为砧木，也可用桃、杏苗作砧木。于3月切接，或于8月芽接，接活后培育3～4年即可栽种。也可用根部萌蘖分株繁殖，易成活。

5．栽培管理技术

宜多施腐熟堆肥为基肥。日常管理要注意浇水和除草松土。7月施硫酸铵为追肥，秋季多施基肥，以促进花枝发育。早春发芽前和花后，需剪去徒长枝、病弱枝、短截开花枝，以保持树冠圆满。

常见害虫有红蜘蛛、介壳虫、卷叶蛾、蚜虫等，应及时防治。

褐斑穿孔病是樱花叶部的一种重要病害，在我国樱花种植区均有发生。防治方法为加强栽培管理，创造良好的通风透光条件，多施磷、钾肥，增强抗病力；秋季清除病落叶，结合修剪剪除病枝，减少来年浸染源；展叶前喷施1.02～1.04kg/L石硫合剂，发病期喷洒50%苯来特可湿性粉剂1500倍液或65%代森锌600倍液或50%多菌灵1000倍液，都有良好的防治效果。

6．园林应用

樱花花繁色艳，非常美观，宜植于庭院中、建筑物前，也可列植于路旁、墙边、池畔。栽植樱桃，花如彩霞，果似珊瑚，浓艳喜人。

二、夹竹桃栽培技术

夹竹桃别名柳叶桃、半年红、洋桃，属于夹竹桃科夹竹桃属。

1．形态特征

常绿灌木或小乔木，株高5m，具白色乳汁。三叉状分枝，分枝力强。叶披针形，厚革质，具短柄，3～4叶轮生，在枝条下部为对生，全缘，叶长15～25cm，宽1.5～3.0cm，先端锐尖。聚伞花序顶生；花芳香，花冠漏斗形，深红色或粉红色；花期6～10月，果熟期12～次年1月。

2．类型及品种

常见变种有：白花夹竹桃，花白色，单瓣；斑叶夹竹桃，叶面有斑纹，花红色，单瓣；淡黄夹竹桃，花淡黄色，单瓣；红花夹竹桃等。

3．产地与生态习性

原产伊朗、印度及尼泊尔，现广植于热带及亚热带地区，我国各地均有栽培。喜阳光充足、温暖湿润的气候。适应性强，耐干旱瘠薄，也能适应较阴的环境。不耐寒，怕水涝，对土壤要求不严，但以排水良好、肥沃的中性土最佳。有抗烟尘及有害气体的能力，萌发力强，耐修剪。

4．繁殖方法

扦插为主，也可压条和分株。扦插在4月或9月进行，插后灌足水，保持土壤湿润，15d即可发根。还可把插条捆成束，将茎部10cm以下浸入水中，每天换水，保持20～25℃，7～10d可生根，尔后再移入苗床或盆中培养。新枝长至25cm时移植，夹竹桃老茎基部的嫩枝长至5cm时带踵取下来，保留生长点部分的小叶插入素沙中，荫棚下养护，成活率很高。压条一般选二年生而分枝较多的植株作压条母株，小满节气时压条。

5．栽培管理技术

苗期可每月施1次氮肥，成年后，管理可粗放，露地栽植可少施肥，盆栽可于春季或开花前后各施1次肥。温室盆栽的每年可于4月底出房，10月底入房。夏季5～6d，秋后8～10d灌水1次，水量适当，经常保持湿润即可。可按“三叉九顶”修剪整枝，即枝顶3个分枝，再使每枝分生3枝。一般在60cm处剪顶，促发芽，剪口处长出许多小芽，留3个壮芽。

夹竹桃常见病虫害有黑斑病，其防治方法为加强管理，增强植株通风透光性。多施磷、钾肥，增强树势；喷75%百菌清800倍液进行防治。常年养护要注意防治蚜虫和介壳虫。

6．园林应用

夹竹桃对有毒气体和粉尘具有很强的抵抗力，工矿区环保绿化可以利用，其花繁叶茂，姿态优美，是园林造景的重要花灌木，适作绿带、绿篱、树屏。茎叶可制杀虫剂，茎叶有毒，人畜误食可致命。

三、迎春栽培技术

迎春别名迎春花、金腰带、金梅，属于木樨科茉莉花属。

1．形态特征

落叶灌木，株高30～50cm，枝细长直立或拱曲，丛生，幼枝绿色，四棱形。叶对生，小叶3枚，卵形至椭圆形。花单生，先叶开放，有清香，花冠黄色，高脚碟状，径2.0～2.5cm。花期2～4月。

2．类型及品种

常见园林品种有：探春，缠绕状半常绿灌木，叶互生，单叶或复叶混生，小叶3～5片，聚伞花序顶生，5～6月开花，鲜黄色，稍畏寒；云南素馨，又称云南迎春，常绿灌木，花较大，花冠裂片较花冠筒长，常近于复瓣，生长比迎春花更旺盛，花期稍迟，3月始花，4月盛放。

3．产地与生态习性

产于中国山东、陕西、甘肃、四川、云南、福建等省，各地广泛栽培。喜光、耐寒、耐旱、耐碱、怕涝。在向阳、肥沃、排水良好的地方生长繁茂，萌生力强，耐修剪。

4．繁殖方法

通常用扦插、压条及分株法繁殖。

5．栽培管理技术

宜选择背风向阳、地势较高处，土壤肥厚、疏松、排水良好的中性土种植，生长最好。栽后冬季施基肥，并适当进行修剪，可促进初春开花，并延长花期。春夏之交，应予摘心处理，整理树形。

6．园林应用

迎春长条披垂，金花照眼，翠蔓临风，姿态风雅。可配植于屋前阶旁，也可在路边植为绿篱。水池边栽植亦颇为适宜。现代城市高架路两侧花池，建筑物阳台作悬垂式栽植更为适当，但管理上要确保水分供应。

子项目五　水生花卉栽培技术

【项目目标】

1．识别常见水生花卉10种。

2．能够对常见露地木本花卉进行栽培、养护。

【项目分析】

该项目重点为水生花卉的识别及养护管理技术要点；难点为各种花卉具体的栽培管理技术。教师可以通过多媒体图片结合现场教学完成花卉的识别项目，通过贯穿整个学期的花卉培养及记录完成各种花卉的栽培养护项目。

【知识链接】

一、水生花卉特点

水生花卉是指生长在水中或沼泽地的花卉。其特点为对水分的要求和依赖远大于其他类型的植物。根据其生活习性又可以分为四类。

（1）挺水花卉　根扎在泥中，茎叶挺出水面，如荷花、千屈菜等。

（2）浮水花卉　根扎在泥中，叶漂浮在水面或者稍稍过于水面，如睡莲、王莲、萍逢草等。

（3）沉水花卉　根扎在泥中，茎叶沉于水中，如玻璃藻、黑藻、莼菜等。

（4）漂浮花卉　根系飘在水中，叶浮于水面，可以随水浮动，如浮萍、凤眼莲等。

水生花卉是园林水体周围及水中造景的主要植物材料。

二、水生花卉繁殖和栽培要点

水生花卉的繁殖方法主要有分株、扦插和播种。

栽培管理上主要有以下几项。

（1）水位的控制　虽然都喜水，但不同种类要求的水深不同，从岸边到湖心，分别是湿生—沼生—浅水—中水—深水植物区，挺水及浮水植物要求水深30～100cm为宜，沼生及湿生植物要求20～30cm水深为宜。

（2）养分管理　栽培水生花卉的池塘中要有肥沃的塘泥，质地要黏；如果是新挖的池塘，要施有机肥并耙成泥状。

（3）越冬管理　有一些耐寒的水生花卉如千屈菜、香蒲不需要越冬保护；而半耐寒的水生花卉如荷花需要防止冬季结冰产生冻害，可以在结冰前灌水或者缸植移入室内。

【项目实施】

一、荷花栽培管理技术

荷花别名莲花、水芙蓉、藕，为睡莲科莲属挺水花卉。

1．形态特征

荷花为多年生宿根水生花卉。原产我国，栽培历史悠久，是我国十大传统名花之一。荷叶呈盾状圆形，具14～21条辐射状叶脉，叶径可达70cm，全缘。叶面绿色，表面被蜡粉，不湿水。叶柄侧生刚刺。最早从顶芽长出的叶，形小、柄细，浮于水面称钱叶；最早从藕节上长出的叶叫浮叶，也浮于水面。后来从藕节上长出的叶较大，叶柄也粗，立出水面，称为立叶。地下茎膨大横生于泥中，称藕。地下茎有节和节间，节上环生不定根并抽生叶和花，同时萌发侧芽。花单生于花梗的顶端，有单瓣和重瓣之分，花色各异，有粉红、白、淡绿、深红及间色等。花径大小因品种而异，在10～30cm之间。花期6～9月，单花期3～4d。花谢后膨大的花托称莲蓬，上有3～30个莲室，每个莲室形成一个小坚果，俗称莲子。果熟期9～10月，成熟时果皮青绿色，老熟时变为深蓝色，干时坚固。

2．类型及品种

我国栽培荷花品种丰富，按用途分为子用莲、藕用莲和观赏莲三大类。观赏莲开花多，花色、花形丰富，群体花期长，观赏价值高。观赏莲中又分为单瓣莲、重瓣莲和重台莲。其中观赏莲价值较高的是一梗两花的“并蒂莲”，也有一梗能开四花的“四面莲”，还有一年开花数次的“四季莲”，又有花上有花的“红台莲”。常见观赏品种有西湖红莲、东湖红莲、苏州白莲、红千叶、大紫莲、小洒锦、千瓣莲、小桃红等。

3．产地与生态习性

荷花原产我国温带地区，具有喜水、喜温、喜光的习性。对温度要求较严格，水温冬天不能低于5℃；一般8～10℃开始萌芽，14℃时抽生地下茎，同时长出幼小的“钱叶”；18～21℃开始抽生“立叶”，在23～30℃时加速生长，抽出立叶和花梗并开花。荷花生长期要求充足的阳光，喜肥，要求含有丰富腐殖质的肥沃壤土，以pH6.5～7.0为好，土壤酸度过大或土壤过于疏松，均不利于生长发育。

荷花最怕水淹没荷叶，因为荷叶表面有许多气孔，它与叶柄和地下根茎的气腔相通，并依靠气孔吸收氧气供整个植株体用。荷花怕狂风吹袭，叶柄折断后，水进入气腔会引起植株腐烂死亡。

4．繁殖方法

荷花分为播种繁殖和分株繁殖，园林应用中多采用分株繁殖，可当年开花。

（1）分株繁殖　分株繁殖选用主藕2～3节或用子藕作母本。分栽时选用的种藕必须具有完整无损的顶芽，否则不易成活，分栽时间以4月中旬藕的顶芽开始萌发时最为适宜，过早易受冻害，过迟顶芽萌发，钱叶易折断，影响成活。分株时将具有完整的主藕或子藕留2～3节切断另行栽植即可。

（2）播种繁殖　播种繁殖需选用充分成熟的莲子，播种前必须先“破头”，即用锉将莲子凹进去的一端锉伤一小口，露出种皮。将破头莲子放入温水中浸泡24h，使种子充分吸胀后再播于泥水盆中，温度保持在20℃左右，经1周便发芽，长出2片小叶时便可单株栽植。若池塘直播，也要先破头，然后撒播在水深10～15cm的池塘泥中，一周后萌发，1个月后浮叶出水成苗。实生苗一般2年可开花。

5．栽培管理技术

荷花栽培因品种特性和栽植场地环境，分为湖塘栽植、缸盆栽植和无土栽培等。

（1）湖塘栽植　栽植前应先放干塘水，施入厩肥、绿肥、饼肥作基肥，耙平翻细，再灌水，将种藕“藏头露尾”状平栽于淤泥浅层，行距150cm左右，株距80cm左右。栽后不立即灌水，待3～5d后泥面出现龟裂时再灌少量水，生长早期水位不宜深，以15cm左右为宜，以后逐渐加深，夏季生长旺盛期水位50～60cm，立秋后再适当降低水位，以利藕的生长，水位最深不过100cm。入冬前剪除枯叶，水位加深到100cm，北方地区应更深一些，防池泥冻结。池藕的管理粗放，常在藕叶封行前拔除杂草、摘除枯叶。若基肥充足可不施追肥。

（2）盆缸栽植　盆缸栽植宜选用适合盆栽的观赏品种。场地应地势平坦，背风向阳，栽植容器选用深50cm，内径60cm左右的桶式花盆或花缸，缸盆中填入富含腐殖质的肥沃湖塘泥，泥量占缸盆深1/2～1/3，加腐熟的豆饼肥、人粪尿或猪粪作基肥，与塘泥充分搅拌成稀泥状。一般每缸栽1～2支种藕，栽2支者顶芽要顺向，沿缸边栽下。刚栽时宜浅水，深2cm以利提高土温，促进种藕萌发，浮叶长出后，随着浮叶的生长逐渐加水，最后可放水满盆面。夏季水分蒸发快，每隔2～3d加1次水，在清晨加水为好。出现立叶后可追施1次腐熟的饼肥水。平时注意清除烂叶污物。秋末降温后，剪除残枝，清除杂物，倒出大部分水，仅留1cm深，将缸移入室内，也可挖出种藕放室内越冬，室温保持3～5℃即可。

6．园林应用

本性纯洁，花叶清丽，清香四溢。因其出污泥而不染，迎朝阳而不畏的高贵气节，深受文人墨客及大众的喜爱，被誉为“君子花”。可装点水面景观，也是插花的好材料。荷花全身皆宝，叶、梗、蒂、节、莲蓬、花蕊、花瓣均可入药。莲藕、莲子是营养丰富的食品。所以除观赏栽培外，常常进行大面积的生产栽培。

二、睡莲栽培管理技术

睡莲别名子午莲，为睡莲科睡莲属浮水花卉。

1．形态特征

睡莲为多年生水生草花。根状茎横生于淤泥中，叶丛生并浮于水面，圆形或卵圆形，基部近戟形，全缘。叶正面浓绿有光泽，叶背面暗紫色。叶柄细长而柔软，因而使叶片浮于水面。花单朵顶生，浮于水面或略高于水面，花瓣8～15枚，有黄、白、粉红、紫红等色；雄蕊多数。花期6～9月，果熟期7～10月。果实含种子多数，种子外有冻状物包裹，果实成熟后在水中开裂，种子沉入水底越冬。

2．类型及品种

睡莲有耐寒种和不耐寒种两大类。不耐寒种分布热带地区，我国目前栽种的品种多数原产温带，属于耐寒品系，地下根茎冬季一般在池泥中越冬。热带产的不耐寒种，花大而美丽，近年有引种。常见栽培的睡莲种类有：

（1）白睡莲　花白色，花径12～15cm。花瓣16～24枚，成2～3轮排列，有香味，夏季开花，终日开放。原产欧洲，是目前栽培最广的种类。

（2）黄睡莲　花黄色，花径约10cm，午前至傍晚开放。原产墨西哥。

（3）香睡莲　花白色，花径3.6～12cm，上午开放，午后关闭，极香。原产北美。

3．产地与生态习性

睡莲喜阳光充足、空气湿润、通风良好和水质清洁的环境。较耐寒，长江流域可在露地水池中越冬。对土壤要求不严，但需富含腐殖质的黏质土，pH6～8。生长期间要求水的深度在20～40cm之间，最深不得超过80cm。

4．繁殖方法

可以采用分株繁殖和播种繁殖。

（1）分株繁殖　睡莲常采用分株法繁殖，通常在春季断霜后进行。于3～4月间将根状茎挖出，选带有饱满新芽的根茎切成10cm左右的段，随即平栽在塘泥中。

（2）播种繁殖　睡莲果实在水中成熟，种子常沉入水中泥底，因此必须从泥底捞取种子（也可在花后用布袋套头以收集种子）。种子捞出后，仍须放水中贮存。一旦种子干燥，即失去萌芽能力，故种子捞出后应随即播种。

5．栽培管理技术

睡莲根茎段的栽植深度不能过深，顶芽朝上，其深度与土面平齐即可。栽后稍晒太阳即可注入浅水，待气温升高新芽萌动后，再逐渐加深水位。生长期水位不宜超过40cm，越冬时水位可深至80cm。睡莲不宜栽植在水流过急、水位过深的位置。必须是阳光充足、空气流通的环境，否则水面易生苔藻，致生长衰弱而不开花。

浅水池中的栽植方法有两种。大面积种植时，可直接栽于池内淤泥中；小面积栽植时，先将睡莲栽植在缸（盆）里，再将缸置放池内，也可在水池中砌种植台或挖种植穴。睡莲施肥多采用基肥，缸栽睡莲要先填大半缸塘泥，施入少量含P、K丰富的腐熟基肥拌匀，然后栽植。生长期间可追肥1次，方法是放干池水，将肥料和塘泥混合成泥块，均匀投入池中。要保持水位20～40cm，经常剪除残叶、残花。分栽次数应根据长势而定，一般约经3年左右重新挖出分栽1次，否则根茎拥挤，生长不良，影响开花。

6．园林应用

睡莲花朵硕大，色泽美丽，浮于水面，与浓绿肥厚闪光的叶片相辉映，清香宜人，数月不断，可装点水面景观，也是切花的好材料。

【项目考核】

考核标准见表5-5。

表5-5　荷花、睡莲栽培技术考核表

考核内容	考核标准	分值	得分	教师评价
荷花栽培技术	繁殖方法选择适当，操作熟练 水肥管理合适，长势旺盛	50		
睡莲栽培技术		50		

【知识拓展】

一、千屈菜栽培管理技术

千屈菜别名水枝柳、水柳、对叶莲，属千屈菜科千屈菜属挺水花卉。

1．形态特征

千屈菜为多年生挺水植物，株高1m左右。地下根茎粗硬，地上茎直立，四棱形，多分枝。单叶对生或轮生，披针形，基部广心形，全缘。穗状花序顶生，小花多数密集，紫红色，花瓣6片。花期7～9月。蒴果卵形包于宿存萼内。

2．类型及品种

千屈菜有3个主要变种：紫花千屈菜，花穗大，花深紫色；大花千屈菜，花穗大，花暗紫红色；毛叶千屈菜，全株有白毛。

3．产地与生态习性

原产于欧、亚两洲的温带，广布全球，我国南北各省均有野生。性喜强光、潮湿以及通风良好的环境。尤喜水湿，通常在浅水中生长最好，也可露地旱栽，但要求土壤湿润。耐寒性强，在我国南北各地均可露地越冬。对土壤要求不严。

4．繁殖方法

以分株为主，春、秋季均可分栽。将母株丛挖起，切分数芽为一丛，另行栽植即可。扦插可于夏季6～7月间进行，选充实健壮枝条，嫩枝扦插，及时遮阴，1个月左右可生根。播种繁殖宜在春季，盆播或地床条播，经常保持土壤湿润，在15～20℃下，经10d左右即可出苗。

5．栽培管理技术

盆栽时，应选用肥沃壤土并施足基肥。在花穗抽出前经常保持盆土湿润而不积水为宜，花将开放前可逐渐使盆面积水，并保持水深5～10cm，这样可使花穗多而长，开花繁茂。生长期间应将盆放置阳光充足、通风良好处，冬天将枯枝剪除，放入冷室或放背风向阳处越冬。若在露地栽培或水池、水边栽植，养护管理简便，仅需冬天剪除枯枝，任其自然过冬。

6．园林应用

千屈菜株丛整齐清秀，花色淡雅，花期长，最宜水边丛植或水池栽植，也可作花境背景材料和盆栽观赏等。

二、萍逢草栽培管理技术

萍蓬草别名萍蓬莲、黄金莲、水粟，为睡莲科萍蓬草属。

1．形态特征

多年生浮水植物。根茎肥大，呈块状，横卧泥中。叶伸出或浮出水面，广卵形，长8～17cm，宽5～12cm，先端圆钝，基部开裂，裂深约为全叶的1/3；表面亮绿色，背面紫红色，密被柔毛。花单生叶腋，伸出水面；金黄色，花径2～3cm。花期5～7月。

2．产地与生态习性

原产北半球寒带。我国东北、华北、华南均有分布。喜土壤深厚，耐寒；喜阳光充足，又耐热；喜生于清水池沼、湖泊及河流等浅水处。

3．繁殖方法

通常用种子或分株繁殖，方法同一般水生植物。

4．栽培管理技术

养护管理粗放简便。可供水面绿化，也行盆栽。其种子、根茎均可食用和入药。

5．园林应用

可用于营造自然园景的水域中。

项目6 盆栽花卉栽培技术

知识目标： 1. 了解盆栽花卉的概念及应用特点。
2. 熟悉各类盆花培养土的配制、消毒、保存。
3. 掌握花卉的上盆、翻盆、转盆、换盆等基础知识；掌握各类盆花的栽培及养护要点。

能力目标： 1. 识别常见温室花卉90种。
2. 熟练掌握各类盆花培养土的配制。
3. 熟练掌握各类盆花的栽培管理技术流程及操作要点。

知识链接

一、盆栽花卉的特点

盆栽花卉是花卉生产的重要组成部分。盆花具有移动灵活，管理方便的特点，最适于庭院美化、居室观赏以及重大节日庆典、重要场合装饰摆放。盆花植株完整，观赏期长，既可观花，又可赏叶。盆花品种丰富多彩，可谓“奇花异卉，多姿多态，姹紫嫣红，有香有色。”经过人为调节，可以达到一年四时有花，花开不断。通过各种盆栽花卉的组合及艺术造型，可提高盆栽花卉的艺术价值和商品价值。但由于盆栽花卉大多要在人为控制条件下完成，需要一定的园艺设施，同时花卉经盆栽后，根系局限在狭小的盆内，盆土及营养面积有限，因此这类花卉的生产养护要比露地花卉复杂得多。

二、培养土的配制

基质是花卉赖以生存的基础物质，最常见的基质是土壤。盆栽花卉其根系被局限在有限的容器内不能充分地伸展，这样势必会影响到地上部分枝叶的生长。只有营养物质丰富、物理性能良好的土壤，才能满足其生长发育的要求，所以盆栽花卉必须用经过特制的培养土来栽培。

适宜栽培花卉的土壤应具备下列条件：

（1）应有良好的团粒结构，疏松而肥沃。

（2）排水与保水性能良好。

（3）含有丰富的腐殖质。

（4）土壤酸碱度适合。

（5）不含任何杂菌。

培养土的最大特点是富含腐殖质。由于大量腐殖质的存在，土壤松软，空气流通，排水良好，能长久保持土壤的湿润状态，不易干燥。丰富的营养可充分供给花卉的需要，以促进盆花的生长发育。

1．培养土的配制

盆栽花卉种类繁多，对培养土的要求各异，配制花卉的培养土，需根据花卉的生态习性、培养土材料的性质和当地的土质条件等因素灵活掌握。配制成的培养土只要有较好的持水、排水、保肥能力和良好的通气性以及适宜的酸碱度，就能为花卉的生长、发育提供一个良好的物质基础。

（1）普通培养土　普通培养土是盆栽花卉必备的土，常用于多种花卉栽培。一般盆栽花卉的常规培养土有以下3类。

疏松培养土：腐叶土6份、园土2份、河沙2份，混合配制。

中性培养土：腐叶土4份、园土4份、河沙2份，混合配制。

黏性培养土：腐叶土2份、园土6份、河沙2份。混合配制。

一二年生花卉的播种及幼苗移栽，宜选用疏松培养土，以后可逐渐增加园土的含量，定植时多选用中性培养土。总之，花卉种类不同及不同发育阶段都要选配不同的培养土。

（2）各类花卉培养土配制（见表6-1）。

表6-1　　各类室内观赏植物栽培基质配合比例

植物 基质	通用型		仙人类	兰科植物	棕榈科植物	蕨类	球根类	天南星、爵床科、萝科植物、摩科植物		龙舌兰科、五加科
壤土	1/3	1/4	1/4			1/4	1/3	1/3	2/5	1/2
腐叶土	1/3	1/4	1/4	1/3	1/3	1/2	1/3	1/3	2/5	3/10
泥炭				1/3	1/3					
树皮								1/3		
蛭石							1/3			
珍珠岩	1/3			1/3	1/3	1/4			1/5	1/5
河沙		1/4	1/2							
厩肥		1/4								

另外，采用水培栽培室内观赏植物既清洁又省力，适合水培的室内观赏植物种类有红掌、马蹄莲等一些耐水湿的植物。

2．培养土的消毒

使用培养土之前应先对其进行消毒、杀菌处理。常用的方法有：

（1）日光消毒　将配制好的培养土摊在清洁的水泥地面上，经过十余天的高温和烈日直晒，利用紫外线杀菌、高温杀虫，从而达到消灭病虫的目的。这种消毒方法不严格，但有益的微生物和共生菌仍留在土壤中。

（2）加热消毒　盆土的加热消毒有蒸汽、炒土、高压加热等方法。只要加热80℃，连续30min，就能杀死虫卵和杂草种子。如加热温度过高或时间过长，容易杀灭有益微生物，影响它的分解能力。

（3）药物消毒　药物消毒主要用40%的甲醛溶液和0.5%高锰酸钾溶液。在每立方米栽培用土中，均匀喷撒40%的甲醛400～500mL，然后把土堆积，上盖塑料薄膜。经过48h后，甲醛化为气体，除去薄膜，等气体挥发后再装土上盆。

3．培养土的贮藏

培养土制备一次后剩余的需要贮藏以备及时应用。贮藏宜在室内设土壤仓库，不宜露天堆放，否则养分淋失和结构破坏，失去优良性质。贮藏前可稍干燥，防止变质，若露天堆放应注意防雨淋、日晒。

三、上盆、换盆、翻盆与转盆

（1）上盆　在盆花栽培中，将花苗从苗床或育苗器皿中取出移入花盆中的过程称上盆。上盆前要选花盆，首先根据植株的大小或根系的多少来选用大小适当的花盆。应掌握小苗用小盆，大苗用大盆的原则。小苗栽大盆既浪费土又造成“老小苗”；其次要根据花卉种类选用合适的花盆，根系深的花卉要用深筒花盆，不耐水湿的花卉用大水孔的花盆。

花盆选好后，对新盆要“退火”。新使用的瓦盆先浸水，让盆壁充分吸水后再上盆栽苗，防止盆壁强烈吸水而损伤花卉根系；对旧盆要洗净，经过长期使用过的旧花盆，盆底和盆壁都沾满了泥土、肥液甚至青苔，透水和透气性能极差，应清洗干净晒干后再用。

花卉上盆的操作过程：选择适宜的花盆，盆底平垫瓦片，或用塑料窗纱1～2层盖住排水孔；然后把较粗的培养土放在底层，并放入马蹄片或粪干等迟效肥料，再用细培养土盖住肥料；将花苗放在盆中央使苗株直立，四周加土将根部全部埋入，轻提植株使根系舒展，用手轻压根部盆土，使土粒与根系密切接触；再加培养土至距盆口3cm处留出浇水空间。

新上盆的盆花盆土很松，要用喷壶洒水或浸盆法供水。花卉上盆后的第1次浇水称作“定根水”，要浇足浇透，以利于花卉成活。刚上盆的盆花应摆放在荫蔽处缓苗，然后逐步给予光照，待枝叶挺立舒展恢复生机，再进行正常的养护管理。

（2）换盆与翻盆　花苗在花盆中生长了一段时间以后，植株逐渐长大，需将花苗脱出换入较大的花盆中，这个过程称换盆。花苗植株虽未长大，但因盆土板结、养分不足等原因，需将花苗脱出修整根系，重换培养土，增施基肥，再栽回原盆，这个过程称翻盆。

各类花卉盆栽过程均应换盆或翻盆。一二年生花卉生长迅速，一般到开花前要换盆1～2次，换盆次数较多，能使植株强健，生长充实，植株高度较低，株形紧凑，但会使花期推迟；宿根、球根花卉成苗后1年换盆1次；木本花卉小苗每年换盆1次，大苗2～3年换盆或翻盆1次。

换盆或翻盆的时间多在春季进行。多年生花卉和木本花卉也可在秋冬停止生长时进行；观叶植物宜在空气湿度较大的春夏间进行；观花花卉除花期不宜换盆外，其他时间均可进行。一二年生花卉换盆主要是换大盆，对原有的土球可不做处理，并防止破裂、损伤嫩根，在新盆盆底填入少量培养土后，即可从原盆中脱出放入，并在土球四周填入新培养土，用手稍加按压即可。

多年生宿根花卉，主要是更新根系和换新土，还可结合换盆进行分株，因此，把原盆植株土球脱出后，将四周的老土刮去一层，并剪除外围的衰老根、腐朽根和卷曲根，以便添加新土，促进新根生长。

木本花卉应根据不同花木的生长特点换盆。

有的花卉换盆后会明显影响其生长，可只将盆土表层掘出一部分，补入新的培养土，也能起到更换盆土的作用。

换盆后须保持土壤湿润，第1次充分灌水，以使根系与土壤密接，以后灌水不宜过多，保持湿润为宜，待新根生出后再逐渐恢复正常浇水。另外，由于修掉了外围根系，造成很多伤口，有些不耐水湿的花卉在上新盆时，用含水量60%的土壤换盆，换盆后不马上浇水，应先行喷水，待缓苗后再浇透水。

（3）转盆　在光线强弱不均的花场或日光温室中盆栽花卉时，因花苗向光性的作用而偏方向生长，以至生长不良或降低观赏效果。所以在这些场所盆栽花卉时应经常转动花盆的方位，这个过程称转盆。转盆可使植株生长均匀、株冠圆整。此外，经常转盆还可防止根系从盆孔中伸出长入土中。在旺盛生长季节，每周应转盆1次。

四、盆花的浇水方式

（1）浇水　用浇壶或水管放水淋浇，将盆土浇透。在盆花养护阶段，凡盆土变干的盆花，都应全面浇水，水量以浇后能很快渗完为准，既不能积水，也不能浇半截水。掌握“见干见湿”的浇水原则，这是最常用的浇水方式。

（2）喷水　指用喷壶、胶管或喷雾设备向植株和叶片喷水的方式。喷水不但供给植株吸收水分，而且能起到提高空气湿度和冲洗灰尘的作用。一些生长缓慢的花卉，在荫棚养护阶段，盆土经常保持湿润，虽表土变干，但下层还有一定的含水量，每天可叶面喷水1～2次，不浇水。在北方养护酸性土花卉常采用这种给水方式。

（3）找水　在花场中寻找缺水的盆花进行浇水的方式称找水。如早晨浇过水后，中午10～12时左右检查，太干的盆花再找水一次，可避免过长时间失水造成伤害。

（4）放水　结合追肥对盆花加大浇水量的方式称放水。在傍晚施肥后，次日清晨应再浇水1次。

（5）勒水　连阴久雨或平时浇水量过大，应停止浇水，并立即松土称勒水。对水分过多的盆花停止供水，并松盆土或脱盆散发水分，以促进土壤通气，利于根系生长。

（6）扣水　在翻盆换土后，不立即浇水，放在荫棚下每天喷一次水，待新梢发生后再浇水称扣水。翻盆换土时修根较重，不耐水湿的植物可采用湿土上盆，不浇水，每天只对枝叶表面喷水，有利于土壤通气，促进根系生长。有时采取扣水措施而促进花芽分化，如梅花、叶子花等木本花卉。

五、盆栽花卉的栽培要点

（1）栽培基质　室内观赏植物栽培容器小，土层浅，因此要求栽培基质供应水肥能力强，以最大限度满足植物生长所需。

（2）栽培容器　栽培室内观赏植物的容器，虽然从外形、质地还是美学的观点看，有多种选择，但都不得违背使植物在其中正常生长并与植物在形式和色彩上相和谐的基本原则。因植物种类和栽培用途不同，常用的容器依照原料分为素烧泥盆、陶盆、瓷盆、紫砂盆、塑料盆、玻璃钢盆、金属盆、木桶、吊篮和木筐等，每一类都有不同规格、式样，可依据需要选择。

（3）植物造型及修剪　由于室内观赏植物主要用于室内装饰，要求有较高的艺术观赏价值，对室内植物进行造型及修剪，可以大大提高观赏效果。主要的造型手法有以下几种。

单干树形　即选一枝干，去侧芽、侧枝，当顶芽向上生活到一定高度形成主干后再进行摘心，促使由一定高度附近发出数个侧芽，然后再对长成的侧枝进行1～2次摘心，以形成具有茂密分枝的树冠，如月季、杜鹃、扶桑等。

编绞造型　将几株植株编绞成螺旋状、辫状，成为三辫、五辫、七辫编制盆栽或猪笼辫等，常用于发财树、垂叶榕、富贵竹等。

图腾式造型（柱式栽培）　对于直立性不强、宜倒伏的植物可在盆中心设立支柱，供其攀附生长，如绿萝、长心叶蔓绿绒等。

宝塔式造型　富贵竹的茎段可组合造型，组合的“富贵塔”形似我国古代的宝塔，成为“开运塔”。

组合盆栽　利用花艺设计的理念，将各种不同形态（直立、团状焦点、下垂、星状填充）的植物进行造型设计，组合在一起，可制作成盘皿庭院、针叶树木箱、沙漠公园、彩石组合、吊兰组合等形式，大大提高室内植物的艺术观赏价值。

同时，为了保持盆花的株形美观、枝叶紧凑和花果繁密，常借整形修剪来调节其生长发育，包括修剪、绑扎、支架、摘心、抹芽等。花卉在上盆和换盆时要对地上部和根系进行修剪，剪去残弱枝条、根系，去除多余枝叶、老根、朽根和枯枝等。盆栽花卉的整形要根据花卉的形状、观赏价值和体现方式来确定。整形工作可随时进行，为的是保持盆栽观花类花卉优美的姿态。比如，欲使枝条集中向上生长则留内方的芽，欲使枝条向外开展生长则在外侧芽上剪去枝条等。一般落叶花卉在秋季落叶后或春季发芽前进行修剪，常绿花卉修剪量不要太大，注意疏剪。

（4）趋光性管理和除尘　由于植物生长素分布不均，常使植物趋向光源弯曲，因此每3～5d转盆90°，以保持株形直立。植物摆放在室内，叶面上常落满灰尘，宜用软布擦拭、软刷清除或喷水冲洗，并定期进行。

（5）施肥　由于盆栽花卉根部的吸收面积受到容器大小的限制，因此施肥比露地花卉显得更为重要。施肥方式分为基肥、追肥和叶面施肥。其中，基肥在上盆或换盆时随盆土加入，也可以在盆底直接添入有机肥料。常用的有机肥料有麻酱渣、豆粕、豆饼渣、蹄片等。追肥是花卉生长发育期增补到土壤中的速效肥料，一般为液体肥料，如豆饼水、矾肥水、兽蹄水、磷酸二氢钾、尿素等。叶面施肥要控制好浓度，一般用浓度为0.1%～0.2%的速效肥料，如磷酸二氢钾、尿素、硝铵等。施肥次数和时间要根据花卉的生长阶段和季节来确定。

（6）摆放　花卉对光照、温度和水分的适应不同，因此在室内的摆放位置也略有差异。比如，喜光花卉应放在阳光充足的南面，耐阴花卉应放在背阴面或高大花卉的后面，喜湿花卉可放存低处，耐旱花卉可放在高处等。

（7）病虫害防治　盆栽观花类花卉主要在室内栽培，由于空气流通性差，很容易引发病害和虫害。因此需要加强管理，一方面调节环境因子，另一方面施用低毒药剂。主要防治原则是：预防为主，综合防治。

子项目一　盆栽观花类花卉栽培技术

【项目目标】

1. 熟练识别40种常见室内观花花卉。
2. 能进行常见盆栽观花花卉的栽培、养护。

【项目分析】

该项目重点为盆栽观花花卉的识别及栽培特点掌握；难点为各种花卉的栽培要领。教师可以通过多媒体图片结合现场教学以及贯穿教学始终的栽培记录完成该项目。

【知识链接】

一、盆栽观花类花卉的特点

观花类花卉主要是指花形美观、花色艳丽、观赏价值较高的一类花卉。由于受气候或地域等特定环境因素的制约，将本来地栽的观花类花卉栽入盆中，称为盆栽观花类花卉。盆栽花卉一般都是种植在室内的高档观花类花卉，它对种植要求较高，无论是土壤、温度还是湿度等。

二、盆栽观花类花卉栽培技术

（1）温度管理　绝大多数温室观花花卉属于中温温室花卉，要求冬季夜间室内温度在10～16℃，如杜鹃、天竺葵、蟹爪兰、球根秋海棠等；还有一部分属于高温温室花卉，要求冬季夜间温度在16～20℃，如蝴蝶兰、凤梨、火鹤、小叶金鱼藤等；还有个别属于低温温室花卉，冬季夜间温度在3～10℃就可以安全越冬，如八仙花、报春花、仙客来等。

（2）光照管理　盆栽观花类花卉多为中性花卉，如长寿花、叶子花、仙客来、杜鹃等，在东西朝向的窗户附近或其他有类似光照条件的区域摆放，一般观赏期为15～30d。还有一部分为阳性花卉，如沙漠玫瑰、蒲包花、大丽花等，只适宜在室内短期摆放，摆放期为10d左右；另有一部分为耐半阴的花卉，如凤梨类、蝴蝶兰、兰花等，在接近北向窗户或离有直射光的窗户较远的区域摆放，一般可在室内摆放1～2个月。

（3）水肥管理　观花类花卉绝大部分为中生花卉，如天竺葵、仙客来、新几内亚凤仙、秋海棠等，要求土壤含水量在60%左右，浇水原则为见干见湿；另有一部分为旱生花卉，主要为仙人掌科及多肉多浆植物，如虎刺梅、长寿花、沙漠玫瑰等，浇水原则为宁干勿湿；还有个别为湿生花卉，如马蹄莲、红掌、兰花等，其浇水原则为多湿少水，尤其要注意提高空气湿度。

观花类花卉开花期需要消耗大量养分，因而必须注意基肥与追肥的合理搭配。大型观花的花卉如菊花、牡丹等，开花期需施适量的复合肥；香花类花卉如茉莉、桂花等，进入开花期后，多施些磷、钾肥，可促进花香味浓；有些花卉对肥料有一定的要求，如桂花、茶花喜猪粪、忌人粪尿；杜鹃、茶花等忌碱性肥料。注意花卉的生育期，花芽分化期要注意增施含磷肥较多的花肥或0.2%的磷酸二氢钾液。孕蕾期忌施肥过浓、浇水忽多忽少。有些花卉在生长发育开花期要及时供给充分的养分，如米兰、茉莉等。施肥的原则为：萌发前多施，孕蕾多施，花后多施；肥壮少施，发芽少施，开花少施，雨季少施；徒长不施，新栽不施。

（4）整形修剪　观花类花卉整形修剪主要有修剪、摘心、抹芽、剥蕾等。

（5）花期调控　观花类花卉作为商品往往需要在特定的时间开花，这是可以利用花期调控措施，通过使用生长调节剂、温度调控、光照调控以及其他园艺措施调控来达到定期开花的目的。

（6）病虫害防治　温室观花类花卉的主要病害有白粉病、灰霉病。白粉病的防治方法为在发病前或发病初期可使用50%硫黄胶悬剂150～250倍液或40%多硫胶悬剂400～600倍液喷雾，施药间隔期为5～7d；发病期间则应用20%粉锈灵乳油1500～2000倍液进行喷雾，施药间隔期为10～15d。灰霉病的防治方法为在发病前或发病初期可用80%的代森锌可湿性粉剂500倍液或75%的百菌清可湿性粉剂600倍液进行喷雾，施药间隔期7d左右。主要虫害有蚜虫和介壳虫。蚜虫的防治方法为用40%氧化乐果乳油1500倍液或50%为拉硫磷乳油1000倍液喷杀，亦可使用2.5%的敌杀死乳油2500倍液喷雾。上述药剂宜常交替使用，以免蚜虫产生抗药性或导致叶螨猖獗。介壳虫的防止方法为盆施3%的呋喃丹颗粒剂或5%涕灭威颗粒剂。

【项目实施】

一、新几内亚凤仙栽培技术

新几内亚凤仙为凤仙花科凤仙花属多年生草本观赏花卉，是目前室内常见的盆栽观花花卉，可以单独盆栽、垂吊栽培或者组合盆栽。

1．形态特征

多年生常绿草本。茎肉质，分枝多。叶互生，有时上部轮生状，叶片卵状披针形，叶脉红色。花单生或数朵成伞房花序，花瓣桃红色、粉红色、橙红色、紫红白色等。花期6～8月。

2．类型及品种

主要品种有：火湖，株高30～45cm，花径5cm，叶片美观呈绿黄镶嵌；探戈，株高55～60cm，花橘红色，花径6cm；斯派拖，株高25～30cm。

3．产地与生态习性

新几内亚凤仙原产澳大利亚北部的新几内亚岛屿，喜炎热，要求充足阳光及深厚、肥沃、排水良好的土壤。怕寒冷，遇霜全株枯萎。雨季排水不良，通风不好，易患白粉病或使根茎腐烂以至落叶，注意通风，降低温度。

4．繁殖方法

新几内亚凤仙的繁殖方法有播种、扦插、组培。组培繁殖方法已获得成功，并已开始规模化生产。生产中因新几内亚凤仙自花授粉能力较差，组培成本高，所以常采用扦插法进行繁殖。

扦插繁殖时，选择无病虫、无花芽的母株，用消毒刀片采取10cm长生长健壮的顶端枝条，顶端留5～6片小叶，剪口削成马蹄状，随即放入清水中浸泡15～20min，吸足水分，然后进行扦插，具体要求如下：

基质：pH6.0～6.8；含50%珍珠岩的粗泥炭。

温度：基质温度22～24℃（白天和晚上）；空气温度21～23℃（白天和晚上）如果温度太低，切穗生根缓慢，甚至出现不生根。

湿度：插后的前三天保持空气湿度为95%，以后适当降低空气湿度，保持基质有一定湿度，但不可太湿，否则会导致灰霉病和延缓生根。

施肥：生根后可用20：10：20的平衡配方肥50mg/L。

光照：生根前10 800～16 200lx，生根后21 600～32 400lx。

灰霉病：每天清洁感病的叶子，用拖布津杀菌剂在扦插后第2d和第8d施用。

5．栽培管理技术

（1）制订生产计划　新几内亚凤仙开花不受光周期的控制，基本上随时可以开花，所以制订生产计划一般根据成品规格条件进行。

（2）对基质的要求　栽培用基质：30%珍珠岩+70%粗草炭，其中草炭经80℃的蒸汽消毒灭菌40min。

（3）对温度的要求　定植至成株阶段适宜于15～25℃之间，夜晚18℃，白天20～23℃之间最好，最高不宜超过30℃。

成株阶段：白天温度最好为25℃，晚上16～17℃。

花芽分化阶段：白天17～20℃，夜间15℃。

销售阶段：温度保持在15℃，以延长品质寿命。

（4）对水分湿度的要求　新几内亚凤仙为肉质草本，其自身需水量很大，缺水时，茎秆、叶片软弱无力，出现萎蔫现象。但在前期（苗期）植株根系未发育完全，水分过多会造成根系发育缓慢，引起根腐等病害；根系健全后应逐渐加大水量，促进其生长。新新几内亚凤仙生长过程中要求相对湿度在70%～80%之间。

（5）肥料管理　种苗定植后的缓苗时期：一般用60mg/L的20：10：20肥料随每次浇水施用，并随定植种苗根的伸长和植株生长逐渐提高肥料浓度，过渡浓度从60～100mg/L。

营养生长时期：营养生长时期用150mg/L的20：10：20肥液随浇水施用，一般每7d施用1次，浇肥过程中经常检验介质的EC值，使其保持在1.5～2mS/cm之间，低于1.5mS/cm施肥量不足，高于2mS/cm则施肥量过高都会影响新新几内亚凤仙正常生长。

（6）对光照的要求　一般新几内亚凤仙营养生长和开花发育需要43 000～48 000lx的最适光照强度。所以当夏秋季光照强度达到50 000lx左右时，一定要遮光，一般遮光达50%左右，尤其是上午11点到下午3点。

（7）株高与株型控制　新几内亚凤仙分枝性强，高生长和株型都生长正常，一般不用生长激素进行株高控制。但个别品种生长快或有徒长现象，可用低浓度B0nzia（4mg/L）进行根灌；或者在幼苗长至5～6cm高时（即侧芽开始萌动时），进行一次摘心，即可以保证盆栽成品株的整体观赏性。若作为吊盆类观赏，则应进行2～3次摘心。在最后1次摘心后，可根据所需花朵数和花朵的分布位置，剥除不需要的侧芽，剪除细弱徒长枝。新几内亚凤仙生长较快，开花后可进行修剪，以保持良好的株型。

（8）花期调控　种植在20℃环境条件下，从打顶到第3朵花开放所需的时间为12～14周；在23℃时，开花能快1周；16℃时要迟2周。在20℃时，从现蕾到第1朵花开放，所需时间约为4周，23℃时需要3～4周，17℃时则需5周。

（9）病虫害防治　病害：主要病害是灰霉病、腐霉病、丝核菌和粉霉病，低盐和适量灌水可避免腐霉病，用拖布津2周1次进行防治。如果叶上出现同心圆形斑或茎上、叶柄出现黑色的条纹，应将样品送到化验室。灰霉病可引起叶上产生类似的症状。

虫害：开花前应时刻注意蓟马、蜘蛛（生长点卷曲）和真菌蚊子的防治，否则花期杀虫剂的应用会影响花的发育，用灭虫威根施可防治真菌蚊子。温室清洁、黏虫板监测、到货植物的检疫和前期迅速防治可避免产生更大的问题。

另外新几内亚凤仙低盐和适量灌水可避免腐霉病和根腐病，尤其注意基质过湿和温室通风。

二、仙客来栽培技术

仙客来别名兔耳花、兔子花，为报春花科仙客来属多年生草本花卉，是现在常见的年宵花卉之一。

1．形态特征

仙客来块茎扁圆球形或球形，肉质。叶片由块茎顶部生出，心形、卵形或肾形，叶缘有细锯齿，叶面绿色，具有白色或灰色晕斑，叶背绿色或暗红色，叶柄较长，红褐色，肉质。花单生于花茎顶部，花朵下垂，花瓣向上反卷，犹如兔耳；花有白、粉、玫红、大红、紫红、雪青等色，基部常具深红色斑；花瓣边缘多样，有全缘、缺刻、皱褶和波浪等形。花瓣通常5瓣，花期10月至翌年4月。

2．产地与生态习性

原产地在欧洲南部希腊等地中海地区，喜凉爽、湿润及阳光充足的环境。生长和花芽分化的适温为15～20℃，湿度70%～75%；冬季花期温度不得低于10℃，夏季温度不超过30℃；为中日照植物，生长季节的适宜光照强度为28 000lx，低于1500lx或高于45 000lx，则光合强度明显下降。要求疏松、肥沃、富含腐殖质、排水良好的微酸性沙壤土。

3．类型及品种

大约有20多个品种。

（1）大花型　花大，花瓣全缘、平展、反卷、有单瓣、重瓣、芳香等品种。

（2）平瓣型　花瓣平展、反卷，边缘具细缺刻和波皱，花蕾较尖，花瓣较窄。

（3）洛可可型　花半开、下垂；花瓣不反卷，较宽，边缘有波皱和细缺刻。花蕾顶部圆形，花具香气。叶缘锯齿显著。

（4）皱边型　花大，花瓣边缘有细缺刻和波皱，花瓣反卷。

4．繁殖方法

仙客来的繁殖方法主要有播种和分球，生产中以播种为主。播种繁殖操作步骤如下。

（1）催芽　种子较大，每克约100粒，一般发芽率为85%～95%，种子常发芽迟缓，出苗不齐。为促进种子发芽，可于播前浸种催芽，用冷水浸种24h或30℃温水浸泡2～3h，然后清洗掉种子表面的黏着物，包于湿布中催芽，保持温度25℃，经1～2d，种子稍微萌动即可取出播种。

（2）播种

时间：播种繁殖的时间一般在12月至来年3月。

基质选择：泥炭：珍珠岩=2：1，pH为6.0～6.5，EC值小于0.5。

播种方法：播于穴盘中，覆土厚0.5～1cm，洒水湿润，放入发芽室催芽。发芽室室温度保持在18℃，湿度95%，黑暗，约21d可陆续出齐。出苗后的管理如下：

相对湿度：控制在85%左右，必要时可喷雾提高相对湿度。

光照：当外界光照强度超过35 000lx，建议使用遮阳网，或将种子穴盘用无纺布遮盖，以保持种子湿润。

施肥：根据幼苗长势，从播种后第5周开始施肥，N：P：K比例为1：1：1。幼苗叶片要有光泽，若呈暗红色，则需施肥。

灌溉：水温>14℃，从上部浇水。

（3）移植　在播种后10～11周移栽，超级微型和迷你株型可直接上盆。

基质：要用透气性良好的泥炭、一定比例的黏土（10%）和珍珠岩混合，其pH为6.0～6.5，在基质中加适当钙肥可达到目的。使用一次性或易消毒穴盘，不要用木质穴盘。基质EC最适值为0.8mS/cm，最大不超过1.2mS/cm。

移栽：土壤刚好覆盖根系，使小球茎露在外面，切勿用手向下按压小苗及周围土壤。

相对湿度：保持在65%～85%之间，可通过喷雾来增加湿度。

光照：当外界光照强度超过35Klux，建议采用遮阳网。

施肥：根据植株长势，从移植后第1周开始施肥，N：P：K为1：1：1，2周后N：P：K比例为1：1：2。施氮肥可获得大株型，施钾肥可获得紧凑株型。

灌溉：水温大于14℃，从上部浇水。

5．栽培管理技术

播种后15～18周或移植后的5～6周，当小苗长有7～10片叶时可以上盆。微型系列和迷你型系列在播种后10周，当植株有3～5片叶，可直接从穴苗盘上盆。上盆及种植深度用标准或自制的起苗系统将小苗自下而上推出，注意不要伤根。土壤刚好覆盖根系，使小球茎露在外面，切勿用手向下按压小苗及周围土壤。

（1）制订生产计划　仙客来从播种到开花的时间为28～32周，生产者可以根据上市时间、栽培环境条件以及栽培规格来决定播种期。

（2）对基质的要求　求透气性良好的泥炭、一定比例黏土（10%）和珍珠岩混合。pH为6.0～6.5，在基质中加适当钙肥可达到目的。EC值小于0.5mS/cm。

（3）对温度、湿度的要求　温度：上盆后2～3周为17℃，此后可降至14～16℃。相对湿度：60%～85%之间。注意：若白天温度为25℃，相对湿度为50%；当晚上温度降低到13℃，湿度达到100%，会产生冷凝水，影响其生长。

（4）对水分的要求　见干见湿，不要用手摸花碰叶，易损伤种球，滋生病害。上盆后前6周从上部浇水，待叶片茂密、根系发达时，应从底部给水或滴灌。只在清晨或上午浇水。

（5）肥料管理　通常栽培初期要求N：P：K比例为1：1：1，中期要求N：P：K为1：1：2，后期要求N：P：K为1：1：3。基质EC值要小于1.0。高温期应降低肥料用量，小型品种如微型系列，应减少施肥量。

（6）对光照的要求　若外界光照强度在30 000lx至40 000lx，使用遮阳率为75%的遮阳网；若外界光照在40 000lx至73 000lx，应使用双层遮阳网。

（7）株高与株型控制　花茎长短受温度影响。通过提高夜间温度和早晨低温处理，可以缩短花茎。

（8）花期调控　当昼夜均温超过27℃时，其花蕾生长缓慢。如果温度再高，就会严重影响花蕾生长，造成叶片徒长，但高温期过后植株会继续生长开花。所以，当昼夜均温大于27℃时，植株会进入休眠状态，生长期增长。

（9）病虫害防治　仙客来虫害主要有螨害，可使叶片和花畸形，其症状与微量元素缺乏症相近；西方花芽蓟马不但为害花芽，而且能传播番茄斑萎病毒和急性坏死斑点病毒。因生长前期基质湿度过大，要注意防治线虫和小蚊幼虫为害。蚜虫和潜叶害虫也要注意防治。

叶冠密度过大及空气不流通的高湿环境会加重叶枯病的发生。合理的灌溉方法可以避免叶和花的腐烂，更重要的是应尽可能保持叶面干燥和空气流通。合理的灌溉条件和卫生条件可预防烂根。仙客来对番茄斑萎病毒和急性坏死斑点病毒很敏感。

【项目考核】

考核标准见表6-2。

表6-2　　新几内亚凤仙、仙客来标准化生产规程

考核内容	考核标准	分值	得分	教师评价
新几内亚凤仙 仙客来	生产计划制订完整	20		
	繁殖方法选用得当	20		
	栽培管理措施完善	30		
	花期达到预期目的，开花整齐	30		

【知识拓展】

下面再介绍几种常见的室内观花花卉的栽培技术。

一、君子兰栽培技术

别名剑叶石蒜、达木兰，属石蒜科君子兰属多年生常绿观花、观叶花卉。

1．形态特征

为多年生常绿草本，基部具叶基形成的假鳞茎，根肉质纤维状。叶二列叠生，宽带状，端圆钝，边全缘，剑形，叶色浓绿，革质而有光泽。花茎自叶丛中抽出，扁平，肉质，实心，长30～50cm。伞形花序顶生，有花10～40朵，花被6片，组成漏斗形，基部合生，花橙黄、橙红、深红等色。浆果，未成熟时绿色，成熟时紫红色；种子大，白色，有光泽，不规则形。花期12月至翌年5月，果熟期7～10月。

2．产地与生态习性

原产南非，性喜温暖而半阴的环境，忌炎热，怕寒冷。生长适温为15～25℃，低于5℃生长停止，高于30℃叶片薄而细长，开花时间短，色淡。生长过程中怕强光直射，夏季需置荫棚下栽培，秋、冬、春季需充分光照。栽培过程中要保持环境湿润，空气相对湿度70%～80%，土壤含水量20%～30%，切忌积水，以防烂根，尤其是冬季温室更应注意。要求土壤深厚肥沃、疏松、排水良好、富含腐殖质的微酸性沙壤土。此外，君子兰怕冷风、干旱风的侵袭或烟火熏烤等，应注意及时

排除或预防上述不良因素，否则会引起君子兰叶片变黄，并易发生病害。

3．类型及品种

君子兰栽培主要为大花君子兰。中国君子兰园艺品种先后出现五大系列，即长春兰、鞍山兰、横兰、雀兰、缟兰。

（1）长春兰　脉纹清晰，凸显隆起，青筋黄地，蜡膜光亮，花大艳丽，株形较大或适中。

（2）鞍山兰　株形适中，叶片的长宽比例为2∶1～2.5∶1，圆头、厚、硬、座形正，花序直立，花色艳丽，成株期短，种植后2～2.5年开花，耐高温，适应性强。

（3）横兰　叶片宽而短，如同一面叶片“横”着生长而得名。叶片长12cm左右，宽11～12cm，厚2.5～3.0mm，叶片长宽比为1～1.5∶1，叶的顶端圆或凹，微有勺形翘起，假鳞茎短，脉纹隆起，细小、整齐，脉络长方形，叶尖部脉呈网状，叶色浅绿或深绿。性喜高温，适合南方栽培。

（4）雀兰　叶顶有急尖，似麻雀的嘴，因而得名，叶片长15～18cm，宽8～12cm，叶片长宽比为1.5∶1，株形小，叶层紧凑，脉纹突显，整齐，叶色深绿。花瓣金黄色，花序不易抽出，适合作父本。

（5）缟兰　叶片具有数条黄、白条纹，或半绿半白、半黄条纹，叶片长25～35cm，宽6～8cm，长宽比为4∶1，脉纹不明显，稳定性不强。喜弱光，生长慢，株形不整齐，叶厚、硬度差。

同属其他栽培种

（1）垂笑君子兰　叶片狭剑形，叶色较浅，叶尖钝圆，花茎稍短于叶片。花朵开放时下垂，橘红色，夏季开花，果实成熟时直立。

（2）细叶君子兰　叶窄、下垂或弓形，深绿色。花10～14朵组成伞形花序，花橘红色，冬季开花。

4．繁殖方法

君子兰宜采用人工异花授粉繁殖，自花授粉结实率低，也可以采用分株繁殖方法。

（1）播种繁殖

① 基质选择　疏松透气、弱酸性土壤，pH宜为6～7。宜用河沙、锯末、珍珠岩、腐殖土、草炭等为播种基质。

② 基质消毒　用高锰酸钾、甲醛溶液消毒，将药物稀释至0.1%后喷洒翻动基质即可使用。

③ 种子处理方法　将待播种子用30～40℃温水浸泡12～24h，取出即可播种。也可将种子用0.2%磷酸二氢钾浸泡18～20h后播种。

④ 播种时间　冬季播种，保持室温在18～30℃。每年1～5月份成熟的君子兰种子可随采随播。

⑤ 播种容器　采用穴盘、木箱、泡沫箱、或浅瓦盆等育苗。

⑥ 播种方法　育苗容器使用前需用600～850倍高锰酸钾溶液消毒。

河沙育苗法：先将河沙用开水煮或烫1～5min，再把处理过的河沙装入浅盆子、穴盘或箱内，用板刮平，切忌用力将沙子压实，影响透气效果。

无土育苗法：将种子用洁水洗净，再把纱布或脱脂棉布用开水冲烫3～5min后，待温度降到20～25℃时，用纱布将种子包裹起来，放在玻璃器皿或浅盆里，培养温度保持在20～25℃，经过15d即可生芽。

锯末育苗法：育苗时先将种子用清水清洗与浸泡，然后放在摊平的锯末上。锯末可放在木箱或育苗钵内，厚度5～8cm为宜。

珍珠岩育苗法：播种前先将颗粒珍珠岩用水浸泡，然后装在木槽或育苗钵里，将种子按一定间距摆放好，浇透水。

腐殖土育苗法：此方法是将种子直接“种”到含有大量营养的腐殖土中，如同农业上的播种方法，种子上面盖些稍许腐殖土，温度保持在20℃左右，一般30d左右能生长出胚根及胚芽鞘。

⑦ 幼苗管理　幼苗是指生长半年左右的芽苗。其生长叶龄一般在1～2片。

君子兰种子发芽后，经过50～60d便可进行移植。

幼苗在生长期喜阳光，光照时间可稍长一些，温度为20～30℃。

容器可选用宽100cm、长200cm、高80cm的木槽，或用直径10～13cm的小花盆。

移植方法：可将木槽或小花盆装满基质，平整后扎孔，将幼苗的根系插入孔中，用手轻轻压实，移植后浇透水。

湿度：空气相对湿度保持在70%～80%。

浇水：幼苗生长期3～5d浇1次水，保持盆土70%～80%湿润。

施肥：在幼苗移植20d后，结合浇水可喷施0.1%～0.2%磷酸二氢钾溶液，每隔10～15d施用1次。

病虫害防治：君子兰幼苗期病虫害较少，主要是夏季发生的腐烂病，要注意通风、降温、控水等。发病时可用70%甲基托布津800～1000倍液、百菌清消除病虫害。每隔30d喷一次杀菌或杀虫剂预防病虫害。

（2）分株繁殖　由茎产生的侧芽可用于分株。通常由茎基或叶腋间可形成1～3株幼苗，当叶片达到5～7片叶时即可进行。

① 分株时间　在春、秋两季结合换土时进行分株。

② 分株方法　采用切芽或用手掰芽均可。分株时尽量使新株带较多根系。伤口涂草木灰消毒，并晾晒24h，待伤口干燥后再上盆。上盆后浇透水。

③ 分株后管理　上盆植株放在阴凉处缓苗，基质含水量约40%，分株栽植初期可往叶片上喷雾，待植株成活后进行正常管理。

5．栽培管理技术

（1）制订生产计划　君子兰从播种到开花需要3～4年的时间，自然花期北方为2～4月，南方为3～5月，生产者可以根据上市时间、栽培环境条件以及栽培规格来决定播种期。

（2）对容器、基质的要求　君子兰盆栽要求花盆透水、透气性好，生产上以瓦盆（素烧泥盆）为宜。注意花盆大小和植株大小比例适当。君子兰盆栽基质要求疏松、透气。柞树叶、橡树叶、榛叶、松针等腐叶土较好。可用如下混合配制的基质：

① 腐叶土5份、落叶松土3份、炉灰渣1份、河沙1份。

② 榛、柞树叶4份、马粪2份、落叶松2份、河沙1份。

③ 腐稻壳5份、炉渣2份、落叶松2份、河沙1份。

④ 腐叶土3份、落叶松2份、马粪土1份、炉灰渣1份、河沙1份、鸡蛋壳0.5份、骨粉0.5份。

（3）对温度的要求　人工栽培时，温度宜控制在15～25℃。10℃以下生长缓慢，35℃以上植株徒长、叶片细长或植株干缩。当温度超过30℃时，要及时通风降温。冬季温度应保持在5℃以上，要避免0℃以下的低温造成冻害。

（4）对水分的要求　君子兰耐干旱，因此，通常保持盆土稍有一定湿度即可，盆土湿度宜保持

40%左右为宜。每次浇水后，水很快渗漏下去为宜。如果盆底堵塞，宜保持通畅。用自来水浇灌，最好将水在容器中放置2～3d再浇。水温宜与盆土温度一致，浇水最好在傍晚或早晨进行。小苗、中苗可以直接在植株上浇水，大苗不能浇在植株茎叶上。夏季晴天正午时，不宜在植株叶片上直接浇水，否则易造成叶片损伤。

（5）肥料管理　君子兰除盆土中加基肥外，在生长旺盛季节应追施液肥。将泡水沤制的豆饼肥等加水稀释20倍（即肥液含量为5%），将稀释肥液直接浇在花盆中。

（6）对光照的要求　君子兰较耐阴，在温室养护时，夏季须遮光，否则会造成叶片灼伤。可用遮阳网进行遮阴。冬季、晚秋、早春不需遮光。

（7）其他

① 换土　君子兰每年换土2次。宜在春季4～5月份和秋季9～10月份进行。换土时，将植株从花盆中取出，抖掉旧土，摘除烂根、干瘪老根，选择大小合适的花盆，根据盆的大小，先在盆底填2～4cm厚的君子兰专用营养土，然后将植株栽到盆中心，再添加营养土，使根部用土压实，填土至离盆缘1～2cm，使盆土自然蓬松。换土完成后，浇透水。

② 转盆　君子兰花盆摆放方向是使叶片方向与窗台、阳台、花窖垂直，使植株接受阳光，照射均匀。每10d左右按180° 转动花盆，可以有效避免叶片向一侧偏斜。

③ 叶片偏斜校正　由于光照不均等因素，造成叶片偏斜，形成“七扭八歪”的现象。可用机械整形或光照整形法加以调整。a. 机械整形法：用小夹子将已经歪斜的叶片与相邻的正位叶片夹在一起，经过一段时间歪斜的叶片基本可以恢复正位，注意所夹部位垫上软纸，以防夹伤叶片。b. 光照整形法：将不透明的香烟锡纸（或其他不透明厚纸）剪成长宽与叶片基本一致，然后纵向从中间对折，包住被阳光拉斜方向叶片的一半，再用透明胶条将锡纸粘贴在叶片的正反面上。大约经过10～15d即可矫正过来。当矫正叶片的中心线基本与其他叶片一致时，及时撤除锡纸，以免矫正过度。

（8）花期调控　当君子兰达到12～13片叶后，在适宜的条件下，茎的顶端分生组织就分化出第一个花芽，随后每再长出4～5片叶花芽便开始相继形成。君子兰的花期在北方一般2～4月，南方3～5月。如要提前开花，就需对其花期进行调控，具体措施如下。

① 温室控制花期　君子兰的花期可以通过调节温度来控制。一般适合较大型企业，温室通常设高温室（20～28℃）和低温室（10～18℃）。前者作君子兰的营养生长温室，后者作君子兰的生殖生长温室。君子兰开花株先在高温室进行营养生长，然后在低温室处理促进花芽分化。

② 低温调节　原理同温室控制花期。此法适合大、小企业或家中。方法是在7～9月将君子兰移置低温或海拔820米地区进行君子兰催花处理，当花芽长至一定程度时，再移至山下经温室栽培，可使花期提前1～2个月，植株开花率增加30%。另外，冬季维持温度在15℃以上，可停止休眠，促进提早开花。

③ 栽培管理调控　叶片达到10片以上时，要控氮肥，增施磷、钾肥（磷酸二氢钾、草木灰等），促进叶片健壮，提早开花。

（9）病虫害防治　君子兰病虫害较少，主要病害包括软腐病、烂根病、炭疽病、叶斑病及浸染性病害、生理性病害（如夹箭、日灼等）。病害防治一定要遵循预防为主、综合防治的原则。虫害主要包括介壳虫、蛞蝓、蜗牛、鼠妇等。

二、丽格海棠栽培技术

丽格海棠为秋海棠科秋海棠属多年生常绿观花花卉。

1. 形态特征

丽格海棠又称玫瑰海棠，是球根海棠和野生秋海棠的杂交种。它继承了两种海棠的优良特性，具有植株矮小、冬季开花、多花、大花、多花色、没有块茎形成和明显的休眠期等特性，非常适合作盆栽观赏。丽格海棠花期长，可达半年以上，花型花色丰富，枝叶翠绿，是不可多得的四季室内观花植物。目前丽格海棠已经成为国际上十分流行的盆花品种。

丽格海棠为须根系，株形丰满，株高20～30cm，枝叶翠绿，茎枝肉质多汁。单叶互生，不对称心形，叶色多翠绿，少有红棕色。花形多样，多为重瓣，花色丰富，有红、橙、黄、白等，花朵硕大、色彩艳丽，具有独特的姿、色、香；花期长，可从12月持续至翌年4月。

2. 生态习性

栽培土质以肥沃的腐殖质土壤最佳，需阴凉通风，日照50%～60%，排水良好。丽格秋海棠无论单瓣或重瓣，大都喜冷凉性气温，适宜范围在10～20℃之间。它不耐高温，超过30℃，茎叶枯萎脱落甚至块茎腐烂。

3. 类型及品种

常见栽培的品种有玫瑰红色的阿佐特斯、亮黄色的阿尼贝尔、红色的巴克斯、白色的绿茶、复色的狂欢节、粉色的罗斯那等。

4. 繁殖方法

丽格海棠可以采用播种繁殖和扦插繁殖的方法繁育小苗。生产上使用比较多的是扦插繁殖。

扦插繁殖时选用生长健壮的茎段作插穗。插穗长2～3cm，至少保留1～2片叶，以提高扦插成活率。插穗随处理随扦插，穴盘扦插每穴1穗。丽格海棠肉质茎较粗，用草炭、蛭石等松软基质扦插较好，深度以露出叶腋部为宜，保持叶片互不重叠。

（1）温湿度与光照控制　扦插后浇透水，叶面喷施1次杀菌剂，苗床上方搭盖塑料薄膜以保温、保湿，塑料薄膜外层覆盖75%的遮阳网。环境温度控制在20～28℃，空气湿度85%～95%，基质湿度65%～75%，光照强度10 000～15 000lx。

（2）病虫害防治　为防止病菌侵染，应及时去除病叶和腐烂叶片，插后5～7d喷施1次多菌灵1000倍液，进行全面消毒。喷药宜在下午温室温度下降后进行。

（3）生根　扦插后20～30d插穗即可生根。当插穗生根率达60%～70%后撤去遮阳网；当插穗生根率达80%～90%后，开始进入炼苗期。

（4）炼苗上盆定植　炼苗过程中应逐渐减少喷雾次数，增强通风，使种苗逐渐适应外界自然条件。炼苗应循序渐进，时间一般为10～20d，湿度控制在70%～85%。当插穗长出5～10条新根时，可上盆定植。带基质移入16cm×14cm标准圆边多孔塑料盆中，上盆后第1周需遮阴管理并喷雾降温。

5. 栽培管理技术

（1）制订生产计划　丽格海棠的生长周期为13～17周，生产中要结合市场容量、销售能力、栽培面积以及栽培环境、规格等合理安排生产。

（2）对基质的要求　丽格海棠喜欢排水良好的基质，如椰糠、泥炭土、蛭石、珍珠岩、炭化树皮等，生产中可采用80%高纤维的泥炭土+20%珍珠岩，并调节pH为5.2～5.5。

（3）对温度、光照的要求　丽格海棠为短日照植物，长的光照时间有助于植株营养生长，冬季栽培（苗期）需适当进行补光处理。夜间温度控制在18～22℃，白天温度在25～28℃，湿度65%～80%，光照强度10 000～20 000lx。

（4）对水分、肥料的要求　丽格海棠忌常浇水，灌水掌握"间干间湿"原则，水质EC值小于0.5mS/cm。施肥以薄肥勤施为主，刚上盆的小苗选择施用均衡肥（20：20：20），浓度以1200～1500倍液为宜，后期浓度可增至1000～1200倍液。

（5）整形修剪　丽格海棠具有一定的分枝性，株形不好的可通过人工打顶促进侧枝萌发。一般在种苗上盆移植后2周开始摘心（打顶），促使植株萌发侧枝。一般摘心后10周左右可以出圃。

每15～20d转1次盆；每5～7d整理1次叶片，调整叶片层次，使植株均匀受光。及时摘除病叶、老叶，以保持植株健康完美。

（6）疏蕾　当温度和光照时间不适宜时，丽格海棠苗期会伴有花蕾的生成，应及时去掉多余的花蕾，减少养分消耗，延长光照时间，促进营养生长。

（7）花期管理　上盆后2～3个月或受短日照诱导，丽格海棠便可开花。环境条件控制管理，夜间温度可控制在13～18℃，白天温度为25～28℃，相对湿度为50%～70%。丽格海棠喜欢空气潮湿环境，整个生育期适宜湿度对生长很重要。生长后期，降低空气湿度、多通风能控制病害发生和蔓延，并能延长花期，因此，该期适宜的相对湿度为60%～70%。丽格海棠花期光照强度以18 000～25 000lx为宜，时间低于10～12h，可促进生殖生长，利于花芽分化而开花。水肥管理，花期施肥以薄肥勤施为主，可采用"两水一肥"或"一水一肥"的方式施用。开花期间以1000～1200倍液配方肥（20：20：20）（15：20：25）交替施用为宜。基质的EC值一般不超过1.2mS/cm，否则易造成盐害。

（8）花期调控方法　丽格海棠为短日照花卉，生产上采取补光或中断暗期的方法延续营养生长，采用短日照处理措施，进行1～2周的暗处理促使开花。

补光处理措施

① 拟光灯补光　用照度为2000～3000lx的高压钠灯补光。补光及自然光照时间之和应达到14～16h，当外部光照超过50 000lx时，可以关闭补光灯。

② 普通照明补光　按照补光和自然光照时间之和应达到14～16h的要求，用普通灯泡，按照10W/m^2要求补充所需光照时间，满足丽格海棠营养生长。

短日照处理

当丽格海棠植株达到标准后，短日照处理促进花芽形成。短日照处理时间为3～9月，每天可从17时到第2日8时进行暗处理。为了取得良好的花芽分化效果，要根据天气、栽培、品种条件提供7～14d的暗处理。可采用黑色塑料膜或棉被覆盖等方法进行暗处理。暗期温度以18～21℃为宜，温度高时暗处理时间可调整为从18时到第2日9时。

（9）常见病虫害及防治方法

主要病害有软腐病、细菌性叶腐病、黑根腐病、灰霉病等，一般采用综合防治措施，如对温室使用前彻底消毒，用硫黄、百菌清烟雾剂熏蒸3～4次，温室使用后经常用甲醛、高锰酸钾溶液消毒、基质材料消毒，规范管理丽格海棠生长过程中的温度、湿度、水肥等，可预防丽格海棠的一些常见病害的发生。

主要虫害有蚜虫、红蜘蛛、介壳虫、螨类、蓟马等，可用菊酯类农药喷雾防治，用马拉硫磷等农药喷杀，用40%氧化乐果乳油1000倍液或1.8%阿维菌素乳油2000倍液喷雾防治。

子项目二 盆栽观叶类花卉栽培技术

【项目目标】

1. 熟练识别40种常见室内观叶花卉。
2. 能进行常见盆栽观叶花卉的栽培、养护。

【项目分析】

该项目重点为盆栽观叶花卉的识别及栽培特点掌握；难点为各种花卉的栽培要领。教师可以通过多媒体图片结合现场教学以及贯穿教学始终的栽培记录完成该项目。

【知识链接】

一、盆栽观叶类花卉的特点

由于观叶植物具有调节空气温湿度、减轻噪声、吸附尘埃和净化空气的作用，有利于人的健康。因此，室内观叶植物应运而生，得到了迅速发展。室内观叶植物与其他观赏植物相比有其独特的优点：

（1）室内观叶植物具有其他观赏植物无以比拟的耐阴性。

（2）观赏周期长。

（3）管理方便。

（4）种类繁多，姿态多样，大小齐全，风韵各异，能满足各种场合的绿化装饰需要。

二、盆栽观叶类花卉的栽培要点

（1）温度管理　观叶植物种类繁多，对于温度要求也有很大差异，有的耐高温，有的喜冷凉环境，而且同一种植物在生长发育的各个阶段对温度要求也不同，故栽培观叶植物要视栽培种类、生长阶段来控制温度。

（2）光照管理　绝大多数观叶植物属于阴性植物，但也有少数为阳性或者强阴性植物，生产中要视栽培种类确定光照强弱。

（3）水肥管理　浇水时要做到“见干见湿”，忌“拦腰水”、“窝底水”；施肥要把握“基肥要足，追肥要早”的原则，生产中常通过追肥、叶面喷肥来补充植物所需营养。

（4）整形修剪　在园艺实践中，通常采取修剪、摘心、抹芽、立柱裱扎等技术措施，为植株修枝整形，以获得美化株形、促进叶色得到充分展示的栽培效果。

（5）其他　观叶植物要经常对叶面除尘保持叶色油亮；定期转盆，保证株型均衡；当植物长满花盆时，还要及时换盆，保证植物的生长空间；在室内摆放时，最好搭配合适的容器，衬托观叶植物的姿态。

【项目实施】

一、绿萝栽培技术

绿萝为天南星科藤芋属多年生常绿观叶植物。

1．形态特征

多年生常绿蔓性观叶植物，藤长数米，节间有气根，随生长年龄的增加，茎增粗，叶片亦越来越大。叶互生，绿色，少数叶片也会略带黄色斑驳，全缘，心形。

2．生态习性

绿萝原产印度尼西亚所罗门群岛的热带雨林中。喜温暖湿润和半阴环境，对光照反应敏感，怕强光直射，喜散射光，较耐阴。通常以每天接受4h的散射光生长发育最好。绿萝最适宜的生长温度为白天20～28℃，夜间15～18℃。冬季只要温度不低于10℃，即能安全越冬。绿萝喜疏松、肥沃和排水良好的微酸性土壤。

3．类型及品种

同属植物约20种。其茎叶均肉质，茎长达10m，节间有气生根。叶片大，心形，长10～20cm，互生，叶面光亮，嫩绿色或深绿色。常见栽培的有：

青叶绿萝：叶子全部为青绿色，没有花纹和杂色。

黄叶绿萝（黄金葛）：叶子为浅金黄色，叶片较薄。

星点藤：叶面绒绿，满银绿色斑块或斑点。

花叶绿萝：花叶绿萝是指绿萝叶片上有颜色各异的斑纹，依据花纹颜色和特点，至今发现的有3个变种。

银葛：叶上具乳白色斑纹，较原变种粗壮。

金葛：叶上具不规则黄色条斑。

三色葛：叶面具绿色、黄乳白色斑纹。

4．繁殖方法

绿萝主要采用扦插繁殖。一般5～10月份均可繁殖。常剪取长15～30cm（3～4节）枝条，将基部2～3节叶片剪除，插于沙床、或河沙与腐叶土各半配成的苗床中，经保温（20～28℃）、保湿（85%～90%）15～20d即可生根，30～40d可以上盆。若在高温季节可剪取茎蔓末端芽条3～4根，直接种植上盆，但要保证盆土疏松透气，同时经常喷叶面水保湿和遮阴。也可用水插繁殖，将茎蔓插于清水中，待根长至3～5cm时上盆；若插穗上带有气根，气温在20℃左右、10～15d便可生根成活，形成新植株。当年即可长成具有观赏价值的植株。

5．栽培管理技术

（1）制订生产计划　绿萝生长速度快，种植者应根据市场需要、栽培规格，合理安排生产。

（2）建棚　绿萝标准化生产最好采用连栋塑料大棚。因为单体塑料大棚虽然建造成本低，但棚体两侧的光照及湿度不易控制，晴天两侧光照较强，叶片易晒伤，雨天两侧湿度过大，绿萝茎蔓容易徒长。而连栋大棚整个棚内的光照、温度和湿度分布较为均衡，绿萝生长较一致。棚的大小根据生产需要而定，一般1个棚大约667m^2，棚内常采用自动喷淋（即自动喷灌，集施肥、淋水、喷药等功能于一体），1个棚内架设1根水管即可，两喷头之间的距离为4m。一般情况下，667m^{2}的拱棚可生产1.5m规格的绿萝柱1000～1100株。

（3）对基质的要求　现在生产上最常用的基质为塘泥+谷壳+木糠，其比例为4：2：4。不管采用哪种配方，塘泥的比例以4～5较好。

（4）绿萝柱的培养　绿萝生长较快，栽培管理粗放。种植户可根据市场需要，种植不同规格的绿萝柱，如1.2m、1.5m和1.8m等。种植时可在盆中央竖立一根包有棕皮的立柱。在四周种上小苗，使枝蔓攀附于支柱上生长。一般1.2m柱种8～10条小苗，1.5m柱种10～12条小苗，1.8m柱种植16～20条小苗。具体情况视苗体情况而定，粗壮苗可以少种1～2条，纤细则需多种2～3条。因为粗壮的苗恢复时间较短，纤细苗恢复时间较长，两者恢复时间不同，其成活率就得不到保障。所以，在选苗时应大小一致，不仅能提高绿萝的成活率，也是提高绿萝品质的关键。生产出来的成品叶片大小均匀，整齐度高，市场价值也较高，经济效益好。

（5）对温度、湿度的要求　温度控制：白天20～28℃，夜间15～18℃；相对湿度最好保持70%左右。

（6）对水肥的要求　绿萝对肥的需要很大，在整个生长过程中，肥水管理很重要。一般在定根以后即可施肥。

① 在30%柱以前N、P、K比例最好选用20：20：20的复合肥料，因为此时绿萝根系不是很发达，N、P、K比例相等可促进根、茎、叶的均衡生长。其浓度最好选用1.0‰～1.5‰。

② 30%～50%柱选用N：P：K为30：10：20的复合肥料，即适当加大N的用量，减少P的用量，主要是为了促进叶片的生长，调节叶色和韧度。因为这时根的生长已达旺盛时期，降低P的用量可防止根系提前老化，此时还应增加肥料的浓度，一般为2.5‰～3.0‰。

③ 50%柱以后停止P的使用，保持N、K平衡，N：P：K一般选用20：0：20的复合肥，要防止N肥过高使叶片增大，影响株形和观赏价值，K肥可以使其抗伏倒。肥料浓度保持2.5‰即可。

绿萝浇水时要掌握“不干不浇，浇则浇透”的原则。在小苗期不可多浇，以免根颈处发生腐烂；生长旺盛期要充分浇水或喷雾，在枝蔓生长过程中应经常喷水保湿，以促使茎节上产生不定根，并附于柱上。植株入冬后应尽量减少浇水，盆土过湿会引起烂根。

（7）对光照的要求　绿萝的叶片面积受光照强度的影响显著。在6h、6000lx的光照条件下绿萝可获得较大的叶心面积；绿萝的茎长受光照时间和光照强度的影响显著，光照时间越长，其茎的生长量越大，6000lx的光照强度对其茎的生长最为有利；光照条件可显著影响叶片形状，光照时间越短，光照强度越大，可获得叶基心形狭长的叶，反之，叶基心形较圆。

（8）整形修剪　整形修剪一般在春季进行。为保持良好的株形，要短截过长的茎蔓和紊乱的枝条，使其长短有致，疏密合适。当茎蔓爬满棕柱、梢端超出棕柱20cm左右时，剪去其中部分植株（约1/2）的茎梢，待短截后萌发出新芽新叶时，再剪去其余植株的茎梢。当茎蔓长到一定高度时，底部老叶即慢慢脱落，会降低观赏效果，当脚叶脱落达30%～50%时，可将老株全部剪掉，留下靠近土面1节，让其重新抽出新叶，再沿立柱攀援而上。3月初剪掉，秋后即成为1盆新株。由于冬季受冻或其他原因造成全株或下半部脱叶的植株，可将其一半茎蔓短截1/2，另一半茎蔓短截2/3或3/4，使剪口高低错开，剪下长出来的新叶能很快布满棕柱。

（9）病虫害防治　绿萝病虫害主要有炭疽病、叶斑病、叶枯病、黑斑病、介壳虫、斜纹夜蛾、大叶黄阳斑蛾等，防治上应以预防为主，增施磷钾肥，提高植株抗病力，及时清除病残体、减少侵染源等，防治时应对症下药。5～7月栽种易感染炭疽病，一经发现应立刻清除，或用世高、炭疽叶斑净、炭疽福美文喷施1～2次即可。叶斑病可用25%炭特灵可湿性粉剂500倍液，10d喷1次，连喷3～4次即可。叶枯病、黑斑病可用40%百菌清悬浮剂600倍液、70%代森锌可湿性粉剂500倍液，10d喷1次，连喷2～3次。在整个生产过程中，斜纹夜蛾、大叶黄阳斑蛾最严重，主要以大叶黄阳斑蛾为主，其卵产在叶片的背面，不易察觉，一旦暴发即会造成毁灭性的危害，当卵孵化成幼虫后，整个植株全部损失。在选择杀虫药时，一般只能选用菊酯类的杀虫剂，如甲清菊酯、氯氰菊酯等，注意不能选用有机磷类的杀虫剂，因其会对叶片产生药害。

二、散尾葵栽培技术

散尾葵又名黄椰子，为棕榈科散尾葵属丛生常绿灌木或者小乔木。

1. 形态特征

茎干光滑，黄绿色，无毛刺，嫩时披蜡粉，上有明显叶痕，呈环纹状。叶面光滑细长，羽状复叶，全裂，长40～150cm，叶柄稍弯曲，先端柔软；裂片条状披针形，左右两侧不对称，中部裂片长约50cm，顶部裂片仅10cm，端长渐尖，常为2短裂，背面主脉隆起；叶柄、叶轴、叶鞘均淡黄绿色；叶鞘圆筒形，包茎。肉穗花序圆锥状，生于叶鞘下，多分支，长约40cm，宽50cm；花小，金黄色，花期3～4月。果近圆形，长1.2cm，宽1.1cm，橙黄色。种子1～3枚，卵形至椭圆形。基部多分蘖，呈丛生状生长。

2. 生态习性

喜温暖、潮湿、半阴环境。耐寒性不强，气温20℃以下叶子发黄，越冬最低温度需在10℃以上，5℃左右就会冻死。中国华南地区可露地栽培，长江流域及其以北地区均应入温室养护。苗期生长缓慢，以后生长迅速。适宜疏松、排水良好、肥沃的土壤。枝叶茂密，四季常青，耐阴性强。幼树盆栽作室内装饰。

3. 繁殖方法

散尾葵生产采用播种繁殖。选用新鲜饱满、健壮、无病虫害的种子。目前常用托筛育苗，播种基质以沤制好的椰糠35%、炭粉35%、塘泥10%、河沙10%、腐熟鸡粪10%配制为宜，此基质透水、保水、营养充足。播种密度200～300粒/筛为宜，托筛规格为60cm×30cm×5cm。一般在托筛中培育1～2个月后，苗有1～2片叶时可栽入营养袋。营养袋规格一般为直径18cm、高14cm，每袋栽种8～12株，营养袋基质以沤制好的椰糠25%、炭粉25%、塘泥35%、腐熟鸡粪15%配制而成，装袋后加强管理，培育壮苗。

4. 栽培管理技术

（1）制订生产计划　种植者应根据市场需要、栽培规格，合理安排生产。

（2）盆栽培养　在营养袋中培养10～12个月后，及时换入直径29cm、高24cm的软塑料盆中，每袋苗移入1个软塑料盆。盆栽基质与营养袋基质相同，每盆装营养土至软塑料盆高的60%～70%。在苗由袋装改为盆装的过程中，要尽可能避免损伤根系。最好选用盆壁不带孔的软塑料盆，避免盆栽种地后根系穿出盆壁，起苗时能较好保持根系完整而少损伤根系。

（3）种植培养　将软塑料盆盆栽苗在遮光度50%的荫棚下培养1个月后，连盆栽入光照、排水良好的地中，种植深度以盆70%～80%没入土中为宜。每次向盆中施肥后再填土，软塑料盆盆栽下地4～5个月后用土填满盆，一般6～8个月后可起第1批苗，此时苗高1.2～1.5m，要间隔且成行成列地起苗，有利于余下的苗排列整齐，容易管理和生长整齐。软塑料盆盆栽下地10～12个月后可起第2批苗，此时苗高1.8～2.0m。由于软塑料盆部分阻隔了土壤水分进入盆中，种植前期和干旱季节要适当淋水，以保持散尾葵生长青绿。散尾葵喜湿润的环境，要求生长环境的空气相对湿度为70%～80%。空气相对湿度过低，会使叶尖干枯，因此生长季节必须保持盆土湿润和周围空气湿度。干旱季节和冬季要向植株及其周围浇水，并向叶面经常少量喷水，以保持盆土湿润和提高空气湿度，遵循“宁湿勿干，但不积水”的原则。生长季节每月施肥1～2次。一年四季均可浇施液肥，夏季适当追施含氮有机肥，冬季可施腐熟饼等有机花肥；施肥要施入软塑料盆内，提高肥效并防止根系长出盆外造成起苗时伤根较多。施液肥时无机肥液浓度为0.3%左右，腐熟有机肥浓度为5%左右，施肥前盆土最好不要过湿，一般选择阴天施肥，肥效较好并防止肥害。为了培养出优质的盆栽散尾葵，种植密度要适当，一般在70cm×70cm左右。盆栽下地种植4个月后，对病株、虫危害严重、残弱株进行清除，剪除病叶、虫伤叶、老叶等，使株间通风透光，集中养分供应植株生长。通过修枝整形，塑造疏朗、美观的盆栽植株造型，提高观赏价值。

（4）遮阴转绿　散尾葵喜半阴，软塑料盆盆栽散尾葵从栽种地取苗后，应移至遮阴50%、温度高于10℃的环境，最好在塑料棚内，以便保温保湿。盆栽要及时淋水，向叶面经常少量喷水。为了尽快使盆栽转绿，1～2周施1次腐熟稀饼肥水或0.3%复合肥溶液，结合喷施0.1%的磷酸二氢钾溶液，以促进植株旺盛生长，叶色浓绿。但盆土施肥和喷施叶面肥时间要错开，间隔7d左右，以免肥害发生。除长途调运流通需要（不需改盆，以便运输）外，如果需要更换较美观的盆，应在从栽种地取苗后及时换盆（改盆所需添加的基质与小苗的营养袋基质相同），然后移入塑料棚内进行恢复转绿；较低温度地区需要增加棚内温度以满足散尾葵的生长。

（5）病虫害防治　散尾葵栽培中主要病害为叶枯病，要加强通风，发病期避免雨淋和喷淋；及时将受害枝叶剪除，以阻止其继续浸染，修剪后伤口涂抹达科宁药膏进行处理；有病害发生时可用70%甲基托布津800倍液或75%百菌清1000倍液喷洒，间隔7～10d喷施1次，连续喷3～4次，可有效控制病情。

【项目考核】

考核标准见表6-3。

表6-3　绿萝、散尾葵标准化生产规程

考核内容	考核标准	分值	得分	教师评价
绿萝 散尾葵	生产计划制订完整	20		
	繁殖方法选用得当	20		
	栽培管理措施完善	30		
	植株生长整齐，叶色美观	30		

【知识拓展】

一、棕竹栽培技术

棕竹别名观音竹、筋头竹、棕榈竹，为棕榈科棕竹属。

1. 形态特征

常绿丛生灌木。高1～3m，茎圆柱形，细而有节，不分枝，上部具褐色网状粗纤维叶鞘。叶片集生茎顶，直径30～50cm，掌状4～10深裂，裂片条状披针形至宽披针形，叶缘和中脉有褐色小锐齿，顶端具不规则齿牙；叶柄长8～20cm。肉穗花序腋生，长达30cm，多分枝，花单性雌雄异株，淡黄色；花期4～5月。果熟期10～12月，浆果近球形，径8～10mm；种子球形。

2. 生态习性

原产于我国广西、广东、海南、云南、贵州等省区。喜温暖、湿润和通风良好的环境和排水良好、富含腐殖质的沙壤土。不耐寒，生长适温20～30℃，冬季温度不可低于4℃。萌蘖力强。

3. 类型及品种

常见变种有斑叶棕竹，株型较矮，叶片具大小不一的金黄色条纹。耐阴，为室内盆栽珍品。

同属品种适宜盆栽观赏的品种有：

细叶棕竹：别名铁线棕，植株较矮小，叶片放射状2～4枚，裂片长圆披针形。海南较多。

观音棕竹：别名中叶棕竹，植株矮小，叶掌状深裂，裂片7～23枚，线形。我国广西、贵州较多。

粗叶棕竹：别名大叶棕竹，植株矮小，叶掌状深裂，裂片披针形或宽披针形。我国西南部较多。

4. 繁殖方法

分株或播种繁殖。分株宜在3～5月结合盆换盆进行。一般将栽培多年的大丛棕竹分切成2～4丛或更多的丛株，分切时要操作细心，尽量不伤根不伤芽，每丛最好带有3～5苗丛栽植。种子即采即播。将种子浸水24h，捞出搓洗浆皮，用水冲洗干净，晾干即条播或撒播于苗床，用净河沙覆盖，厚1cm拨平，洒水保湿。冬天北方地区覆盖薄膜保温。翌年5～6月，出第1～3枚真叶时，可移植于小盆或育苗袋栽植。上盆定植后应置于蔽荫、温暖和稍为潮湿的地方，并每日向叶面及周围喷水2～3次，待其恢复生长后，再转入正常管理。

5. 栽培管理要点

盆栽培养土宜用腐叶土、泥炭土加珍珠岩或风化岩石颗粒或塘泥块。夏、秋生长旺盛季节，应每2～3周追肥1次，且要避免阳光直射；冬、春季应控制使用肥水，且多接受阳光照射，有利于越冬生长。棕竹较耐寒，4℃以下低温对它生存影响不大，但忌寒风霜，故室内盆栽可安全越冬。棕竹2～3年换盆1次，常在每年4月新芽萌发前结合分株进行。棕竹较耐阴，在明亮的房间内可以长期欣赏；在较暗的室内也可连续摆放3～4个月。注意修剪残、老、黄叶。叶面常有褐斑病，导致叶片出现不规则的褐色或深褐色斑点，可用代森锌400～800倍液喷洒；叶枯病和叶斑病，可用波尔多液喷洒防治。

二、竹芋类栽培技术

竹芋类为竹芋科竹芋属常绿宿根草本花卉的统称。

1. 形态特征

竹芋类是常绿宿根草本。有块状根茎，叶基生或茎生，叶柄基部鞘状。根出叶，叶鞘抱茎，叶椭圆形、卵形或披针形，全缘或波状缘。叶面具有不同的斑块镶嵌，变化多样，花自叶丛抽出；穗状或圆锥花序。花小不明显，以观叶为主。叶形叶色如图案般美妙，适合盆栽或园景荫蔽地美化，是很好的室内观叶植物。

2. 生态习性

竹芋类原产美洲热带。性喜半阴和高温多湿的环境。3～9月为生长期，生长适温15～25℃，越冬温度10～15℃，不可低于7℃。冬季宜阳光充足。

3. 类型及品种

主要种类如下。

（1）竹芋　根茎粗大肉质、白色，末端纺锤形，长5～7cm，具宽三角状鳞片。地上茎细而多分枝，高60～180cm，丛生。叶具长柄，卵状矩圆形至卵状披针形，端尖，长15～30cm，宽10～12cm，表面有光泽，绿色或带青色，背面色淡。总状花序顶生，长10cm，花白色，长1～2cm。我国云南、广西、广东三省区南部有栽培。

其园艺变种有斑叶竹芋，叶绿色，在主脉两侧有不规则的黄白色斑纹，斑纹不固定，依叶片而不同，有的叶斑多，有的叶斑少，有的甚至为全绿色。

（2）二色竹芋　别名花叶竹芋、双色竹芋。茎基部具块茎，肉质白色，株高30～40cm。叶片卵状矩圆形或长椭圆形，长15cm，宽约10cm，缘稍波状叶面绿白色，中脉两侧有暗渴色斑块，叶背淡紫色，叶柄淡紫色，呈鞘状。花序腋生，总状花序，花白色。

（3）白脉竹芋　别名条纹竹芋。株高约30cm，茎短，基部不呈块茎状。叶长椭圆形至广椭圆形，钝头或具非常短的锐尖头，叶两面平滑，叶表面淡绿色，沿主脉及支脉呈白色，边缘有暗绿色斑点，叶背面青绿色，稀红色，长约16cm，宽约9cm，叶柄长约2cm。

其主要园艺变种有：

（1）克氏白脉竹芋　别名豹斑竹芋，是竹芋类中栽培最广泛的种类。茎多不直立，叶铺散覆盖盆面。叶长约10cm，宽约6cm，白绿色，主脉两侧有斜向的暗绿色斑，背面灰白色。有晚间叶片直立的现象。

（2）马氏白脉竹芋　形态和叶的大小与克氏白脉竹芋相似，叶黑绿色，有天鹅绒状光泽，叶中央及周边青绿色，主脉及支脉白色，色彩对比鲜明，十分醒目，叶背及叶柄为美丽的淡紫色。

4. 繁殖方法

主要采用分株法繁殖。多在春季4～5月结合换盆进行，可2～3芽分为1株。盆土以腐叶土或园土、泥炭和河沙的混合土壤为宜。

5. 栽培管理技术

生长期每月追肥1～2次，夏季高温期宜少施并适当拉长追肥的间隙。生长期除正常浇水外，应经常喷水，以增加空气湿度。冬季盆土宜适当干燥，过湿则基部叶片易变黄而枯焦。生长期若通风不好，易遭介壳虫或红蜘蛛为害，可用40%氧化乐果乳油1000倍液喷杀或用刷子刷除介壳虫。常见有叶斑病危害，可用65%代森锌菌灵可湿性粉剂500倍液喷洒防治。

三、印度橡皮树栽培技术

印度橡皮树别名印度榕、橡皮树、印度榕树、橡胶树，为桑科榕属。

1．形态特征

常绿乔木，树皮平滑，树冠卵形，全株光滑，有乳汁，茎上生气根。叶宽大具长柄，厚革质，叶面亮绿色，叶背淡黄绿色。长椭圆形或矩圆形，先端渐尖，全缘。幼芽红色，具苞片。夏日由枝梢叶腋开花。隐花果长椭圆形，无果梗，熟时黄色。

2．生态习性

原产印度、马来西亚。我国较早引进栽培，各地盆栽极为广泛，南方城市常作景观树栽培。喜温暖湿润环境，喜充足光照，耐阴，耐旱，不耐寒，生长适温22～32℃。

3．类型及品种

常见栽培品种如下。

金边橡皮树：叶缘金黄色。

花叶橡皮树：叶缘及叶片上有许多不规则的黄白色斑，叶片稍圆。

狭叶白斑橡皮树：叶片较狭，有许多白色斑块。

白斑叶橡皮树：黄白色叶面上间有斑纹。

黑叶橡皮树：叶面暗红色，叶背脉红色，幼芽鲜红色。

锦叶橡皮树：又称白斑橡皮树，叶缘及叶脉处具黄、白斑纹，叶长卵形。

美叶橡皮树：叶稍圆，叶缘、叶脉具黄白斑纹，幼叶映晕红，托叶红色。

4．繁殖方法

（1）扦插繁殖　扦插在3～10月进行，选植株上部和中部的健壮枝条作插穗，长20～30cm，留茎上叶片2枚，上部两叶须合拢起来，用细绳捆在一起。切口待流胶凝结或用硫黄粉吸干，再插入以沙质土为介质的插床上，荫蔽保湿约30d出根，即可移栽。

（2）压条法　在夏季选择生长充实壮枝，在枝条上环剥0.5～1cm宽，用青苔或糊状泥裹实，外包薄膜，保持湿度1个月后，连泥团一起剪下放到沙地中排植，先行催根10～15d，见新根伸出泥团，再行种植，另成新株。幼苗置半阴处养护。

5．栽培管理技术

盆栽对土壤要求不严，但以肥沃疏松、排水性好的土壤最佳，春、夏、秋三季生长旺盛，每1～2个月需施肥1次。秋后要逐渐减少施肥和浇水，促使枝条生长充实。每年秋季修剪整枝1次，对盆栽尤为重要，可促使来年多发新枝，达到枝叶饱满的观赏效果。注意截顶促枝，修剪造型越冬保温10℃以上。橡皮树抗旱性较强，北方寒冷地区则宜盆栽，其生长适温为22～32℃；温度低于10℃时，应移入室内越冬；若长期处于低温和盆土潮湿易造成根部腐烂死亡。常见黑霉病、叶斑病和炭疽病危害，可用65%代森锌菌灵可湿性粉剂500倍液喷洒防治。虫害有介壳虫和蓟马危害，可用40%氧化乐果乳油1000倍液喷杀。

四、万年青栽培技术

万年青别名乌木毒，为百合科万年青属。

1．形态特征

多年生常绿草本。地下根茎短粗，叶丛四季常青，叶基生，带状或倒披针形，长15～50cm，宽2.5～7.0cm，顶端急尖，下部稍窄，纸质，基部扩展，抱茎。穗状花序侧生，花序长3～5cm，宽

1.2～2.0cm。多花密生，花被球状钟形，白绿色；花期6～7月份。浆果圆球形，直径约8mm，成熟时橘红色，果实秋冬不凋；果期8～10月份。

2．生态习性

野生种原产我国山东、江苏、浙江、江西、湖北、湖南、广西、贵州、四川等省区，日本也有分布。我国各地常见栽培。野生于海拔750～1700m的林下潮湿处或草地上。性喜温暖湿润及半阴环境。夏宜半阴，常置荫棚下或林下栽培，冬天可多见日光，但也不宜强光直晒。不耐积水，以微酸性排水良好的沙质壤土和腐殖质壤土为宜。稍耐寒，在华东地区可以露地越冬，华北地区于温室或冷室盆栽，冬季室温不得低于5℃。

3．类型及品种

栽培变种和品种甚多，我国常见品种如下。

金边万年青：叶片边缘为黄色。

银边万年青：叶片边缘为白色。

虎斑万年青：叶片上有黄色斑块。

花叶万年青：叶面洒有白色斑点。

4．繁殖方法

播种或分株繁殖，以分株为主。分株宜春秋两季进行。通常在春秋两季天气不太热时将生长3年以上的盆倒出，去掉旧培养土，将母株分切成2至数丛分别盆栽。也可切取老的根状茎，单独栽植，促其萌发成为新株。开花后经人工授粉，容易得到种子。首先应去掉抑制种子发芽的果肉，于3～4月份盆播，覆土深度应是种子直径的3倍左右，经常保持盆土湿润。在温度20～30℃时，4～5周可以出苗。苗高1cm分苗，栽培3年后开花。花叶品种只能用分株法繁殖。

5．栽培管理技术

盆栽可用腐叶土或泥炭土加1/4左右的河沙和少量基肥作培养土。盆栽时底部1/3左右应填颗粒状的碎砖块，以利盆土排水。生长期每2～3周施1次稀薄的液体肥。万年青比较耐寒，可以在0～5℃的房间内越冬，适宜的生长温度为13～18℃，冬季休眠期的温度10℃为宜。在长江流域可露天过冬，叶子虽有冻害，但翌春仍重新发新叶。花叶品种抗寒能力稍差。在明亮的房间内可长年欣赏，在较暗的室内观赏2～3周调换1次。温室栽培，春、夏、秋三季应遮去70%以上的阳光；冬季遮光50%。花叶品种更怕阳光直射，光稍强便会产生日灼病，但光线太弱不易开花结果。注意经常保持盆土湿润和较高的空气湿度并适当通风，以利生长。通风不好易发生介壳虫，可用人工刷去或喷洒100～200倍液的20号石油乳剂或用40%氧化乐果乳油1000倍液喷杀。

五、广东万年青栽培技术

广东万年青别名亮丝草，天南星科亮丝草属。

1．形态特征

常绿多年生草本植物。茎干直立，高一般不超过100cm。叶呈披针形或椭圆状卵形，端渐尖至尾状渐尖，叶长15～25cm，宽8～10cm，着生于从中央生长点抽出的叶柄上，叶柄长约30cm。有些品种具短茎干，茎上有叶片脱落后留下的环瘢痕。花单性，肉穗花序，佛焰苞包围，白色或黄色。浆果红色。

2．生态习性

喜高温多湿环境，生长适温25～30℃，冬季室温应保持15℃以上，能耐0℃低温；相对湿度70%～90%为宜。极耐阴，忌强光直射，夏天宜在阴棚下栽培。在室内较弱光线下，常年可瓶插水养，仍可保持叶色浓绿，正常生长，甚至可以正常开花。

3．类型及品种

常见的栽培种如下。

斑叶万年青：叶片上有不规则的乳白色斑块。

黄心万年青：叶片中部有大面积的黄白斑。

同属常见的观赏植物如下。

爪哇万年青：茎短，叶具白斑，叶脉白色。

波叶万年青：叶片灰绿色，有大而美的银白色白斑。

圆叶万年青：叶片稍呈圆形，暗红色，生长较缓慢。

花叶万年青：叶片稍呈波状，深蓝绿色，叶片上有不规则的淡绿色和银灰色的斑点，中脉很明显，呈灰绿色。

光叶万年青：叶片较细长，叶长45cm，宽15cm。

4．繁殖方法

繁殖常用分株和扦插法。

（1）分株法　生长健壮的植株，可结合换盆进行分株，常在春季将其基部萌发的蘖芽剥下另行栽植。

（2）扦插法　扦插繁殖4～6月进行，剪取茎段10cm左右为插穗，直接插于沙床中繁殖或在切口处包上水苔盆栽，保持25～30℃的温度，相对湿度80%左右，约1个月生根。生根后3～5株栽一盆。

5．栽培管理技术

盆栽用土以疏松肥沃、排水良好的微酸性土壤为宜。可用腐叶土、泥炭土或细沙土加少量基肥盆栽，喜疏松肥沃的土壤。盆土过于黏重常会引起根部腐烂，造成生长不良。生长期内每2周左右应结合浇水施液肥1次，否则常会造成叶片变小，生长不良，严重时会引起下部叶片枯黄脱落；反之，肥料充足，茎干粗壮，分蘖多，叶片肥大。宜常年栽种于半阴的室内或阴棚下。光线过强，叶片会变黄变小，甚至出现日灼，叶片枯死，失去观赏价值。半阴下生长的叶片大而有光泽，呈嫩绿色。干旱季节要经常喷水，增大空气湿度并保持盆土湿润。叶干燥、根盘结时易生介壳虫和叶螨。多淋水可预防叶螨，也可用三氯杀螨醇2000倍液每10d喷杀1次，连续喷2～3次。介壳虫可用50%氧化乐果乳油1000倍液喷杀，介壳虫若长成成虫后，用杀虫剂很难除治，需用刷子刷掉。

六、龟背竹栽培技术

龟背竹别名蓬莱蕉、电线兰、龟背芋，为天南星科龟背竹属。

1．形态特征

大型常绿多年生草本攀援植物，茎伸长后呈蔓性，能附生他物成长。茎粗壮，具节，茎节上具气生根；叶厚革质，互生，暗绿色，幼叶心脏形，无孔；长大后成矩圆形或椭圆形，羽状深裂，叶脉间形成椭圆孔洞，形似龟背。叶柄长50～70cm，深绿色；花梗自枝端抽出顶生肉穗花序，佛焰苞厚革质，白色。花淡黄色，花期7~9月。浆果紧贴连成松球状。

2．生态习性

原产墨西哥热带雨林，性喜温暖和潮湿的气候，耐阴，忌阳光直射。稍耐寒，生长适温为20~25℃，5℃以下休眠，停止生长。

3．类型及品种

同属常见栽培品种如下。

迷你龟背竹：别名多孔蓬莱蕉、小叶龟背竹、窗孔龟背竹。叶与茎均细，叶片宽椭圆形，淡绿色，侧脉间有多数椭圆形的孔洞。

斑叶龟背竹：叶片带有黄、白色不规则的斑纹，极美丽。

4．繁殖方法

繁殖以扦插为主。每年4~8月剪取侧枝带叶茎顶或茎段2~3节扦插或带有气生根的枝条可直接种植于盆中，经常保湿保温，易生根成活；也可将老株茎干切断，每2节为一个插穗，扦入沙床中，置半阴处，保持湿润，4~6周可长出新根，10周后新芽产生，稍长大便可移植。盆栽时，选用大花盆，需立支柱于盆中，让植株攀附向上伸展。也可用播种和压条繁殖。龟背竹在我国南方可开花，人工授粉可结籽，种子极少；在生长季节也可用压条繁殖。

5．栽培管理技术

用疏松、透气、肥沃的壤土栽植。在室外潮湿较阴处栽植或盆栽可长年置室内明亮散射光处培养。龟背竹叶片大，夏天水分蒸腾快，叶面要经常洒水，保持空气湿度和盆土湿润，但不要积水；冬季可减少水分。龟背竹根系发达，吸收营养快，培养土应加入一些骨粉和饼肥作基肥，每半个月到一个月施一次以氮肥为主的复合肥，再用0.1%尿素和0.2%磷酸二氢钾水溶液喷洒叶面，以保持植株生长更旺盛，叶色深绿而光泽。每年在春季和夏初进行换土换盆，剪去过多的老根。龟背竹栽培较易，但过于荫蔽和湿度过大容易引起斑叶病或褐斑病、灰斑病和茎枯病危害，可用65%代森锌菌灵可湿性粉剂600倍液喷洒防治。

七、丽穗凤梨类栽培技术

丽穗凤梨类别名丽穗花、虎纹凤梨、火剑凤梨、红剑凤梨、斑马火焰凤梨，凤梨科丽穗凤梨属。

1．形态特征

多年生常绿附生草本。茎极短。叶10余枚，基生，呈莲座状，叶片条形，长40~50cm，宽约5cm，向外弯曲，先端稍下垂；革质，硬而有蜡质光泽；叶面灰绿色与深绿色横纹相间，叶背更为明显。花序直立，伸出叶丛，呈剑形，长30~40cm，穗状花序扁平，苞片互叠，呈鲜红色；花小，黄色；花期4~6月。

2．生态习性

原产巴西，我国南方有引种栽培。附生于雨林的树杈上；性喜高温高湿和半阴的环境，不耐寒，生长适温20~25℃，是花叶兼赏的室内花卉。

3．类型及品种

常见栽培品种如下。

大火剑凤梨：是火剑凤梨变种，植株较原种健壮。

莺歌凤梨：又称虾爪凤梨。花冠顶部苞片扁平，叠生，似莺歌鸟的冠毛。

大莺歌凤梨：为栽培种。花序较莺歌凤梨更长、更宽。

斑叶莺歌：叶身具纵向白色条。

4．繁殖方法

分株或分割吸芽或种子繁殖。老植株在开花前后，可在莲座状叶丛的基部或下部叶腋间生出蘖芽，等蘖芽长到8～15cm时，从其基部用利刀切下；如果已产生幼根，则最好能带根切下。待伤口稍阴干后，栽植到直径8cm左右的小盆中，浇透水后放有散射光的环境下。有些种类的丽穗凤梨不易产生蘖芽，则可在开花时人工授粉，收种子后于春季播种。许多优良的园艺品种必须通过无性繁殖才能保持其品种的优良特性，播种后容易返祖，其性状改变，失去园艺品种的优良特性。优良品种的批量生产可用组织培养。

5．栽培管理技术

用泥炭土3份加粗沙或珍珠岩1份，并添加少量基肥配成盆栽用土，也可以用苔藓、蕨根作盆栽基质。盆不宜太大，一般用8～13cm即可。小植株用小盆，根长满盆后再换大一号的盆。生长旺盛季节，每3周施1次液体薄肥，肥液同时施在盆土和叶筒中。生长期要常洒水，叶筒内保持有水，注意清理叶筒内的腐烂杂物，追肥不要沾污叶面，特别不要让农家肥或商品肥的残渣或颗粒残存于叶腋或叶筒内，以防引起腐烂。秋后移入高温温室养护，给予充足光照，以保来年开花。越冬保温10℃以上。花序苞片能持久不褪色，通常要栽种数年后才能开花，开花后老株便逐渐枯死，基部生长出蘖芽。常见叶斑病危害，可用50%托布津可湿性粉剂200～500倍液喷洒防治。虫害有粉虱危害，可用40%氧化乐果乳油1000倍液喷杀。

八、吊兰栽培技术

吊兰别名桂兰、折鹤兰，百合科吊兰属。

1．形态特征

多年生常绿草本。具簇生圆柱状须根和短根状茎，肉质、肥厚。叶基生，叶片线形，条形至条状披针形，绿色或具黄色纵条纹或边缘黄色，全缘；匍匐茎自叶丛中抽出弯垂，匍匐茎先端节上常滋生带根的小植株，顶生总状花序；花小成簇，白色。花期5～6月或冬季，蒴果。

2．生长习性

吊兰原产南非。喜肥沃的砂质壤土，喜温暖、潮湿、充分光照或半荫环境。生育适温20～30℃，春末至夏季为生育盛期。不耐寒，越冬保温8℃以上。夏季忌强光直射。

3．类型及品种

常见栽培品种、变种如下。

金边吊兰：叶缘金黄色。

银边吊兰：叶缘绿白色。

银心吊兰：叶片中间有黄或白色纵向条纹。

4．繁殖方法

以无性繁殖为主，可用分株或剪取茎上的幼苗栽植，春、夏、秋三季均能育苗。也可将花盆盛满栽培介质，放置于成株四周，把长匐茎牵引到盆上。经过一段时间，待长匐茎上的幼苗发根成长后，再从母株上分开即成新苗。

5．栽培管理技术

盆栽用肥沃的沙质壤土。日常管理要保持充足水分，生长期每日洒水1次，干湿交替。生长季节每2周施1次以氮肥为主的液肥，腐熟有机肥更佳。见有枯叶要及时剪除。如遭强光暴晒，叶色易变白绿，影响观赏效果。夏季应移至荫棚下养护，并保持盆土湿润。低温期减水停肥。越冬保温8℃以上。冬季寒冷地区需温暖避风，可入室养护。斑叶品种在生长期中常有返祖现象发生，叶片变成全绿，此时应将其摘除，方能保持斑叶特征。主要病害有灰霉病、炭疽病和白粉病，发病时可用50%多菌灵可湿性粉剂500倍液喷洒防治。

九、朱蕉栽培技术

朱蕉别名红叶铁树、铁树，百合科朱蕉属。

1．形态特征

常绿灌木。植株直立，高达1～3m，单干，少分枝，地下块根能发出萌蘖，单叶旋转聚生于茎顶，剑状，革质，叶柄长，具深沟，紫红色或绿色带红色条纹，革质阔披针形，中筋硬而明显，叶柄长10～15cm，叶片长30～40cm。花为圆锥花序，着生于顶部叶腋，淡红色；花期6～7月。浆果。

2．生态习性

原产大洋洲和我国热带地区。喜高温和多湿环境，不耐寒，喜光，但忌烈日直射。生长适温25～30℃，越冬温度不得低于10℃。

3．类型及品种

主要变种如下。

红边朱蕉：别名剑叶朱蕉，叶片深绿，边缘红色。

美丽朱蕉：别名彩叶朱蕉，叶片深绿，散生有红白斑点。

红心朱蕉：别名柳叶朱蕉，叶片狭带状，深棕色，中线红色。

4．繁殖方法

繁殖以扦插为主，也可用播种和分株繁殖。扦插繁殖3～10月均可进行。茎秆扦插，剪取成熟枝条长10～15cm为一段作插穗扦插于沙池或苗床，经荫蔽保湿25～30d出根移植；顶苗扦插，剪取顶苗，剥去切口下脚叶，剪去1/3尾叶，扦插于苗床，20～25d可生根移栽。植后茎秆直立，成苗快。春季结合换盆可用分株繁殖，将茎叶生的不定芽切下，另行栽植。播种繁殖成苗慢，一般少用。

5．栽培管理技术

盆栽用疏松和微酸性沙质壤土，忌用碱性土壤，一般采用腐叶土或泥炭土配制。放置在温暖、潮湿、阳光稍充足的环境中栽培，但夏季勿使强烈日光直晒。冬季注意保温，温度不得低于10℃。每年3～4月可换土或换盆。夏季植株生长旺季要经常淋水，每月施1～2次追肥。易发生炭疽病和叶斑病危害，可用10%抗菌剂401醋酸溶液1000倍液喷洒。也有介壳虫危害，用40%氧化乐果乳油1000倍液喷杀。

十、肖竹芋类栽培技术

肖竹芋类为竹芋科肖竹芋属常绿宿根草本花卉的统称。

1. 形态特征

肖竹芋类又称蓝花蕉类，常绿宿根草本。叶基生或茎生，叶面常有美丽的色彩，形态与竹芋属植物十分相似。肖竹芋属约150种。

2. 生态习性

分布于美洲热带和非洲，我国引入栽培多种。宜高温多湿及半阴环境。生长期适温25～30℃，冬季温度不可低于10℃。喜疏松多孔的栽植材料。

3. 类型及品种

主要种类及品种如下。

紫背肖竹芋：别名箭羽竹芋、红背葛郁金。叶线状披针形，长8～55cm，稍波状，光滑；表面淡黄绿色，交互生有大小不等的深绿色羽状斑块；叶背深紫红色。穗状花序长10～15cm，花黄色。

彩叶肖竹芋：别名彩叶蓝花蕉、花叶葛郁金，全株被天鹅绒状软毛。叶4～10枚，椭圆形稍尖，长15～38cm，宽5～7cm，呈波状，表面天鹅绒状橄榄绿色，在中肋两侧有淡黄色羽状纹，叶背深紫红色。花淡黄色，带堇色；穗状花序紫堇色。

美丽竹芋：别名大叶蓝花蕉、肖竹芋。叶椭圆形，长10～16cm，宽5～8cm；叶面黄绿色，沿侧脉有白色或红色条纹，背面暗红色。穗状花序紫堇色。是肖竹芋属中最美丽的种之一。

孔雀竹芋：别名天鹅绒竹芋、花条蓝花蕉、绒叶肖竹芋、斑马竹芋、斑叶竹芋，叶大，长椭圆状披针形，长30～60cm，两端尖，表面有天鹅绒状光泽，暗绿色，有绿白色羽状条斑，背面紫红色。花序头状，花为堇色。

红边肖竹芋：别名红边蓝花蕉、玫瑰竹芋、彩虹竹芋，株高约17cm。叶阔卵形，近钝头，长23cm，宽约15cm，叶暗绿色，中脉淡粉色，近边处有具光泽的淡粉色带纹，叶上玫瑰色的斑纹与侧脉平行；叶背面暗紫色，无毛；叶柄紫红色。

4. 繁殖方法

分株或插芽繁殖。分株在春末夏初结合换盆进行，将生长过密的植株分成若干丛，每丛保留3～4条根茎。插芽繁殖是将萌芽切下，插入基质中，使其生根。

5. 栽培管理技术

盆栽培养土以疏松肥沃壤土为宜。通常用腐叶土、园土及河沙配制。保持高温高湿的环境，夏季置荫棚下栽培。夏季植株生长旺季每月追肥1～2次，以磷钾肥为主。肖竹芋类易生介壳虫，要经常注意观察和及时防治。常见病害有叶枯病和叶斑病，可用波尔多液喷洒防治。虫害有粉虱危害，可用25%亚胺硫磷乳油1000倍液喷杀。

子项目三 盆栽观果类花卉栽培技术

【项目目标】

1. 熟练识别10种常见室内观果花卉。
2. 能进行常见盆栽观果花卉的栽培、养护。

【项目分析】

该项目重点为盆栽观果花卉的识别及栽培特点掌握；难点为各种花卉的栽培要领。教师可以通过多媒体图片结合现场教学以及贯穿教学始终的栽培记录完成该项目。

【知识链接】

一、盆栽观果类花卉的特点

盆栽观果类花卉，顾名思义，是以观赏果实为主的盆栽植物。其特点是果实色彩鲜艳，观赏时间较长，而且富有季相变化，如橘红色的柿子、橘子、代代，鲜红色的南天竹、火棘、枸杞、虎刺、枸骨等，褐黑色的女贞子、朱红色的石榴、雪白色的乌柏、一枝多色的五色辣椒和其他盆栽的葡萄、苹果等都具有较高的观赏价值。

观果类盆栽植物发展时间不长，随着消费者对盆栽类花卉的需求日趋多样化，以及观果类盆栽的逐步发展，集观赏、食用、美化功能于一体的观果类盆栽将会成为盆栽市场的“新宠”。

二、盆栽观果类花卉的栽培要点

（1）温度管理　观果植物种类繁多，对于温度要求也有很大差异，有的耐高温，有的喜冷凉环境，而且同一种植物在生长发育的各个阶段对温度要求也不同，故栽培观果植物要视栽培种类、生长阶段来控制温度。

（2）光照管理　绝大多数观果花卉属于阳性花卉，但生长的各个阶段对光照要求各不相同。

（3）水肥管理　浇水时要做到“见干见湿”；施肥则要保证基肥充足，追肥平衡。

（4）整形修剪　观果花卉的修剪十分重要，有些观果花卉如果不修剪或者修剪不当，就不能结果或者结果率很低。在园艺实践中，通常采取修剪、摘心、抹芽、剥蕾、疏果等技术措施为植株修枝整形，保证挂果多，果实生长健壮。

（5）其他　观果植物为保证果实后期观赏价值，有时还需要套袋；对于已完全成熟并开始衰败的果实，要及时摘除，以免影响整体的观赏效果，还可保证营养集中到生长的果实上。

【项目实施】

一、金橘栽培技术

金橘又名金柑，属芸香科金橘属，是著名的观果植物。

1. 形态特征

常绿灌木或小乔木，高3m，通常无刺，分枝多。叶片披针形至矩圆形，长5～9cm，宽2～3cm，全缘或具不明显的细锯齿，表面深绿色，光亮。背表面绿色，有散生腺点；叶柄有狭翅。单花或2～3花集生于叶腋，具短柄；花两性，整齐，白色，芳香；萼片5；花瓣5，长约7mm，雄蕊20～25mm，不同程度地发合生成若干束；雌蕊生于略升起的花盘上。果矩圆形或卵形，金黄色。果皮肉质而厚，平滑，有许多腺点，有香味。

2．生态习性

原产我国南部。喜温暖、湿润的环境，不耐寒，稍耐阴，耐旱，要求排水良好的肥沃、疏松的微酸性沙质壤土。

3．类型及品种

罗浮：常绿灌木，一年开花2～3次，果小，果皮光滑，有光泽，成熟时淡金黄色或橙黄，皮甜，肉微酸多汁，连皮可食。

长寿金柑：灌木，叶倒卵形，果较大，果皮绿黄色，油胞大而凸起，味甜可食，种子稍多，果实在11月中下旬至12月成熟，耐寒性弱，冬季气温低的地方宜设施栽培。

金弹：小乔木，叶阔厚，叶色墨翠油亮，叶稍内卷，果形较大呈倒卵形，果皮光滑金黄色，品质佳，汁少味甜，适合鲜食或制蜜饯。

滑皮金柑：又名脆皮金柑，叶片椭圆形，比普通金弹略小，稍厚，向内微卷。果形较大，呈圆球形，果皮橙黄色，极光滑，油胞稀少，无麻辣味，含糖量高达18%，鲜食极甜极脆。

4．繁殖方法

可以采用播种、嫁接、压条等方法繁殖。盆栽金橘一般在3～4月把金橘接穗切接在枳砧上，精心管理1年后，第2年4月上盆，6月就可以开花，11～12月果实成熟。当嫁接苗新梢长5cm以上，可将金橘苗上盆。上盆时盆底放入部分营养土，再把金橘苗放入，舒展根系，填入营养土，边填边拍盆边，最后将土轻轻压实，土面低于盆口，浇1次透水，过几天盆土下沉后再适当添加营养土。盆苗一旦放在适当的地方以后，就不要随便移动位置和方向。

5．栽培管理技术

（1）盆器选择　盆栽金橘一般选用陶盆、瓦盆、塑料盆或聚乙烯盆，盆口直径一般在20～40cm。

（2）基质要求　金橘喜酸性土壤，宜1份土、半份草灰、半份腐熟厩肥（经堆置充分发酵的牛、鸡、鸭粪）的比例配制成营养土。营养土不要太肥，以免烧根。

（3）水肥要求　金橘喜肥，除盆土要求肥沃外，生长期每7～10d浇1次腐熟肥水，浓度为1份液肥、3份清水。在盆土干燥时施肥，结合浇水，利于吸收。也可施腐熟的麻酱渣或复合肥，施在干燥的表土下面，立即浇水。注意施肥要少量多次，有机肥一定充分腐熟，固体肥料施用的间隔天数一般为1个月。冬季观果期不施肥。

浇水掌握“见干见湿，浇则浇透”的原则。开花期盆土稍干，座果稳定后正常浇水，如幼果黄豆粒大小时，可加强肥水。金橘喜湿润的环境，在陈设观赏期及生长旺季应经常向叶片及花盆周围喷水，但花期切忌往花上喷水，以免烂花。越冬休眠的植株控制浇水。

（4）光照要求　金橘是喜光植物，生长期应摆放在阳光充足处。夏季炎热暴晒，可稍遮阴；冬季观果时，摆在室内见光处。对于休眠的小植株，冬季对光照要求不严。

（5）温度要求　金橘生长的适宜温度为22～29℃，在北方室内陈设最适温度10～15℃。如果植株尚小未结果，则越冬的温度为3～5℃，不宜超过10℃，否则影响休眠。当外界气温夜间回升到10℃时，移到室外养护，加强通风透光。秋凉后搬回室内。

（6）整形修剪　金橘嫁接苗从定植至投产前，要将树冠修剪整理成圆头形或宝塔形。注意调整好叶与根以及叶与果的比例，叶果比一般为6∶1。对春梢要适当控制生长，并进行合理疏蕾、疏花、疏幼果。应尽量使树冠中下部结果，让中上部适当生长以扩大树冠。

（7）果期管理 盆橘进入厅堂、居室后，应给予适当的光照。摆放时放在可见光的位置，每隔2～3d接受室外3～5h日照。应适当控制灌水量。室内摆放，一般2～3d浇1次水，小盆每次300～400mL。根外追肥用水1000mL+糖30～50g+草木灰30～40g+尿素4～5g配制的肥液，每5d喷1次，共2～3次。此外用15×10^{-6}2，4-D或20×10^{-6}赤霉素涂抹果实或果柄，可推迟果蒂离层的形成，延长观果期。

（8）换盆 盆栽3～4年后，每隔1～2年要换盆1次，大多在秋季进行。先把金橘从盆内带土取出，从上而下把根团外围生长过长、过密和缠绕的根剪掉，然后放回盆内，用配制好的盆土填满空隙，随即浇透水。这样可以保持植株的旺盛生长。

（9）病虫害防治 盆栽金橘易遭病虫危害，影响观赏和树体生长。主要有凤蝶、红蜘蛛、蜗牛、潜叶蛾、炭疽病等。凤蝶和蜗牛可用人工捕捉或喷施90%敌百虫500～1000倍液；防治红蜘蛛喷施73%克螨特3000倍液。

二、佛手栽培技术

佛手别名佛手香橼、密罗柑、五指针、金佛手、金华佛手、川佛手，为芸香科柑橘属观果盆栽植物。

1．形态特征

常绿小乔木或灌木。老枝灰绿色，幼枝略带紫红色，有短而硬的刺。单叶互生；叶柄短，长3～6mm，无翼叶，无关节；叶片革质，长椭圆形或倒卵状长圆形，长5～16cm，宽2.5～7cm，先端钝，有时微凹，基部近圆形或楔形，边缘有浅波状钝锯齿。花单生，簇生或为总状花序；花萼杯状，5浅裂，裂片三角形；花瓣5，内面白色，外面紫色；雄蕊多数；于房椭圆形，上部窄尖。果卵形或长圆形，先端分裂如拳状，或张开似指尖，其裂数代表心皮数，表面橙黄色，粗糙，果肉淡黄色。种子数颗，卵形，先端尖，有时不完全发育。花期4～5月，果熟期10～12月。

2．生态习性

佛手为热带、亚热带植物，喜温暖湿润、阳光充足的环境，不耐严寒，怕冰霜及干旱，耐阴，耐瘠，耐涝。以降水充足、冬季无冰冻的地区栽培为宜。最适生长温度22～24℃，越冬温度5℃以上，年降水量以1000～1200mm最适宜，年日照时数1200～1800h为宜。适合在土层深厚、疏松肥沃、富含腐殖质、排水良好的酸性壤土、沙壤土或黏壤土中生长。

3．类型及品种

我国佛手品种类型一般是根据产地来分类的，主要有金佛手、川佛亏、广佛手、建佛手等4种类型。

（1）金佛手 金佛手主产于浙江金华、兰溪；树形紧凑、较高大，枝淡灰色，嫩梢淡绿，叶较小青绿而平缘，花白色，果中大，开指或握拳，椭圆形，金黄细皱。较耐寒。

（2）川佛手 主产于四川泸州、合江、宜宾、沐川、犍为、乐山和重庆江津、南川、丰都及石柱等地。树形高大，枝褐色、易披散，嫩梢暗紫，叶大深绿而波缘，花紫红色，果大拳形、长椭圆或近筒状、淡黄粗皱。耐寒性略差。

（3）广佛手 主产于广东肇庆、高要，广西凌乐、灌阳、大新等地。树形高大，垂枝不明显，嫩梢紫红，叶大深绿而波缘。花紫红色，果大拳形，淡黄色。不耐寒。

（4）建佛手　主产福建福安、莆田、闽侯等地。树形紧凑矮小，枝灰褐色，嫩梢紫红，叶较小深而平缘。花淡紫红色，果短小、开指、棕黄色。不耐寒。

4．繁殖方法

可用扦插、嫁接和压条法进行繁殖。

（1）扦插　南方可在梅雨季节进行，也可在春季新芽未萌发前进行。选取1～2年生生长健壮的枝条，剪成长20cm左右，留4～5个芽。扦插床用通气透水性良好的沙土或蛭石，插深6～8cm，上端留2个芽，插后浇透水，注意遮阴，保持湿润，20～30d即可生根。

（2）嫁接　每年3～4月份用二三年生的枸橘或柚子为砧木，选健壮一年生佛手嫩枝作接穗进行切接；也可用芽接或靠接法繁殖。嫁接成活的苗，根系发达，生长旺盛，抗寒能力较强，结果早。

（3）压条　每年5～6月进行。在每株上选择1～2年生枝条，进行环剥，然后用苔藓、泥炭包扎保湿，40d即可生根。也可于8月份选择带果实的枝条压条，10月份分离母株上盆，果实继续生长，当年即可装饰房间或出售。

5．栽培管理技术

（1）盆器选择　栽培容器一般选择透气性好的瓦盆、陶盆。

（2）基质要求　佛手喜酸性土壤，pH应保持在5.3为宜；盆土的配比为腐殖土60%、河沙30%、泥炭土或炉灰渣10%。

（3）水肥要求　佛手喜肥，若施肥不足或不及时，易发生落花、落果现象。但施肥不宜太浓。生长季节每20d追施1次有机腐熟液肥，以矾肥水为好。为保证土壤酸性，要定期浇灌硫酸亚铁500倍液。

浇水应根据佛手的生长习性进行，生长旺盛期应多浇水，在夏季高温时，要早晚各浇水一次，并向叶面喷水，以增加空气湿度。入秋后，气温下降，浇水量应减少；冬季休眠期，保持土壤湿润即可。开花、结果初期，为防止落花、落果，应控制浇水量，不可太多。雨季少浇水并及时排涝。

（4）温度要求　佛手的适宜温度是15～30℃，高温季节要移至凉爽通风而又遮阴的地方，气温低于5℃时须防寒。

（5）光照要求　佛手喜较好的光照，只在夏季光照强烈时进行遮阴，其他时间内必须有较好的光照。

（6）整形修剪　为提高佛手坐果率，应及时整形修剪，修剪宜在休眠期进行，一般保持3～5个主枝构成树形骨架。温室内生长的春梢，于3月中旬剪去，夏季长出的徒长枝，可剪去2/5，使其抽生结果枝。立秋后抽生的秋梢，多为来年的花枝，适当保留，以利于第2年结果。佛手一年可多次开花结果，3～5月开的花，多为单性花，应全部疏去；6月前后开的夏花，花大、坐果率高，可疏去部分细小花，保留一定数量的果实。在结果期，抹去枝干上的新芽，当果实长到葡萄大小时，可疏去一部分果实，以利于保留下的果实得到充足的养分。

（7）病虫害防治　在生长期，佛手常发生红蜘蛛、介壳虫、蚜虫和煤烟病，应及时防治。红蜘蛛、蚜虫可喷施50%的敌敌畏800～1000倍液。介壳虫可喷施20%的灭扫利乳油5000倍溶液。煤烟病主要发生在夏季，可喷水将叶面洗净，并注意通风透光，保持环境清洁卫生，也可用200倍波尔多液喷洒。

【项目考核】

考核标准见表6-4。

表6-4 金橘、佛手栽培技术

考核内容	考核标准	分值	得分	教师评价
金橘 佛手	生产计划制订完整	20		
	繁殖方法选用得当	20		
	栽培管理措施完善	30		
	植株健壮，挂果量大，果实美观	30		

【知识拓展】

一、石榴栽培技术

石榴别名安石榴、海榴、若榴，为石榴科石榴属。

1．形态特征

落叶灌木或小乔木，从根茎分枝成为多干植株，树皮粗糙，鳞片状剥落，灰褐色。幼枝常是四棱形，无毛，枝条顶端常为刺状。叶倒卵状长椭圆形，无毛而有光泽，在长枝上对生，在短枝上簇生。全缘，叶脉在下面凸起，叶柄短，新叶呈红色。花两性，5～8月在小枝顶端开花，红色，有单瓣和重瓣之分。浆果近球形，古铜黄色或古铜红色，9～10月成熟。成熟时果皮易裂开，露出种子，其外种皮透明，富含汁液，酸甜可口。

2．生态习性

原产伊朗、阿富汗和中亚一带。喜阳光充足、温暖、湿润的气候，有一定耐寒力，在-15℃以下温度常有冻害。对土壤要求不严，在肥沃、湿润而排水良好的石灰质土壤中生长较好。有一定的耐旱能力，在平地和山坡均可生长。耐瘠薄，忌水涝。

3．类型及品种

石榴有以下变种。

白石榴：花白色，单瓣。

黄石榴：花黄色。

玛瑙石榴：花重瓣，红色，有黄白色条纹。

重瓣白石榴：花白色，重瓣。

4．繁殖方法

可用扦插、压条、分株法繁殖，多用扦插法，也可用播种法繁殖。

（1）扦插法　在早春发芽前可用硬枝插法，在夏季用当年生枝进行嫩枝扦插，也可在秋季8～9月将当年生枝带一部分老枝剪下插于室内。

（2）压条法　在培育树桩盆景时可用粗枝压条法进行繁殖。

（3）分株法　选优良品种植株的根蘖苗进行分栽。

（4）播种法　将种子洗净后阴干，沙藏至第2年春季进行播种。

5．栽培管理技术

盆栽石榴宜“间干间湿、宁干不湿”，尤其是花果期，不能过湿。因石榴耐旱，但过干或过湿易裂果、落果。石榴喜肥，生长季节应注意“薄肥勤施”，7～10d浇1次腐熟的饼肥水。

盆栽石榴要求全日照，阳光充足。夏季不怕烈日暴晒，越晒开花越艳。高温干燥、背风向阳是形成花芽、开花、结果的重要条件。若光照不足，只长叶不开花，所以光照直接影响开花和结果。

春季修剪应注意保留健壮的结果枝，剪去不充实的病虫枝、细弱枝，短截徒长枝。生长期应适当摘心，抑制营养生长，以促进花芽形成和维持一定的树形。

盆栽石榴每2～3年换盆1次。每年春季芽萌动前结合换盆增施腐熟有机肥，换盆时还应修剪枝条，剔除腐烂的老根。

常见病虫害为桃蛀螟，每年发生2～3代。幼虫在每年6～7月从花萼处侵入幼果进行危害。在幼虫危害期，可用棉球浸入300倍的敌百虫药液中，然后将棉球塞入花萼处，当幼虫通过花萼时，即可毒死。对石榴新生枝上的蚜虫危害，发生时可用40%的乐果1500倍溶液喷洒。

二、冬珊瑚栽培技术

冬珊瑚别名珊瑚豆、寿星果、吉庆果、万寿果，茄科茄属。

1．形态特征

常绿小灌木花卉，株高30～80cm。叶互生，长椭圆形至长披针形，边缘呈波状。花小，白色，花期春末夏初。浆果橙红色或黄色，球形，果实10月成熟，冬季不落。

2．生态习性

原产欧、亚热带。喜阳光、温暖、湿润的气候。耐高温，35℃以上无日灼现象。不耐阴，也不耐寒，不抗旱，夏季怕雨淋、水涝。对土壤要求不严，但在疏松、肥沃、排水良好的微酸性或中性土壤中生长旺盛，萌生能力强。

3．类型及品种

品种有矮生种、橙果种、尖果种。

4．繁殖方法

通常采用种子繁殖。室内3～4月进行盆播，播后盆上罩盖玻璃或塑料薄膜保温、保湿。露地4月份播种，苗床土以疏松的沙质壤土最好，播后覆土1cm，经常保持床土湿润，15d后发芽出土。

5．栽培管理技术

在长江以南可露地越冬，落叶休眠，春暖后自老茎上再萌发新叶，其他地区盆栽。当小苗长到6～10cm高时，带土球上盆；盆土宜选用疏松、肥沃、排水良好的沙壤土。上盆后要浇透水，注意遮阴、通风，经一周缓苗后，可逐渐见光。浇水见干就浇，夏季要防止积水烂根。生长季节和开花前，每15d左右施1次腐熟的稀薄肥水，以促进生长。开花坐果期，应控制施肥，少浇水，保持土壤湿润。冬季移入室内。若室温过高会造成落果、落叶、萌发新枝，消耗植株养分。越冬期间经常向植株喷水，保持叶和果清洁。4月中旬可移至室外换盆。

主要病害为炭疽病，可用75%百菌清600～700倍液喷洒叶片正反面，防治效果较好。主要虫害有介壳虫，可用50%敌敌畏800～1000倍液喷洒或根部埋施呋喃丹，埋后浇水。

三、朱砂根栽培技术

朱砂根别名富贵果，大罗伞，平地木，为紫金牛科朱砂根属常绿矮小灌木。

1．形态特征

小灌木，叶纸质至革质，椭圆状披针形至倒披针形，长6～10cm或更长，宽2～3cm，先端短尖或渐尖，伞形花序，生于侧生或腋生、长约10cm的花枝上，近顶部有较小的叶数枚；花白色或淡红色，长4～6mm；萼钝头，有稀疏的腺点。花期6月。果球形，直径约6mm，有黑色斑点；果柄长约1cm。

2．生态习性

喜温暖、湿润和半阴环境，生长适温为16～28℃，冬季室温应保持5～8℃。要求排水良好而肥沃的土壤。

3．繁殖方法

可采用播种繁殖和扦插繁殖。

播种繁殖时，需待果实充分成熟后采摘，去皮洗净晾干后即可播种，也可于低温层积沙藏，翌年春进行播种。扦插繁殖时剪取半木质化嫩枝作插穗，插于备好的沙床，保持湿润和温暖，置于半阴处。两种养殖方法均需30～40d发根，长出3片以上真叶后即可移植上盆。

4．栽培管理技术

上盆时，盆土用40%腐叶土、40%培养土和20%河沙混合配制。选用小号盆（以后再换盆），先在盆底垫上3cm厚的瓦砾，以利排水，然后将小苗栽于盆中。每盆栽一株，浇足定根水，放在室内或排放在室外荫棚下养护。新梢长至8cm长以上时去顶摘心，促进分枝。夏秋季生长快，要求水分充足，通风良好，要勤浇水，保持盆土湿润状态，并向叶面和地面喷水，以增加空气湿度。冬季果实转为红色，浇水量宜减少，越冬温度不低于5℃即可。4～10月每隔20d施1次氮、磷、钾复合肥。开花期要停止施氮肥，果实变红后不必再施肥。如发生褐斑病，可用多菌灵800倍液喷洒防治。

项目7 鲜切花栽培技术

知识目标： 1．了解切花的基本概念。

2．熟悉切花栽培的特点。

3．掌握不同种类切花栽培的操作流程。

能力目标： 1．识别常见切花40种。

2．熟练掌握切花菊、切花月季、切花百合、切花香石竹的栽培技术。

知识链接

一、切花的含义及应用

1．切花的含义

切花又称鲜切花。是指从活体植株上切取的具有观赏价值，用于花卉装饰的茎、叶、花、果等植物材料。鲜切花包括切花、切叶、切枝。经保护地栽培或露地栽培，运用现代化栽培技术，达到规模生产，并能周年生产供应鲜花的栽培方式，称为切花生产。

切花生产具以下四个特点：① 单位面积产量高、效益高；② 生产周期短，易于周年生产供应；③ 贮存包装运输简便，易于国际间的贸易交流；④ 可采用大规模工厂化生产。

2．切花的应用

切花主要用于插花。

二、各种因素与切花品质的关系

切花的茎被切断后，收获上市，茎虽然被切断，但切花是有生命的。它的茎、叶、花等各器官仍进行着呼吸和蒸腾等各种生理活动。因此依收获后处理方法的不同，切花的寿命有很大的变化。但是，寿命的长短从表面上判断是很难的，所以要重视切花的品质评价，特别是长距离运输，如何维持鲜切花的寿命是非常重要的课题。切花品质劣化的原因主要有以下3个方面。

（1）吸水不良 是由切口的导管进入气泡或者导管有异物不畅通所致，后者从切口流出的乳汁或者吸水时进入细菌等都会导致导管不畅通。另外高温引起叶面失水多于吸水量时，会出现于吸水不良时相同的症状。

（2）有机物的消耗 切花体内的有机物用于呼吸作用，并随温度的增高消耗的有机物增多，由此，落花、落蕾、叶片的黄化等品质劣化的症状就会很快显现出来。

（3）乙烯的产生 乙烯能促进花瓣的萎蔫、退色（香石竹等），花和花蕾快速凋落（香豌豆等），是影响切花品质劣化的重要原因之一。

因此，切花采收后，正确处理切口使切花吸水顺畅，栽培中采用良种和良法促进有机物的积累，采后减少有机物的消耗，抑制乙烯的生成，提高切花品质。

三、切花栽培管理技术流程

（1）选择好切花品种 在做好充分的市场调查的基础上，进行花卉生产现状分析，然后确定切花的品种；了解该品种的分类、形态特征、生活型；进行优质种苗选育，决定选用何种苗（扦插苗、播种苗、嫁接砧木苗、组培苗；成型大苗、半年生种苗）；最后进行幼苗培养，经过综合实验比较，确定该花卉最适宜的种苗，通过各种繁殖方法进行育苗。

（2）确定生产栽培设备 确定了花卉及用何种苗，结合当地气候条件，决定生产该种花卉需要哪些设备。

（3）基质准备 选择适宜该花卉生长的基质土壤。如果所给土地不能满足花卉生长所需，就需要考虑土壤改良问题。

（4）确定该花卉生长适宜的环境条件 包括光、温、水、肥、气等。

（5）确定周年生产体系 根据上述条件，制订周年生产计划体系，如何分批栽培，保证周年供花。

（6）开始着手种植准备 土地筑畦，土壤要疏松、透气、有利于排水。确定分批种植时间，制定详细的种植时间安排表。根据分批及周年计划设计苗床，有效利用土地。

（7）确定栽培方式 是地栽还是盆栽，或是先地栽后盆栽；是露地栽培还是温室栽培，或者大棚栽植；是传统栽培还是无土栽培。

（8）实施可行的栽培技术措施 主要包括整形修剪、不同阶段的环境调控以及病虫害防治。

子项目一 切花月季栽培技术

【项目目标】

1. 熟练掌握切花月季栽培流程。
2. 能举一反三，熟悉相似花卉的繁殖技术。

【项目分析】

该项目重点为切花月季的生长期管理，教师可以借助当地切花生产企业或者本单位切花生产的实际环境，安排学生实际参与，真正掌握切花月季的光照、温度、水肥、土壤、病虫害的管理以及月季采收、分级、贮运等工作。

【知识链接】

一、月季花文化

月季为蔷薇科蔷薇属的落叶小灌木，素有“花中皇后”之称，是我国传统十大名花之一，在国内外有着较高的美誉度和影响力。

二、月季形态特征

月季为落叶灌木或常绿灌木，或蔓状与攀援状藤本植物。茎为棕色偏绿，具有钩刺或无刺。小枝绿色，叶为墨绿色，叶互生，奇数羽状复叶，小叶一般3～5片，宽卵形（椭圆）或卵状长圆形，长2.5～6.0cm，先端渐尖，具尖齿，叶缘有锯齿，两面无毛，光滑；托叶与叶柄合生，全缘或具腺齿，顶端分离为耳状。

花生于枝顶，花朵常簇生，稀单生，花色甚多，色泽各异，径4～5cm，多为重瓣也有单瓣者；萼片尾状长尖，边缘有羽状裂片；花柱分离，伸出萼筒口外，与雄蕊等长；每子房1胚珠。花有微香，花期4～10月（北方），3～11月（南方），春季开花最多，大多数是完全花，或者是两性花。肉质蔷薇果，成熟后呈红黄色，顶部裂开，种子为瘦果，栗褐色。果卵球形或梨形，长1～2cm，萼片脱落。

三、月季生态习性

适应性强，耐寒、耐旱，对土壤要求不严格，但以富含有机质、排水良好的微带酸性沙壤土最好。需日照充足，空气流通，排水性较好而避风的环境，盛夏需适当遮阴。多数品种最适温度白天15～26℃，夜间10～15℃。较耐寒，冬季气温低于5℃即进入休眠。

四、月季主要繁殖方法

大多采用扦插繁殖法，亦可分株、压条繁殖。扦插一年四季均可进行，但以冬季或秋季的硬枝扦插为宜。夏季的绿枝扦插要注意水的管理和温度的控制，否则不易生根；冬季扦插一般在温室或大棚内进行，如露地扦插要注意增加保湿措施。播种繁殖，用于有性杂交育种。对于少数难以生根的品种，则用嫁接繁殖，其砧木以野蔷薇为宜，如黄色系列品种。

五、切花月季市场分析

1．全球切花市场发展预测

随着物质水平提高，人们对精神生活的要求也稳步提高。尽管受到气候条件、市场供需、经济波动等外界条件的影响，但全球切花市场还是呈现出稳步增长的良好趋势。如图7–1所示。

2．中国切花市场区域划分

中国切花市场消费量有23.65%集中在华东地区，18.94%集中在西南地区，华南和华北地区分别占15.53%和15.64%。如图7–2所示。

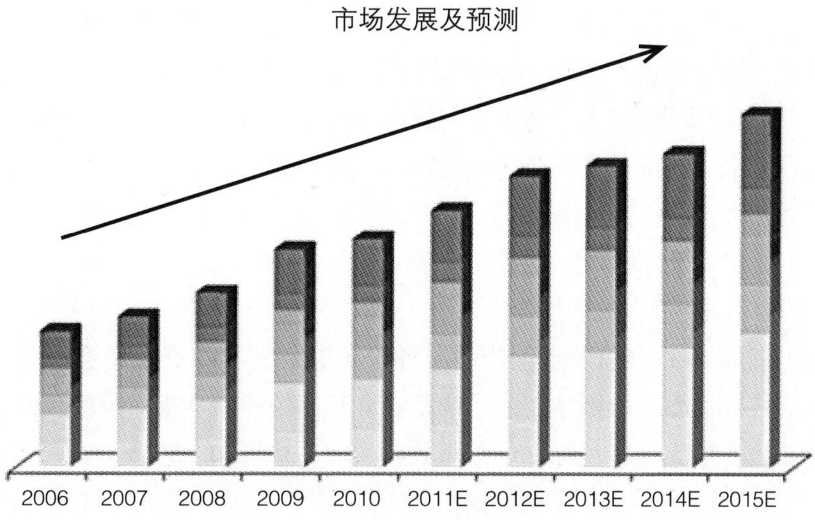

图7-1 切花月季市场发展及预测

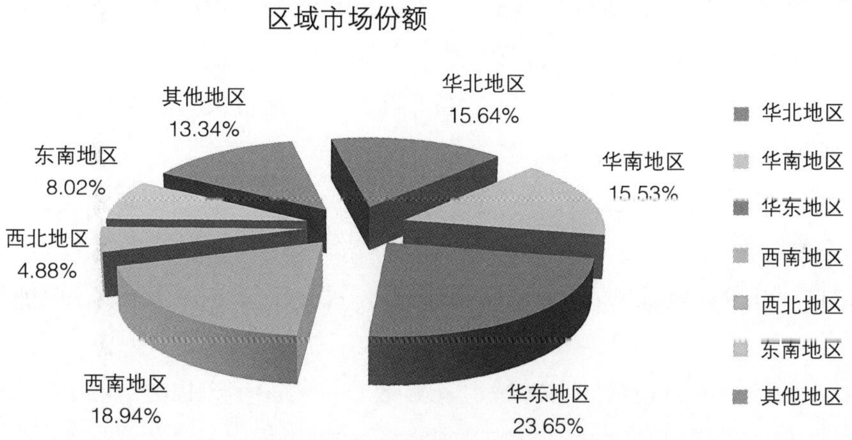

图7-2 切花月季市场区域份额

3．切花月季市场行情分析

切花月季作为传统的四大切花，一直占据切花市场主导地位。预计未来10年月季年消费约20亿枝。

【项目实施】

一、品种选择

切花月季品种选择要结合市场需求、地域气候特征以及栽培目标来确定。常见品种如下。

（1）卡罗拉　鲜红色，高芯卷边大花型，花瓣40～45枚，切枝长度70～90cm，年产量8枝/株，年产90～110枝/m^2，瓶插期13～14d。叶较小，革质，多刺。抗病性强。

（2）法国红　亮红色，高芯卷边大花型，花瓣45枚，切枝长度50～70cm，年产量14枝/株，每m^2年产110～130枝，瓶插期10～11d，叶大革质较亮，刺中等，抗病性强。

（3）祝福　红色，高芯剑瓣大花型，花瓣数40～45枚，切枝长度60～80cm，瓶插期8～10d，刺中等偏多，叶革质光亮，每m^2年产14枝，抗病性强，色彩稳定，不易产生黑边是该品种的优点。此品种由新西兰培育。

（4）明星　深粉色，高芯卷边大花型，花瓣45枚，切枝长度60～80cm，年产量10枝/株，瓶插期7～8d，叶大革质，刺中等，抗病性强。

（5）绿苹果　此品种是目前非常优秀的品种，尤其是在秋冬季市场反映非常好，是少见的颜色，总体品种本身表现也不错，不足之处是枝条没有其他品种长，相对短些，但可重点考虑。

（6）可爱的绿　花型大，颜色绿白色，瓣数40～50，枝长50～60cm，每m^2年产120～140枝，瓶插天数10～12d，抗病性强。

（7）芬得拉　花型大，白色，花瓣数40～50，枝长60～80cm，每m^2年产110～130枝，瓶插天数10～12d，抗病性强。

（8）淑女　粉色，高芯卷边大花型，切枝长度60～80cm，每m^2年产18枝。花瓣35，瓶插期7～8d，大叶革质，刺中等，抗病性强。

（9）火王　红色，多头，切枝长度50～70cm，花瓣35～40，每m^2年产70～90枝，瓶插期12～14d，叶较小，革质，刺偏少，抗病性中等。

（10）金徽章　又名金牌。金黄色大花，高心翘角，花形优美，色彩纯正，枝条直立，枝硬挺直顺。切枝长度60cm。抗病性中等。

（11）白玫瑰　花型大，白色，花瓣数30～40，枝长60～70cm，每m^2年产120～140枝，瓶插天数9～13d，抗病性强。

（12）红柏林　红色，枝长60～70cm，花瓣数35，每m^2年产140～160枝，瓶插寿命10d。夏天不耐高温。

（13）红衣主教　鲜红，枝长50～70cm，花瓣数35，每m^2年产120枝，瓶插寿命7d。抗病性强，但易产生黑边。

二、栽培设施

栽培切花月季主要有大棚、日光温室以及智能温室。我国切花月季生产类型如下。

（1）周年型　适合冬季有加温设备和夏季有降温设备的温室。可以周年产花，但能耗大、成本高。

（2）冬季切花型　适合冬季有加温设备的温室和广东一带的露地和塑料大棚生产。以冬季生产为中心，产花期从8月至翌年6月，是目前切花月季生产的主要类型。

（3）夏秋切花型　适合长江流域及其以北地区的露天及大棚切花生产。产花期4～11月，生产设施简单，成本低，也是日前普遍采用的栽培类型。

切花生产的特点是要求周年供应。为了达到这个目的，采用第一种类型固然可以，但成本高。现在普遍采用的是第二、第三种生产类型相结合的方法，这是一种较为经济的生产方式。

三、周年生产计划

切花月季要求周年供应，为实现这一目标可以通过以下途径实现（见表7-1）。

（1）分批定植　每年3～10月，分批定植，同年可以错开集中采花。一般定植后100d左右采收。对大面积种植或基地建设初期可以采用此法，以后的植株生长和开花调节控制参照下述的方法进行。

（2）温度调节　根据切花月季品种的生长习性和适宜温度的极限范围，调节设施内的温度，可调控10d左右采收。

（3）不同季节采收周期（以昆明为例）　春季55～60d，夏季45～55d，秋季55～65d，冬季65～70d。

（4）对已发枝条进行修剪　此次修剪可使其再发新枝，可调控30～40d。

（5）化学调控方法　喷洒促进或延缓发芽激素，可调控7～15d。秋末冬初喷施赤霉素可以使月季切花提前7～15d采收。由于喷施激素受温度、浓度、品种及时期等影响，喷施激素对花形和整体感影响较大，因此应注意使用时期、浓度和品种。

（6）修剪　株形间植株产花枝修剪高度不同，采收花时间不同，可调控5～7d。

表7-1　　切花月季周年生产安排

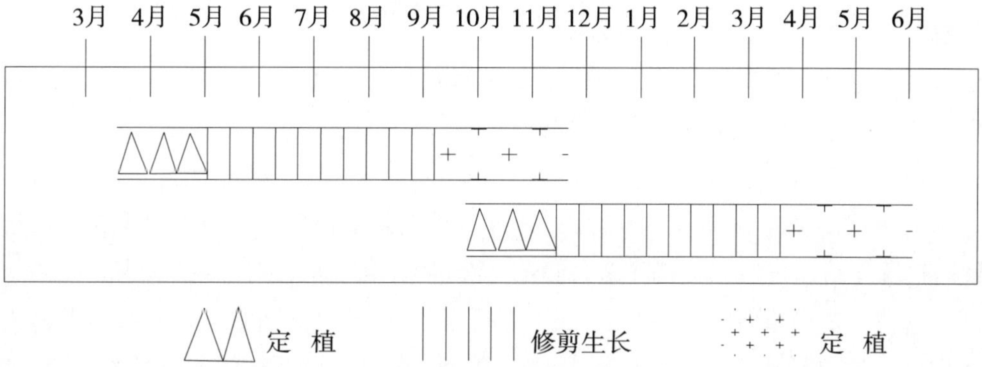

四、基质准备

切花月季生长年限较长，一般4～5年才更换1次，所以栽种前必须深翻土地，加足基肥，以改良土壤。同时将土壤消毒，彻底消灭病虫害。还要按要求做好畦。畦的形式有两种：低畦，浇水方便，北方温室多采用这种方式；高畦，排水好，适合南方多雨水地区露地栽种。温室内如铺设专门的底部喷灌或浇水管道时，采用高畦栽种较好，因为高畦冬季可适当提高地温。

五、定植技术

1．定植方式

（1）二行式　每畦2行，行距35cm，株距随品种不同有20cm、23cm、25cm和30cm几种，其对应的栽植密度（含通道）分别为10株/m^2、8.7株/m^2、8株/m^2、6.7株/m^2。种植密度主要取决于栽培类型和切花品种。

（2）三行式　每畦3行，行距30cm，作梅花状栽种。温室和露地部分采用这种形式栽种。

（3）四行式　每畦4行，行距25cm，种植时应作梅花状种植，视品种而定。此种形式走道较宽，适合露地种植。

从操作方便程度来看，二行式可隔行操作，因此，温室采用此种方法较多。

2．定植方法

选择根系良好的苗木，按设计好的株行距拉线定点，然后挖穴栽苗，深度以接口与土平为宜。栽苗前可以适当施入基肥。嫁接苗接口朝南，砧木稍向北侧。定植后应浇透水一次，稍干后，如条件允许，土面可用稻草覆盖，以保持湿润，但不能使土壤过湿。

六、修剪技术

1．切花月季的专有名词

（1）主枝与产花枝　从主枝长出的枝条为产花枝，生长正常的主枝应有产花枝2～4枝。

（2）脚芽　从嫁接点以上长的粗壮芽为脚芽，在管理良好的情况下，脚芽可以长成更新的主枝。

（3）砧芽　从非嫁接点所长的原砧木等统称为砧芽。

（4）主蕾与侧蕾　位于枝条中央位置的花蕾称为主蕾，由叶腋长出的花蕾称为侧蕾。

（5）着花枝与封顶条　由主枝上长出的着蕾枝条称为着花枝，是生产切花的枝条。凡是长叶而不着蕾的枝条称为封顶条。

2．整枝修剪

整枝修剪是贯穿整个切花生产过程中的重要管理措施。通过摘心、去蕾、抹芽、折枝、短截等方式，增强树势，促进有效切花枝的形成及发育。

（1）幼苗整枝　芽接苗萌芽后，待有5～6片叶时摘心，之后选择3个粗壮的枝条留作主枝。当主枝粗度达到0.5cm以上时，一般将这3个枝条重剪，幼苗栽植当年秋季就可以采花。切接苗则对嫩梢摘心，及时摘除花蕾，之后通过抹除多余侧芽，经过3～4次摘心过程即可采花。

（2）夏季修剪　夏季修剪时间大多数在6～7月，常采用捻枝与折枝法。捻枝法是将枝条扭曲下弯，不伤木质部。折枝是将枝条部分折伤下弯，但不断离树体。捻枝修剪前2周要停止灌水，控制水量，这样枝条易于弯曲，还能防止伤口出现伤流。高度控制在50～60cm，一般对比较老的枝条进行短截或疏剪，对壮枝进行捻枝、折枝，并在折枝口前保留一定量的叶片，捻枝后的枝条是作为营养枝保留，到翌年2～3月份，枝条开始枯萎后剪除。

（3）冬季修剪　露地栽培应在萌芽前1个月左右进行，不加温的大棚栽培可在最后一次采花后，使棚内温度降低到自然低温，植株进入休眠状态时进行。通常在剪除弱枝、病虫枝后，用回缩修剪方法留主要骨干枝3～4枝，高度一般为30～40cm。

（4）日常修剪　① 经常检查，及时剥除开花枝条上的侧芽和侧蕾；② 及时除去砧木萌发的脚芽；③ 及时剪除并销毁病枝、病叶；④ 及时对弱枝摘除花蕾或摘心、短截；⑤ 重视整体树势的均衡，考虑主枝分布与高度的均衡，剪切的剪口芽，一般都应留外侧芽；⑥ 切花枝剪切一般保留2枚5小叶，剪口应在留芽芽尖上方3～5mm处。

七、环境控制技术

（1）温度控制　一般品种要求夜温16～17℃，但“萨曼莎”等品种则要求18～20℃，而“索尼亚”、“玛丽娜”等低温品种只要求14～15℃。白天温度一般以23～25℃为宜，夏季高温时则宜控制在26～27℃为最好。

（2）肥水控制　切花月季采花季节修剪重，对肥水需求量大，应定期中耕松土，结合肥水进行管理，每次采花后都要追肥一次，施肥配比为N：P：K=1：1：2，并结合叶面交替进行，叶面肥中加入铁盐、镁肥和钙肥。

（3）立支架　当切花月季苗长到一定高度时，要沿种植床的长轴设立支架，在种植床的四角设四根支柱，长轴两侧每隔3～5m立一根木或钢筋支柱，然后在1～1.5m高度处围粗铁线。这样使种植床上的月季外侧都有铁丝支撑，一是便于管理操作，二是整齐、美观，三是通风透光性好，防治病害发生。

八、病虫害防治技术

1. 主要病害

（1）月季黑斑病　主要危害月季叶片，一般叶质较嫩，角质层薄及浅色花品种较易感病。防治方法为：秋冬季节及时清除病叶和病枝；加强栽培管理，提高植株生长势；选择抗病品种，并注意选用抗病砧木；交替使用药剂防治。喷洒75%百菌清可湿性粉剂700倍液。

（2）月季白粉病　主要浸染月季的叶片、嫩梢和花蕾等。防治方法为：及时清理病枝病叶；通风透光；发芽前喷洒波尔多液，生长期喷50%的苯莱特可湿性粉剂1500～2000倍液；选用适合本地区栽植的抗白粉病品种。

（3）月季灰霉病　主要危害月季叶片、花芽、花蕾及花朵，也可以危害幼芽。防治方法：及时清除患病组织；合理密植以利通风透光，降低环境湿度，控制氮肥施用量，增施钙肥、钾肥；生长季节喷洒50%苯莱特可湿性粉剂1000倍液。

（4）月季霜霉病　危害植株所有地上部分。防治方法为：休眠期清除病枝枯叶；避免大水漫灌。温室栽培应注意通风透气，控制相对湿度在85%以下、温度27℃左右；生长初期可喷波尔多液或75%百菌清可湿性粉剂800倍液。

2. 切花月季主要虫害

（1）玫瑰巾夜蛾　以幼虫取食嫩叶、花蕾和花瓣，造成叶片、花朵残缺不全或花蕾开花异常。防治方法为：黑光灯诱杀成虫；冬季结合清园挖除越冬蛹；幼虫危害期可人工捕杀或90%敌百虫1000倍液或80%敌敌畏乳油1000倍液或50%杀螟松乳油1000倍液喷雾。

（2）月季长管蚜　以成虫或若虫群集于植株的新稍、嫩叶和花蕾上，刺吸汁液为害。防治方法为：在冬季或早春剪除蚜稍叶，集中处理；发生危害期及时检查，可采用刷除进行早期处理，大量发生时用40%氧化乐果1000倍液或鱼藤精1000倍液喷雾防治；放置黄色黏胶板诱杀有翅蚜；注意保护和利用瓢虫、食蚜蝇和草蛉等天敌。

（3）二点叶螨　以成螨和若螨在叶背吸汁危害。防治方法为：及时清除杂草和残枝虫叶，减少虫源；保持通风良好，避免干旱及温度过高；秋冬季节可喷洒石硫合剂杀死枝干上越冬的成螨和若螨；发生期用20%速螨酮可湿性粉剂4000倍液喷洒在叶背面。

九、采收技术

（1）采收标准　作远距离运输时，花萼略有松散；兼作远距离和近距离运输时，花瓣伸出萼片；就近采收时，外层花瓣开始松散；尽快出手时，内层花瓣开始松散。

（2）采收时间　鲜切花的种类繁多，同一种类的不同品种采收时间也有不同。月季属于采收后失水较快的切花种类，适宜上午采收。也可以在下午4：30之后采收。实际生产中应根据劳力和运输时间合理安排采收时间。

（3）剪切部位　一般来说，采收剪切部位是保留5片小叶的2个节位，俗称“5留2”。

十、分级、贮藏

（1）分级　切下的花枝在清水中浸4h后，取出，去下部叶和刺，可用皮手套去除刺和叶，然后按照花色、品种进行分级，详见附录Ⅰ。

（2）贮藏　分级后按级包扎，用薄塑料小袋将每枝花头罩好，每束再以高密度聚乙烯塑料袋包装，预冷后入0.5～1℃、相对湿度90%～95%的冷库中贮藏。

【项目考核】

考核标准见表7–2。

表7–2　切花月季栽培技术考核表

考核内容	考核标准	分值	得分	教师评价
品种选择	品种符合当地气候条件；满足生产需要	5		
栽培设施选择	栽培设施选择适当，满足生产计划要求	5		
生产安排制定	生产计划制定合理，能实现周年供花	10		
基质准备	基质准备适合月季栽培	5		
定植技术	定植方式合理，方法正确	5		
修剪技术	修剪方法选择合适，方式正确	30		
环境控制技术	温度、水分、肥料控制适宜	20		
病虫害防治技术	枝干、花朵、叶片无明显病虫害	10		
采收技术	采收时期适宜，方法正确	5		
分级及贮藏技术	分级正确、贮藏环境适合	5		

子项目二　切花百合栽培技术

【项目目标】

1. 熟练掌握切花百合栽培流程。
2. 能举一反三，熟悉相似花卉的繁殖技术。

【项目分析】

该项目重点为切花百合的生长期管理，教师可以借助当地切花生产企业或者本单位切花生产的实际环境，安排学生实际参与，真正掌握切花百合的光照、温度、水肥、土壤、病虫害的管理以及月季采收、分级、贮运等工作。

【知识链接】

一、百合花文化

百合为百合科百合属鳞茎类球根花卉，有百年好合之意，在婚庆场合经常用到；同时还有百事合意的意思，喻意和睦、团聚；在喜庆节日人们常以百合作为馈赠礼品，成为中华民族的吉祥之物。

二、百合形态特征

多年生球根草本花卉，株高40～60cm。茎直立，不分枝，草绿色，茎秆基部带红色或紫褐色斑点。地下具鳞茎，鳞茎阔卵形或披针形，白色或淡黄色，直径由6～8cm的肉质鳞片抱合成球形，外有膜质层。多数须根生于球基部。单叶，互生，狭线形，无叶柄，直接包生于茎秆上，叶脉平行。花着生于茎秆顶端，呈总状花序，簇生或单生，花冠较大，花筒较长，呈漏斗形喇叭状，6裂无萼片，因茎秆纤细，花朵大，开放时常下垂或平伸；花色因品种不同而色彩多样，多为黄色、白色、粉红、橙红，有的具紫色或黑色斑点，花瓣有平展的，有向外翻卷的，花有香气。蒴果，椭圆形。

三、百合生态习性

（1）温度　百合喜欢冷凉气候，开花最适宜日温20～25℃，夜温10～15℃。耐寒怕酷暑，在10～15℃内，花芽分化随温度升高而越早花芽分化，30℃以上花芽分化受抑制，5℃以下花停止开放。

（2）光照　百合属于长日照花卉，生长期要求阳光充足，但大多数百合更适合略有遮阴的环境，以自然光照70%～80%为好，尤其是幼苗。

（3）水分　最适宜相对湿度为80%～85%，且湿度要稳定，不宜有太大变化，否则易引起叶烧病。

（4）土壤　百合对土壤要求不严，适应性强，但以疏松、透气、肥沃、腐殖质含量高的微酸性沙质土壤为好，忌土壤高盐分。

四、百合主要繁殖方法

百合的繁殖方法有播种、分小鳞茎、鳞片扦插和分株芽等4种方法，可根据需要任选一种。

（1）播种法繁殖　播种属有性繁殖，主要在育种上应用。方法是秋季采收种子，贮藏到翌年春天播种。播后约20～30d发芽。幼苗期要适当遮阳。入秋时，地下部分已形成小鳞茎，即可挖出分栽。播种实生苗因种类的不同，有的3年开花，也有的需培养多年才能开花。因此，此法家庭不宜采用。

（2）分小鳞茎法　如果需要繁殖1株或几株，可采用此法。通常在老鳞茎的茎盘外围长有一些小鳞茎。在9～10月收获百合时，可把这些小鳞茎分离下来，贮藏在室内的沙中越冬。第2年春季上盆栽种。培养到第3年9～10月，即可长成大鳞茎而培育成大植株。此法繁殖量小，只适宜家庭盆栽繁殖。

（3）鳞片扦插法　此法可用于中等数量的繁殖。秋天挖出鳞茎，将老鳞上充实、肥厚的鳞片逐个分掰下来，每个鳞片的基部应带有一小部分茎盘，稍阴干，然后扦插于盛好河沙（或蛭石）的花盆或浅木箱中，让鳞片的2/3插入基质，保持基质一定湿度，在20°左右条件下，约1个半月，鳞片伤口处即生根。冬季湿度宜保持18°左右，河沙不要过湿。培养到次年春季，鳞片即可长出小鳞茎，将它们分出来，栽入盆中，加以精心管理，培养3年左右即可开花。

（4）分珠芽法　分珠芽法繁殖仅适用于少数种类。如卷丹、黄铁炮等百合多用此法。做法是：将地上茎叶腋处形成的小鳞茎（又称“珠芽”，在夏季珠芽已充分长大，但尚未脱落时）取下来培养。从长成大鳞茎至开花，通常需要2～4年的时间。为促使多生小珠芽供繁殖用，可在植株开花后，将地上茎压倒并浅埋土中，将地上茎分成每段带3～4片叶的小段，浅埋茎节于湿沙中，则叶腋间均可长出小珠芽。

五、切花百合市场分析

切花百合作为新兴切花，已经跻身“世界五大切花”之一，是花卉市场最重要的切花品种。尤其浅色品种西伯利亚（白色）已经成为炎热夏季新宠，销量居首。

【项目实施】

一、品种选择

目前生产上作切花栽培的百合主要有亚洲百合、东方百合、麝香百合三大种类，近年又出现了麝香百合与东方百合的杂交品种，见表7-3。

表7-3　百合种系

种系	生长周期	定植到开花时间	特点	对环境条件的要求
亚洲百合杂种系	较短	84～105d	花色鲜艳，丰富，花苞向上	生长前期和花芽分化期适宜温度为日温18℃左右，夜温10℃；花芽分化后需较高温度，日温23～25℃，夜温12℃，一般夏季需遮光50%，冬季需要补光
东方百合杂种系	长	112d，个别品种需140d	花型丰富，花朵平伸型、碗型；花色丰富，花瓣质感好，有香气	要求温度较高，生长前期和花芽分化期为日温20℃左右，夜温15℃，夏季需遮光60%～70%，冬季在设施中栽培对光照敏感度较低，但对温度要求较高，特别是夜温
麝香百合杂种系	较长	98～126d，个别品种仅需70d	花为喇叭筒状，平伸或下垂，易染病毒，花色主要为白色。属高温性百合	日温25～28℃，夜温18～20℃，生长前期适当低温有利于生根和花芽分化。夏季需要遮光50%，冬季在设施中增加光照对开花有利

全球百合切花栽培品种达270以上，优良的品种主要从荷兰、日本引进。经过几年的栽培试验，目前已经筛选出一批适合我国生产的切花品种，见表7–4。

表7-4　适合我国生产的切花百合品种

品名	花色	株高/cm	主要特征
阿拉斯加	白色；无斑点	100	生长旺盛，适应性强，早花品种
纳沃纳	白色	110	花蕾对光照不足敏感性较低，中花品种，适宜作冬季切花
妮薇亚	乳白色，具紫红色斑点	120	生长旺盛，中花品种，一年四季切花栽培
伦敦	黄色，具紫红色斑点	130	生长旺盛，观赏价值高，中花品种，一年四季切花栽培
马德里丝	金黄色，无斑点	110	瓶插寿命长，中花品种
凤眼	深黄色，具紫红色斑点	135	晚花品种
罗马诺	黄色，无斑点	110	瓶插寿命长，早花品种
拉特亚	暗红色，无斑点	125	中花品种
安汶特	粉色，具淡紫色斑点	100	早花品种
蒙特历克斯	粉色，具紫色斑点	120	晚花品种，一年四季切花栽培
精粹	橙色，无斑点	125	中花品种，一年四季切花栽培
格拉莎苏	橙色，花瓣2/3紫褐色斑点	110	中花品种
意大利	花瓣上部粉色，下部黄色，具紫红色斑点	100	晚花品种
苏波特	花瓣中下部白色，端部粉色，基部具紫红色斑点	125	中花品种
依莱特可	花瓣边缘白色，中央橙红色，具紫褐色斑点	120	中花品种
阿罕布什	纯白色，具紫红色斑点	130	极晚花品种，一年四季切花栽培
阿曼达	白色，无斑点	125	晚花品种
卡萨布兰卡	白色，无斑点	120	极晚花品种，一年四季切花栽培
大西洋	粉红色，边缘白色，具紫红色斑点	130	中花品种
观景台	粉色，基部黄色，具紫红色斑点	100	中花品种
舞台	花瓣边缘白色，上部红色，下部黄色，具紫红色斑点	125	晚花品种
闪光之星	花瓣边缘白色，其余红色，具紫红色斑点	100	中花品种，是目前中国广为栽培的品种

续表

品名	花色	株高/cm	主要特征
爱维塔	白色	120	晚花品种，一年四季切花栽培
白狐	乳白色	115	晚花品种
白色欧洲	白色	95	晚花品种
都娜	肉色，具紫红色斑点	100	中花品种

二、栽培设施

南方地区尤其华南地区冬春温暖，可用塑料大棚生产栽培，夏季荫棚栽种，秋季可露地栽种；而北方地区以温室栽培为主。

三、周年生产计划

切花百合周年生产安排见表7-5。

表7-5　　切花百合周年生产安排表

<table>
<tr><th>月份
栽培型</th><th>5</th><th>6</th><th>7</th><th>8</th><th>9</th><th>10</th><th>11</th><th>12</th><th>1</th><th>2</th><th>3</th><th>4</th><th>5</th><th>6</th><th>7</th><th>8</th></tr>
<tr><td>露地栽培</td><td colspan="16">…………… ———————————— ======</td></tr>
<tr><td>抑制栽培</td><td colspan="16">※※※※※※※※※※※※※._._._._._====</td></tr>
<tr><td>早期促成栽培</td><td colspan="16">※※※※_._._≈≈≈⌒=======</td></tr>
<tr><td>促成栽培</td><td colspan="16">☆–☆–☆–_.≈≈≈.≈≈⌒========</td></tr>
<tr><td>半促成栽培</td><td colspan="16">……… // // // // // //≈≈≈≈≈=⌒==</td></tr>
</table>

注：……定植，=开花期，※–2℃低温冷藏，⌒保湿，≈加温，☆3～5℃低温处理。

四、前期准备

（1）基质选择　百合喜欢微酸性土壤，要求pH5.5～6.5最佳。不耐盐，EC值为1.5mS/cm以下，氟和氯的含量在50mg/L以下。对环境中病毒敏感，忌连作。选择丹麦进口的品氏泥炭与蛭石按4∶1混合，作为栽培基质，使用前调节pH，第1次使用前可以不消毒。

（2）基质消毒　能源充足地区采用蒸汽消毒，其他可以采用化学消毒方法，具体做法为：用40%甲醛配制成1∶50药液泼洒在基质中，用量为25kg/m^2，并用塑料薄膜覆盖7～10d，之后揭膜晾晒10～15d即可使用。

（3）整地　整成畦面宽75cm，高50cm，畦面平整。沟宽60cm，便于排水。

（4）施基肥　使用完全腐熟的饼肥，每667m^2施用3～5m^3基肥。

（5）种球准备及种植前处理　亚洲百合杂种系和麝香百合杂种系选用种球围径12～14cm，东方百合杂种系选用围径16～18cm为宜。种球购回后，应放置于10～15℃环境中缓缓解冻后种植。

五、种植技术

（1）种植时间　不同目标花期，不同品种种植时期不同。

（2）种植密度　株行距可以采用10～15cm×15～20cm，夏季宜稀，冬季略密。

（3）种植深度　秋季种植深度为8～10cm，冬季种植深度为6～8cm。盖土过程保持种球直立，土亦不需压实。

（4）品种标识　将品种名称、批号、规格、来源、种植日期、种植人员等信息写在花畦的标志牌上。

（5）浇水　浇水要透且均匀，透水深度在种球以下5～6cm。

六、苗期管理

（1）水分　土壤表层保持湿润，适时浇水。土壤含水量是否合适，简单检测标准为手握泥土有水渗出但不下滴为宜。

（2）空气湿度　空气湿度保持在60%～80%，且相对稳定。

（3）温度　亚洲百合、东方百合适宜日温为20～25℃，麝香百合为25～28℃，夜温在14℃以上。

（4）光照　苗期要遮光，适宜光照强度为5000～12 000lx。

（5）通风　冬季覆盖薄膜时应注意通风，但薄膜外温度、湿度过低时应减少通风。

（6）病虫害　苗期主要是丝核菌危害幼芽，可采用35%多克福800倍液浇透土表10cm预防。

七、生长期管理

（1）施肥　种植1周后宜采用含氮略高的肥料追肥，具体做法为：每667m^2施用尿素3kg+硝酸钾5kg+磷酸二氢钾1kg，溶于水，浓度为0.5%～1.0%施入土中。

（2）温度　品种、发育阶段不同，温度要求也不同，具体要求见表7-6。

表7-6　三大杂种百合具体发育阶段温度要求　单位：℃

杂种系	最低温度	生根最佳温度	生长最佳温度	花芽分化最佳温度	开花温度	最高温度
亚洲百合	8	12～13	15～17	白天：18 晚上：10	白天：22～25 晚上：12	25
东方百合	11	12～13	14～15	白天：20 晚上：15	白天：23～25 晚上：15	28
麝香百合	13	12～13	16～18	白天：27 晚上：18	白天：25～28 晚上：18～20	32

（3）湿度　空气湿度保持在70%～80%，不可剧烈变化，否则会引起叶烧病。

（4）架网　在株高15～30cm时，要定制跟株行距一致的尼龙网，在床面四周打下木桩或铁桩张网，随植株升高可将网向上提升至花絮下部。目的是防止植株倒伏，保证切花质量。

八、生殖期管理

（1）施肥　采用叶面喷肥，蕾期应加大钾肥比例，即0.2%硝酸钾+0.1%磷酸二氢钾，间隔期

15d，直至切花采收前2周停止施肥。

（2）温度　蕾期温度比生长期略高2～5℃，但不可超过28℃。

（3）光照　以元旦和春节为目标花期的切花百合应适当人工补光，但以十一为目标花期的切花百合在阳光强烈的中午必须遮阴，遮阴时间为10：00～15：00。

（4）空气湿度　蕾期相对湿度较低，控制在30%～60%，并适当加强通风。

（5）花蕾整理　现蕾期易出现叶烧病，严重时叶片大面积变褐，水渍状，包裹幼蕾导致幼蕾腐烂，此时应人工剥开幼叶，露出幼蕾，并根据品种特性和市场需求适当疏蕾，保证花蕾发育均匀。

九、主要病虫害

镰刀菌茎腐病：防治方法为敌克松800倍+代森锌1000倍+恶霉灵3000倍灌根。

百合灰霉病：防治方法为75%百菌清500倍+多菌灵500倍叶面喷施。

百合疫病：防治方法为25%甲霜灵500倍喷施叶面，淋湿根部。

百合花叶病：防治方法为拔除病株，加强对蚜虫的控制，减少病毒侵染机会。

蚜虫防治方法为：1.8%阿菌素乳油2000～4000倍液，20%氰戊菊酯乳油1000倍液，50%灭蚜威可湿性粉剂1500倍液喷施。

十、切花采收、分级和包装

（1）采收适宜期　当最大的花苞已充分膨胀并着色时即可进行采收，一般5个花蕾以下的花枝必须要有1个着色才可采收，5～10个花蕾的花枝必须要有2个以上着色，10个花蕾以上的花枝必须要有3个花蕾着色才可采收。

（2）采收方法　使用锋利的刀子在距离地面15cm处切割，将花茎基部10cm内的叶片去除，保留5～6片叶，立即进行分级和捆扎。如不能立即分级捆扎，应在30min内放入清水冷藏。

（3）分级和包装　根据品种、花色、花朵数以及茎干长度分级包扎，10枝1束。放入冷库冷藏待运，库温保持2～4℃。

【项目考核】

考核标准见表7–7。

表7–7　切花百合栽培技术考核表

考核内容	考核标准	分值	得分	教师评价
品种选择	品种符合当地气候条件，满足生产需要	5		
栽培设施选择	栽培设施选择适当，满足生产计划要求	5		
生产安排制订	生产计划制订合理，能实现周年供花	10		
基质准备	基质准备适合月季栽培	5		
定植技术	定植方式合理，方法正确	5		
修剪技术	修剪方法选择合适，方式正确	30		

续表

考核内容	考核标准	分值	得分	教师评价
环境控制技术	温度、水分、肥料控制适宜	20		
病虫害防治技术	枝干、花朵、叶片无明显病虫害	10		
采收技术	采收时期适宜，方法正确	5		
分级及贮藏技术	分级正确、贮藏环境适合	5		

子项目三　切花菊花栽培技术

【项目目标】

1. 熟练掌握切花菊花栽培流程。
2. 能举一反三，熟悉相似花卉的繁殖技术。

【项目分析】

该项目重点为切花菊花的生长期管理，教师可以借助当地切花生产企业或者本单位切花生产的实际环境，安排学生实际参与，真正掌握切花菊花的光照、温度、水肥、土壤、病虫害的管理以及采收、分级、储运等工作。

【知识链接】

一、菊花文化

菊花为菊科菊属宿根花卉，是中国十大传统名花之一。历代人们爱菊赏菊，喜爱其不畏寒霜的特性，隐逸、高洁、脱俗，被文人雅士称为四君子（梅、兰、竹、菊）之一。人们爱它的清秀神韵，更爱它凌霜盛开，西风不落的一身傲骨。中国赋予它高尚坚强的情操，以民族精神的象征视为国粹，受人爱重。

二、菊花形态特征及生态习性

茎草质，生长到末期稍呈木质化。根系发达，须根众多，生长正常时根呈嫩白色。茎直立或半蔓性，表面具短柔毛，易生分枝，在自然生长情况下可高达80～150cm。单叶互生，有叶柄，叶片浅裂或深裂，叶缘有锯齿。叶型分正叶、深刻正叶、长叶、葵叶、蓬叶、圆叶和反转叶。花为顶生的头状花序，平时被看作是一朵花的，实际上是一个头状花序，它由几十朵小花组成，密集在一个扁圆形的花托上。被人们叫作一片“花瓣”的，才真正是一朵花。排列在花序外围的是舌状的单性花，中心部分的是筒状的两性花。

菊花的适应性强，对气候和土壤条件要求不严，我国各地均有栽培，微酸、微碱性土壤都能生长。温度在10℃以上隐芽可以萌发，20～25℃的温度最适宜生长。菊花耐干旱，怕积水，喜疏松肥沃含腐殖质多的沙质土壤、凉爽的气候和充足的阳光。

菊花是短日照植物，在春夏长日照的季节里，只能进行营养生长。立秋以后，随着天气的转凉，日照时间的缩短，才能开始花芽分化，孕育花蕾，冒霜开出艳丽的花朵。

三、菊花主要繁殖方法

生产切花的菊花繁殖通常用分株、扦插和组培等方法。

（1）分株　通常夏菊在9月下旬分株，秋菊11月～翌年3月分株，寒菊4～5月份分株较为合适。分株苗的缺点是易于传染母株病毒；下部叶片脱落，开花之后的生长势减弱。其优点是育苗初期一般生长迅速。分株要选择无病、健壮的母株，将稍许露出地面的健壮苗，附带一部分根茎，从母株上切取下来，植于苗床或箱盆之中培养。要注意的是，选取茎短缩、叶重叠呈莲座状的冬芽，需要维持0℃左右的低温30d，才能打破莲座。否则，即使定植在温室里，也不生长。

（2）扦插　用于扦插的菊苗顶芽长到15～18cm时，将其上部剪取6～8cm，用作插穗。侧芽也可用作插穗。插穗要去掉下部叶片后插入基质中，大的叶片剪掉1/2，以减少蒸发。通常使插穗带有3～4片展开叶为宜。扦插能以少量母株繁殖大量的菊花幼苗，而且新生的根系发达，生长强健。通常对于8～9月份开花菊和秋菊的促成栽培，先是加强越冬母株的肥水管理，在2～3月份选取发育良好的顶芽扦插；秋菊的普通栽培，在5～6月份扦插；晚秋菊和寒菊的普通和抑制栽培在6～8月份扦插。

（3）组培　菊花是国内花卉组培率先获得成功的一种花卉，目前已可以顺利地用于生产。

四、切花菊花市场分析

由于生长周期短，旺季时市场价格高，投资切花菊生产成为近年来众多业内外人士热议的投资项目。切花菊市场价格则连续多年保持稳定增长，也带动了种苗、生产、贸易等切花菊产业各个环节的发展，各个产区依托自身优势不断扩大，种植者不断摸索生产模式，品种也不断根据市场需求而调整，呈现多元化。

1．产区范围扩大，特点各不相同

与过去切花菊生产集中在沿海城市不同，近年来国内切花菊的生产区域逐步扩散，目前已经遍布除西部少数省份以外的各个地区。生产规模较大的产区是山东、云南、海南，气候与物流优势是吸引生产者的主要因素。二级产区以江苏、广东、上海、北京为代表，这些地区经济环境优越，发展切花菊具备很多便利条件。福建、广西、河南、贵州等作为新兴产区发展速度也很快，除了满足区域内的消费外，其他产区供货不足时能起到很好的补充。在上述各个产地中，已实现周年供货的只有云南和山东。

在过去的两年中，各个产区在发展过程中也遇到了一些问题。老产区山东面临土壤问题，多年连作使得病虫害严重，而且由于冬季加温成本升高，青岛等地切花菊逐渐难以实现周年生产。最早因物流、贸易顺畅等优势吸引切花菊生产者的主产区上海，生产面积也在逐年减少；气候是影响种植发展的最主要因素，夏季和冬季光照时间长、温湿度不够，严重影响切花菊品质。江苏作为发展迅速的新兴产区，气候条件适宜切花菊生产，宿迁、张家港、连云港、如皋等地都支持外向型农业；此外，由于毗邻上海，产品出口的物流运输条件便利，吸引了很多生产者的目光。

2．两种生产模式各有短长

随着国内切花菊生产区域和规模的扩大，生产者逐渐形成了两种生产模式：一种是在物流、贸易成熟的地区投资高档设施生产，通过技术和生产管理提高产品品质；另一种是低成本投入，粗放式管理，不同季节在不同地区“候鸟”式生产。高档设施生产优势在于能保证周年生产，但由于投资较大，如缺乏技术管理和销售渠道优势，存在较大风险。而在气候适宜地区采用低档设施生产，可以利用成本优势增强竞争力。但在降低成本的同时，生产风险也会增大，而云南则受限于物流运输条件发展缓慢。

3．风险意识薄弱，品种权意识可喜

2007年，我国切花菊出口日本的总量约为6000万支，日本、韩国的进口量逐年加大，国内消费也逐年增长，切花菊出口市场发展潜力巨大。但是生产者的风险意识薄弱令人担忧。日本市场切花菊每支价格在10～100日元间浮动，同一产品的价格一年内相差可达近10倍，市场空间大，风险同样很大。此外，种植者绝大部分种苗是自繁自用，产品品质难以提升，品种退化导致产品的整齐度差也应该引起高度重视。

可喜的是，切花菊从业者的整体素质在不断提高，一些专业从事外贸的投资商陆续加入切花菊生产，他们熟悉市场，了解贸易规则，产品生产和销售的针对性更强，盲目投资比例大大减少。出口品种单一的局面逐步改善。日本市场目前流行的多头小菊束花，主要靠本土和马来西亚生产。虽然多头小菊对生产技术和设施的要求更高，但国内一部分技术较为成熟的企业已开始增量扩产。从日本引入的夏季切花菊品种‘优香’，出口市场非常畅销，目前国内大部分生产者主动交纳品种保护费，切花菊生产者这种立足长远的发展意识值得业界借鉴。

【项目实施】

一、品种选择

现在我国种植的鲜切菊主要是以出口日本、韩国和俄罗斯为主，故栽培品种一般选择日本品种。在全国的各个生产基地由于进口商不同，种植的品种也有差异，但几个主栽品种还是不变的。如秋菊有“神马”“黄金”“新年”（保护品种）等；夏菊有“优香”（保护品种）“岩白扇”（保护品种）“秋风”（黄色品种）“精海”（保护品种）“四季白”等。

二、茬口安排

目前国内种植的切花菊大多以出口日本为主，其茬口也往往根据日本市场来定。日本菊花市场的高峰有4个节日，分别是3月份的春分节、8月份的盂兰盆节、9月份的秋分节和12月份的年霄节，故国内的定植茬口也是根据这几个节日来确定。一般10月中、下旬至11月中旬开始种植第2年3月份出口的菊花（品种以“神马”和“黄金”为主），然后休地1个月，4月下旬至6月中旬种8～9月份出口的菊花（品种以“优香”、“岩白扇”为主）。这个茬口可以种植陆地小拱棚。另外主栽的“神马”品种自然花期在10月中、下旬，这样可以安排7月份定植“神马”，然后自然成花，但这个茬口往往日本市场很差，可以考虑韩国和俄罗斯市场。8月中旬至9月上旬定植，安排年霄节茬口。以上各个茬口安排是充分考虑日本市场承受力的情况下安排的，每个基地可以根据自己的实际情况从中选择茬口安排，一般日本市场从12月份到来年的4月份都缺花，在我国的南方种植基地可以利用地域优势主要安排在这个季节出花，其定植时间为8～12月份。

三、种苗培育

优质的插穗是关系到切花生产成败的重要一环，因此种苗生产是切花生产的重中之重。只有母株生长健壮才能采到优质的插穗，因此，培育健壮的母株也是切花生产的关键之一。

1．母株的培育

（1）利用脚芽繁殖母株　脚芽是指植株的老根经过低温后由根系上重新萌蘖生出的新的植株。脚芽生理年龄低，活性高，带病毒概率低，是繁育种苗的首选。脚芽的获得方法（以“神马”切花菊为例）：每年按“神马”的自然花期露地种植，开花后把具有神马品种典型特性的植株标记起来，11月份把标记好的植株老根移到温室中，向北倾斜45°定植，根系在一个平面上，覆土2～3cm，保持温度8～10℃一个月，然后转入正常管理，白天18～25℃，夜温保持在16℃以上，湿度70%左右。这样很快就会生出脚芽，把脚芽移植后就可作母株了。

（2）利用组织培养繁殖脱毒母株　在具有品种典型特性的植株上取芽，取芽后经过消毒处理再挑取植株生长点进行组织培养，待培养出脱毒苗后进行扩繁，然后把试管苗移入网室中进行种植。移植前可先把试管苗假植在蛭石、草碳按1：1混合基质中，2周后生根。脱毒苗不宜直接作为栽培苗使用（激素水平比较高），可用于母株栽培，然后生产的插穗即可用于生产。网室中的脱毒苗可作为原种继续保留使用。

2．母株种植

母株应定植在高畦上，畦高20cm，宽80cm，定植株行距为20cm×20cm，呈等腰三角形状定植，这样可以很好的保证母本苗的采光和通风。母本苗定植缓苗后，即可保留2～3片叶进行摘心，摘心后可喷施一次广谱性杀菌剂，防止病害发生。生长的适宜温度18～25℃，湿度可控制在70%左右，一般摘心后17～20d就可以采穗。母株种植最好24h照明，但根据生产实际情况一般光照时间最少在16h以上，光照强度50lx以上。母株栽培周期短，使用肥料以氮肥为主，但也要注意均衡施肥。一般追肥以氮肥为主，基肥以磷钾肥为主。采穗时可根据手感来判断肥料的使用情况，一般施肥正常的插穗采时既脆又有弹性；氮肥偏多时很脆但无弹性，扦插后易腐烂；钾肥偏多的插穗采时不脆且有纤维相连，即采穗时能拉出丝状物。母株定植一般10周为1个周期，如发现采的插穗出现空心和白心现象，则说明母株已老化，应立即进行更换。

3．扦插育苗

扦插育苗的关键是插穗的分选、基质的选择、激素的使用和插穗及基质的药剂处理。

（1）插穗的分选　采穗后进行分级挑选，直径3.5～4cm的插穗为一级穗，3.0～3.5cm的为二级穗，2.5～3.0cm的为三级穗。在分选过程中除去病残苗、黄化苗、空心苗、红心苗、老化苗等不良插条。

（2）基质的选择　扦插用的基质很多，可以根据生产基地实际情况使用不同的基质，常用的基质有清河沙（不能太细，太细透水性不好，也不能太粗，那样保水性差，一般选择直径1～2mm的清水河沙）、珍珠岩与蛭石1：1的混合基质、珍珠岩与炭化稻壳2：1的混合基质，也可只用草炭土作基质。其中使用草炭土基质利用108孔穴盘育苗效果最好。

（3）扦插床的制作　沙床一般宽1m，长度根据棚室的实际情况来定。一般用砖砌成高度20～25cm的育苗床，内填充15～20cm的扦插基质，同时在扦插池中间铺设一条微喷管道，用于喷水。在扦插床上1.7m高度架设补光灯，保证扦插池最小光照度50lx以上。利用穴盘育苗时，应把穴盘架设在支撑物上，使其与地面隔离，这样可以使喷淋的水迅速流掉，防止沤根，同时也防止穴盘苗的根系和土壤结合在一起。

（4）基质和插穗消毒　扦插床每次使用之前必须不断翻动床内基质，利用太阳光进行暴晒消毒，每次使用时还应用五氯硝基苯、多菌灵和一些土壤杀虫剂混合洒在插床内，也可使用敌克松200倍液喷洒插床。每次扦插时插穗也要进行消毒处理，一般用阿米西达800倍液，或苯咪甲环唑800倍液浸泡10min防白锈病，也可用百菌清1000倍液浸泡进行综合防治。药剂处理1h后就可以用生根剂处理进行扦插。

（5）激素处理　菊花是一种极易生根的植物，但生产上为了使生根更快，发根更多，通常都是使用生根剂。常用的有萘乙酸、吲哚丁酸等，一般使用分析纯的4000倍液速蘸即可。

（6）扦插与管理　扦插前1h，把插床喷透（扦插床表面见明水即可），扦插时先把插床整平后打孔，孔深3cm左右，扦插株行距3cm × 4cm，插后立即喷水，保持插床湿度90%左右，插床温度18℃以上，据天气情况前7d应对插床进行遮阳处理。根据不同季节每天喷水4 ~ 6次，一般12 ~ 15d扦插苗生根完好。在定植前应充分照明，减少喷水，同时喷施1次杀虫杀菌剂。

四、栽培管理

（1）土地的选择　菊花喜湿怕涝，栽培时应选择地势相对较高，通风性好的地块进行种植。土壤以沙土和轻壤土为好，土壤pH6.0 ~ 6.5为佳。菊花适应性很强，pH适当高些也能生长，故生产是根据当地的实际情况进行土地选择。最重要的是选择排水好的地块，不能有积水。

（2）整地施肥　整地施肥时应根据不同的土壤条件和不同的菊花品种分别采用不同的施肥方法。因不同的品种对肥力的要求不一样，所以在整地时施入的肥料也应不同。例如“神马”喜肥耐肥，而“优香”则相对需肥量较少。栽培“神马”时，由于“神马”在整个生长期需要的氮磷钾比例为1：1：1，即氮磷钾每667m^2各施入15kg，根据土壤实际情况，由于沙土和轻壤土保水保肥能力差，一般在定植前1个月每667m^2各施入15kg磷肥和5kg钾肥作基肥，种植前1周再施入5kg氮肥。同时每667m^2再施入10m^3牛粪和2m^3草炭土以改良土壤，另加5kg五氯硝基苯均匀撒入土壤中深翻。其他化学肥料分次追施到土壤中去，前期追施肥以氮肥为主，后期以钾肥为主。黏重的土壤保水保肥能力强，透气性差，定植前1个月每667m^2施入磷、钾肥分别为10和15kg作基肥，种植前1周再施入10kg氮肥；同时为改良土壤，增加土壤透气性，每667m^2施入牛粪等有机肥12m^3，秸秆15m^3，为防土传病害还要施入5kg五氯硝基苯，其他化学肥料再分次追施到土壤中去。“优香”的施肥量一般是“神马”的60%。施肥后土地深耕30cm以上，然后做畦，高15 ~ 20cm，底宽90cm，上宽80cm，之后铺设滴灌，覆地膜，上定植网后准备定植。

（3）定植　定植前应对定植苗进行分选，除掉病、残苗，把壮苗和细、弱苗分开进行定植。一般把壮苗定植在畦中间，弱苗定植在畦两边，边上通风透光好，这样很快能使定植苗生长势保持一致。定植根据栽培季节的不同定植的时间也不同，一般夏季定植在下午进行，667m^2定植量在28 000株左右，株行距一般采用10cm × 10cm的网格进行定植。定植后立即浇水，浇水量要大，一般要湿润土层25cm以上，同时用遮阳网进行遮阴。冬季一般在晴天的上午进行定植。定植后第2天根据实际情况再回水1次，同时进行扶苗正苗，把由于浇水而裸露在外的根系重新覆土。定植后第3天喷洒

1次广谱性杀菌剂或用于防治土传病害的药剂，如百菌清、多菌灵，恶霉灵、根病治等药剂。

（4）肥水管理　菊花喜湿怕涝，浇水的原则是见干见湿，每次浇水要浇透。一般定植10d后基本已开始生长，这是由于根系还比较弱，土壤中的肥料吸收还比较少，可用一些冲施肥，如氨基酸类冲施肥、微量元素类冲施肥或海藻肥、甲壳素等。每10d施1次肥料，冲施肥和化学肥料混合使用。苗子定植前期，由于浇水或苗子本身差异，植株生长势会有些不同，这时可以用稀浓度的肥料水偏施给那些低矮、生长势慢的植株，也可对一些生长势过快的植株摘除部分叶片，使其生长势降低，通过调整使植株生长势一致。在苗子长到30cm左右时可根据实际长势追施1次富含磷钾的肥料，667m^2追施15kg；当植株长到55～60cm时，追施1次钾肥，降低浇水量使植株进入生殖生长阶段。进入生殖生长后尽量少浇水，可以叶面喷施一些叶面肥。

（5）提网、抹蕾、抹芽　当网上植株高度达到15cm左右时要及时提网，要在晴天的下午进行，因为这时叶子比较柔软，提网时不易受损伤。提网时两人同时站在畦的两边同时提起，防止植株弯曲。一般花芽分化18d左右开始出现腋芽，当腋芽生长至2cm时要及时抹掉，抹芽时用中指和食指拖住叶柄，用拇指抹掉腋芽。花芽分化26～30d时，主蕾边上的侧蕾已长到绿豆粒大小，应及时抹掉侧蕾，防止其影响主蕾生长。

（6）外源激素的使用　在切花菊种植过程中激素是常常被使用的。在定植初期，由于浇水或苗子本身活性不同其生长势不同，可对生长较弱的苗子偏施些肥料同时喷洒GA；当苗子长到20～30cm时，应根据实际长势，对比较弱的苗可适当喷洒1500倍的B_9进行调整。调整后如果苗子还相对较细，可在停光时喷洒1次2000倍的B_9，植株现蕾后，当主蕾生长到黄豆粒大小时可使用1次1000倍的B_9控制花脖子，防止脖子过长。如发现花脖子在喷洒B_9后生长还很快，可以再喷1次1000倍的B_9。“优香”在北方生长很慢，应定期使用0.3mg/L左右的GA调整植株生长势，一般每10～15d使用1次。

（7）电照栽培　常用的切花菊品种分为秋菊和夏菊两大系列，国内主栽的秋菊品种为“神马”、“黄金”，主栽的夏菊品种为“优香”、“岩白扇”、“秋风”。无论是哪一个品种，在栽培的特定时期都需要电照。秋菊品种是典型的短日照品种，当自然日照小于14h后就应进行电照补光。补光可用高压钠灯或白炽灯，补光灯的布置应根据灯的实际功率来确定，一般每100w可照射8～10m^2，补光灯应架设在距植株顶端1.7～1.8m的位置，该高度是光照面积和光照强度的最合理搭配。补光时间可以根据日长的缩短而逐渐加长，一般从开始的2h到后期的4h。补光一般是在夜间10时到第2天凌晨2时，这段时间居民用电量小，电压稳定，光照强度好；光照强度要求在50lx以上，“神马”比较耐弱光，光强在35lx以上即可。在某些种植地因变电设施比较小，无法同时对园区的所有种植区进行电照，这时可采用间歇电照，不同的棚室分开时间段来进行电照，国外一些资料介绍可电照6min，停照24min，再电照6min，再停照，这样循环进行。比较成熟的是在“神马”上进行过电照15min，再停照15min，然后再电照15min，这样的循环间歇电照效果很好。间歇电照可以利用计算机编制程序对整个生产区进行控制，也可购买定时器对单个棚室进行控制。夏菊虽对温度特别敏感，但光照对其花芽分化也有影响，如4月份以后种植“优香”和“岩白扇”，前期必须进行电照，人为地控制光照时间，防止花芽分化。当植株高度达到60cm时就应停止电照，使植株转入生殖生长，这时可以适当地控制水分，根据植株长势可以使用B_9来控制株型。停止电照后温度管理特别重要，特别是夜温必须达到18℃以上，且不能高于25℃，否则就会出现畸形现象。

（8）遮光栽培　遮光栽培和电照栽培是相对应的，当自然日长远远高于栽培品种的临界日长时就应对栽培品种进行遮光处理。遮光处理必须使棚室内光照强度小于5lx，在此照度下，直接感觉是把报纸放在眼前也不能看清楚。不同的品种，不同的栽培时间遮光时植株的高度也不同，一般遮光后植株还会生长31～34片叶，根据不同的栽培措施控制叶间距，合理调整遮光时间，通常都在植株长到24～26片叶，株高50～60cm时进行遮光。“神马”生长势很强，一般长到50cm就可以遮光；“黄金”则必须达到60cm以上才可以遮光。遮光材料是影响着光成功与否的重要环节，选择遮光材料时，必须选择延伸性好、不透光、质轻的膜质材料。一般采用外遮和内遮两种方式，外遮即把遮光材料直接覆在外膜上，内遮要在内部架设钢丝成屋状结构，然后上遮光材料。遮光的关键是不能透光，如果遮光不严有漏光现象，就会出现花芽分化不好的现象，如双层萼片、空蕾、花瓣过少等。花芽分化期如温度较高，夜间应把遮光物打开并强制通风，降低棚室温度，凌晨再遮好光。如果遮光期温度长时间高于花芽分化适温，则会造成大量畸形花，出现萼片肥厚、花瓣扭曲和花瓣过少等现象。

（9）柳芽头及防止办法　柳芽头是切花菊生产常见现象，直接影响切花品质。造成柳芽头现象的原因很多，现主要介绍几种。

① 母株原因　当母株是由采花后的老根上采的腋芽进行繁殖的，而不是采的脚芽，这种母本苗生理活性低，采穗栽培后造成柳芽头现象。防止办法：培育健壮母本苗。

② 电照时照度不够　在栽培中由于电压不足或布灯不合理，使电照度长时间小于规定的光照强度（但小的不是太多），这样也会造成柳芽头现象。防止办法：增加光照强度，保证光强501x以上。

③ 花芽分化期温度不合适　温度过高和过低都会造成柳芽头现象。防止办法：创造花芽分化的最适温度。

五、病虫害防治

病虫害防治应以防为主，治为辅。一般每周喷施1次杀菌剂，2次杀虫剂。具体应根据实际情况进行。常见病虫害的防治如下。

（1）菊花白锈病　是一种检疫性病害，发病初期叶片正面有浅黄色小斑点，背面有隆起的孢状物，不久孢状物破裂散出褐色粉状物，对菊花生产地具有毁灭性的危害。防止此病应以春、秋、冬这三个季节为主，这种病害极不易防治，比较有效的药剂为先正达的阿米西达、世高和邦福星乳油。

（2）菊花褐斑病　是一种真菌病害，叶片上出现大小不等的黄色或紫褐色斑点，后扩展为圆形。这种病害容易防治，可用50%的甲基托布津1000倍液、45%的百菌清和多菌灵混合胶悬剂1000倍液喷洒。

（3）菊花霜霉病　是由鞭毛菌亚门真菌引起的病害，主要发生在春季和晚秋，叶片正面有不规则黄斑，背面有灰白色菌丝体产生。一般先从下部叶片开始发病，防治药剂有甲霜灵锰锌、大生M-45、雷多米尔、杜邦克露等。

（4）菊花细菌性枯萎病　病原为（细菌）菊花欧氏杆菌。细菌性枯萎病最明显的症状是茎的上部腐烂，导致末梢枯萎和死亡。剖检病部，可发现病梢基部变为褐色或黑色腐烂。病害偶尔出现叶缘枯焦的症状。病原细菌随病残体在土壤中存活，成为侵染来源。防治措施：种植新菊花之前，对污染的土壤进行热力灭菌；插条移到生根培养基之前，先在抗生素（氯霉素、链霉素、金霉素、土霉素等）1000倍液中浸泡4h，即成为无病植株。

（5）蚜虫　蚜虫是一种迁移性虫害，发生初期可用塑料袋包住有蚜虫的植株，直接清理到棚室外边，深埋销毁。如发生量比较大可用一便净、吡虫啉和久效磷等药剂防治。

（6）粉虱、蓟马、斑潜蝇　此类害虫都能够迁飞，防治时可先用烟熏剂熏蒸（如虫螨净烟剂、棚室净等烟剂），这样既使害虫不死，其迁飞性也会变得很差，此时再用潜克、斑潜王、吡虫啉等药剂喷施就能取得很好的防治效果。

（7）菜青虫、棉铃虫　这些害虫一般抗药性很强不易杀死，初期可以用人工捕捉这些害虫，防治效果很好。后期可用菊酯类药剂进行防治。

六、采收包装

采收包装是切花菊生产最为关键的一个步骤，它关系到整个种植过程所生产的产品是否能够销售。如果说种苗是成花栽培的关键，那么采收包装就是成花产品的关键。采收包装包括采花、运输、杀虫、机选、手选、看花头、打把、浸水保鲜处理、打包、冷库保鲜和销售。

（1）采花　在生产过程中总结出了一些采花小经验，总结为“八不采”：不采严重歪脖花、不采长脖花、不采顶叶过大的花、不采长度不足的花、不采花茎弯曲花、不采开放度不合格的花、不采过细或过粗的花、不采病虫危害的花。采收时应提前1周用清水冲洗叶片，采收时要采花形端正，叶片分布均匀，花朵开放度符合季节要求，花朵外轮花瓣初定，其中有1～2片花瓣前端跷起，且呈现原品种固有色泽；采收长度1m左右，花茎长3cm左右，花茎无弯曲现象，无病虫害；用剪刀齐地面以上5cm剪下，轻轻向下取出，以勿伤花头和叶片为准则；要求花开2～3°、花朵端正、无磨损现象，花朵呈现原品种固有色泽，1～2片花瓣前端跷起，茎下叶片能合抱花蕾。采花应注意：轻拿轻放、花头放齐、无挤压花头现象。日本市场对菊花的质量要求极高，因此采收后要按照分级标准进行分级。

（2）运输　运输要及时，不能让采下的花长时间在棚中存放。运输过程中应轻拿轻放，避免压折叶片、损坏或弄脏花头。一般50枝/捆用草席包裹，用小车运输每次8～9捆，要有专人往外抱运到加工车间，抱花要及时，不能出现积压现象。抱花人员要一手拿花柄，另一只胳膊垫在花头下30cm处，不能有拽拉花头现象。

（3）杀虫　运回加工车间的花要放在缓冲间内，在花头处喷洒一次低毒杀虫剂，杀死运输过程中飞来的小虫后再加工。

（4）机选　现在国内使用的菊花选别机，基本上是日本和韩国生产的，可以根据重量分选4个级别，2L级65～90g，L级55～64g，M级45～54g，其他为等外品。选花时花头与长度标尺钢板应“似贴不贴”，拿花时不能碰折顶部叶片，不能出现磨损花头现象，切花操作工偶然误差不能超过1cm，切花花茎长度为90cm。各个级别的花要及时抱到操作台上进行分选。

（5）手选　手选主要是把花茎有伤痕、弯曲，叶片有病、虫、药害的鲜切花淘汰；在花茎上部20～30cm处摘掉叶3片以上，同侧叶摘掉2片，叶片有污染、有泥土的淘汰掉；把花脖子过长和顶叶过大的淘汰掉。把叶腋处仍留有侧芽侧蕾的应及时抹掉。

（6）选花头打把　选花头的基础是采花。花头大小分级明确，花瓣应无擦伤及污染，花托应占整个花头长度的1/4以上。要特别注意花头的虫害（蚜虫），花头被挤压的应放弃，优级品的花头允许有轻度弯曲。选花头的主要目的是把花头大小一致的放在1扎内，因此选别时1扎内花头的大小差异不能大于0.4cm。打把时花枝长度为85～90cm，每10枝1扎，每扎必须是同一级别。每扎花头必须在一个水平面上，下部对齐。1扎花在花头对齐的情况下花枝长度偶然误差不能超过1.5cm，切口要整齐一致。

（7）浸水保鲜　造成鲜切花鲜度下降的主要原因是花枝吸水不足造成叶片和花头萎蔫，乙烯的产生累积也会使鲜切花鲜度下降。花枝吸水不足主要是水中有细菌，其分泌物阻塞了茎秆维管束，使水分吸收受到影响。生产上可用有机酸降低pH，抑制细菌生长，常用的有苯甲酸、柠檬酸、抗坏血酸等。对乙烯的处理常用一些拮抗剂，如STS、硝酸银等。生产上常用25mg/L的硝酸银溶液来浸泡鲜切菊花。银离子有很强的杀菌作用，但银离子随保鲜液移动很慢，对乙烯的颉颃作用也很小，故装箱时还要加入乙烯清除吸收剂。90cm鲜切花吸水时间大约6～8h，把打好把的花放到25mg/L的硝酸银溶液中，在8℃预冷室内做吸水预冷处理。

（8）打包　打包时先在箱内花头处铺无纺布用来包裹花头，以防止花头受伤。包装时要再仔细检查一遍花头大小是否一致，叶片是否完好，是否有虫害，然后把花头大小一致的10扎装在一个箱内。箱子要符合出口包装要求，在箱上注明包装日期、品种、数量、规格等内容，然后把打好包的箱子放到2℃冷库中保存。

【项目考核】

考核标准见表7-8。

表7-8　　切花菊花栽培技术考核表

考核内容	考核标准	分值	得分	教师评价
品种选择	品种符合当地气候条件；满足生产需要	10		
茬口选择	茬口时间安排合适	10		
种苗选育	种苗繁育方式适当	10		
栽培管理	栽培措施合适，植株生长健壮、整齐	40		
病虫害防治技术	枝干、花朵、叶片无明显病虫害	10		
采收技术	采收时期适宜，方法正确	10		
分级及包装技术	分级正确、包装适当，贮藏环境适合	10		

子项目四　切花香石竹栽培技术

【项目目标】

1. 熟练掌握切花香石竹栽培流程。
2. 能举一反三，熟悉相似花卉的繁殖技术。

【项目分析】

该项目重点为切花香石竹的生长期管理，教师可以借助当地切花生产企业或者本单位切花生产的实际环境，安排学生实际参与，真正掌握切花香石竹的光照、温度、水肥、土壤、病虫害的管理以及采收、分级、贮运等工作。

【知识链接】

一、香石竹文化

香石竹又名康乃馨，花色娇艳芳香，花期长，为大众花卉，是世界畅销的五大切花之一。香石竹是母亲节专用花卉，代表慈祥、温馨、真挚、不求代价的母爱。在家庭瓶插、生日、婚宴庆贺等活动中广泛使用。

二、香石竹形态特征

香石竹为石竹科石竹属多年生草本植物，一般在切花中作一二年生栽培。茎直立，多分枝，株高70～100cm，茎部半木质化。叶对生，线状披针形，全缘，上半部向外弯曲。花单生或2～3朵呈聚伞形状排列，有红、粉、黄、白、复色、单色、重瓣、多花等品种。

三、生态习性

香石竹喜冷凉气候，生长适宜温度为白天20℃，夜间10～15℃，对25℃以上高温适应性差。适于在疏松透水、富含腐殖质的土壤中生长，pH以6.0～6.5为宜。喜空气干燥、土壤湿润的环境。喜充足光照，为中日照植物。

四、香石竹主要繁殖方法

香石竹易受病毒感染，一般以组织培养的方法脱毒而获得脱毒苗，然后扦插繁殖。生产用幼苗的繁殖插条从母株上四季均可以采取。温室栽培以2～3月份和10～11月份为宜。插条长10～12cm，具4～5片对生叶，重约10g，最好采用母株茎中部2～3节生出的侧芽。采后即行扦插。扦插基质可用珍珠岩：草炭按1：2或园田土：砻糠灰按2：1配制。基质厚度以8cm为宜，扦插深度3cm，株行距2cm×3.5cm。插后浇透水，基质温度15℃，21d可生根。扦插后间歇性喷雾，保持叶片不萎蔫为准。夏天扦插，遮光50%。当插条根长约1cm时，进行假植。假植要求日照充足，保温又要通风。床土应施入有机腐熟的堆肥，并彻底消毒。假植间距9～12cm。

五、切花香石竹市场分析

香石竹是世界五大切花之一。近年来，随着农业结构的调整，切花香石竹种植面积迅速扩大，开始出现供大于求的局面，全年切花价格普遍走低，但若能集中在节日市场供应产品，仍能获得较好的效益。

【项目实施】

一、设施配套

香石竹切花栽培在我国南方冬季必须有塑料大棚，夏季需要有遮阳网，生产切花香石竹的大棚应具有密闭性和通风性。合理大棚的基本参数是：一个生产单元要求宽6m，长30m，拱高4m，肩高2.4m。连拱棚应在天沟的两侧开双侧天窗，设置0.70m的开口。固定的棚裙高0.5 ~ 1.2m，可开闭的侧窗口1.4 ~ 1.9m。天窗和侧窗要安装卷帘装置，便于开启和关闭。大棚灌溉设施使用滴灌或低喷灌设施。在北方则必须有日光温室或者能加温的温室才能满足生产要求。

二、品种选择

国内市场以单头香石竹为主，多头香石竹数量较少。品种以大花苞类型为主，如马斯特、达拉斯、卡曼等；白色类型的需求量很小。日本市场单头和多头品种约各占1/2。单头品种以平边（圆瓣）类型为主，对花苞的大小不苛求；对白色类型的需求量相对较大。近年来，在日本市场上交易量大的单头品种主要有佛朗西斯科、尼尔森、粉佛朗西斯科、罗拉、尤窄、瑞雪和丝路等；多头品种以巴巴拉系列为主。冬季市场（圣诞、元日和春节）和母亲节市场对香石竹切花的需求量较大。

三、定植

使用大小整齐一致的扦插苗。好的扦插苗应当是根系发达，长0.7 ~ 2.0cm，带可见根毛，根系在插穗基部着生均匀，无半边根现象（插穗基部只是一侧长根）；条子基部无开裂或劈叉；茎粗壮，叶3 ~ 4对；无病斑、虫斑。

（1）定植时间　定植至开花，时间最短100 ~ 110d，最长150d，与光、温强度长短有很大关系。一般3月扦插的幼苗，5月定植，9月下旬开始产花；9月扦插的幼苗，10月下旬至11月定植，翌年4月产花。供应元旦和农历新午的多头品种在6月上旬定植，单头品种在6月下旬至7月上旬定植，视品种和农历新年时间的不同而不同。供应母亲节的多头品种在9月下旬定植，单头品种在10月中旬定植。

（2）定植密度　定植株行距分为10cm × 10cm，25cm × 25cm，30cm × 30cm，根据品种而定，分枝性强的品种应略稀植，反之则可适当密植。

（3）定植方法　尽量选择阴天或晴天早晚栽植，避免诱发茎腐病。定植前2 ~ 3d，土壤需浇透水，以定植时土壤湿润但手捏即松开为最合适。定植时可使用定植框或直接用网定植，以确保定植密度的准确及整齐度，有利于日后张网。定植深度尽可能浅，约3 ~ 5cm深，以原有插条生根介质稍露出土面为好；深植易发生茎腐病。栽植结束后，行间划浅沟，沟内浇适量的水。夏天7 ~ 10d，冬天30d左右不可浇透水，只在行间浇小水，植株周围表土保持干燥状态，直至植株明显长出新梢时再进行正常浇水。注意应避免从茎叶上淋水或根部浇水，以减少茎腐病的发生。

四、水肥管理

使用滴灌可节约劳力，能科学地进行水肥管理，并大大地减轻香石竹叶斑病的发生，从而提高切花的外观品质。只能采取人工浇水的，应避免灌顶浇水的方式，应进行植株的行间浇水，勿弄湿植株叶片。冬季只能在早上浇水。浇水量和次数因季节、气候、土壤和地下水位的不同而不同。一般对富含腐殖质的土壤，夏季在连续晴天时每天浇水1次，春季每2d浇1次，秋季每3d浇1次，冬季每7d浇1次。除过磷酸钙作为基肥一次施用外，其他矿物肥料应作为追肥施用。将硝酸铵325g或尿素240g、硝酸钾610g、硝酸钙500g、硼酸5g溶入1000kg水中，均匀地施在种植床上。夏季每5d施1次，春秋季每7d浇1次，冬季每10d浇1次。连作生产香石竹切花的田块，应追施有机肥，补充微量元素。在8m^2的水池中放入油枯1t、骨粉200kg、过磷酸钙100kg、硼砂50kg和镁锌肥50kg，覆盖塑料布沤制15d，在定苗整形后到补光期，兑水浇施，每周1次。每次浇肥后都要再用清水淋洒植株，以冲洗掉黏附于植株上的肥料，减少病害的发生。一池沤肥可供1500m^2种植面积的植株所需。

五、植株调整

（1）张网　定植后苗侧枝生长，整个植株张开，花茎易弯曲，所以应提早张网，使茎正常发育。一般张4～5层网，苗高10cm时张第1层网，网距床面15cm，随着植株生长，顺次架上其他几层，到第5层时，简单拉一下即可，层间距20cm。

（2）摘心　定植后4～6周，侧枝长至5cm长，既可摘心。通常从基部以上第6节摘去茎尖。有4种基本方法。摘心方法得当与否影响切花产量、质量及采收时间。一般采用半单摘心，其方法是摘去主茎顶芽，侧枝伸长后，从所有侧枝中选半数较长者再摘心。如4～5月份定植，一般进行1次半单摘心，7月一级分枝采花，8～9月二级分枝采花，如此循环。如采取双摘心，即摘除主茎顶芽，侧枝伸长后再摘除所有侧枝的顶芽，则第一批花集中在10～11月上市，并可延续到元旦，到翌年4～5月又有一个产花高峰，此时花质量好，花期延续到5月的第2个星期，即“母亲节”前后。摘心后3天之内不能浇水，使伤口保持在较干燥环境，避免伤口感染，引起病变。

（3）摘芽和摘蕾　摘芽和摘蕾每7～10d进行2次。对大花品种中间只留一个花蕾，其余花蕾豌豆大小时都要摘除。摘花蕾时不能用力向下劈摘，而要向侧面用力，尽量不要劈伤主花蕾的皮层而造成伤口，否则易造成花苞弯曲生长，开成“歪脖子”花。切花期间，基部萌发的侧芽留下，以供生产下茬花。小型分花，香石竹则需要去掉顶花芽或中心花芽，使侧花芽均衡发育。

（4）修剪　第1次修剪在第1茬花剪过后进行，将距地表15～20cm以上的残枝剪去，并及时清除种植床上的植株残体，包括多余的老茬、病叶和多余的基芽，一般每株保留5～7个芽为宜，修剪后3天以内要少浇水，避免伤口感染。3天后浇足肥水，促使新芽萌发，如植株生长旺盛可切3次花。第3次花的整形与修剪和第1次相同，此次切花以后一般不再保留母株继续切花。

六、温湿度管理

香石竹栽培的最适温度为15～20℃。在夏、秋季香石竹生长的前期，开启天窗和侧窗进行通风降温是必要的；而在产花期，保温、升温是提高单位时间内切花产量的唯一方法。母亲节供花的栽培，在开花期进行闷棚催花，有低喷灌设施的只在每天的早晨开启天窗1h进行换气，其余时间皆紧闭窗门。棚内温度升至35℃时，开启低喷灌5～6min，可使棚内温度下降5～10℃。一天经历几次自由升温和喷水降温的过程。没有低喷灌设施的可通过只开天窗的方法进行降温。闷棚催花的持续时间视植株前期营养生长的强弱和闷棚期植株的发病状况而定，一般不超过2周半。冬季供花的栽培，采花期处在1年中的低温季节，采收持续时间过长，管理上需要加强保温措施。由于早晨的棚内湿度过大，闷棚保温的同时尤其要重视病害的防治。早晨7～8时的通风除湿尤为有效；浇水和喷雾打药应在中午前进行；增加使用百菌清，采用这些降低棚内相对湿度的办法可减少病害的发生。11月下旬在棚内加装一层塑料膜的双层覆盖法，具有较好的保温防霜作用。进入12月以后，有条件的，在连续阴天降温的时候，给予人工辅助加温，能有较好的收益。

七、补充光照

香石竹为长日照植物。经长日照处理的植株与短日照下的植株相比，开花快，切花采收期缩短。在定苗后，植株有6～7个可见节，苗高25～30cm时，给予强度为6000lx的补充光照，处理2～4周，可得到满意的效果。补光期间的棚内温度应高于12℃。具体做法是：在植株上方3m处安装110W的高压钠灯，灯的间距为6m；在冬季或植株整齐度差的情况下，从21：30～2：30，每天5h的连续补光；在其他季节或植株整齐度好的情况下，从10：30～12：30，1：30～3：30，每天4h的间歇式补光。

八、病虫害防治

生产高品质的切花（出口的鲜切花），植株上部的“斑点”性病害和蓟马是防治的重点。这些病害主要是指叶斑病、锈病、猫眼病（褐斑病）、灰霉病和细菌性叶斑病等，它们的发病都与棚内较高的湿度密切相关。解决好闷棚、保温、催花和降低棚内湿度是防治好这些病害的关键。在开花期间采取在早晨7～8时（夏季）或9时（冬季）通风除湿，浇水和喷雾打药只在中午前进行；增加使用粉尘剂和烟雾剂的杀菌农药，尽可能减少喷雾打药次数等措施，可在一定程度上减少这些病害的发生。在前期定期打药，可取得较好的效果。叶斑病使用朴海因、百菌清和代森锰锌等；锈病使用三唑铜和敌力脱等；灰霉病使用扑海因、农利灵和多霉威等；猫眼病使用福星、扑海因、百菌清等；细菌性叶斑病使用可杀得、绿乳铜、农用链霉素等。在开花采收期，主要使用百菌清烟雾剂和粉尘剂以及速克灵烟剂等。对出口日本的切花，蓟马的检疫是日方设置的最大的技术障碍，要达到标准，香石竹切花不可带有活的蓟马。甲胺磷、万灵和敌敌畏能有效地防治蓟马，但是香石竹对甲胺磷和敌敌畏这类有机磷农药敏感，使用浓度应低于1300倍，不能连续施用2次以上。使用硫黄熏蒸器蒸煮敌敌畏，对蓟马也有一定的防治效果。

对于枯萎病和立枯病而言，种植者除了要做到选用不带病的优质种苗并进行土壤轮作外，在小苗期应适当控水，摘心后视植株的发病情况，浇灌1～3次多菌灵和敌克松混合液，可有效防治这两种病害的发生。在干燥季节容易发生红蜘蛛危害，克螨特、三氯杀螨醇和万灵等可有效地杀除红蜘蛛。青虫（鳞翅目昆虫，如斜纹夜蛾、烟蛾和菜青虫等）在前期危害叶片、嫩尖，花期危害花蕾等，可用农地乐、除尽、百树得、抑太保、米满、威敌和万灵等杀虫剂交替作用，防效较好。

生理病害主要有以下几项。

花萼破裂：可通过提高温室夜间温度，通风换气，减小昼夜温差；适当控制肥水，增加光照等防止花萼破裂。

花头弯曲：室温不能小于10℃以下，每天用电灯3h补充日照时间不足，可防止以上现象。

其他：如缺硼症，节间短、畸形花，花瓣消失，残缺。这时应补充硼砂用量。白花叶现象应在低温时期保持适当温度和适当的水分，增施追肥量，防止白花叶的产生。

九、采收、整理与保鲜

采花应在早晨进行，可减少花枝脱水，延长采后寿命。若冬季植株太脆，可在11时以后再剪花。在保证切花枝条够长的情况下，应留2～3节叶，所留节叶应为绿色，以利于下一次开花。花的开放程度为：单头香石竹，供应日本市场和当地销售市场的切花应在“画笔”期采收；发往国内的，为减少花瓣的损伤和便于包装，可在“画笔期”与“十字期”之间的大蕾期采收；多花型香石竹则在两朵花半开放，其他蕾显色时采收。操作中应避免枝、叶、花的损伤。

采下的花枝应摘去脚叶和侧芽。根据各市场惯例，按一定长度、依一定数量并使花头错落有致地摆放好后再扎束。接着在操作台上铺一张白纸，一手倒拿花束，一手拍打花束中部，在白纸上检查有无蓟马及数量。上述方法既便于检查防治效果，及时调整防治措施，又可减少切花带虫数量。随后将成束的切花放入有保鲜液的桶中，置于冷库或室内阴凉处待发。长时间在冷库中存放的，应在3d后换清水，并且每隔3d换1次清水。要在10d内发运，超过10d的，此时应剪去枝条基部2cm长的茎段，以增强切花的吸水能力。在装箱发运前，根据实际情况的需要，还要拍打花束，每束花拍打到不见有蓟马掉出为止，此举对出口日本的切花来说尤为重要。拍打时，下方放置一个底部盛水的大桶，拍掉下的蓟马落入水中淹死，以减少生产区内的虫口基数。

【项目考核】

考核标准见表7-9。

表7-9 切花香石竹栽培技术考核表

考核内容	考核标准	分值	得分	教师评价
品种选择	品种符合当地气候条件；满足生产需要	5		
栽培设施选择	栽培设施选择适当，满足生产计划要求	5		
生产安排制订	生产计划制订合理，能实现周年供花	10		
基质准备	基质准备适合香石竹栽培	5		
定植技术	定植方式合理，方法正确	5		
修剪技术	修剪方法选择合适，方式正确	30		
环境控制技术	温度、水分、肥料控制适宜	20		
病虫害防治技术	枝干、花朵、叶片无明显病虫害	10		
采收技术	采收时期适宜，方法正确	5		
分级及贮藏技术	分级正确、贮藏环境适合	5		

【知识拓展】

鲜切花的采收、分级、包装、贮藏及运输

一、鲜切花的采收

（1）采收　采收是指适时将花枝从植株上剪切下来，并尽快进行简单处理。适时采收是提高切花质量的重要保证。采收过早，由于发育不充分，会导致不能开放；采收太晚，会缩短切花寿命。

（2）采收时期　不同种类的切花采收期与其花枝发育阶段紧密相关。通常依花枝发育来区分切花采收期，一般分为以下3种类型。

① 现蕾期（花蕾显色期）采收　现蕾期采收，不仅花朵能正常开放，又便于包装运输。在现蕾期采收是鲜切花生产的主要方向。如菊花、香石竹、月季、唐菖蒲、鹤望兰、非洲菊、满天星、鸢尾、金鱼草等切花均采用“蕾期采收”。

蕾期采收优点：在切花采收后，在一段时间的观赏前或贮运后，需要在一定条件下进行催芽开放，以便有利于切花的开放与发育的控制。减少花枝的体积，缩小贮运的空间。花蕾比较耐碰撞，便于包装、运输和贮藏，也可减少贮运损耗，保证花卉的质量。加速运转，降低成本。减少花卉在处理与运输过程中对极端温度、低温及自身代谢产物乙烯的敏感度，提高切花在低光、高温条件下的品质与寿命。减少田间不利条件对花卉的不良影响。

② 花朵和开放时采收　多数种类的切花采收期均属此类。以月季为代表，花蕾紧包时剪切，花朵不易开放；盛开时剪切，则切花不耐久；在1～2枚花初开时采收最佳。菊、春石竹、荷兰菊、金光菊等均属此类。

③ 盛开时采收　此种类型以花期持久的种类为多，如花烛、红鹤芋、非洲菊、向日葵、一品红、落新妇等。切花采收时期还与季节有关，夏季温度高，要适当早采收；冬季气温低时可在花苞开放时采收；需要长期贮藏和运输时，可提早采收。

（3）采切时间　大部分切花宜在清晨和上午进行采切，清晨的切花含水量高外表鲜艳，销售效果好，如小苍兰、白兰花在清晨采收香气更浓，且不易萎蔫。但清晨采收时，应注意需在露水、雨水或其他水汽干燥时进行，以减少病害的侵染。对需贮藏的切花应在含水量较低的傍晚采切，便于包装与预处理，且有利于保鲜贮藏。

（4）采收方法

① 采收工具　一般用花剪，木本花用“枝剪”，采时应尽量使花茎长些。对基部木质化程度较高的一些草花，应在靠近基部采切。否则，切下的花卉会因基部木质化程度高、吸水能力差而缩短切花的寿命。

② 切花采收时，切口要整齐，剪后轻拿轻放，减少不必要的机械损伤。剪切时，最好斜向切割，以增加花茎的吸水面积，最好及时将基部插入装有保鲜液的容器中，尽可能避免风吹日晒。

③ 对于一些切割后会在切口分泌黏液，并在其切口处凝固，影响水分吸收的花卉品种，可在剪切花茎后，立即将基部插入85～90℃的热水中60～90s，再插入水中保湿，如一品红、桃花、水仙、芍药等。菊花最好在水中进行第2次剪切，或将切口置于80～90℃热水中浸泡10～15min，以排出花茎中的空气，有利于切花水养时的水分吸收和输导。

二、鲜切花的分级

分级是指由于切花个体的差异按其品质进行分类。在很大程度上，这是对切花质量的等级进行评定。分级是根据国际上通用的标准对所采花卉进行归类，其主要依据是花枝的长短，也有按花径来分的。同一种切花由于花径大小和品种特性的不同，分级标准也有差别。具体划分标准见附录Ⅰ。

国际上，一些大的花卉批发市场和拍卖行，都建有分级中心，统一对切花进行评估与分级，以保证切花材料的统一性和合理的切花价格。现在广泛使用欧洲经济委员会标准与美国标准。

三、鲜切花的包装

切花产品经分级、预处理、预冷后要进行包装。包装的作用是保护切花免受机械损伤、水分丧失、环境条件的急剧变化，以及其他不良影响，以便在贮运和上市过程中，保持切花新鲜度和延长贮藏期限。包装是保鲜的措施之一。

（1）切花包装的原则

① 保护产品免受机械伤害，尽力保证其完整无损或无擦伤。

② 允许热交换，不可完全封闭式包装。

③ 及时排除田间热，设法降低呼吸强度。

④ 包装箱等工具有足够强度，能经得起正常搬运和堆放。

⑤ 包装箱上印有商标、说明或使用方法。

（2）包装材料和工具　包装材料、用具、方法均需符合商品花卉的要求，达到一定的标准。否则难以在大范围市场上流通，特别是出口花卉要求更加严格。若发生退货会造成巨大的经济损失。

在过去，多用木制品进行包装运输。近年来，各式各样塑料包装，不论材料软硬，均广泛应用，依花种类、用途及运输距离、方式而不同。纸质包装箱轻巧方便，造价低廉，但是重复利用率不如塑料制品。

鲜切花的包裹，一般用柔软的塑料薄膜袋为好。塑料薄膜袋分为低密度聚乙烯塑料薄膜袋和聚丙烯塑料薄膜等，其中以高密度聚乙烯塑料薄膜袋保鲜效果最好。因为它能抑制花的呼吸，控制水分散失，且包装袋内温度变化缓慢。

简便的包裹可利用废报纸，但保鲜效果差。鲜切花的包装箱，过去多采用木制品和纸制品。木箱较笨重，纸箱包装方便，造价低廉，但重复利用率低。近年来，国际上多采用塑料制品做包装箱。大规模运输多采用各种规格的集装箱。

（3）包装方式　包装方式包括单枝包装、花束包装以及运输包装等几种。花束包装是指按规定标准进行分级、预处理后的花材按一定数量捆扎成束，再用塑料薄膜封裹的措施。花束大小依种类和品种而不同，菊花、唐菖蒲、月季、郁金香、百合一般10枝一束。

四、鲜切花的贮藏

鲜切花的贮藏是调节供需的一种重要方式。贮藏的目的是把鲜切花的各种生命活动降低到最低程度，其中重要的是控制蒸腾与呼吸。低温、高湿、蒸汽压差小，都是延缓切花萎蔫的必要条件。但是，高湿易促使霉菌和腐败微生物的发生，必须特别注意。

1. 冷藏

在高温高湿条件下，贮藏鲜切花，然后根据市场需求量分批出售。如果短期贮藏，将花茎基部插入水中1～3d。若较长时间贮藏，不能插入水中，以免影响花发育，缩短观赏期。

冷藏以水接近冰点为宜，多数在0～5℃条件下干藏为好。冷藏效果不仅温度控制要严格，而且保证冷藏室空气流通也较重要，以免花受冷害。但热带花喜温度较高，如红苞芋、姜花、鹤望兰、万带兰、嘉德丽亚等，一般温度控制在12～18℃为宜。

（1）预冷　是指切花在采收后，将切花的体温迅速降至贮藏温度的过程。对于冷藏贮运的花卉，预冷是必不可少的。切花预冷处理的温度与时间直接影响保鲜效果。花的冷却速度越快，对保鲜越有利，一般预冷应在24h内完成。预冷的主要功效在于降低呼吸速率，并抑制微生物的生长，减少腐烂。另外，在低温下蒸腾作用慢，能减少运输中的腐烂、萎蔫发生。预冷的方法有冷室自然降温、真空预冷、风式预冷和水冷等。

① 自然预冷　是最简单的预冷方法。即将不包装的花枝或不封闭的包装箱放在冷室内散热降温，直至达到理想的温度。预冷的温度为0～1℃，相对湿度95%～98%。

② 真空预冷　又称减压冷却法。是指先将产品放入密封坚固的大容器内，如钢桶等，再抽出桶中空气，随着空气减少，气压降低。水在常温下于100℃时蒸发，减压后沸点降低，使水在常温时可蒸发，由于蒸发吸热，使产品的温度降低。此法降温速度极快，约20min温度即会大减，预冷效果好。但这种方法设备价格高，技术较难掌握；同时，借蒸发冷凉，会引起花卉失水萎蔫。

③ 风式预冷　利用通风设备，让冷气通过未封盖的包装箱以降低温度，预冷后再封盖。

④ 水冷　让冰水流过包装箱，直接吸收产品的热量，达到冷却的目的。在水中，最好加入杀菌剂，以防止霉菌。

预冷的时间随着花的类型、箱的大小，以及采用预冷的方法不同而异，一般8～60min不等。预冷后，花应保存在冷凉处（包括在运输途中），使花保持恒定的低温。

（2）冷藏的方法　目前在商业上，冷藏是最通用的贮藏切花的方法。有干冷藏和湿冷藏2种。

① 湿冷藏　是将花枝基部插入水中，短期贮藏（1～3d）。湿冷藏时，接近水的冰点。

② 干冷藏　是将花枝长期贮藏，不插入水中，例如月季、香石竹、菊花等温带花卉。贮藏温度应尽可能接近组织的冰点，大多数的冰点温度低于0.5℃。在这种温度以下最好干贮。如果温度控制得好，空气又流通，就可以防止因冷而产生的斑点。

用于冷藏的鲜切花，最好在早晨花充分饱满时采摘。因为此时切花养分充足，耐低温能力强。冷藏时，需事先预冷。贮藏后，当取出花枝时，基部应剪去1cm并插入适宜的溶液中处理，以便恢复生机。而有些花卉，例如水仙、香石竹，以蕾期贮藏较好。对贮藏前的预处理，唐菖蒲表现良好。有些花卉如菊花、球根鸢尾等花蕾冷藏后，不容易正常开花，影响花卉的品质。

热带花卉，如花烛、鹤望兰、卡特兰、万带兰，即使在相对高的温度（10～15℃）也易受到伤害，因此，这类花卉应在12～18℃条件下贮藏或运输。

花冷藏前的质量，也对贮藏效果有影响。例如：早晨采收的花卉，比中午和下午采的好，其养分充足，耐低温力强；反之，易产生慢伤害。水仙、番石竹以前期冷藏较好；但是菊花冷藏后，不容易正常开放，明显影响花质。

一般来说，冷藏后，应及时剪除花枝茎基部约1cm，插入合适的营养液，以便尽快解冷恢复生长。

湿度也关系到冷藏效果的好坏，它与温度要求相反，要求湿度尽可能高一些，但不能产生游离水，以保花不失水为准。相对湿度达到80%～90%时，就可满足花的要求。

2．气调贮藏

指以增加二氧化碳降低氧气，抑制呼吸，从生理角度调节花发育。此法效果很好，花寿命更长，是目前较理想的方法，且少鼠害，无霉变发生。但设备投资比较大，需人工调节气体发生器、空气净化器、呼吸袋、加湿和二氧化碳洗涤条件以及密闭装置等。

常采用硅胶窗气调贮藏袋和气调贮藏库2种。硅胶窗气调贮藏袋是利用硅橡胶对二氧化碳、氧气等气体有一定的选择性，在贮藏袋上，按一定面积的硅橡胶调节贮藏袋内的气体成分，以达到保鲜的目的。

气调贮藏库必须密闭条件好，通过燃烧或进行分子吸附氧气，提高二氧化碳浓度。当二氧化碳浓度过高时，又可用一些化学物质，如活性炭、硝石灰、碳酸钾等吸附排除。而对环境中的乙烯，可用高锰酸钾等吸附，从而进行切花的保鲜。

该法设备投资大，需要冷藏设备、密封设备、二氧化碳洗涤装置、空气净化器、呼吸袋、加湿设备等。

目前，气调贮藏在水果、蔬菜上应用较多，在切花贮藏上较少应用，仅对香石竹应用较多。而水仙、月季等100%的氮贮藏效果最好。另外，研究发现高水平的二氧化碳会对切花产生毒害，且其毒性在低温下比在高温下危害更为严重。

3．减压贮藏

在控制低气压冷藏条件下，用饱和空气进行继续通风，以免贮藏切花腐烂。减压使氧气、乙烯及有害挥发物减少，保持切花代谢处于受抑制状态，生命活动维持在最低水平而延长寿命。一般气压标准为5.3 ~ 8.0kPa，对月季、香石竹贮藏，均有良好效果，但成本高，目前未推广使用。

4．冷库的管理

切花冷藏保鲜的效果，与冷藏库的条件和管理有很大的关系。冷藏库的管理主要包括：经预冷和包装的切花在冷藏库内的合理放置，冷藏库内温度、湿度、气体等条件的调控等。不同的切花贮藏的温度条件不一样，大多数切花可在4℃室温下贮藏，而源于热带的切花，贮藏温度要求7 ~ 15℃。

冷藏库的温度应尽量低，每天出库的花流动量占总库容量的10%为宜。经预冷的切花，每日的流动量可适量增加。在冷库内，可安装鼓风装置，以利于空气流通和维持库内均匀的低温，同时，也能调节库内的湿度和空气。

5．切花贮藏存在的问题及解决方法

切花贮藏的目标是延缓衰老速度、增加寿命。然而，即使在最好的条件下，衰老过程也在缓慢地进行。要想保持切花的新鲜度及其正常发育完全不受影响是不可能的。从贮藏室取出的花，看起来很新鲜，但寿命不如鲜切花。切花贮藏常出现的问题如下。

（1）贮藏后花不能开放　例如月季、水仙、菊花、球根鸢尾等，要通过预冷处理或贮藏后管理，使之尽快恢复正常生长。贮藏后鸢尾，剪去基部一小段后，插入暖水中，调理数小时会得到改善。但要使花朵开放，则必须放在专用的开花液中。在贮藏前，唐菖蒲、鹤望兰必须进行化学药液预处理，才能保证开放和提高品质。

（2）贮藏期切花开放过度　切花在贮藏时，有时由于贮藏温度过高，花卉会开放过度不能满足商品切花的要求。对此可以利用生长抑制剂，如马来酰肼（MH）或整形素来抑制花卉过度开放。但必须注意要控制好这些抑制剂的使用浓度，否则，会抑制切花的正常生长，使花朵不能开放。

（3）花朵变色　香石竹、月季等在贮藏期中，花瓣会变蓝或变黑。防止的方法是：切花采后，不立即放入冷室贮藏，而是先在花棚遮阴下晾干失水，在预冷前，插入水中数小时。

（4）叶片褪色　切花在贮运过程中，叶片会变黄和变黑。叶片变黄主要由于叶绿素等成分的分解与被破坏。切花采后，放在高温与黑暗的情况下，叶片易变黄，变黄先从低位老叶开始。细胞分裂素能有效地抑制叶片衰老变黄，处理的方法是：切花在贮运前，用细胞分裂素低浓度浸喷叶；将花枝基部浸入柠檬酸中，也能在一定程度上抑制叶片变黄。因此，切花贮藏时应保留茎叶片，贮藏后再去掉低位叶。如在贮藏期间，可利用光照推迟菊花叶片变黄。叶片变黑是由于花卉叶片中的酚类物质被氧化引起的，其速度与锌、锰含量有关。一些山龙眼科花卉，在贮运中叶片变黑严重。处理的方法是将切花插在2%～3%蔗糖保鲜液中，控制叶片变黑。

（5）病害　切花在冷藏期中的病害主要是灰霉病。要防止灰霉病的产生，首先要采用无病花枝，并在采后用杀菌剂进行处理。

（6）花器脱落　由于高温、刨伤、震动和有害气体等的影响，引起一些切花的花瓣或花芽脱落，如高温、乙烯会引起月季、天竺葵等切花的花瓣脱落。通过一些化学药剂处理，可减少花瓣或花芽脱落。如金鱼草、飞燕草等用硫代硫酸银（sTs）预处理花茎基部；牡月、石斛兰等用30～50mg/L萘乙酸（NAA）喷洒或浸花枝基部；月季则用50～100mg/L6～苄基腺嘌呤（BA），可较好地抑制花瓣或花芽脱落。2，4-D也能阻止花瓣或花芽脱落。

（7）冻害　不同的切花对冷藏的温度要求不一样。大多数切花可在4℃时贮藏，但源于热带或亚热带的切花，要求7～15℃的贮藏温度，低于这个温度会引起冻害。

（8）花枝或花穗弯曲　切花在贮运过程中，由于重力作用及本身向顶生长或趋光性，使水平放置的切花的花茎或花穗发生弯曲。特别是长花序种类，如唐菖蒲、金鱼草、飞燕草、月季、非洲菊、郁金香、白头翁等，易向地性弯曲。防止花枝或花穗弯曲的方法有：用特制的容器将切花垂直放置；剪去花穗顶端1～2个芽；在贮运前，垂直放置冷藏1d。非洲菊在运输前，用0.5%的矮壮素处理16h，能完全抑制向地性弯曲。

五、鲜切花的运输

鲜切花从生产地运至消费地，是切花商品化生产过程中的一个重要环节。交通工具和交通条件直接影响切花商品价值的实现。由于生产地和消费地的距离远近不一，采用的交通工具也多种多样。

1．运输途径

长距离运输多采用飞机空运或火车陆运；短距离运输，常采用汽车陆运或轮船水运。在荷兰和泰国，切花被定为特级商品，优先运输。因此，通常是1500km以上用飞机运输；若近距离，则用冷藏货车或火车运输。

（1）利用公路和铁路运输　汽车运输的速度较慢。近年来，我国路况条件虽然大大改善，但局部路况还较差，因此，只适用于短途运输。利用火车运输速度快、容量大、成本低，且机械震动小。目前是我国较长距离、大批量运送切花的主要方式。

（2）水路运输　利用轮船运输由于速度太慢，比较少用。在我国江南地区，利用水上交通主要进行切花的短途运输。

（3）空中运输　利用飞机运输时间短、速度快、损耗小，但成本较高。高品质的名贵切花，利用空运的综合效益较好，例如我国云南生产的切花，主要是通过空运向外销售。

花卉是一种柔嫩、多汁，且寿命短的鲜活商品，一般都在靠近消费中心的地区栽培。鲜切花在采收后，一般几小时即可发送出去。但随着空运的发展和包装、保鲜技术的提高，长途运输也慢慢盛行起来。

2. 运输方式

切花的运输可分为干运与湿运。

（1）干运　目前，大多数花卉都采用干运。干运切花最普遍的问题是花瓣失去膨压，但调理后即可恢复，并保持良好的品质。

（2）湿运　若长途运输时，将花枝茎基浸入水中或保鲜液中，虽能保持花的紧张度，但花衰老快。但有些热带花卉，如热带兰、红鹤芋等需要采用湿运。它们不耐低温，所以，在运输前或运输中，要经常供水。

将花茎的基部，浸入装有水或保鲜液的玻璃管或橡皮袋内，也有在基部缠绕湿润物质，如棉球、吸水纸等保持湿润。切花在运输前，要进行预处理；否则，在运输过程中，花瓣与叶片易萎缩、褪色而缩短寿命。

预处理的方法前已详述。在运输过程中，还应注意保持较高湿度，以减少水分的蒸腾；保持较低温度，以减少呼吸；保持空气的流通，以排除呼吸热。还要巧妙摆放，适当的装卸，防止机械损伤。同时，要避免鲜切花和水果、蔬菜混装运输，以免产生大量乙烯使切花迅速衰老。

由于市场经济的迅猛发展，各行各业也在不断地发展变化。商品花卉不再限于当地市场的供应，远距离包装、贮藏、运输成为花卉产业的重要环节，不少企业在实践中不断积累经验，改进创新。

项目8 专类花卉栽培技术

知识目标： 1. 了解蕨类植物、兰科植物及多肉多浆花卉的特点。

2. 熟悉蕨类植物、兰科植物及多肉多浆花卉的习性及繁殖方法。

3. 掌握蕨类植物、兰科植物及多肉多浆花卉的栽培方法。

4. 掌握各类盆花的栽培及养护要点。

能力目标： 1. 识别常见蕨类植物10种、兰科花卉10种、多肉多浆花卉20种。

2. 掌握蕨类植物、兰科植物及多肉多浆花卉的栽培技术。

子项目一 蕨类植物栽培技术

【项目目标】

1. 熟练识别10种常见蕨类植物。
2. 能进行常见蕨类植物的栽培、养护。

【项目分析】

该项目重点为常见蕨类植物的识别及栽培特点的掌握；难点为各种花卉的栽培要领。教师可以通过多媒体图片结合现场教学以及贯穿教学始终的栽培记录完成该项目。

【知识链接】

蕨类植物是植物中主要的一类，是高等植物中比较低级的一门。是最原始的维管植物，大都为草本，少为木本。孢子体发达有根、茎、叶之分，不具花，以孢子繁殖。世代交替明显，无性世代占优势。蕨类植物在形态上具有根茎叶的分化，但不开花也不结实，主要靠产生孢子来繁殖后代。受精离不开水，多数适应于阴湿的环境。

【项目实施】

一、鸟巢蕨栽培技术

鸟巢蕨别名巢蕨、山苏花、王冠蕨，为铁角蕨科巢蕨属多年生阴生草本观叶植物。

1. 形态特征

鸟巢蕨为中型附生蕨，株形呈漏斗状或鸟巢状，株高60～20cm。根状茎短而直立，柄粗壮而密生大团海绵状须根，能吸收大量水分。叶簇生，辐射状排列于根状茎顶部，中空如巢形结构，能收集落叶及鸟粪；革质叶阔披针形，长100cm左右，中部宽9～15cm，两面滑润，叶脉两面稍隆起。孢子囊群长条形，生于叶背侧脉上侧达叶片的1/2。

2. 生态习型

原产于非洲至波利尼西亚一带、澳洲、亚洲热带区、东南亚。常附生于雨林或季雨林内树干上或林下岩石上，喜高温湿润，不耐强光。

3. 品种及类型

（1）台湾鸟巢　叶片较狭长，叶片先端较突，叶缘呈波状，叶背孢子囊线形，长于叶片上半叶两侧中央，中肋较粗。

（2）圆叶鸟巢　叶形较宽阔，呈长椭圆形，边缘较平整。

（3）大波浪鸟巢　叶缘波浪起伏更大，呈深浅不同的波浪。

（4）裂叶鸟巢　叶片呈大波浪，先端开裂，成不同形态。

4. 繁殖方法

鸟巢蕨可用孢子播种和分株繁殖。孢子繁殖作为商品化批量生产已得到广泛应用。一般的可用分株繁殖。植株生长较大时，往往会出现小型的分枝，可在春末夏初新芽生出前用利刀慢慢地把需要分出的植株切离，再分别栽植即可。鸟巢蕨产生的分枝较少，通常将生长健壮的植株在春末从基部分切成2～4块，并将叶片剪短1/3～1/2，使每块带有部分叶片和根茎，然后单独盆栽成为新的植株；盆栽后放在20℃以上半阴和空气湿度较高地方养护，以尽快使伤口愈合。盆中栽培基质稍湿润，不可太湿，否则容易腐烂。待新叶生出后可逐渐恢复原来的形状。

5. 栽培管理技术

（1）基质准备　盆栽基质以腐叶土或泥炭土、蛭石等为主，并掺入少量河沙，也可用蕨根、碎树皮、苔藓或碎砖粒加少量腐殖土拌匀混合而成。有条件的场所，最好用多孔花盆或多孔塑料筐作容器，盆底垫入1/3的碎砖粒，上面可加入蕨根、树皮块、苔藓、腐叶土等，然后再将鸟巢蕨的根部栽入其中，这样长势会更加旺盛。盆栽鸟巢蕨，可每2年换盆1次，将其从花盆中脱出，抖去宿土后，剪去部分残根和枯黄的叶片，剥离的子株另行栽种，老株更换栽培基质后换一个稍大一点的盆具栽好。另外，每年的春季可在盆内添加少许碎石灰，则有益于其旁生子株的生长发育。

（2）种苗挑选　选择专业生产的优质种苗，苗高5～9cm，冠幅9～12cm，无病虫害，无枯叶、黄叶。

（3）上盆　小盆栽一般用口径为9cm规格盆种植，种植时先在杯底垫2cm左右基质，再将筛苗移入杯中，小苗种植不宜过深；基质松紧适中，装至杯子9分满，1株/盆。

（4）光照要求　鸟巢蕨的原生环境为潮湿丛林中，多作附生态，只需少量的散射光就能正常生长，因此盆栽植株可常年放在室内光线明亮处养护。如春、秋季短期放在室外树荫下或大棚中，则更有利于其生长，并能增加叶面光泽。盆栽鸟巢蕨，切忌烈日暴晒，否则植株会出现叶色变劣泛黄、叶面灼伤、叶缘枯焦等问题，降低其观赏价值。夏季应将其搁置于遮光70%以上的荫棚下，对其生长比较有利。冬季在棚室内，要适当给予光照，过于阴暗处要给予人工补充光照。

（5）温度要求　它的生长适温为16～27℃，其中3～10月为22～27℃，10月至翌年3月为16～22℃。夏季当气温超过30℃以上时，就要采取搭棚遮阴或给鸟巢蕨喷水等降温增湿措施，来为其创造一个相对凉爽湿润的环境，使其能继续保持旺盛的长势。不论是家庭盆栽，还是生产性栽培，冬季最好能保持15℃以上的棚室温度，使其能继续生长；条件不具备时，至少应保持不低于5℃的棚室温度，若温度过低易导致其叶缘变成棕色，甚至有可能因受寒害而造成植株死亡。

（6）水分要求　盆栽鸟巢蕨不仅要求盆土湿润，而且要求有较高的相对空气湿度。生长季节浇水要充分，特别是夏季，除栽培基质要经常浇透水外，还必须每天淋洗叶面2～3次，同时给周边地面洒水增湿，维持局部环境有较高的空气湿度，既可增加叶面的光泽，又对孢子叶的萌发十分有利。如果盆土缺水或空气比较干燥，易引起叶缘干枯蜷曲。冬季气温较低时，以保持盆土湿润为好，可多喷水，少浇水，以免在低温条件下因盆土中水分过多而造成植株烂根。由于其叶片为革质，能阻止水分的蒸发，所以它也能耐短时间的干燥环境，也正因为如此，它比较适于作室内栽培陈列。鸟巢蕨类在室内陈列期间，幼叶切忌触摸，并应经常给叶面喷水。

（7）肥料要求　鸟巢蕨特殊的形态和构造，有利于其吸收水分、养分。它的根茎短而密生鳞片，并产生大团海绵状须根，能吸收较多的水分。叶片辐射状着生于根茎顶端，呈鸟巢状或中空的漏斗状，在原生环境中能收集落叶及雨水于巢中，这些物质转化为腐殖质，可作为自己养分来源的一个重要部分。盆栽鸟巢蕨，在其生长旺盛季节，宜每半月浇施一次氮、磷、钾均衡的薄肥，可促使其不断长出大量新叶，如果植株缺肥，叶缘也会变成棕色。夏季气温高于32℃，冬季棚室温度低于15℃，应停止一切形式的追肥。

（8）病虫害防治

① 炭疽病　在高温高湿、通风不良的环境中，叶片易感染炭疽病，其病斑为褐色，后期轮纹明显。防治方法：发病初期，可用75%的百菌清可湿性粉剂600倍液，或70%的甲基托布津可湿性粉剂1000倍液，或10%的世高水分散颗粒剂2500倍液均匀喷雾，每10d喷1次，连续3～4次。此外，还应注意防止日灼、寒害等发生。

② 线虫　线虫危害鸟巢蕨，可导致叶片出现褐色网状斑点。防治方法：可用克线丹或呋喃丹颗粒撒施于盆土表面，杀虫效果较好。此外，还应及时防治短额负蝗和蜗牛等啃食叶片。

二、铁线蕨栽培技术

铁线蕨又名铁丝草、少女的发丝、铁线草、水猪毛土，为铁线蕨科铁线蕨属多年生常绿草本植物。

1. 形态特征

多年生草本，植株高15～40cm。根状茎细长横走，密被棕色披针形鳞片。叶中部以下多为二回羽状，中部以上为一回奇数羽状；羽片3～5对，互生，叶脉多回二歧分叉，直达边缘，两面均明显。叶干后薄草质，草绿色或褐绿色，两面均无毛；叶轴、各回羽轴和小羽柄均与叶柄同色，往往略向左右曲折。孢子囊群每羽片3～10枚，横生于能育的末回小羽片的上缘；囊群盖长形、长肾形成圆肾形，上缘平直，淡黄绿色，老时棕色，膜质，全缘，宿存。

2．生态习型

野生于溪边山谷湿石上，喜温暖、湿润和半阴环境，耐寒，忌阳光直射。喜疏松、肥沃和含石灰质的沙质壤土。

3．品种及类型

（1）扇叶铁线蕨　叶片扇形至不整齐的阔卵形，2～3回掌状分枝至鸟足状二叉分枝；中央羽片最大，小羽片有短柄。

（2）鞭叶铁线蕨　又称刚毛铁线蕨，叶线状披针形，长约10～25cm，顶端常延长成鞭状，着地生根。叶剑长方形，一回羽状或二回撕裂，上缘和外缘常深裂成窄的裂片，下缘直而全缘。

（3）楔叶铁线蕨　叶宽三角形，2～4回羽状分裂，裂片菱形或长圆形。

4．繁殖方法

常用分株或孢子繁殖法。

（1）分株繁殖　在室内四季均可，但一般在早春结合换盆进行。将母株从盆中取出，切断其根状茎，使每块均带部分根茎和叶片，然后分别种于小盆中。根茎周围覆混合土，灌水后置于阴湿环境中培养，即可取得新植株。

（2）孢子繁殖　将作为基质的泥炭和细沙置于烘箱内高温消毒，以杀死病菌和杂草种子。然后，将消毒后的土壤放入播种浅盆中。剪取有成熟孢子的叶片，集中孢子并均匀地撒播于播种浅盆，不需覆土，上面盖以玻璃片，从盆底浸水，保持盆土湿润，并置于20～25℃的半阴环境下，约1个月孢子可萌发为原叶体，待长满盆后便可分植。注意在分植前1～2d要移开播种盆上的玻璃进行透气，以免引起植株腐烂或病虫害发生。此外，在温暖阴湿的环境下极易散布孢子自行繁殖。

5．栽培管理技术

（1）基质准备　盆土必须具有良好的透水性和通气性，一般用富含腐殖质的泥炭土或腐叶土，再加入约1/3的粗沙和细沙，并放入一些骨粉，且盆底应垫一些碎瓦片或粗沙以利排水，根茎栽植深度为1.5～2.5cm。春季栽植或翻盆换土。盆栽常用腐殖土或泥炭土，再加少量河沙和基肥混配而成的培养土。

（2）光照要求　铁线蕨喜阴怕光，在强光下不能顺利生长，盆栽宜置于半阴处或棚内的间接光照下培养，夏季忌阳光暴晒。

（3）温度要求　铁线蕨喜温暖、湿润和半阴环境，不耐寒，忌阳光直射；喜疏松、肥沃和含石灰质的沙质壤土。生长适宜温度为白天21～25℃，夜间12～15℃。冬季应移入温室，温度在5℃以上叶片仍能保持鲜绿，但低于5℃时叶片则会出现冻害。喜明亮的散射光，应保证栽培环境有2～4h散射光，夏季可适当遮阴。

（4）水分及施肥　铁线蕨喜湿润的环境，夏天要保持较高的空气湿度，生长旺盛期每天向枝叶上喷水2～3次，每5d浇1次透水，也可视盆土情况确定浇透水的次数。每月施2～3次稀薄液肥，施肥时不要沾污叶面，以免引起烂叶。生长旺盛期每周施用1次0.1%硝酸钙溶液。

（5）病虫害防治　盆栽铁线蕨常有叶枯病发生，初期可用波尔多液防治，严重时可用70%的甲基托布津1000～1500倍液防治。若有介壳虫危害植株，可用40%的氧化乐果1000倍液进行防治。

【项目考核】

考核标准见表8-1。

表8-1　　鸟巢蕨、铁线蕨栽培技术

考核内容	考核标准	分值	得分	教师评价
铁线蕨栽培技术 鸟巢蕨栽培技术	繁殖方法选择适当，操作熟练	25		
	水肥管理合适，长势旺盛	25		
	病虫害控制得当，无明显病株	25		
	株型整齐，叶色美观	25		

子项目二　兰科花卉栽培技术

【项目目标】

1．熟练识别10种常见兰科花卉。

2．能进行常见兰科花卉的栽培、养护。

【项目分析】

该项目重点为兰科花卉的识别及栽培特点掌握；难点为各种花卉的栽培要领。教师可以通过多媒体图片结合现场教学以及贯穿教学始终的栽培记录完成该项目。

【知识链接】

兰花泛指兰科中具有观赏价值的种类，因形态、生理、生态都具有共同性和特殊性而单独称为一类的花卉。

兰科是种子植物的大科，有20 000 ~ 35 000种，人工杂交的超过40 000种。我国原产1 000种以上，并引种了不少属、种。兰科植物遍布于世界各地，主产于热带，约占总数额90%，其中以亚洲最多，其次为南美洲。

一、兰科花卉的特点

（1）生态习性　兰科花卉按照生态习性可以分为地生兰、附生兰和腐生兰三类。地生兰根生于土中，产于温带、亚热带及热带高山，常见栽培种类较多。附生兰附着于树干、树枝、枯木及岩石表面生长，主产于热带，少数产于亚热带，适应热带雨林气候。常见栽培的有指甲兰属、蜘蛛兰属、石斛属、万代兰属、火焰兰属等。腐生兰不含叶绿素，营腐生生活。

（2）形态特点　兰花为多年生草本，地生、附生，少数腐生。地生种常具有根茎或块茎，附生种常具有假鳞茎及气生根。单叶通常互生，排成两列，厚而革质或薄而软。附生种叶片近基部常有关节，叶枯后自此断落；腐生种叶子退化为鳞片状。花单生或呈穗状、总状、伞形或圆锥花序。花两性，绝大多数两侧对称；花的组成一致，花被6片，两轮，外轮为花萼，彩色，花冠状，中央一枚花瓣大而显著，称为唇瓣，基部延长为长短不同的距。雌蕊与花柱、柱头结合为一体，称蕊柱，栽培上称为“鼻”。雄蕊一枚，少数2～3枚。果为蒴果，种子微小。

二、兰科花卉栽培要点

（1）繁殖　兰科花卉繁殖可以采用播种、扦插、分株及组织培养等方法。种子繁殖主要用于新品种的培育；顶芽扦插适用于具有地上茎的单轴分枝种类，如万代兰属、火焰兰属、蜘蛛兰属；分蘖繁殖适用于那些单轴分枝且不具有假鳞茎的属，如万代兰属、火焰兰属等；假鳞茎扦插适用于具假鳞茎的种类，如卡特兰属、兰属、石斛属等。分株繁殖适用于合轴分枝的种类，在具假鳞茎的种类上普遍采用，如卡特兰属、兰属、石斛属、燕子兰属、树兰属、兜兰属、堇花兰属等。组织培养可以快速获得大量生长整齐、不带病毒的苗株，现在已经广泛应用于卡特兰属、兰属、石斛属、燕子兰属、火焰兰属、万代兰属的商品生产。

（2）基质　基质是盆栽兰花的首要条件，应具备排水、通气良好，有机质丰富的特点。传统的栽培基质有壤土、水藓、木炭等，后又发现蕨类的根茎和叶柄、树皮、椰子壳纤维和碎砖屑都是很好的材料。栽培时因植物种类不同，基质选用有所不同。不过，附生兰和地生兰均可选用泥炭和珍珠岩按照体积1：1混合做基质，效果良好。这一配方取材方便，简便易行，对忌湿的种类只需注意不要过度浇水，以免引起根部腐烂。

（3）上盆　盆栽兰花一般选用透气性较好的瓦盆或者专用兰花盆。兰花盆除底部有排水孔外，侧面也有孔，排水透气性好，更适合于附生兰生长。盆栽要做到以下几点：盆内底垫足一层瓦片、骨片、粗块木炭或碎砖块，保证排水良好；严格小苗小盆、大苗大盆原则；操作细心，不伤根叶；幼苗移栽后喷一次杀菌剂；浅栽，茎或者假鳞茎要露出土面；上盆后不宜浇水过多；上盆后宜放置在无日光直射并能接受自然雨淋的地方一段时间。

（4）浇水　种类、基质、容器、植株大小不同，浇水的次数、多少、方法亦不同；水中可溶性盐分低于125mg/L最好，高于800mg/L不能使用；浇水周期相对于一般花卉较短；浇水宜用喷壶，小苗宜喷雾，忌大水冲淋。

（5）施肥　肥宜稀不宜浓，盐分总浓度不高于500mg/L最好；夏季为生长旺盛季，一般浓度肥料可以10～15d施1次，低浓度肥料5d施1次或每次浇水时作为叶面喷肥；化肥使用前必须完全溶解；缓释性肥料与速效肥料配合使用，化肥和有机肥交替使用，比单一施用效果好。

（6）光照与遮阴　兰属除夏天外可适应全光照；蝶兰属每日只需全光照的40%～50%，卡特兰属、燕子兰属、带状叶万代兰属等需要全光照的50%～60%。不需遮光的种类有蜘蛛兰属、火焰兰属等。

（7）温度　温度是限制兰花自然分布及室外栽培的重要条件。各类兰花对温度要求不尽相同。按照兰花生长所需的最低温度将兰花分为喜凉兰类、喜温兰类、喜热兰类三种。喜凉兰类多原产于高海拔山区冷凉环境下，如堇花兰属、齿瓣兰属、毛唇贝母、鸟嘴文心兰等；喜温兰类原产于温带地区，如兰属、石斛属、燕子兰属、卡特兰属、兜兰属、万代兰属的某些种；喜热兰类多原产于热带雨林，如蝶兰属、万代兰属的许多种、兜兰的某些种、兰属某些种、卡特兰的少数种等。

【项目实施】

一、蝴蝶兰栽培技术

蝴蝶兰又称蝶兰，为兰科蝶兰属多年生草本植物。

1．形态特征

多年生常绿草本，茎短，单轴型，无假鳞茎，气生根粗壮，圆或扁圆形。叶厚，多肉质，卵形、长卵形、长椭圆形，抱茎着生于短茎上。总状花序，蝶形小花数多至数十朵，花序长者可达1～2m。花色艳丽，有白色、红色、黄色、斑点以及条纹，花期30～40d。硕果，内含种子数十万粒。

2．生态习性

附生兰，气生根多附着于热带雨林下层的树干或者树杈上，喜高温多湿，喜阴忌阳光直射，全光照的30%～50%有利于开花。生长适宜温度为25～35℃，夜间高于18℃或者低于10℃的环境会出现落叶、寒害。生长期喜通风，忌闷热，根系较耐旱。

3．类型及品种

全世界原生种约有70多种，但原生种大多花小不艳，作为商品栽培的蝴蝶兰多是人工杂交选育品种，经杂交选育的品种有530个左右。有关变种有：

小花蝴蝶兰：蝴蝶兰的变种。花朵稍小。

台湾蝴蝶兰：蝴蝶兰的变种。叶大，扁平，肥厚，绿色，并有斑纹。花径分枝。

斑叶蝴蝶兰：别名席勒蝴蝶兰。叶大，长圆形，长70cm，宽14cm，叶面有灰色和绿色斑纹，叶背紫色。花径8～9cm，淡紫色，边缘白色。花期春、夏季。

曼氏蝴蝶兰：别名版纳蝴蝶兰，为同属常见种。叶长30cm，绿色，叶基部黄色，萼片和花瓣橘红色，带褐紫色横纹。唇瓣白色，3裂，侧裂片直立，先端截形，中裂片近半月形，中央先端处隆起，两侧密生乳突状毛。花期3～4月。

阿福德蝴蝶兰：叶长40cm，叶面主脉明显，绿色，叶背面带有紫色，花白色，中央常带绿色或乳黄色。

菲律宾蝴蝶兰：花茎长约60cm，下垂，花棕褐色，有紫褐色横斑纹，花期5～6月。

滇西蝴蝶兰：萼片和花瓣黄绿色，唇瓣紫色，基部背面隆起呈乳头状。

4．繁殖方法

蝴蝶兰繁殖方法主要有播种繁殖法、花梗催芽繁殖法、断心催芽繁殖法、切茎繁殖法和组织培养法五种。生产中常采用组织培养获得苗株。

5．栽培要点

（1）幼苗（瓶苗）阶段　蝴蝶兰组培试管苗很难迅速适应外界环境。这一阶段如果处理不当，很容易引起种苗死亡，从而影响移栽成苗率。要提高试管苗移栽的成活率，出瓶前必须先进行炼苗。瓶苗具3片叶时，置于散射光处放置20d左右，试管苗更加健壮，以逐步适应外界环境条件。

（2）小苗（瓶苗移出）阶段　小苗指种植容器规格为4cm的蝴蝶兰苗（俗称1.5寸苗）。

①瓶苗移出前准备

容器：选择128孔方形穴盘（方形较圆形不易产生盘根且有利于排水），50孔或128孔黑色软盘，以及透明软盆。

材料：特级水草，使用前浸泡4h，并甩干至用力捏可出水滴但不能连成水线，10kg装水草可供种穴盘苗6000～8000株，小苗4000～5000株。漂白水及品种标签。

工具：有剪刀、长扁头镊子、网状小盘或塑料小盘（用以装从培养瓶中取出的苗并装分级好的苗）、抹布、橡胶手套、工作服、雨鞋、清洁球、大塑料盘。所有容器和工具在使用前清洗干净并用5%漂白水浸泡30～60min后，用清水冲洗两遍，晾干后待用。

② 瓶苗出瓶

驯化：瓶苗出瓶前应先置于准备种植的温室中驯化2～4周。出瓶前容器和工具须无氯气味后方可出瓶，最佳时间为3～6月份。

移出：应用不锈钢扁头镊子取出瓶苗，在移出的过程中不可弄伤根部及叶部。

分级：瓶苗在出瓶后，需先做分级。一是小苗两叶距在4cm以上，可直接种在4cm软盆中。若叶够长但根系不好，必须种在穴盘中。二是两叶距小于4cm者，适宜种于穴盘中。

③ 定植　种植4cm软盆及穴盘苗时，首先应拿少许水草放于蝴蝶兰根的中间，使其根呈放射状（约45°角）向外展开，外围再包上一层水草后种于4cm软盆或穴盘苗中，注意小苗阶段不能种太紧。其次，当天出的瓶苗应当天种完，应掌握好出苗量；穴盘苗约每人工每天1500株，小苗约1200株。

④ 定植后管理

病害预防：瓶苗种完后当天必须立即喷施多菌灵1500倍液以预防病害传染。在所有苗移完后10d内喷灭扫利1500倍液以杀死藏于水草中其幼虫及虫卵；在移苗后15d内用500倍液光合菌进行叶面喷雾，预防病害传染。以后每月2次。

光照：此生长期为根系奠基期，光照不可太强，小苗出瓶20d内光度应保持在2000～3000lx低光度范围内，尤其是分生苗，若其叶子大但根系不良者，光度须更暗，需进行遮光处理。出瓶后45d，小苗光照度可控制在6000～8000lx，出瓶后90d可控制在8000～10 000lx。

温度：蝴蝶兰营养生长温度范围是25～30℃，最适宜温度为26～28℃。为保证其生长势，日温应保持在26～28℃，夜温保持在24～25℃。

湿度：相对湿度在60%～80%较佳。刚出瓶的小苗湿度须保持在80%以上，3～5月出瓶的应保持在每小时叶面喷水1次，喷成薄雾状一层，注意不要让水草淋湿；6～7月份根据空气的湿度喷水，可每隔2h喷1次，湿度保持在80%以上。

水肥管理：小苗出瓶后7d内需全株淋湿，之后需要控制水量，避免水分过多导致叶面腐烂。5d后可开始喷施叶面肥4000倍，每隔5d施肥1次。蝴蝶兰要求肥料水EC值（离子交换能力）在0.6mS/cm～0.8mS/cm之间。在20d左右时施第1次肥，用B–1肥液1500倍灌根，然后施用复合肥4000倍（N：P：K=20：20：20或9：45：15）或根据EC值灌根，每隔15d施用1次，以每施3次肥施1次水为准则。

分级管理：小苗出瓶后45d开始分级管理。分级时根据植株的根系，叶片的大小来分级，做到大小一致，大叶朝向一方。分级管理要求水肥管理根据植株长势来确定施肥的浓度，每隔45d分级1次。

病虫害防治：蝴蝶兰小苗期蚜虫易发生，可用灭扫利1500倍液轻灌，成虫叶面用万灵喷雾；此外，7～11月间还易出现斜蚊夜蛾幼虫危害植株，主要是夜晚温室开灯成虫飞到温室传染，可喷万灵预防。个别蝴蝶兰品系易出现煤烟病，可用代森锰锌和甲托交替喷雾。

（3）中苗阶段　中苗指栽植容器规格为6.5cm的蝴蝶兰苗（俗称2.5寸苗）。

① 材料　蝴蝶兰中苗管理阶段需要的容器为6.5cm透明软盆；6.5cm规格的15孔植架或宽度为

6.5cm的长条形植槽植架。还有特级水草（使用前浸泡4h并脱水至适当湿度）；10kg装水草可供种植中苗600～700株，还有一定数量的小块泡沫。

② 换盆

换盆时间：瓶苗出瓶后直接种植的蝴蝶兰小苗约经3.5～4个月后可移植至中苗软盆中；而穴盆苗则经2.5～3.5个月后需先移植至小苗软盆中，再经2～3个月后才能移植至中苗软盆。

换盆方法：当蝴蝶兰小苗叶尖距达（12±2）cm、叶角15°时，且根系已伸至盆底，但还未盘至一圈且软盆上部没有气生根露出时可以换盆。首先，在透明软盆底部放置4～5块小泡沫或陶粒（不能太大，以不漏出为宜），将4cm软盆中的蝴蝶兰苗小心取出，在其外周再包裹一层水草，置于6.5cm软盆中。其次，所用水草的硬实度要比4cm软盆时高一些即可。再次，换盆时需按中苗的大小进行分级，种好的苗需每月分级1次，将大叶朝向一方，并根据叶片数进行分级。

③ 换盆后管理

病害预防：换完盆后当天用多菌灵1500倍液叶面喷雾，换盆后5d用光合菌500倍液叶面喷雾防治病害，每隔7d喷施1次。所有盆换完后10d内喷灭扫利1500倍液，以杀死藏于水草中的幼虫及蚊子虫卵。

光度：该生长期为蝴蝶兰形态奠基期，需较强光照。刚换盆时与4cm软盆种植光度相同（8000～10 000lx），缓苗后迅速提高，最后为12 000～15 000lx。

温湿度：与小苗期的温湿度管理相同。

水肥管理：换盆后根据干湿程度浇水施肥。中苗的肥料种类为N：P：K=20：20：20或30：10：20。第1次灌肥时间为换盆20d左右，需施肥（N：P：K=9：45：15）4000倍灌根或B-1肥1500倍灌根，每隔7～10d施肥1次。

④ 病虫害防治　5～8月份留意蝴蝶兰是否有红蜘蛛及介壳虫发生。此外，7～11月甲螨易在蝴蝶兰上出现，可用杀螨隆1500倍液和阿维菌素3000倍液混合灌根。中苗期注意蝴蝶兰上有无软腐、褐斑，应控制好温室的环境。

（4）大苗阶段

① 材料　蝴蝶兰大苗管理阶段需要的容器为9cm透明软盆，还有植架。所需水草浸泡4h后脱水至适当湿度。每10kg水草可供种植300～400株中苗。准备一定数量泡沫，置于透明软盆底部以便于排水透气。

② 换盆　当蝴蝶兰苗在6.5cm软盆中生长2.5～3.5个月，叶距达（20±2）cm时可换至9cm软盆中。换盆的最佳时间为2～3月份。中苗阶段换盆时仍需进行大小分级。换盆步骤与小苗换中苗相同，但水草硬实度应更高一些。

③ 换盆后管理　蝴蝶兰大苗的温、湿度管理和病虫害防治管理与中苗相同。

光照：蝴蝶兰大苗的光照应为20 000lx左右。此期光照过低会造成徒长，成花较差。

水肥管理：换盆后新根开始生长，约18d左右灌淋B-1肥液1500倍。换盆后根据干湿程度连续浇水施肥（N：P：K=20：20：20或15：20：25）。

（5）成花阶段　成苗经过5～6个月可进行催花。

① 环境控制　当9cm软盆蝴蝶兰苗叶距达（30±2）cm时可根据需要换至12.5cm盆中或直接在9cm软盆中进行催花。催花时，高温空气不流通易产生介壳虫，并引起煤烟病，应注意防治，保持温室通风良好。

② 花芽分化　蝴蝶兰花芽分化适温为夜温18～20℃，日温25～28℃。温差在10℃为最佳效果。如果时间足可以赶上花期，夜温16～17℃，日温23～25℃。此温度下可以提高成花的品质。

③ 水肥管理　蝴蝶兰催花所用肥料种类为7～8月份施肥料N：P：K=10：30：20，9～12月份施肥料N：P：K=9：45：15，1月份在花蕾形成后可用N：P：K=20：20：20的肥料。

④ 温度控制　在蝴蝶兰成花期间，夜温应控制在18～20℃，日温在27～29℃。每天花梗大约长0.8cm，管理30d左右有50%左右的花梗。40d后有70%～80%的花梗，长梗生长期约60d左右。花蕾分化夜温在18～20℃，日温在26～28℃左右。每隔3d开花1朵。在16～22℃时，隔4～5d开花1朵。

⑤ 光照　催花时光照的强弱直接影响到产品的品质。在催花阶段，光照可调节至30 000lx。

二、大花蕙兰栽培技术

大花蕙兰别名虎头兰、喜姆比兰、蝉兰，为兰科兰属多年生常绿草本花卉。

1．形态特征

常绿多年生附生草本，假鳞茎粗壮，属合轴性兰花。假鳞茎上通常12～14节，每个节上均有隐芽。叶片2列，长披针形。叶色黄绿色至深绿色。根系发达，根多为圆柱状，肉质，粗壮肥大，灰白色，无主根与侧根之分，前端有明显的根冠。花序较长，小花数一般大于10朵。花大型，直径6～10cm，花色有白、黄、绿、紫红或带有紫褐色斑纹。花被6片，外轮3枚为萼片，花瓣状。内轮为花瓣，下方的花瓣特化为唇瓣。蒴果，种子十分细小。

2．生态习性

喜冬季温暖和夏季凉爽气候，喜高湿强光，生长适温为10～25℃。夜间温度以10℃左右为宜，尤其是开花期将温度维持在5℃以上、15℃以下可以延长花期3个月以上。

3．类型及品种

红色系列：如红霞、亚历山大、福神、酒红、新世纪等。

粉色系列：如贵妃、梦幻、修女等。

绿色系列：如碧玉、幻影、往日回忆、世界和平、钢琴家、翡翠、玉禅等。

黄色系列：如黄金岁月、龙袍、明月、幽浮等。

白色系列：如冰川、黎明等。

橙色系列：如釉彩、梦境、百万吻等。

咖啡色系列：如忘忧果。

复色系列：如火烧。

4．繁殖方法

可采用播种、分株、组培方法。生产中多采用组培育苗。

5．栽培要点

大花蕙兰生产首先要选好品种，其选择标准为：叶片修长，叶面光滑，有光泽，无病害斑；花色纯正大花型，最好有香气；每株花箭3株以上；成熟鳞茎2个以上。大花蕙兰对生长环境条件要求极为严格，温度为为10～25℃，光照为50 000～70 000lx。生产大花惠兰在智能温室、日光温室均可。为使大花蕙兰安全地生产，栽培前要对生产设施进行必要的处理：① 闷棚杀菌：在栽植前10d将温室密闭提高室温达50～60℃进行灭菌。② 苗床消毒：用喷雾设备向苗床以及地面喷施杀菌剂进行消毒。

大花蕙兰瓶苗栽植时主要选用水苔为栽培基质。水苔干净无杂质，纤维长度10cm左右，灰白色或青白色。栽植前将水苔放入清水中浸泡12h，然后将水苔捞出在脱水机中进行脱水，水苔脱水后用手挤压以刚刚滴水为宜。选择容器时，小苗叶长≤10cm时，用8cm×8cm的营养钵；中苗叶长10～20cm，用12cm×16cm的营养钵；大苗叶长20cm以上，用15cm×25cm的营养钵。

（1）种苗选择　根系粗壮，白色，无死根或坏根；鳞茎粗壮，有光泽；叶面无损伤，无病害。可选择瓶苗，最好为分生苗，其次种子苗。要求纯正、苗体健壮，无病害。

（2）瓶苗移植　瓶苗应及时移栽，全年适宜，最适为3～4月份。移栽时首先将处理过的水苔基质平铺于苗盘中，平铺后基质应离苗盘沿1.5cm左右，然后将瓶苗用镊子取出，洗净基部后用800～1000倍多菌灵溶液消毒，再按株行距8cm×10cm的距离栽入基质中，用手轻轻压扶，且根系要舒展。一般以埋根部以上0.5cm为宜。

（3）移栽后管理　瓶苗栽植后，温度保持在（25±2）℃，湿度保持90%以上。栽植后要进行必要的遮阴，一般温室内要遮70%～80%的光照，也就是温室内需保持2000～30 000lx的光照。培育大花蕙兰用水需用盐碱度低于0.5Ms/cm，pH在5.6～6.2之间的偏酸性软水。施用时以喷施为主，一般4～6d浇清水一次。肥料以氮肥为主，一般常用N：P：K=5：1：2的混合肥，施用时结合浇水进行，一般7～10d喷施一次浓度0.1%的液态肥。

（4）上盆（或营养钵）

① 基质选择与处理　移栽使用基质种类较多，如树皮、碎刨花、水苔、锯末、松针等。最为常用的基质是树皮块与水苔8：1配置的基质。栽植前将树皮块及水苔分别放入清水中浸泡12h，捞出树皮块在纱网上控水5～6h后备用，水苔处理同瓶苗栽植。

② 容器选择　当叶片长为10～20cm时，选择15孔穴苗盘，或10cm营养钵。

③ 上盆时间　瓶盘苗栽植20周左右，株高在10～20cm左右进行上盆。

④ 上盆方法　先向营养钵中添加树皮块到1/3处；然后将适量的水苔铺开后平放于右手中，用左手将起出的小苗竖直拿于胸前，用右手的水苔将根部包裹住，竖直放入营养钵中；最后用树皮块将营养钵填满固定住小苗，用手压扶振荡几下即可。

（5）幼苗期管理　一般白天温度保持23～26℃，夜间保持18℃左右；湿度保持在75%～85%之间即可。移栽后要适当增加光照，促进植株的光合作用，以保证植株健壮的生长，这时的光照应保持在30 000～35 000lx。幼苗期结合浇水，由喷施改为灌根，一般5～7d浇清水1次，较为炎热的月份2～3d浇1次，温度过高或湿度过低时还应向叶面喷洒清水；移栽后施用肥料仍以氮肥为主（N：P：K=3：1：1的混合肥）。施肥时还应结合浇水进行，10～12d浇1000倍的肥水一次。

（6）大苗期管理

① 容器选择　选择15cm×25cm营养钵或花盆，采用5孔穴苗盘。

② 换盆时间　当叶片长度为25～30cm左右时，进行换盆。

③ 方法　将植株从析营养钵中取出，轻轻拍打根坨，除去根坨中包裹的旧基质。

④ 环境调控及肥水管理　大花蕙兰达到成苗期以后需要增加昼夜温差，这时白天要保持28℃左右，夜间要保持18℃左右，保证温差在10℃。成苗期的植株会长得较高，叶子较为浓密，这时植株极易感染病害。为防止其发生，管理中要适当降低湿度，一般保持在70%～75%之间为宜，光照保持在40 000～45 000lx为宜。进入成苗期后植株的生理代谢进一步增强，所需水肥量迅速增加。一

般4～5d浇清水1次，蒸发量较大的月份需2～3d浇1次清水，同时每天上午10点以前用喷雾设备对生长植株进行喷雾1次，以减缓蒸发速度，保障植株对水分充分地吸收。肥料在植株进入成苗期以后应以磷钾肥为主，一般所使用的是N：P：K=1：2：3的混合肥。施肥时结合浇水，一般用800倍混合肥溶液每隔7～10d浇1次肥水。植株在生长较旺盛的季节应适当缩短肥水施用时间或适当增加施肥用量，以保障植株正常的生长。在严寒的冬季要注意控水控肥，适当增加磷钾肥的用量，以提高植株自身的防御能力，保障其生产顺利的进行。

（7）花期管理　开花期间应适当降低温度以保障较长的花期，白天温度应保持在24～25℃之间，夜间温度保持在17～18℃之间为宜；湿度也要求大一些，以保障花朵的鲜艳，防止花瓣干枯，湿度保持在80%～90%之间为宜；光照保持在35 000～40 000lx之间为宜。基质干湿情况本着见干见湿、浇要浇透的原则进行，一般6～7d浇清水1次，这时也可以进行叶面喷水，但要谨防将水溅到花瓣上。进入开花期以后将不再追加任何肥料。

（8）花期调控

① 生理调控　通过一系列培养措施满足或抑制植株自身的生理需求，从而达到调控花期的目的。花期生理调控主要表现于以下两个方面。

催箭：催箭一般在6～10月间，植株由营养生长向生殖生长转化时进行，这时增施磷钾肥、适当控水、保持土壤干燥、降低细胞自由水含量、提高细胞浓度、抑制延缓营养生长，同时春、夏营养生长期要进行抹芽，每个假球茎只保留1～2个发育正常、长势健壮的腋芽，加速生殖生长，达到促花催箭的目的。

花期延后：通过增施氮肥、增加浇水用量等生产措施，来控制植株由营养生长向生殖生长转化，从而抑制花芽的形成，达到延迟开花的目的。

② 环境调控　通过对生长温度、湿度、光照等环境因子的调控来影响植株的花芽分化，从而达到调控花期的目的。花期环境调控主要表于以下两个方面。

催箭：环境调控催箭时把成苗放入单一温室，将白天的温度控制在20～25℃之间，夜温控制在15℃左右，湿度控制在70%左右，光照控制在40 000lx左右，同时适当延长肥水浇灌时间。在这样的环境中培养45d左右的时间即可达到促花催箭的目的。

延迟花期：在植株达到花芽分化期以前，将生产温室白天的温度保持在28℃左右，夜间保持在20℃左右即可抑制花芽分化，达到延迟开花的目的。

③ 药剂调控　通过向植株施用乙烯利、赤霉素、萘乙酸、B_9等化学药剂，促进或抑制花芽分化，来控制花期的时间。

（9）病虫害防治

① 预防措施　病虫害在大花蕙兰成苗期较为严重，一定要做好防治工作。防治过程中应采取以下措施：增加磷钾肥的用量，培养健壮的植株，抵抗病虫害的侵害。加大通风力度，降低空气湿度，减小发病环境因子。保持温室内干净卫生，定期清除温室内以及周边的杂草杂物，减少病虫害传播介质。每天查看植株的生长情况，及时清除病株病叶。每隔10d左右向温室内喷施杀菌剂一次。温室通风处安装防虫网。当发现病虫害时要及时给以治疗。

② 防治方法　大花蕙兰主要病害有疫病、软腐病、根腐病、炭疽病。防治方法为用80%锌锰乃浦500倍溶液喷施或者用1：2000的8-羟基喹啉硫酸盐喷洒可有效防治疫病；发现有软腐病应将病

株除去，用四环素800倍液喷洒，也可用18.8%链霉素1000倍液，每隔7～10d喷洒1次，连续3～4次；如有根腐病应及时将病株除去，并用苯来特进行消毒；炭疽病的防治方法为：大富丹500倍液进行喷洒或用45%的大生500倍液，5～7d喷洒一遍。虫害主要为介壳虫、白粉虱、蚜虫和螨虫。一般用速灭松乳剂或大灭松乳剂以及除虫菊酯1000倍液，每隔7～10d喷洒1次，可有效防治介壳虫和白粉虱；用氧化乐果、除虫菊酯等药剂1000倍液轮换喷洒防治蚜虫；用三氯杀螨、大克螨、速灭螨抌药剂1000～1500倍液，每星期喷洒1次，连续3次可防止螨虫。

（10）包装运输　根据国家标准分级。A级：花枝4枝以上、整齐，花期一致，花苞纯正，植株整体无病害。B级：花枝2～3枝，较整齐。C级：1枝花，叶子有病害，较轻微。采用25cm及40cm软塑料包装袋，再使用包装箱，每箱6～10株。运输前浇水一次，杀灭传染性病原菌，采用箱式运输车。

【项目考核】

考核标准见表8-2。

表8-2　**蝴蝶兰、大花蕙兰栽培技术**

考核内容	考核标准	分值	得分	教师评价
蝴蝶兰	生产计划制定完整	20		
	繁殖方法选用得当	20		
大花蕙兰	栽培管理措施完善	30		
	植株健壮，开花量大，花期达到预期	30		

【知识拓展】

一、中国兰的范畴

中国兰是指兰科兰属中的部分小花型地生兰。在日本、中国等地均有分布，但主产我国南方地区。因在中国的栽培及文化历史最为悠久，而得名中国兰，西方人亦称东方兰。中国兰总计7个品种，包括春兰、蕙兰、建兰、墨兰、寒兰、莲瓣兰和春剑。主要分布于我国秦岭以南诸省。分布区夏季常气温较高，冬季在分布区北缘有霜冻或短时的积雪。

二、中国兰形态特征

（1）中国兰的根　中国兰的根较为粗壮、肥大，无主根与支根之分，粗细均匀，有分枝。

（2）中国兰的假鳞茎　中国兰茎通常较短，不同程度的膨大成肉质的假鳞茎。假鳞茎一般为卵形、椭圆形、纺锤形或近圆柱形，常压扁，有数节，每一节都着生一枚叶片或鞘叶。花芽、叶芽及分生出的新苗芽原基都源于每节上的潜伏芽，一般最上部的长成叶片，中部的发育成花芽或新苗芽，下部的发育成根或新苗芽。假鳞茎大多包藏于宿存的叶基内，多个假鳞茎通常成丛生长，彼此间以极短的根状茎相连接。假鳞茎是一个储藏水分和养分的器官，其外面是很厚的角质层，能防止水分散失；表皮内有许多薄壁细胞，是储藏水分和养分的场所。

（3）中国兰的叶　中国兰的叶由低出叶和正常叶组成。低出叶鞘状，生于假鳞茎基部周围，在正常叶出现之前包住整个幼苗。正常叶通常2～7枚，有时可达10枚。叶多为带形或线形，除春剑和莲瓣兰外，叶基部多有关节状环。叶质常为薄革质，其中蕙兰叶较坚硬，建兰有明显的光泽。叶姿有斜立型、弯垂型及二者间过渡型，各种品种亦有不同。

（4）中国兰的花　中国兰的花被分为花萼和花瓣两轮，外轮为花萼片，内轮为花瓣，均为3枚。雌蕊和雄蕊合生称为蕊柱或合蕊柱，园艺上称为“鼻”；位居花朵正中心，直立，腹扁背圆且前端向下弯。位于花朵上方的萼片称为中萼片，园艺称之为“主瓣”；侧萼片称为“副瓣”。内轮位于花朵下方与蕊柱相对的1枚花瓣特化为唇瓣，也即常说的“舌”；其他2枚花瓣位于蕊柱两侧，常称为“捧心”或“捧瓣”。着生单花或花序的花轴称为“花葶”，花葶由假鳞茎基部侧生出。通常一个假鳞茎生一枝花葶；花葶基部有多枚鞘，主要是保护幼嫩的花蕾，其色彩与脉纹的颜色与花朵的形色有直接的相关性，常作为品种鉴别的依据之一。花葶上花朵的数量在不同种间有差异，春兰常一朵，春剑常2～3朵；其他种常有5～15朵不等。花序均为总状花序，只有在极端的情况下出现分枝。通常在花的基部有1枚苞片，春兰、春剑及莲瓣兰的花苞片较长，达花梗连子房的1/2以上，有时超过花梗连子房的长度。

（5）中国兰的果实　中国兰果实为蒴果，柱形，具有三角，果实形状依种类不同而异。春兰果实较短矮，一般高约3～4cm，蕙兰等稍为长大，较粗壮；建兰和蕙兰的果实相似；寒兰与报岁兰相似；果实成熟时，每一果瓣平面中央的果脊柱自蒴果顶端弹开，果瓣产生倒锥形裂缝，便于种子从裂口溅出。中国兰的种子极为微小，细如灰尘，用肉眼几乎辨认不清；每一蒴果内含有种子约10 000粒。兰科植物种子均没有胚乳，只有一个简单的胚，外面部包着疏松、透明、不易透水的种皮，种皮上有许多增厚的木质化的条纹。胚内含有很少的养分，故种子繁殖发芽率甚低，栽培过程中多用传统分株方式繁殖。

三、中国兰栽培技术

“春不出，夏不日，秋不干，冬不湿”，这是中国兰的栽培经验，但种类不同，又有所差异。

1. 春兰栽培技术

春兰为兰科兰属多年生常绿观花观叶花卉。

（1）形态特征　有肉质根及球状的拟球茎，叶丛生而刚韧，长约20～25cm，狭长而尖，边缘粗糙。假鳞茎稍呈球形，叶4～6枚集生，狭带形，长20～60cm，少数可达100cm，宽0.6～1.1cm，边缘有细锯齿。花单生，少数2朵，花葶直立，有鞘4～5片，花直径4～5cm；花色有浅黄绿色，绿白色，黄白色，具香气。萼片长3～4cm，宽0.6～0.9cm，狭矩圆形，端急尖或圆钝，紧边，中脉基部有紫褐色条纹；花瓣卵状披针形，稍弯，比萼片稍宽而短，基部中间有红褐色条斑，唇瓣3裂不明显，比花瓣短，先端反卷或短而下挂，色浅黄，有或无紫红色斑点，唇瓣有2条褶片，花期2～3月份。

（2）生态习性　要求土层深厚、含腐殖质丰富、疏松肥沃、透气良好的微酸性上壤，pH5.0～5.6；喜阴，要求荫蔽度70%～95%；喜温暖湿润，夏季25～28℃，冬季3～7℃为宜。

（3）繁殖方法　包括分株繁殖、播种繁殖和组织培养法三种繁殖方法。分株繁殖在春秋两季均可进行，每隔2～3年分株1次。分株后每丛至少保留5个连在一起的假球茎，并且这些假球茎至少有3个叶片生长健壮。上盆时，先盖住盆孔，再铺一层粗沙石，上面放较细土壤的富含腐殖质的壤土，用手指将盆土压实，栽植深度以将假球茎刚刚埋入土中为度。栽植后土向略呈拱形，盆边留2cm的沿口，上铺青苔或细沙。随后用细喷壶喷水2～3次，置阴处10～15d，保持土壤湿润，以后逐渐进入正常管理。

（4）栽培要点

① 选盆　栽植春兰宜在秋末进行。栽植前宜选用清水浸泡过数小时的新瓦盆，如用紫砂盆或塑料盆时需注意排水。盆的大小以根能在盆内舒展为宜。

② 用土　培养土以兰花泥最为理想，或用腐叶土（或腐殖土）和沙壤土各半混匀使用，切忌用碱性土。

③ 上盆　先在盆底排水孔（最好能有3排水孔）上垫好瓦片，再垫上碎石子、炉渣等物，约占盆的1/5，其上铺一层粗沙，然后放入培养上。最好将兰苗放入盆中，将根理直，让其自然舒展，填土至1/2时，轻提兰苗，同时摇动花盆，使兰根与盆土紧密结合，继续填土至盆沿，压紧。上留约3cm沿口，以便施肥与浇水。

④ 遮阴　上盆后浇透水放荫蔽处。早春与冬季放室内养护，其余时间放在荫棚下。夏天早晨8点至下午6点遮光，春兰在夏季遮光荫蔽度宜达90%左右。春、秋季为70%～80%即可。

⑤ 浇水　兰花叶片有较厚的角质层和下陷的气孔，比较耐干旱，因此需水分不多，所以经常保持兰土“七分干、三分湿”为好。一般情况下，春天2～3d浇水1次，花后宜保持盆土稍干一些，4月以后宜保持盆土略湿润；夏天气温高，可每天浇水1次；秋季则宜见干见湿；冬季浇水宜少。春兰孕蕾期，宜保持湿润，但也不能过湿。干旱和炎热季节，傍晚应向花盆周围地面喷雾，增加空气湿度。

⑥ 施肥　兰花忌施浓肥。新植兰花第1年不宜施肥，经过1～2年的培养待新根生长旺盛时才可以施肥。一般从4月起至立秋止，每隔15～20d施1次充分腐熟的稀薄饼肥水；盛夏酷暑，停止施肥。施肥时间以傍晚为宜，并避免液肥沾污叶片。

⑦ 疏蕾　现蕾时宜选留一个发育最好、观赏价值最佳的花蕾，其余的一律摘除，这样才能使其花大而色美。春兰开花10～14d可将花朵连同花葶一起剪去，不要等到花自然脱落后再剪，以减少养分消耗，有利来年开花。

（5）病虫害防治

① 白绢病　多发生于梅雨季节。应注意通风透光，盆土排水良好。发病后可去掉带菌盆土，撒上五氯硝基苯粉剂或石灰即可。

② 炭疽病　终年都有，高温多雨季节更为猖獗。防治方法除改善环境条件外，发病期可先用50%甲基托布津可湿性粉剂800～1500倍液喷治，7～10d喷1次，然后再辅以1%等量波尔多液，每15d喷1次。

③ 蚧壳虫　在高温多湿、空气流动不畅的情况下繁殖最快，用速灭松乳剂以及除虫菊酯1000倍液，每隔7～10d喷洒1次。

④ 根腐病　又叫线虫病。可用100°蒸汽灭菌消毒，杀死虫卵。危害重的要立即换盆，将病株泡入药液中20～30min，捞出晾干，用新基质从新栽种。

2．惠兰栽培技术

（1）形态特征　地生草本；假鳞茎不明显。叶5～8枚，带形，直立性强，长25～80cm，宽7～12mm，基部常对折而呈V形，叶脉透亮，边缘常有粗锯齿。被多枚长鞘；总状花序具5～11朵或更多的花；花苞片线状披针形，最下面的1枚长于子房。蒴果近狭椭圆形，长5.0～5.5cm，宽约2.0cm。花期3～5月份。

（2）生态习性　蕙兰喜光照畏阴暗，喜通风畏闭塞，喜疏松畏板结，喜丛生畏分单，喜薄肥畏浓热。

（3）繁殖方法　常采用分株繁殖方法。

（4）栽培要点　蕙兰每年5月上旬至6月上旬新叶芽出土，秋芽在7月下旬至8月中旬出土。新叶芽出土后约有20d左右缓长期，展叶期约在6月中旬至7月下旬，7月至10月为叶的伸长期，11月至来年2月为休眠期。养蕙兰要3苗以上连体栽培，3苗以下不易成活。蕙兰每苗从出土到生长完成需3年左右。

蕙兰的花芽出土为每年9月至10月上旬之间，生长2～3cm后停止生长。需要5个月（温度5℃）左右的时间春化休眠，方能开出清香宜人的好花。花期为每年3月下旬至4月下旬，晚花期5月上旬。

① 温度要求　蕙兰的生长适宜温度为15～25℃，夏天不超过38℃，冬天不低于零下5℃，生殖生长温度为10～20℃，在中国兰中惠兰是最耐寒耐高温的兰花。

② 湿度要求　蕙兰对空气湿度的要求为60%～75%，冬季休眠期空气湿度不要低于50%，生长期湿度保持在70%～80%之间。

③ 水分要求　蕙兰的假鳞茎小，需要保持盆土湿润，但它也是中国兰中最耐干旱的兰花，它有粗长的根，具有一定的保水性，能应付短期的干旱（4d），所以保根是植好蕙兰的重中之重。一定要认识“秋不干，冬不湿”的意义。初秋晴日多，炎热未尽，空气干燥，增大空气湿度是防止兰叶焦尖最有效的办法。

④ 光照要求　光照对蕙兰生长非常重要，中国兰中蕙兰是最喜光的兰花，夏季阳光最强烈时需遮阴60%左右，其他季节可不遮阴。

（5）病虫害防治　常见病虫害及防治方法同春兰。

3．墨兰栽培技术

墨兰又名报岁兰，为兰科兰属地生兰。

（1）形态特征　叶丛生于椭圆形的假鳞茎上，叶片剑形，深绿色，具光泽。花茎通常高出叶面，在野生状态下可达80～100cm。花7～17朵，苞片小，基部有蜜腺，萼片披针形，淡褐色，有5条紫褐色的脉，花瓣短宽，唇瓣三裂不明显，先端下垂反卷。花期1～3月份，品种甚多，少数在秋季开花。

（2）生态习性　喜阴忌强光，喜温暖忌严寒，喜湿忌燥，喜肥忌浊。

（3）繁殖方法　常采用分株繁殖。

（4）栽培要点

① 栽培基质　中国传统盆栽兰花多用其原产地林下的腐殖土，当地人称为“兰花泥”。这种土腐殖质含量丰富、疏松而无黏着性，常呈微酸性，是栽培兰花的优良盆栽用土。在北方栽培兰花，一般都用腐叶土5份、沙泥1份混合而成。也有用腐殖土4份、草炭土2份、炉渣2份和河沙2份等混合配制。

② 分苗与消毒　分盆时，首先用左手五指抓住兰苗的基部，将盆倒置过来，并轻轻叩击盆的周围，使盆与盆土分离，再细心将土坨轻轻拍打抖落泥土。小心清理兰根，剪去腐烂根、断根、枯叶及干枯的假鳞茎，然后用清水冲洗干净，将兰根放入甲基托布津1000倍液或高锰酸钾800倍液中进行消毒，杀灭伤口附近的病菌。

③ 上盆　盆选好后，种植前先在盆底排水孔上面盖以大片的碎瓦片，并铺以窗纱，接着铺上山泥粗粒，即可放入兰株（兰株根系的分布要均匀、舒展，勿碰盆壁），然后往盆内添加腐殖土埋至假鳞茎的叶基处，并在泥土表面再盖上一层白石子或翠云草，既美观又可保持表土湿润。尔后用盆底渗水法使土透湿后取出，用喷壶冲净叶面泥土，放置荫蔽处缓苗，1周后转入正常管理。

④ 管理　墨兰属半阴性植物，要求“暖和、湿润、散光、通风”的环境条件。栽培地点要求通风好，具遮阴设施。墨兰对水分的要求主要是视气温高低、光线强弱和植株生长而定。墨兰用水以雨水或雪水最好，如必须用自来水浇兰花，需暴晒一天之后才能应用。浇水用喷壶，不要将水喷入花蕾内，以免引起腐烂。夏季切忌阵雨冲淋，必须用薄膜挡雨。浇水时间：夏秋两季在日落前后。冬春两季，在日出前后浇水最好，还要喷雾增加空气湿度，以利于墨兰生长。

⑤ 施肥　墨兰施肥“宜淡忌浓”，一般春末开始，秋末停止。施肥时以气温18～25℃为宜，阴雨天均不宜施肥。肥料种类，有机肥或无机肥均可。生长季节每周施肥1次，秋冬季墨兰生长缓慢，应少施肥，每20d施1次，施肥后喷少量清水，防止肥液沾污叶片。施肥必须在晴天傍晚进行，阴天施肥有烂根的危险。

（5）病虫害防治　墨兰主要有软腐病、镰孢菌、炭疽病、疫病等病害，以及蛞蝓等虫害。软腐病以预防为主，在高温、高湿季节，要选用80%代森锰锌可湿性粉剂800倍液为全株喷洒预防1次。镰孢菌属于真菌性病原；在墨兰首次装盆后1个月左右，为全株喷洒纯白链霉菌素800倍液1次，以后每一年的5～6月份之间，再重复为全株喷洒1次。炭疽病的防治方法使用80%代森锰锌可湿性粉剂800～1000倍液，为受害植株和同在一列床架的植株进行全株喷洒1次，可以起到防治效果。在梅雨季节还有可能发生疫病，每年的梅雨季节来临前一个月，为墨兰全株喷洒一次磷酸二氢钾水溶性肥1000倍液，可以增强墨兰自身抵抗疫病的能力。发现病株时，应当立刻使用25%咪鲜胺乳油1500倍液为发病植株以及同列床架上的植株小面积喷洒1次，隔10d后再喷洒1次，可起到防治疫病的良好效果。在整个栽培过程中，蛞蝓是最主要的害虫，每年的春、秋两季，雨水较为密集时是蛞蝓的活动盛期，使用四聚乙醛颗粒剂均匀地洒在床架下面，可起到诱杀蛞蝓的良好效果。

子项目三　多肉花卉栽培技术

【项目目标】

1. 熟练识别20种常见多肉花卉。
2. 能进行常见多肉花卉的栽培、养护。

【项目分析】

该项目重点为多肉多浆花卉的识别及栽培特点；难点为各种花卉的栽培要领。教师可以通过多媒体图片结合现场教学以及贯穿教学始终的栽培记录完成该项目。

【知识链接】

多肉多浆植物是指植物营养器官的某一部分，如茎或叶或根（少数种类兼有两部分）具有发达的薄壁组织用以储藏水分，在外形上显得肥厚多汁的一类植物。

全世界共有多肉多浆植物10 000余种，它们都属于高等植物（绝大多数是被子植物）。常见栽培的多肉多浆植物包括仙人掌科、番杏科、大戟科、景天科、百合科、萝摩科、龙舌兰科和菊科。而凤梨科、鸭跖草科、夹竹桃科、马齿苋科、葡萄科也有一些种类常见栽培。

一、多肉多浆花卉的特点

仙人掌类花卉大多数原产于南美洲，以墨西哥为分布中心。其他多肉多浆植物主要原产于非洲南部及其附近的岛屿。

多肉多浆植物不耐寒，耐热，忌湿，喜阳。但由于原产地不同，其生态习性也有很大差异。一部分种类如昙花、量天尺、蟹爪兰等，原产于热带雨林中，要求荫蔽、潮湿及空气湿度高的环境；而大多数生长在干燥、高热、多风的沙漠或半沙漠地带，这类植物具有耐旱、喜干、忌湿的习性；少部分多肉多浆植物原产于亚热带或温带地区的高山上，由于强烈的太阳辐射，加上干旱、大风以及低温，使得这些植物"披上"稠密的绒毛或蜡层。因而根据原产地环境条件可以将多肉多浆植物分为四个类型：即沙漠型多肉多浆植物、附生型多肉多浆植物、高山及耐寒性多肉多浆植物、温带及草原型多肉多浆植物。

多肉多浆植物大多数发生了茎或叶的变态。叶变态为针刺状或厚叶状，并附有蜡质；茎变态为肥厚掌状、片状、棱柱状或球状。

二、多肉多浆花卉栽培要点

（1）繁殖　多肉多浆植物可以采用分株、嫁接、播种、扦插等方法繁殖。

（2）基质要求　多肉多浆植物栽培一般使用人工配制的培养土。适宜的pH为中性偏酸（pH5～7）。要求排水性及透气性良好，不过分肥沃，并不含过多的可溶性盐。一般的配制比例为：30%壤土+30%腐殖土+30%粗沙+10%草木灰。

对于附生型多肉多浆植物可采用60%山泥+30%园土+10%砻糠灰。

（3）水分要求　多肉多浆植物的休眠期为10月到翌年3月，应节制浇水，保持土壤不过分干燥即可。温度越低越应保持土壤干燥，水分过多易引起根部腐烂。在生长期，则需要较多的水分，仙人掌类的绵毛和白毛种类以及强刺类的赤刺等种类，不能从球上浇水，否则会引起白毛污脏，刺色不鲜。多肉多浆植物的浇水还要根据种类的不同，一年四季的气候和环境变化灵活掌握。

（4）温度要求　多肉多浆植物要注意冬季的保温。一般情况下，室内温度下降到5℃时就要进行保温，早春不能过早停止保温，否则遇寒流会导致冻害。通常适宜的温度是：白天25～30℃，夜间15～20℃。

（5）光照要求　栽培好多肉多浆植物，最主要的条件就是要给与充分的光照。一般来说，春、秋、冬季节天气寒冷，需要直射光；夏季则需要遮阴，给与散射光。

（6）肥料要求　栽种之前，一般用腐熟的禽肥和骨粉，可以放在盆的底部或磨细后混入培养土内。施用液体肥时尽量冲淡，在春秋生长季节，每月追肥2～3次即可，嫁接苗可1周施肥1次。7～8月高温期间及冬季休眠期不要施肥。大多数多肉多浆植物根部损伤尚未恢复时切忌施肥，以免植株腐烂。

【项目实施】

一、蟹爪兰栽培技术

蟹爪兰别名蟹爪莲、蟹足霸王鞭，为仙人掌科蟹爪兰属肉质附生植物。

1．形态特征

多分枝，向外铺散下垂。茎节扁平，倒卵形，先端截形，两侧各具尖齿如蟹钳，边缘为尖齿状缺刻，中肋显著。刺丛小鳞片状，具绵毛小刺毛，花冠漏斗形玫瑰红色，花期2～4月份。

2．生态习性

蟹爪兰性喜温暖、凉爽、湿润的气候环境，不耐严寒与高温，越冬温度要保持5℃以上，生长最适温度为18～25℃；耐旱、不耐涝，在微酸性的沙壤土中生长最好。夏季需遮阴，强烈的阳光会造成枝茎萎黄：入冬进入孕蕾期每天要保证不少于5h的短光照。

3．类型及品种

蟹爪兰已经选育出200多个栽培品种。常见的有白花的圣诞白、多塞、吉纳、雪花，黄色的金媚、圣诞火焰、金幻、剑桥，橙色的安特、弗里多，紫色的马多加，粉色的卡米拉、麦迪斯托和伊娃等。常见的同属观赏种有茎淡紫色、花红色的圆齿蟹爪兰，花芽白色、开放时粉红色的美丽蟹爪兰，花洋红色的红花蟹爪兰。还有拉塞尔蟹爪兰、巴克利蟹爪兰、钝角蟹爪兰和圣诞仙人掌等，它们既是观赏种，又是育种的好材料。

4．繁殖方法

蟹爪兰可扦插繁殖，但生产上多采用嫁接法繁殖。以蟹爪兰叶状茎作接穗。嫁接在霸王花、量天尺的柱状茎上，多数以霸王花的柱状茎作砧木进行嫁接繁殖。

（1）砧木的选择和准备　选择老熟、粗壮、三棱分布均匀且直的柱状茎，剪切成30～40cm茎段，扦插在育苗沙床里，出根后上盆待用。

（2）接穗的选择　选择老熟的蟹爪兰叶状枝片中倒数第3～4节作接穗，第1～2节太嫩不适用，易萎蔫。

（3）嫁接时间　蟹爪兰在温暖地区全年均可嫁接，但最适宜的嫁接时间是4～5月。

（4）嫁接方法　嫁接时先在砧木棱柱的棱角以向下45°角的方向，由角尖向髓心用刀切入，切至有阻挡感觉为止，再用微力切入中轴少许，以便接穗基部尖端插入含接。接穗的处理则要在基部尖端用刀片从前后两面切成斜位缺口成斧头刀状，现出中轴一小点微白色即可。一般每棱嫁接2条接穗，3棱共接6条接穗。

（5）嫁接后的管理　蟹爪兰嫁接后要放置在荫棚下，以免高温强光造成新芽发黄、脱落，影响成活；经常观察砧木顶尖及棱角尖有无新芽长出，如发现新芽则立即抹除，使养分集中在接穗上；注意防雨，以免雨水进入伤口引起溃烂，再补接成活率低。

5．栽培管理要点

（1）水分管理　由于用以嫁接蟹爪兰的砧木为肉质植物，富含水分，稍耐干旱，平时盆土不干则不浇水，浇则浇透，保持盆土微湿润最好。但蟹爪兰的茎叶为枝状叶，叶薄且多分枝，水分蒸发量大，故夏天应多进行根外喷雾，冬季蒸腾作用弱，多浇水会引起烂根，保持湿润即可。

（2）施肥　蟹爪兰嫁接成活后。每隔15d施1次经充分腐熟的有机液肥。夏季高温要停止施肥，以防根腐烂。现蕾后每隔7d施1次有机液肥，施肥的原则是勤施薄施。

（3）病虫害防治　蟹爪兰的病虫害相对较少，主要有腐叶病及斜纹夜蛾等，可用多菌灵800倍和50%辛硫磷乳剂1500倍液喷雾防治。

（4）控水促花　为了保证蟹爪兰在“春节”正常上市，在9月份要进行控水促花芽分化处理。具体方法是：先将盆土浇透水，然后让其自然干透．直到蟹爪兰的枝状叶因缺水而耷拉下来，再进行补水。重复前面的操作，时间为20d，即可达到促花目的。

（5）护花　蟹爪兰现蕾后，要注意护花以防落蕾。首先要搬至光照充足的地方，以免光照不足引起落蕾。其次花蕾多时，要依据砧木大小和蟹爪兰生长的情况进行疏蕾，一般1个茎节留1个花蕾。蕾多砧木难以提供足够营养会造成落蕾。再次蟹爪兰现蕾时需较多营养，需每隔7d施1次有机液肥，每10d对花蕾喷1次0.2%磷酸二氢钾溶液。

二、长寿花栽培技术

长寿花别称矮生伽蓝菜、圣诞伽蓝菜、寿星花，为景天科伽蓝菜属草本花卉。

1．形态特征

常绿多年生草本多浆植物。茎直立，株高10～30cm。单叶交互对生，卵圆形，长4～8cm，宽2～6cm，肉质，叶片上部叶缘具波状钝齿，下部全缘，亮绿色，有光泽，叶边略带红色。圆锥聚伞花序，挺直，花序长7～10cm。每株有花序5～7个，着花60～250朵。花小，高脚碟状，花径1.2～1.6cm，花瓣4片，花色粉红、绯红或橙红色。花期1～4月。

2．生态习性

原产马达加斯加。喜温暖，对光照的要求不严，在阳光充足和散射光下均能生长良好。对土壤要求不严，耐干旱。

3．类型及品种

现在市场上销售的长寿花可大致分为三个系列。这三种系列长寿花在用途、生产管理上都有不同之处。在品种选择上需种植者在生产之前做好详细的调查了解后方可准备生产。

（1）丰花系列　丰花长寿是品种花色最多的系列。盛花时，繁盛的小花簇拥在一起，有的品种花序甚至可以将植株遮得严严实实，观赏效果十分出色，此系列主要用于10.5cm以上盆径生产之用。繁茂的花序是主要的卖点，大而丰满的体积、较长的观赏期，使其成为窗台、茶几、餐桌等处摆放及组合盆栽主栽植物的极佳选择。

（2）迷你系列　此系列可归为丰花系列的一个分支，其特点是株形小巧、精致，生产周期短且单位面积产量高。此系列主要用于6cm盆径的生产，其花期长短同丰花系列相差无几，花色较为丰富。由于迷你系列的株形小巧，精致美观，养护简单，很适合生活快节奏的上班族栽植，在温度光照合适的任何地方均能生长良好，都能开出艳丽的花来。

（3）垂吊系列　垂吊系列是长寿花中变化较多的一个品种，有按直立丰花长寿的方式生产，长成直立状的植株；也有按垂吊类花卉生产方式栽到吊篮盆中的品种，长成丰满茂盛的垂吊花篮。此系列的品种花色较少，只有下垂风铃状花与四角星状花的两种。多用途、多变化的垂吊系列具有较广泛的应用范围，同上述二个系列一样，垂吊系列只需简单的养护便可生长良好，有很广泛的市场销路。

4．繁殖方法

长寿花较多采用扦插繁殖和组织培养的方法来获得苗株。扦插可分为两种方式：叶片扦插和顶芽枝扦插。一般叶片扦插和组织培养多用于母本苗的生产，顶芽枝扦插多用于盆花生产。

（1）叶片扦插　将全叶摘下（叶片越大越好），放在阴凉处晾干伤口，数小时后，将叶柄完全插入湿润的基质中，如叶柄过短，也可将叶片的一部分插入基质中以代替短小的叶柄。此阶段不可过湿，以免叶片染病腐烂。扦插完后将其放在日光稍弱处，温度保持在20～25℃之间。3～4周后根系开始建立，这时可将其放在全日照条件下并可施用低浓度的肥料。7～10周后便可看见由愈伤组织分化的幼苗，待幼苗长到15～20cm时便可将其与叶片分开，单独养植，而叶片可继续产生幼苗。分开的幼苗可作为生产无根插穗的母本苗使用。

（2）顶芽扦插　将准备好的无根插穗直接插入装好基质的花盆中，保持基质湿润，光照强度不宜过强，保持温度在20～25℃，2～3周便可生根，之后便可进入生产期管理。顶芽扦插一般多用于盆花生产。（注意：长寿花是典型的长日照开花的植物，在扦插繁殖期间一定要使日照时间长于12.5h，在冬季扦插繁殖时一定要补光。）

5．栽培管理技术

（1）基质要求　盆花生产一般将无根插穗直接扦插在其最终要栽的花盆里，所以其栽培基质和扦插基质是一样的，以草炭和珍珠岩按7∶3的比例混合，并将基质的pH调整到5.5～6.0之间。生产者可根据水质情况、生产品种、生产季节适当调整基质比例，或再添加蛭石、沙子等无土基质，以达到排水良好、含养分适中的基质。

（2）光照要求　在全日照或60%～70%散光下生长良好。炎热夏季适当遮阴，但光线不足易使植株徒长，枝条细长，叶片薄而小。秋末光线不足则影响花芽分化，减少花朵数量。在夏季，室外高温容易使植株叶片变红，当光照强度大于65000lx时，必须进行遮阴。在冬季，为了缩短植株一两周的生长时间，使之形成更多的花序，需要对其进行人工补光，光照强度要求达到3000lx，一般在短日处理前进行，日照长度应不少于18h/d。

（3）水分要求　长寿花为多肉多浆植物，不喜欢太多水，最好中午前浇水，入夜前叶片一定要保持干燥。水质要求为EC值高于0.75，pH6.5左右，含盐量不超过140ppm，同时湿度应控制在70%～90%。

（4）温度要求　长寿花性喜温暖，生长适温为20～28℃，白天不宜超过30℃，夜间不低于18℃，温度太高或太低均会终止其正常生长。冬季温度低于8℃后，叶片变红，花期推迟。

（5）肥料要求　施用复合肥，加钙，配合浇水进行，pH为5.5～5.8。应注意施肥前需进行水样分析。每周检测一次盆中基质的pH和EC值，pH应为5.0～6.0，EC值应为1.8～2.5。

（6）株型控制　为了控制植株高度，要进行1～2次摘心，促使多分枝、多开花。长寿花定植后2周用0.2% B_9喷洒1次，株高12cm再喷1次。这样能有效地控制植株高度，达到株美、叶绿、花多的效果。

（7）花期管理　花期注意适当遮阴，并保持盆土湿润。有枯败的花叶要及时清除，保证营养集中供应到开花枝上。

（8）花期调控措施　在期待开花的前40～45d作为促花期。促花期内每天给予光照期8h、黑暗期16h的短日处理，不间断地处理45d；在光照期内保持光照强度在10 000～15 000lx之间，在花芽开始出现时施用丁酰肼B_9，最佳施用浓度为2500～5000mg/L；在观察到侧枝开始生长时，或在短日照处理开始20～30d之后喷施三环苯嘧醇；在短日照处理开始 1 个月后施用乙烯利，浓度为250～500mg/L，每周喷施 1 次，连喷 2 周。

（9）病虫害防治　主要有白粉病和叶枯病，可用65%代森锌可湿性粉剂600倍液喷洒。虫害有介壳虫和蚜虫危害叶片和嫩梢，可用40%乐果乳油1000倍液喷杀防治。

【项目考核】

考核标准见表8-3。

表8-3　**蟹爪兰、长寿花栽培技术**

考核内容	考核标准	分值	得分	教师评价
蟹爪兰	生产计划制定完整	20		
	繁殖方法选用得当	20		
长寿花	栽培管理措施完善	30		
	植株健壮，开花量大，花期达到预期	30		

【知识拓展】

有关多肉多浆植物的其他知识。

一、仙人掌

仙人掌又名仙巴掌，为仙人掌科仙人掌属花卉。

1．形态特征

多年生常绿肉质植物。茎直立扁平多分枝，扁平枝密生刺窝，刺的颜色、长短、形状数量、排列方式因种而异。花色鲜艳，花期4～6月。肉质浆果，成熟时暗红色。

2．生态习性

大多原产美洲，少数产于亚洲，现世界各地广为栽培。喜温暖和阳光充足的环境，不耐寒，冬季需保持干燥，忌水涝，要求排水良好的沙质土壤。

3．繁殖方法

常用扦插繁殖，一年四季均可进行，以春、夏季最好。选取母株上成熟的茎节，用利刀从茎基部割下，晾1～2d，伤口稍干后，插入湿润的沙中即可。也可用嫁接、播种法繁殖，因扦插繁殖简易，所以嫁接和播种不常使用。

4．栽培要点

培养土可用等量的园土、腐叶土和粗沙配制，并适当掺入石灰少许；也可用腐叶土和粗沙按1：1比例混合作培养土。植株上盆后置于阳光充足处，尤其是冬季需充足光照。仙人掌较耐干旱，但不能忽视必要的浇水，尤其在生长期要保证水分供给，并掌握“一次浇透，干透再浇”的原则。生长季适当施肥可加速生长。11月至次年3月，植株处于半休眠状态，应节制浇水、施肥，保持土壤适当干燥即可。

仙人掌姿态独特，花色鲜艳，常作盆栽观赏。在南方，多肉多浆花卉常建成专类观赏区，北方的一些观赏温室里也设有专类观赏区，其中各类仙人掌是重要的组成部分。多刺的仙人掌种类在南方常用作花篱。

二、仙人球

仙人球属于仙人掌科仙人球属。

1．形态特征

幼龄时植株为球形，老株呈圆柱状，高可达75cm。球体暗绿色，具棱11～12条，棱规则而呈波状。刺锥状，黑色。花着生于球体侧方，为长喇叭形，白色，傍晚后开放，次日凌晨即凋谢。

2．生态习性

仙人球原产阿根廷及巴西南部的干旱草原。生长环境为阳光充足但夏季有草丛遮阴，夏季雨量充沛而冬季十分干燥。

3．繁殖与栽培

仙人球易滋生子球，多用子球进行扦插繁殖，方法同仙人掌。播种也容易出苗。仙人球习性强健，要求土壤排水良好，冬季阳光充足，夏季需适当遮阴，越冬防止霜冻。

三、金琥

金琥为仙人掌科金琥属。

1．形态特征

茎球形、深绿色，多棱。刺窝甚大，刺多而密，金黄色扁平硬刺放射状，顶端新刺座上密生黄色绵毛。花着生于茎顶，长4～6cm，黄色。花期6～10月。

2．生态习性

原产墨西哥中部至美国西南部的沙漠或半沙漠地区。性强健，要求阳光充足，夏季应置于半阴处；不耐寒，冬天温度维持8～10℃。喜含石灰质的沙砾土。

3．繁殖与栽培

金琥易于播种繁殖，种子发芽容易，但种子不易取得。扦插、嫁接繁育较容易，但不易产生小球。可在生长季节将大球顶部生长点切除，促生仔球，待仔球长至1cm左右时，切下扦插或嫁接。嫁接常用量天尺作砧木，接于较长的砧木上，生长较快，嫁接一年的金琥直径可达5cm，2～3年可达10cm。这时可带5cm左右砧木切下扦插，使不伤球体，也更易生根。

欲使金琥快捷生长成大球，应注意肥水供给，在生长期每隔10d左右施一次含磷为主的肥料。金琥生长快，每年需换盆1次。栽培时需通风良好及阳光充足，夏季给予适当的遮阴。

金琥形、刺兼美，适合单株盆栽观赏，还可建成专类园。

四、昙花

昙花别名月下美人，仙人掌科昙花属。

1．形态特征

昙花为多年生灌木。无叶，主茎圆柱形，木质；分枝扁平呈叶状，肉质，长阔椭圆形，边缘具波状圆齿。刺座生于圆齿缺刻处，无刺。花着生于叶状枝的边缘，花大，重瓣，近白色。花期7～8月份，一般于夜间21时左右开放，每朵花仅开放几小时。

2．生态习性

原产墨西哥及中、南美洲的热带森林中，为附生类型的仙人掌科植物。喜温暖、湿润及半阴的环境，不耐暴晒；不耐霜冻，冬季能耐5℃以上的低温。要求排水透气良好、含丰富腐殖质的沙质壤土。

3．繁殖方法

以扦插繁殖为主，在温室内一年四季都可进行，但以4～9月份为最好。选用健壮肥厚的叶状枝，长20～30cm插入沙床，18～24℃下3周后生根。播种繁殖常用于杂交育种。

4．栽培要点

上盆栽植时应施足基肥，在生长期每半月施1次腐熟的饼肥水。现蕾期增施一次磷、钾肥。但过量的肥水，尤其是过量的氮肥，往往造成植株徒长，反而不开花或开花很少。阳光过强则使叶状枝萎缩、发黄。应保持良好的通风条件，还应注意防积水。昙花叶状枝柔软，盆栽时应设立支架，并注意造型，提高观赏价值。

昙花夜间开放不便观赏，欲使白昼开放，可用颠倒昼夜法。将花蕾长约5cm的植株，白天放于完全黑暗中，晚上19时至次晨6时，用100W电灯进行人工光照，如此将昼夜颠倒1周左右，昙花便会在白天开放。

昙花常作盆栽观赏，在华南亦常栽于园地一隅。

五、生石花

生石花别名宝石花、石头花、曲玉，为番杏科生石花属。

1．形态特征

多年生常绿多肉多浆花卉，无茎。2片叶肥厚对生，密接成缝状，形成半圆形或倒圆锥形的球体，形似卵石，灰绿色。成熟时自顶部裂缝分成两个短而扁平或膨大的裂片，花从裂缝中央抽生。一般每年开花 1 次，黄色或白色。花期4～6月份。

2．生态习性

原产非洲南部。喜温暖、干燥和阳光充足的环境；畏强光和寒冷，生长适温为20～24℃。要求排水良好的沙质壤土。

3．繁殖与栽培

以播种繁殖为主。生石花种子细小，播种繁殖量大，4～5月份进行盆播，管理精细，保持25℃左右的温度，约7～10d发芽。

盆栽用土为腐叶土4份、贝壳粉3份、粗沙3份混合。春秋两季气温适宜，是生石花生长旺盛期，夏季因温度过高，植株进入休眠期。春、秋季每3d左右浇水1次，使盆土略干燥，每月施一次复合肥水，5～6月份应加大浇水量，浇水最好采用盆底浸水法，防止水从顶部浇入植株缝中发生腐烂。冬季严格控制浇水，保持充足光照，温度维持在13℃以上。

盆栽观赏，甚为奇特，若盆土表面放置与其形状、大小相似的卵石，则更有情趣和观赏性。

六、山影拳

山影拳别名仙人山、山影、太湖，为仙人掌科山影拳属（或天轮柱属）。

1．形态特征

多年生常绿草本。茎肉质，肥厚而粗壮，分枝呈拳头状。通常茎生长发育不规则，具深浅不一的纵沟及不规则的脊，全体呈溶岩堆积姿态，清奇而古雅，脊上生长刺座，具褐色刺，有毒。花白色，喇叭状，花径可达10cm左右，夜开昼合。花期多在夏秋季。红色浆果。

2．生态习性

原产阿根廷北部及巴西南部，现各地广泛栽培。习性强健。喜光照充足，亦耐半阴。耐旱性极强，不耐水湿。耐瘠薄、耐盐碱。喜排水良好而较肥沃的沙壤土，冬天越冬温度不低于5℃。

3．繁殖方法

多用扦插繁殖，生根容易。扦插以春秋两季最好。插穗可切取母株上生长充实且影响株形的变态茎，置阴凉通风处2～3d，待切口干燥后再插，入土2～3cm，保持沙土潮湿，15d左右即可生根。

也可采用嫁接繁殖。砧木选用2～3年生的仙人球，去除子球，将仙人球顶部1/3削平，切取山影拳健壮分枝，与砧木髓心对齐，压实，10～15d愈合成活。

4．栽培管理技术

山影拳多作盆栽观赏。生长季应放通风向阳处。盆土宜稍干燥，浇水宜少不宜多。山影拳一般不需施肥，水肥多会引起徒长，影响株形，且易发生腐烂死亡。夏季高温干旱季节，将山影拳移至通风良好处，经常喷水增加空气湿度预防红蜘蛛危害。冬季寒冷地区应移入室内，保持室温5℃以上。

山影拳是优良的盆栽观赏植物，其肉质茎浓绿古雅，像层层布满青苔的旱石盆景，情趣盎然。

七、令箭荷花

令箭荷花属于仙人掌科令箭荷花属。

1．形态特征

灌木状，形似昙花。主杆细圆，分枝扁平，叶片状，有时三棱，边缘具疏锯齿，齿间有短刺，中脉明显，并具气生根。花着生在茎先端两侧，花大而美，白天开放，花色有紫、粉、红、黄、白等色。花期4月份。

2．生态习性

原产墨西哥。为附生型仙人掌类。喜温暖、湿润气候及富含腐殖质的土壤，不耐寒。

3．繁殖与栽培

扦插繁殖，温室内一年四季均可进行，以5～9月份最好。取二年生叶状枝，剪下后阴干1～2d，待切口稍干后插于沙床，保持湿润，20～30d生根。

生长期要求湿度较大，需勤浇水，增加喷雾。生长期每15d施1次稀薄液肥，现蕾期增施1次磷肥，促使花大色艳。夏季需遮阴，冬季需阳光充足。冬季保持室温10℃左右。

八、虎刺梅

虎刺梅别名铁海棠、麒麟刺、龙骨花，为大戟科大戟属。

1．形态特征

为常绿亚灌木花卉。茎粗厚，肉质，有纵棱，具硬而锥尖的刺，5行排列在纵棱上。叶通常生于嫩枝上，无柄，倒卵形，全缘。花小，2～4枚生于顶枝，花苞片鲜红色或橘红色，十分美丽。花期全年，但冬春开花较多。

2．生态习性

原产热带非洲。喜阳光充足，在花期更是如此。耐旱，不耐寒。温度太低时，叶子脱落而进入休眠。要求通风良好的环境和疏松的土壤。

3．繁殖与栽培

扦插繁殖。6～8月份期间，从老枝顶端剪取8～10cm长的枝作插穗，插穗伤口有乳汁，可在伤口涂抹炉灰并放置1～2d后，插于湿润素沙中。插后 2 个月生根，翌年春季分栽。

栽培管理容易，注意盆上不能积水，浇水应掌握“一次浇透、干透再浇”的原则。生长期施以腐熟稀释的人畜粪尿。冬季保持室温15℃以上。

项目9 花卉无土栽培技术

知识目标： 1. 了解花卉无土栽培的概念、类型及特点。

2. 了解无土栽培基质的种类及特点。

3. 熟悉无土栽培营养液的组成及配制方法。

能力目标： 1. 熟练掌握营养液的配制、使用及管理方法。

2. 熟练掌握常见花卉的无土栽培技术。

子项目 花卉无土栽培技术

【项目目标】

1. 熟练掌握营养液的配制、使用及管理方法。
2. 熟练掌握常见花卉的无土栽培技术。

【项目分析】

该项目重点为营养液的配制方法，难点为不同花卉的营养液配方。教师可以通过提供多种营养液配方供学生配制、使用、对比，进而总结各种花卉适用的营养液配方。

【知识链接】

一、无土栽培的概念

根据国际无土栽培学会的规定，凡是采用天然土壤以外的基质（或仅育苗时用基质，定植以后不用基质）进行栽培植物的方法，统称为无土栽培。即把植物生长所需要的矿质营养物溶于水中，配成营养液，通过一定的栽培设施形式，在一定的栽培基质中用营养液进行植物栽培。由于无土栽培节水、省工省力、产品高产优质、无公害，因此，它受到许多国家、特别是一些发达国家的高度重视，并在生产上大面积应用，并朝着全自动化、工厂化生产水平发展。目前，无土栽培已成为设施园艺的重要内容和花卉工厂化生产的重要形式，展现出极美好的发展前景，在我国呈现出高速发展的势态。

二、花卉无土栽培基质

1．基质的作用和要求

（1）基质的作用　花卉无土栽培基质是指用以代替土壤栽培花卉的物质。无土栽培基质的作用主要有以下三个方面：① 锚定植株；② 有一定的保水、保肥能力，透气性好；③ 有一定的化学缓冲能力，如稳定氢离子浓度，处理根系分泌物，保持良好的水、气、养分的比例。

通常所讲的无土栽培基质，都要求具有上述第1、第2个作用，第3个作用可以用营养液来解决。

（2）无土栽培基质的要求

① 安全卫生　无土栽培基质可以是有机的也可以是无机的，但总的要求必须对周围环境没有污染。不论是花卉生产者还是花卉消费者都应选择安全卫生的基质种植花卉。有些化学物质不断地散发出不良气味，或是释放一些对人体、植物有害的物质，这些物质绝对不能作为无土基质。

② 轻便美观　无土花卉必须适应楼堂馆所装饰的需要。应选择重量轻、结构好，搬运方便，外形与花卉造型、摆设环境相协调的材料。以克服土壤黏重、搬运困难的不足。

③ 有足够的强度和适当结构　基质要支撑适当大小的花卉和保持良好的根系环境。足够的强度可以避免花卉东倒西歪；适当的结构能使其具有适当的水、气、养分的比例，使根系处于最佳环境状态，达到枝叶繁茂，花姿优美。

2．基质的种类和性质

（1）基质的理化特性　主要包括酸碱性、电导率、缓冲能力、盐基交换量等。

① 基质的酸碱性（pH）　基质的酸碱性对花卉根系的生理活动、养分的状态、转化和有效性都有重要影响，甚至会决定花卉的存活。一般花卉所适宜的范围在pH5.6～7.0。基质酸碱度测定方法是：取1份基质按体积比加5份蒸馏水混合，充分搅拌后用pH试纸或pH仪测定其pH。

② 电导率　指基质未加入营养液之前，本身具有的电导率，代表基质内部已电离盐类的溶液浓度，一般用mS/cm表示。它反映基质中原来带有的可溶性盐分的多少，将直接影响到营养液的平衡。

③ 缓冲能力　指基质在加入酸碱物质后，基质本身所具有的缓和酸碱性变化的能力。依基质缓冲能力的大小排序，则为：有机基质＞无机基质＞惰性基质＞营养液。

④ 盐基交换量　是指在pH=7.0时测定的可替换的阳离子的含量。一般有机基质如树皮、锯末、草炭等可代换的物质多；无机基质中蛭石可代换物质较多，而其他惰性基质可代换物质很少。

此外，还应掌握基质中氮、磷、钾、钙、镁的含量标准。重金属的含量应低于导致花卉发生毒害的标准。

（2）基质的物理性质　主要包括容重、总孔隙度、水汽比等。

① 容重　容重与基质粒径、总孔隙度有关。容重过大，总孔隙度小，通气透水性差；容重过小，总孔隙度大，虽具有良好的通透性，但浇水时易漂浮，不利于固定根系。基质的容重以

0.1～0.9g/cm^{3}效果较好。

② 总孔隙度　反映基质中的孔隙状况，是基质最重要的标准。总孔隙度大，容纳空气和水分的能力强，这种基质一般质轻，有利于植物根系发育；总孔隙度小，水汽容纳量少，则往往需要增加供液次数。一般基质总孔隙度在54%～96%均适合花卉生长。

③ 水汽比　指一定时间内，基质中容纳空气、水分的相对比值，用大孔隙与小孔隙之比表示。大孔隙是指孔隙直径在1mm以上，这种基质持水力较低，供液后因重力作用溶液会很快流失，因此，这种孔隙的主要作用是储气。小孔隙指直径为0.001～0.1mm的孔隙，这种孔隙具有毛管作用，称为毛管孔隙，主要作用是储水。小孔隙多，则基质的持水力强。反之，毛管孔隙愈少，储气量愈大，储水力愈弱。一般基质气水比以1：（2～4）为宜。

（3）基质的种类及性质　用于花卉无土栽培的基质很多，主要根据基质的形态、成分、形状来划分。基质主要分为液体基质和固体基质两大类，而固体基质又包括无机基质（如沙、陶粒、珍珠岩、蛭石、岩棉等）、有机基质（如泥炭、锯末、树皮、稻壳等）、各种无机基质与有机基质相互混合使用的混合基质这3类。目前国内常用作无土栽培的基质如下。

① 沙　沙主要是由多种硅酸盐所组成的混合物，是无土栽培中应用最早的一种基质材料。其特点是取材广泛，价格便宜，排水良好，通透性强，但由于其容重过大（1500～1900kg/m^3），保水保肥能力差，在生产上使用日趋减少。一般用直径小于3mm的沙粒作基质。施用营养液时，一般是用滴液方式进入沙中。

② 砾石　砾石是直径较大的小石块，其特点是质重，来源受限制，供液管理上比较严格，使用范围不大，常见于水生植物的无土栽培。一般用直径大于3mm的天然砾、浮石、火山岩等作基质。

③ 蛭石　蛭石是由云母类矿质加温到745～1000℃时形成的，是铝、镁、矽的复合物。其特点是属于性状稳定的惰性物质，具有良好的透气性、吸水性及一定的持水能力；质地很轻，便于运输；绝缘性好，使根际温度稳定；无病虫危害。缺点是长期使用，易破碎，空隙变小，通透性降低。

④ 珍珠岩　珍珠岩为含硅物质的矿物筛选后，经1200℃高温焙烧而成，直径为1.5～3.0mm膨胀疏松的颗粒体。其特点是容重小，理化性质稳定，易排水，通透性好，pH中性或微酸，无缓冲作用。如果单独作基质使用，由于其质轻，根系接触不良，影响发育，故常常与其他基质混合使用。

⑤ 岩棉　岩棉是以60%的辉绿岩、20%的石灰石和20%的焦炭混合，经高温处理后形成的棉状物。其特点是有良好的物理性，质地轻，孔隙度大，透气性良好，但持水力略差，pH较高，一般为7.0～9.0，使用前要加以处理。

⑥ 陶粒　陶粒是由黏土经人工焙烧而成的褐色球形的无土栽培基质。其特点是内部为蜂窝状的孔隙构造，保水，蓄肥能力适中；表面积大，透气性好，有助于花卉的根系进行气体交换；化学性质稳定，孔隙度大，但对温度的骤变缓冲性较差。

⑦ 炉渣　炉渣是煤燃烧后的残渣，来源广泛，pH偏碱。通透性好，保水保肥能力较差，一般不宜单独用作基质，而与草炭等基质混合使用，混合基质中比例一般不超过60%。使用前要进行过筛，选择适宜的颗粒。

⑧ 泥炭　泥炭又名草炭，是许多国家公认为最好的无土栽培基质，现代工厂化育苗均采用以草炭为主的混合基质。泥炭是由苔藓、苔草、芦苇等水生植物及松、桦、赤杨、杂草等陆生植物在水淹、缺氧、低温和泥沙掺入等条件下未能充分分解而堆积形成的。所以，它由未完全分解的植物

残体、矿物质和腐殖质三者组成。颜色褐黑，其特点是质地细腻，透气性能好，持水与保水性好，pH偏酸，富含有机质，含有作物所需要的养分，可单独作基质，亦可与其他基质混合使用。

⑨ 锯末　锯末是木材加工业的副产品。其特点是质轻，具有较强的吸水、保水力，含有十分丰富的碳素，长期使用易分解，也易被各种病原菌造成污染，使用前应进行消毒。此材料多与其他基质混合使用，用于袋栽、槽栽及盆栽等。

⑩ 树皮　树皮的性质与锯末相近，但通气性强而持水量低，并较难分解。用前要破碎，并最好堆积腐熟。一般与其他基质混合使用，用量占总体积的25% ~ 75%。也可单独使用树皮栽培附生性兰科植物，由于通气强，必须十分注意浇水和施肥。

⑪ 炭化稻壳　又称砻糠，是将稻壳经加温炭化而成的一种基质。其特点是容重小，质量轻，孔隙度高，通气性好，持水力强，不易发生过干过湿现象，富含钾，pH为碱性，使用前需堆积2 ~ 3个月，如急需使用时，可用清水冲洗，使碱性减弱后可配制使用。

此外，砖块、木炭、石棉、蕨根、菇渣、秸秆、稻壳等物质都可作基质，在使用前应洗净消毒。

（4）基质的选择　栽培基质是无土栽培中作为固定作物根系的主要物质，又是提供根系营养，协调水分、养分和氧气的供给的附属物。基质的选用原则是实用性和经济性。具体地说应具备以下条件：① 透气性良好，为植物根系提供良好的透气条件；② 化学性质稳定，不与营养液成分发生化学反应，不改变营养液的酸碱度；③ 有一定的持水力，取材容易，价格低廉。除此之外，基质选择还应考虑以下几个方面。

① 植物的习性　喜湿的花卉，应选择保水性好的基质，另外掺和部分透水、透气性好的基质。喜干的花卉则选择透水性好的基质，掺和一部分保水性好的基质，或盆表面覆盖一层保水性好的基质。

② 根系的适应性　气生根、肉质根需要很好的通气性，同时需要保持根系周围的湿度达90%以上，甚至100%的水汽。粗壮根系要求湿度达90%以上，通气较好。纤细根系如杜鹃花根系要求根系环境湿度达90%以上，甚至100%，同时要求通气良好。在空气湿度大的地区，一些透气性良好的基质如松针、锯末非常合适，而在大气干燥的北方地区，这种基质的透性过大，根系容易风干。北方水质碱性，要求基质具有一定的氢离子浓度调节能力，使用泥炭混合基质的效果比较好。

③ 实用性　基质的容重主要是考虑到无土栽培花卉搬运方便。首选的基质包括陶粒、蛭石、珍珠岩、岩棉、锯末和泥炭及其混合的基质。如果在生产基地使用，像沙、砾、炉渣等来源丰富、价格低廉的基质能大大降低成本，更合算。特别是在育苗阶段使用这些基质更合适。

④ 安全性　无土栽培基质还必须对人类健康没有危害，首先必须无毒无味，最好选用天然的无机物或安全的基质。一些有机基质虽然对植物生长是良好的，但它在分解过程中所释放的物质难以保证无害，特别是有小孩的家庭在选用无土栽培基质时，更应该注意这一点。有些合成的基质虽然性能良好，但如果散发异味，也不该用作宾馆饭店的花卉无土基质。

⑤ 经济性　选用无土基质一个重要的问题是尽量少花钱，最好就地取材。不仅能降低成本，还能突出自己的特色。例如，有些地方松针来源较广，栽培杜鹃花时选用松针效果良好，但在北方一些天气干燥的地区就不适用，不仅是因为成本高，而且透气性太强，根系容易风干。各地都有不少通气良好，又能保水保肥的基质，例如有的地方蔗渣很便宜，用蔗渣配一些炉渣、沙或砾，也可以成为很好的基质。

（5）基质的消毒　无土栽培的基质长期使用，特别是连作，会使病菌集聚滋生，故每次种植后应对基质进行消毒处理，以便重新利用。

① 蒸汽消毒 将基质堆成20cm高，长度根据地形而定，全部用防水防高温布盖上，用通气管通入蒸汽进行密闭消毒。一般在70～90℃条件下消毒1h就能杀死病菌。此法效果良好，安全可靠，但成本较高。

② 药剂消毒 该法所用的化学药品有甲醛、溴甲烷、氯化苦等。药剂消毒成本较低，但安全性差，并且会污染周围环境。常用的有40%甲醛和溴甲烷，甲醛又称福尔马林，是一种良好的杀菌剂。使用时一般用水稀释成40～50倍液，用喷壶将基质喷湿，用塑料薄膜覆盖24～26h后揭膜，再风干2周后使用。溴甲烷能有效地杀死线虫、昆虫、杂草种子和一些真菌。使用时将基质堆起，用塑料管将药剂引入基质中，每$1m^3$基质用量100～150g，基质施药后用塑料薄膜覆盖密封5～7d后去膜，晾晒7～10d后可使用。溴甲烷具有剧毒，并且是强致癌物，使用时应注意安全。

③ 太阳能消毒 夏季高温季节，在温室或大棚中把基质堆成20～25cm高，长度视情况而定，堆的同时喷湿基质，使其含水量超过90%，然后用膜覆盖严，密闭温室或大棚，暴晒10～15d，消毒效果良好。

三、花卉无土栽培营养液的配制

营养液是溶有多种营成分，供给植物根部吸收使之生长发育的水溶液。营养液是无土栽培的基础，营养液的配制和施用是无土栽培的关键技术，它对于花卉的产量、品质都有着决定性的影响。

1．常用营养液的配方

营养液的组成

① 营养液的浓度 在植物根系内的溶液浓度不低于营养液浓度的情况下，营养液的浓度偏高没有影响，但过多的铁和硫对植物都是相当有害的。各种观赏植物所适应的溶液浓度都不能超过0.4%。花卉在无土栽培中所需要的溶液浓度见表9-1。

表9-1 花卉无土栽培的溶液浓度 单位：g/L

1	1.5～2	2	2～3	3
杜鹃花	仙客来	彩叶芋	文竹	天门冬
秋海棠	郁金香	马蹄莲	红叶甜菜	菊　花
仙人掌	非洲菊	龟背竹	香石竹	茉莉花
蕨类植物	风信子	大丽花	天竺葵	荷　花
百　合	香豌豆	一品红	千屈菜	水　仙

② 营养元素的构成 按照花卉植物所需元素含量的多少，可以把它们按照下列顺序来排列，即：氮、钾、磷、钙、镁、硫、铁、锰、硼、锌、铜、钼。在植株生长发育中，主要营养元素的顺序如果发生颠倒，植株也能生活一段时间不至于死亡，但如果某种元素严重缺少植株则无法生存。某种植株在生长初期所需的氮和钾，往往要比后期发育阶段高出2倍。

③ 营养成分的效力 在营养液中各种离子的数量关系如果失去平衡，其营养成分就会降低。在无土栽培中如要想粗略地估计营养液组成的效力，最简单的办法是测定其酸碱度。假如植物吸收

的负离子多于正离子，溶液就偏碱，反之就偏酸。故需经常测定溶液的酸碱度，根据测定的结果来补充不同的营养元素，使pH保持在6.5～7.0之间。

2．常用营养液的配方

常用营养液配方见表9-2、表9-3。

表9-2　**道格拉斯的孟加拉营养液配方**　单位：g/L

成分	营养液配方（5种配方）				
	1	2	3	4	5
硝酸钙	0.06			0.16	0.31
硝酸钠		0.52	1.74		
硝酸钾					0.70
硫酸铵	0.02	0.16	0.12	0.06	
过磷酸钙	0.25	0.43	0.93		0.46
磷酸二氢钾				0.56	
硫酸钾	0.09	0.21			
碳酸钾			0.16		
硫酸镁	0.19	0.25	0.53	0.25	0.40
合　计	0.90	1.61	3.49	1.03	1.97

表9-3　**汉普营养液配方**　单位：g/L

大量元素		微量元素	
硝酸钾	0.7	硼　酸	0.0006
硝酸钙	0.7	硫酸锰	0.0006
过磷酸钙	0.9	硫酸锌	0.0006
硫酸镁	0.29	硫酸铜	0.0006
硫酸铁	0.12	钼酸铵	0.0006
总　计	2.29	总　计	0.003

3．营养液的配制

因为营养液中含有钙、镁、铁、锰等离子和磷酸根、硫酸根等阴离子，配制过程中如配比不合适很容易产生沉淀。为了防止沉淀和生产上的方便，配制营养液时一般先配制营养成分各不相同的数份浓缩储备液（即母液），然后再把母液稀释，混合配成工作营养液（即栽培营养液）。

（1）浓缩储备液（母液）的制备和保存

① 药品（肥料）用量的计算　根据营养液配方，计算出制备一定体积的母液时某种药品的用量，其计算方法是：

药品用量=药品（肥料）配方量（g/L）×母液浓缩倍数×母液体积（L）

如欲配制200倍的马蹄莲营养液母液20L，根据其营养液配方，各药品的用量分别为：

$$硫酸铵=0.197\times200\times20=3490（g）$$

$$硫酸镁=0.54\times200\times20=2160（g）$$

其他药品的用量依此方法进行计算。

② 药品的称量　根据计算结果，用天平准确称取各种药品，分别放置于干净的器皿中。称量时应精确到小数点后2位。

③ 溶解及定容　先在容器内加入蒸馏水（约为总体积的90%），将称量好的药品溶入。可以每种药品单独配制成母液，也可以将几种药品混合配制在一起；但应注意，若几种药品混合配制时，必须是前一种药品充分溶解后，再加入后一种药品，以免产生沉淀。待所有药品都充分溶解后，再加入蒸馏水定容至总体积刻度。

④ 铁盐母液的配制　铁盐母液在配制时，应将硫酸亚铁和EDTA分别配制，待其都充分溶解后，再将硫酸亚铁溶液缓慢加入到EDTA溶液中，最后定容。这样所配制的母液不易发生沉淀。

母液的浓缩倍数，要根据营养液配方规定的用量和各盐类在水中溶解度来确定，以不致过饱和而析出为限。大量元素母液浓缩200倍，微量元素母液浓缩1000倍。

母液应贮存于黑暗容器中，容器应以不同颜色标识，并注意含有的各种盐类及浓缩倍数。母液如果较长时间贮存，可用HNO_3酸化，使pH达到3.0～4.0，能够更好地防止发生沉淀。

（2）工作营养液　由母液稀释而成，其配制顺序如下。

① 加水　首先在贮液池内加入一定量的水。例如，预配制1t营养液，在贮液池中先加入900L水。

② 加原液　根据母液浓度及营养配方，计算出所需各母液的体积，然后依次将各母液加入贮液池中，最后把水补足到1t。

③ 加微肥　加入20g混合后的微肥。

④ 调酸　加入223mL磷酸，混匀。

⑤ 测试　用pH计测其pH，用电导率仪测EC值，看是否与预配的值相符。

4．营养液的使用与管理

（1）营养液的使用

① 营养液的用量　营养液的用量包括供液次数和供液时间（供液量）两个方面。确定营养液的用量应当遵循的原则是：即能使花卉根系得到足够的水分、养分，又能协调施肥、养分和氧气之间的关系，达到经济用肥和节约能源的目的。不同的无土栽培形式，有不同的供液方法和供液量，基质栽培或岩棉栽培通常是定时、定量、间断供液，每天供液1～3次，每次10～20min，供液量以见到20%～30%回液量为度。水培可间断供液，也可有连续供液。间断供液一般每隔2h供液30min；连续供液一般是白天供液，夜晚停止。无论采用哪种方法，其目的都在于用强制循环的方法增加营养液中的溶氧量，以满足根部对氧气的需要。花卉种类不同，供液方法也不同，有气生根的花卉，可以直接吸收空气中的氧气，采用间断供液为好，而没有气生根的花卉，只能吸收溶液中溶存的氧气，采用连续供液较好。

② 营养液的补充与更新　对于非循环供液的基质栽培或岩棉栽培，由于所配营养液一次性使用，所以不存在营养液的补充与更新问题。而循环式供液的基质栽培和岩棉栽培，就存在营养液的

补充与更新问题。对于水培方式，不仅有营养液补充问题，还存在营养液更新问题。营养更新是指把使用一段时间后的营养液全部排掉，重新配制加入新的营养液。一般生育期短的花卉，全生育期只配一次营养液，中途不再更新，只需隔一定时间补充所消耗的营养液。而生育期较长的花卉，营养液在使用一段时间后，其组成、酸碱度等常常发生变化，可采用加水、加肥料和酸碱度调节方法进行调整。一般营养液使用期限为3～4周。时间过长其中某些不能被植物根系很快吸收利用的离子等积累形成高渗溶液，抑制植物生长。应停止使用，重新配制更新。

（2）营养液的管理　无土栽培中营养液的管理是整个无土栽培的重要组成部分，特别是自动化、标准化程度较低的情况下，营养液的管理更为重要。营养液的管理主要包括以下几个方面。

① 营养液浓度的管理　当营养液使用一个阶段后，营养液因花卉的吸收或蒸发等因素，使营养液的浓度不断地发生变化，一般营养液随着时间的加长，营养成分逐渐减少，因此需要加以补充。补充方法：一是根据化验了解营养液的浓度和水平；二是根据用电导率仪测定营养液浓度。营养液中各营养元素的浓度范围见表9-4。

表9-4　营养液中营养元素的浓度范围　单位：mg/L

元素	浓度	元素	浓度
氮	150～1000	铁	2.0～10
钙	300～50	锰	0.5～5.0
钾	100～400	硼	0.5～5.0
硫	200～1000	锌	0.5～1.0
镁	50～100	铜	0.1～0.5
磷	50～100	钼	0.001～0.002

② 营养液的温度管理　营养液的温度直接影响花卉的生长和根系对水分、养分的吸收。营养液的温度应当是根系需要的适宜温度。因为根系的适应范围一般为15～25℃，所以，从昼夜适温来看，一般白天温度应在适温的上限，而夜间处在适温的中下限。如当气温偏低而影响根系温度时，可以通过提高营养液温度以调整根温偏低的问题。

③ 营养液含氧量　在花卉无土栽培中，根系需要的氧气有一部分来自营养液，特别是水培法，营养液中氧气的含量对花卉生长影响很大。一般采用向营养液中充气的方法和设置有落差的循环流动液装置，以解决营养液供氧不足的问题。

④ 营养液的pH调整　营养液的酸碱度（pH）直接影响养分的状态、转化和有效性，也影响花卉植物的生长。花卉生长所要求的pH因种类而异，通常在5.5～6.5之间。在管理中，可用测试纸或pH计测得pH。如pH偏高时，可加入适量硫酸校正；偏低时，可加入适量氢氧化钠校正。

四、无土栽培的方法

无土栽培的类型多种多样。根据基质对根系的固定状态，其可分为基质栽培、半基质栽培和非基质栽培；根据基质性质的不同，可分为有机基质栽培和无机基质栽培；根据养分的循环状况，可分为开路式栽培和闭路式栽培；根据栽培的空间形式，可分为平面栽培、立体栽培和水面栽培；根据栽培设施不同，可分为单一式栽培、简易式栽培和综合式栽培。常用的几种类型如下。

1．水培

定植后营养液直接和根系接触。根系直接悬挂在营养液中，营养液在栽培槽内呈流动状态，以增加空气的含量，不需要栽培基质，但营养液中往往因氧气不足影响植株生长，因此需增加通气设备。它的种类很多，我国常用的有营养液膜法、深液流法和浮板毛管法水培等。

（1）营养液膜法水培　营养液膜法，也称为NFT方式，是将花卉种在非常浅的流动的营养液中，根系悬浮在营养液中，以增加氧气含量。整个系统由营养液贮液池、泵、栽培床、管道系统、调控系统构成。营养液由贮液池通过供液装置在水泵的驱动下被送入栽培床的沟槽，流经根系（0.5～1.0cm厚的营养液薄层），然后又回流到贮液池内，循环使用。栽培床的坡度及高度可根据情况加以调整，营养液的流速也可随时调整。此法只有供营养液流动的浅槽，构造简单。另外栽培结束后，栽培床等的清理容易进行。营养液膜法水培的优点主要有：① 较好地解决了根系呼吸对氧的需求；② 结构简单轻便，成本低；③ 植株生长快，便于管理，适合规模化生产。

（2）深液流法水培　深液流法也称DFT，整个系统由地下营养液池、地上营养液栽培槽、水泵、营养液循环系统和营养液过滤池及植株固定装置等组成。营养液由地下营养液池经水泵通过供液管道注入营养液栽培槽，栽培槽内的营养液通过液面调节栓经排液管道通过过滤池后又回到地下营养液池，循环使用。DFT与NFT不同之处是流动的营养液层较深（5～10cm），植株大部分根系浸泡在营养液中。此法解决了在停电期间营养液膜系统不能正常运转的困难。

（3）浮板毛管法水培（FCH）　由聚苯乙烯板做成栽培槽，长10～20m，宽40～50cm，高10cm，内铺0.9cm厚的聚乙烯薄膜，营养液深2～6cm，液面漂浮1.25cm厚的聚苯乙烯泡沫板，宽12cm，板上覆盖亲水性的无纺，两侧延伸入营养液内。通过毛细管的作用，使浮板始终保持湿润，花卉的气生根生长在无纺布的上、下两面，在湿气中吸收氧。栽培床的一端安装进水管，另一端安装排水管，进水管下端安装空气混合器。贮液池与排水管相通。营养液的深度通过排液口的垫板来调节。一般幼苗定植初期，营养液深度为6cm，育苗钵下部浸在营养液内，随着植株生长，逐渐下降到3cm。这种设施使花卉根际环境条件稳定，液温变化小，根系吸氧与供液矛盾得到协调，设施造价低，适合于经济实力不强的地区应用。

2．基质栽培

基质栽培是指在一定容器内填充栽培基质，用以固定植物，并通过在基质中定时定量供应营养液为植物提供营养、水分和空气等进行栽培的一种形式。用于无土栽培的基质应具有良好的物理性质，如密度为1g/cm^{3}左右，总孔隙度60%～90%，其中大孔隙度占20%～30%，能提供20%的空气和20%～30%容易被利用的水分。它有稳定的化学性质，如酸碱度、电导率、缓冲能力、盐基交换量等，不含有毒物质，取材方便，价格低廉。根据其栽培容器和栽培基质的不同，可分为以下几种。

（1）沙砾盆栽培法　采用的栽培盆为陶瓷钵，底部装鸡蛋大的石块，厚20cm，上部装小石子5cm，其上再装粗河沙厚25cm。底部的石块便于通气和排水，河沙用于固定植株。在盆的上部植株附近安装供液管或用勺浇供液，务使营养液湿润沙面。在盆的下部排水口处安装排液管，以收回废液。

（2）基质槽栽培法　指在一定容器的栽培槽内，填入基质，供应营养液栽培花卉的方法。一般由栽培床、贮液罐、供液泵和管道等几部分组成。常用的槽培基质有沙砾、蛭石、珍珠岩、草炭与蛭石混合物等。按供液方式可分为美国系统和荷兰系统两种。美国系统槽栽法的特点是营养液从底部进入栽培床，再回流到贮液罐内，整个营养液都在一个密封的系统内通过水泵强制循环，回流时间由计时器控制。槽体根据地形及栽培要求安排。荷兰系统采用让营养液悬空落入栽培床中，在栽培床末端底部设有营养液排出口，经排出口流入贮液罐的营养液与注入口一样，悬空落入贮液罐，其目的是为了增加营养液中的空气含量。营养液经水泵再提到注入口循环使用。

以上两种方法各有优缺点。荷兰系统的优点是自动化程度高，较为安全可靠；缺点是必须频繁供液，耗电量较大。美国系统的优点是设备简单，无需频繁供液，耗电少；但要求严格控制供液时间。目前各国沙砾栽培法大多采用美国系统。

我国目前正在进行试验示范的系统，以滴灌软带代替滴灌用于槽培花卉，此法简化了滴灌系统设备，营养液输送效果好，省时、省力、省料。

3．袋栽培法

指用尼龙袋或抗紫外线的聚乙烯塑料袋装入基质进行栽培的方法。在光照较强的地区，塑料袋表面以白色为好，以便反射阳光并防止基质升温。光照较少的地区，袋表面应以黑色为好，以利于冬季吸收热量，保持袋中基质温度。袋栽方式有两种：一种为开口筒式栽培，通常是把直径为30～50cm的筒膜剪成35cm长，用塑料薄膜封口机或电熨斗将筒膜一端封严后，把基质装入袋中，每袋装基质10～15L，直立放置，种植一株花卉。另一种为枕头式袋栽，将筒膜剪成70cm长，用塑料薄膜封口机或电熨斗封严筒膜的一端，装入20～30L基质，再封严另一端，依次按行距呈枕式摆放在栽培温室地面上；定植前，按株距在袋上开两个直径为9～10cm的孔，每孔栽1株花卉并安装一根滴灌管供液。

4．岩棉栽培

岩棉栽培是用岩棉块来育苗。花卉种类不同，育苗用的岩棉块大小也不同，多数采用边长7.5cm见方的岩棉块。除上、下两面外，岩棉块的四周应该用黑色塑料薄膜包上，以防水分蒸发和盐类在岩棉块周围积累，冬季还可提高岩棉块温度。种子可直播在岩棉块中，也可播在育苗盘或较小的岩棉块中，当幼苗第1片叶开始显现时，再移到大岩棉块中。在播种或移苗前，必须用水浸透岩棉块，种子出芽后要用营养液浇灌。

定植用的岩棉垫一般为75～100cm×15～30cm×7～10cm，岩棉垫装在塑料袋内。定植前要将温室内土地整平，必要时铺上白色塑料薄膜。放置岩棉垫时，注意要稍向一面倾斜，并在倾斜方向把塑料底部钻2～3个排水孔。在袋上开2个9cm见方的定植孔，用滴灌的方法把营养液滴入岩棉块中，使之浸透后定植。每个岩棉垫种植2株。定植后即把滴灌管固定到岩棉块上，让营养液从岩棉块上往下滴，保持岩棉块湿润，促使根系迅速生长。7～10d后，根系扎入岩棉垫，可把滴灌滴头插到岩棉垫上，以保持根基部干燥。

5．综合栽培

综合栽培是针对花卉无土栽培的特点提出来的。在一些花园式的地方（屋顶花园、庭院花园、公园等），花卉播种下去即可观赏，也不必经常搬动，具有持久性。因此，在设计无土栽培时可以将滴灌设施一并设计在内，使之具有自动化和高档化的性质。栽培基质可以考虑选用陶粒、蛭石、珍珠岩等。花卉综合栽培与蔬菜栽培的主要区别在于：蔬菜栽培更注重实用性和经济性，而花卉无土栽培更注重观赏性、娱乐性和艺术性。几种常见花卉营养液配方见表9-5。

表9-5 几种花卉营养液配方 单位：g/L

菊花营养液配方		月季花营养液配方		万年青营养液配方	
肥料名称	用量	肥料名称	用量	肥料名称	用量
硫酸铵	0.23	硫酸铵	0.197	硫酸铵	0.197
硫酸镁	0.79	硫酸镁	0.54	硫酸镁	0.54
硝酸钙	1.69	硝酸钙	1.79	硝酸钙	1.79
硫酸钾	0.62	磷酸钾	0.62	磷酸二氢钾	0.62
磷酸二氢钾	0.051			氯化钾	0.62
香石竹营养液配方		**玫瑰营养液配方**		**百合营养液配方**	
肥料名称	用量	肥料名称	用量	肥料名称	用量
硫酸铵	0.54	硫酸铵	0.23	硫酸铵	0.156
硫酸镁	0.197	硫酸镁	0.164	硫酸镁	0.55
硝酸钙	1.79	硫酸钙	0.32	氯化钾	0.62
磷酸一钾	0.62	磷酸一钙	0.46	硫酸钙	0.25
硝酸钾	0.12	硝酸钠	0.62	磷酸钙	0.47

【项目实施】

切花红掌无土栽培技术

红掌别名花烛、火鹤，为天南星科红掌属多年生附生性常绿草本植物。主要作为切花和高档盆栽植物栽培。

1．形态特征

具肉质根，节间短，近无茎。叶从根茎抽出，具长柄，单生，心形，鲜绿色，叶脉凹陷。花腋生，佛焰苞蜡质，正圆形至卵圆形，鲜红色、橙红肉色、白色，肉穗花序，圆柱状，直立。四季开花。

2．生态习性

原产南美洲热带雨林，性喜温热多湿而又排水良好的环境，怕干旱和强光暴晒。其适宜生长昼温为25～28℃，所能忍受的最高温为35℃，可忍受的低温为14℃。光强以16 000～20 000lx为宜，空气相对湿度以70%～80%为佳。

3．类型及品种

红掌同属植物约有200多种，其中有观赏价值的约有20多种。常见的有大叶红掌、水晶红掌、剑叶红掌。

依观赏目的不同，可分为3类：

第一类为肉穗直立的切花类，以红鹤芋为代表；

第二类为肉穗花序弯曲的盆花类，以红掌为代表；

第三类为叶广心形，浓绿色有光泽，叶脉粗，银白色，具有图案美丽观叶类，以晶状红掌为代表。栽培广泛，品系品种较多的是切花类。

4．繁殖方法

红掌可以采用播种、分株、扦插及组织培养方法繁殖幼苗。大量发展红掌，其种苗全部由组织培养。因为组培种苗有性状表现稳定、病毒携带较少等优点而为各国的生产者所普遍接受。现在有2种规格的红掌种苗可以供应国内生产者：一是72穴种苗，供应商培育24周的种苗；二是24穴种苗，供应商培育30周的种苗。这2种规格的种苗可以满足不同的生产者和不同的生产季节进行生产。

5．栽培技术

（1）基质准备　正确的盆栽土配比是非常重要的。栽培红掌宜选用排水良好的基质，规模化生产最好选用专业的泥炭，其pH保持5.5～6.5之间，电导值低于0.5。在荷兰，约有80%的切花红掌种植者使用花泥作为栽培基质。花泥具有许多孔隙，保水性好，在切花红掌种植中以切成小块状或粒状来使用为宜。

（2）品种选择　红掌栽培品种较多，目前比较好的切花红掌品种有EVITA（爱福多）和ALEX（阿里克丝）。这两个品种的产量高、经济效益较好，而其中EVITA（爱福多）的产量和效益最好，品质表现优良。不同切花红掌品的品质和产量比较见表9-6。

表9-6　不同切花红掌品种的品质和产量比较

品种	平均株高/cm	平均花茎/cm	佛焰苞大小/cm	平均叶面积/cm^2	总产量枝/区	单位面积产量枝/m^2
Evita	77.6	70.5	16.3	873	4927.6	94.7
J0y	60.9	55.3	15.7	695	1661.0	31.9
Alex	69.3	63.1	15.9	837	3070.6	59.1
President	52.4	48.4	22.2	473	1970.3	37.2

（3）定植　红掌四季均可定植，定植床宽120cm，高30～50cm。床底设排水层，可用陶粒等基质，多余的液体可以迅速排去。定植的株行距为30cm×40cm，定植深度以种苗颈部与栽培基质表面持平为标准，不可将心叶埋在花泥下。种前以600倍普力克进行蘸根，防止根部病害，同时又能刺激根的生长。种植时应避免工具及人为的交叉感染。定植后20d内不能使用营养液浇灌，每天只需清水浇灌保持基质表面和叶片湿润即可。用600倍普力克每周灌根1次，连续3次。

（4）光照管理　红掌是按照叶—花—叶—花的循环生长的。花序是在每片叶的叶腋中形成的，也就是说红掌花与叶的产量相同，影响产量的最重要的因素是光照。如果光照太少，在光合作用的影响下植株所产生的同化物也很少；当光照过强时，植株的部分叶片就会变暖，有可能造成叶片变色、灼伤或焦枯现象。因此光照管理的成功与否直接影响红掌产生同化物的多少和后期的产品质量。为防止花苞变色或灼伤，必须有遮阴保护。温室内红掌光照的获得可通过活动遮光网来调控，在晴天时遮掉75%的光照，温室最理想的光照是10 000～20 000lx，最大光照强度不可长期超过25 000lx。早晨、傍晚或阴雨天则不用遮光，然而红掌在不同生长阶段对光照要求各有差异，如营养生长阶段时光照要求较高，可适当增加光照促其生长；开花期间对光照要求低，可用活动遮光网调至10 000～15 000lx。

（5）温度管理 在温室生产栽培切花红掌，一般适宜温度为18～28℃，湿度为70%～80%；生长温度低于14℃，容易出现冷害，对生长产生负面影响；温度超过35℃时，会造成高温伤害。对于夏季温度较高地区，要特别注意及时降温；冬季温度比较低时，温室中需要配备加热系统。

（6）水肥管理 浇水和施肥宜采用微喷设施进行，喷灌管道设在两排植株之间的叶面下，水、肥在一定压力下定期由喷头施给植株，保证水、肥均匀和有效利用，同时微喷设施还有利于植株叶、花病害的控制。在一定温度范围内，切花红掌喜高湿的环境，且不宜过度蒸发而造成植株失水，所以在种植时需保持一定的湿度。增加湿度的方法有使用喷淋系统和迷雾系统。但前者会把植株溅湿，易受到病虫害的侵染；后者较好，在增湿同时能保持植株不打湿。

（7）营养液管理 红掌常用的营养液配方为每250L营养液含硝酸钾7.5kg、硝酸3.77L、硫酸锰4.75g、硫酸锌44.57g、硼酸钠71.59g、硫酸铜14g、钼酸钠7.33g、硫酸亚铁141g、EDTA191g。

切花红掌是盐敏感性植物，在使用前和使用中要经常检测其EC值、pH和其他元素的含量，尤其要检测Na^+、Cl^-、$HC0_3^-$、和Ca^{2+}的含量。

（8）日常管理 主要有剪老叶、拉支撑线等。老叶不仅会遮挡其他叶片和花对光照的吸收，还会消耗大量的糖分，影响花的产量，并造成植株体内营养不够，引起花蕾发育不全或早衰，出现花茎弯曲或花蕾受损。定期切除老叶，有利于促进植株间空气流通，减少病害的发生和传播。剪除老叶通常用小刀切除，为了防治细菌性病害的发生和传播，建议每个苗床专用一把小刀，并要定期用乙醇消毒。剪除老叶一般每月1次，剪除老叶的数量一般以每株留2张大叶片为准，但需考虑其他的因素而加以调整。通常如果植株叶片大，保留的叶片数就少，水平叶应少留，垂直叶应多留。另外，植株密度不同，叶片保留的数量也不同，密度越大，叶片保留少，密度小则保留多。

拉支撑线是指在苗床两边上每隔3～4m插一根管子，把线固定于管子上，并将线的高度调整到适当水平高度，从而可以限制花枝叶片伸长到走道中，避免工人行走或劳动操作时碰伤叶片和花苞。但要注意支撑线不能拉得太紧和太高，否则叶片将全部拥挤在苗床之内，影响叶片吸收光照。

（9）病虫害防治 病虫害防治的关键是做好预防措施，如采收时每个苗床用专门的小刀，从而有效地切断病害传播的途径，并经常进行消毒；温室入口处放置消毒盘，对进入者的鞋底消毒；保持温室及苗床的清洁，清除杂草，在温室内悬挂黄色黏虫板，用于检测和杀死飞虫，以及边窗安装防虫网等。在发生病虫害之后，应及时采取正确的方法进行防治。

① 生理性病害 切花红掌在生产栽培过程中会出现早衰、畸形、粘连、裂隙、玻璃化及蓝斑等现象，这多为施肥、环境等管理不当或品种原因引起的生理性病害，应改善栽培管理措施，合理施肥，适当通风。

② 细菌性病害及虫害 切花红掌种植中常发生的有炭疽病、根腐病以及红蜘蛛、鳞翅目害虫、蓟马、白粉虱等。炭疽病可用50%的多菌灵600倍液防治，或70%代森锌300倍液防治。根腐病可用丙威硫500倍液，或80%的藻菌磷，幼苗600倍液、成株用400倍液防治。红蜘蛛可用达螨酮1500倍液，或50%的除螨灵1000倍液防治。鳞翅目和夜蛾科的青虫可用万灵1000倍液，或农梦特1000倍液防治。蓟马可用万灵1000倍液防治。白粉虱除了万灵之外，还可以用扑虱灵3000倍液防治。细菌性叶枯病的预防可以定期用72%的硫酸链霉素4000倍液与新植霉素5000倍液轮换使用。

（10）采收、分级和包装　采收根据其成熟情况而定，通常当肉穗花序有1/3到3/4变色且可看到雄蕊时即可采收。此外，可采收的花其佛焰苞下部的花茎挺直坚硬，这可作为辅助的采收依据。采收的切花红掌花枝要尽快放入盛有清水的桶中，使花吸足水分，有利于采后保鲜和延长瓶插时间。采收后切花红掌的最佳贮藏温度为18～20℃，温度不得低于15℃，否则会发生冷害。因此上海地区冬季采收后进行整理和贮藏的地点要有加温设备，以免低温影响切花红掌品质。切花红掌在采收之后，要进行分级和包装。荷兰切花红掌的分级，是按照切花直径大小进行的，切花直径是指肉穗基部花苞的宽度为标准来测量。切花红掌包装时基部套小套管，佛焰苞套袋，粘贴在包装箱内时注意其牢度，不可移动，以免损伤佛焰苞。

【项目考核】

考核标准见表9-7。

表9-7　　切花红掌无土栽培技术

考核项目	考核标准	分值	得分	教师评价
品种选择	品种选择适合当地气候条件级市场需求	10		
基质选择	基质选择适合红掌生长要求	20		
营养液配方	营养液配方得当，能满足红掌生长期需要	30		
栽培管理技术	光、温、水、肥协调得当，病虫害防治有效	30		
采收及包装技术	采收时机适宜，包装方法得当	10		

【知识拓展】

富贵竹水培技术

富贵竹俗称开运竹，为百合科龙血树属常绿亚灌木观赏植物。

1．形态特征

株高1m以上，植株细长、直立，上部有分枝。根状茎横走，结节状。叶互生或近对生，纸质，叶长披针形，有明显3～7条主脉，具短柄，浓绿色。伞形花序有花3～10朵生于叶腋或与上部叶对生，花被6，花冠钟状，紫色。浆果近球形，黑色。

2．生态习性

原产加那利群岛及非洲和亚洲的热带地区。喜阴湿高温，耐涝，耐肥力强，抗寒力强；喜半阴的环境。适宜生长于排水良好的沙质土或半泥沙及冲积层黏土中，适宜生长温度为20～28℃，可耐2～3℃低温，但冬季要防霜冻。夏秋季高温多湿季节，对富贵竹生长十分有利，是其生长最佳时期。对光照要求不严，适宜在明亮散射光下生长，光照过强、暴晒会引起叶片变黄、褪绿、生长缓慢等现象。

3．类型与品种

品种有绿叶、绿叶白边（称银边）、绿叶黄边（称金边）、绿叶银心（称银心）。绿叶富贵竹又称万年竹，其叶片浓绿色，长势旺，栽培较为广泛。因其秀雅绚丽，姿态潇洒，富有竹韵，且可以做成多种造型，为家庭水养所喜爱。

4．繁殖方法

富贵竹繁殖主要采用扦插、分株方法。

5．栽培技术

（1）造型准备　富贵竹可塑性较强，主要造型方式有以下几种。

开运竹：又叫富贵塔、竹塔、塔竹，其层次错落有致，造形高贵典雅，节节高升，层层吐绿，形似宝塔。

弯竹：又叫转运竹，有螺旋型、心型、8字型等组合，意味着转来好运。

竹笼：是在培植时人工编织成笼状，取富贵缠绵，竹笼入水，财源广进之意。

直枝：多枝扎成一束或散插在花瓶中，造型生动，待各枝顶芽开叶后更显得生机勃勃，大有节节高升之势。

千手富贵盘：先将多枝富贵竹有规律地栽于盘中，培植时人工编织，形如千手观音，如意吉祥。

竹篮：用直枝扎成篮的底盘，并用2枝7字形的弯竹作篮柄，也可加上2枝O形弯竹作装饰，创造出篮的艺术造型。

花瓶：用直枝扎成，中间留空，用作插花，也可配合选用弯竹作衬托。

以常见的开运竹为例介绍富贵竹的造型处理。

第一步：剥叶。先在大拇指上套上一个铝质假指甲，用指甲在叶片闭合处轻轻地开一约0.5～1.0cm宽的小口；用食指和中指夹住叶片的最窄处，顺着开口以及叶片生长的方向，用力一扯；同时，另外一个手握住竹段茎秆，以相同的速度往扯叶片的反方向旋转180°；将剥好的竹段合格品与不合格品分开放置。

第二步：清洗。将竹段整枝平放在水槽中，放适量（淹没竹段）的清水；把白色塑料框放在白色塑料桶上面；用湿毛巾顺着竹段生长的方向轻轻将竹段表面的泥沙擦洗干净；仔细检查竹段表面有无黑点，并用毛巾将黑点轻轻擦洗干净；将清洗干净的竹段整齐地平放在白色塑料框上，报废品放置在指定地点；待框内装满竹段时，把白色塑料框的竹段连框一起搬到手推车上，运往切段地点。

第三步：切段。从节间上部1cm处剪断；用剪刀以剪薄片的形式将上切口处剪平，剪切部位要尽量薄，一般以0.1～0.2cm为宜，至切口平滑，最好不要超过3刀；切成10～50cm的竹段，每5cm一个规格。根据整枝竹段表面的病虫斑、伤疤及弯曲情况来定剪口的部位。

第四步：捆绑。把切好的竹段按规格分开；分别将同一规格中直径在0.8～1.0cm之间的竹段与直径在1.0～1.3cm以上的竹段分开；同一规格同一直径的竹段每50支1捆，用橡皮圈在竹段上部1/3处及下部1/3处捆绑好；捆绑好的竹段整齐地平放在白色塑料框内。

（2）培养地点要求　规模化生产水培富贵竹的竹段，应选干净、通风、采光在300～3000lx的室内或温室作为生产场地。

（3）水培箱　用镀锌铁皮做成长、宽、高为180cm×70cm×18cm的水培箱。在水培箱内垫3.0cm厚的泡沫板，再铺上干净的薄膜。

（4）设备要求　在培养室内配置电扇、加热器及照明辅助设施。水培室内的地板、玻璃门窗等应及时清洗擦拭，不能有尘土。每周用0.1%次氯酸钠液擦拭地板1次。人员入室要更换鞋子。窗户统一安装25目防虫网。

（5）水培环境要求　光照强度：300～3000lx，光照时间10～12h/d；温度：20～28℃；相对湿度：

60%～80%；培养周期：35～45d。

（6）营养液　向水培箱内加入营养液至2cm深（以放入竹段后的深度为标准）。

富贵竹营养液配方见表9-8、表9-9。

表9-8　富贵竹营养液配方

配方号	各元素含量/$mg \cdot L^{-1}$						电导率 mS/cm	pH
	N	P	K	S	Ca	Mg		
1	69.98	15.50	117.15	32.06	100.01	24.36	1121	4.80
2	64.76	15.50	136.59	39.58	62.55	11.67	934	6.71

注：表中的pH为刚配好的营养液，使用时要用0.1mol/L的H_2SO_4或NaOH溶液调整至5.0～5.5。

表9-9　富贵竹营养液微量元素配方　单位：mg/L

H_2BO_3	$MnSO_4 \cdot 4H_2O$	$ZnSO_4 \cdot 7H_2O$	$CuSO_4 \cdot 5H_2O$	$(NH_4)6MO_7O_{24} \cdot 4H_2O$	NaFe-EDTA	盐类总计
3.00	1.50	0.20	0.10	0.03	20.00	24.83

（7）完成造型　生根后的富贵竹就可以按照不同长度，组合形成开运塔的形式。

项目10 组合盆栽技术

知识目标： 1. 了解花卉组合盆栽的意义。

2. 了解花卉组合盆栽的特点，熟悉组合盆栽设计要素。

3. 掌握组合盆栽方法、形式。

能力目标： 1. 根据花卉组合盆栽设计原理，熟练掌握花卉组合盆栽技术。

2. 根据不同环境合理搭配相应植物进行组合盆栽。

3. 掌握组合盆栽养护管理技术。

知识链接

随着当今人们对花卉的消费水平越来越高，单一品种的盆栽花卉由于单调已逐渐满足不了消费者的需求。人们更追求一种色彩、质感、线条和统一又富于变化并具有灵动性的盆栽方式，这就是组合盆栽。它正在成为花卉消费者的一种潮流。

在中国及西方国家，很早就有人用盆栽容器来栽培观赏植物。如中国盆景中的丛植，就可以看作是早期的组合盆栽。从大的方面讲，绿地中的大花坛等可以看作是组合盆栽的巨作。而到了现代，由于人们受居住条件的限制，城市居民能用来种植花草树木的空间越来越少。因此发展到了自家阳台、花槽、屋顶、窗台等空间来种植花草树木，以此提高绿化面积，达到美化效果。

组合盆栽是指一种或多种植物搭配栽植在一个容器中，或者是多种盆栽聚集摆放在某一特定空间，从而展现出自然意境及美感的艺术组合。它是一种比原单株栽植更具观赏效果、更富于想象力及表现方式的一个花卉栽植的复合整体。它不仅要发挥每种植物特有的观赏特性，更要表达各种植物间相互协调、构图新颖的效果，表现整个作品的群体美、艺术美和意境美。

一件精美的盆栽花卉装饰品，能艺术地再现自然美和生活美。所以组合盆栽既是一种专业技术，又是一种艺术再创作的专业技能。它不仅是一种高雅的审美艺术，同时又与插花、盆景、雕塑、绘画等同属于造型艺术的范畴。因此，组合盆栽在具有艺术价值的同时，更具有商品价值。通过组合设计，可以使盆栽植物的优点表现出来，使缺点得到遮掩。这也对处理残货、减少产品积压、增加商品附加值有重要意义。

组合盆栽不仅可应用于家庭美化、办公室绿化、会场布置、商场、宾馆装饰及社交礼仪，而且还成为人们一种新的休闲活动。组合盆栽可以充分利用室内面积，由于采用盆栽形式，不需要特定的地方来栽种植物，在室内的各个角落均可灵活布置，任意调整。组合盆栽可以实现室内的快速园林造景，在艺术化构思、园林化布局的基础上，科学地形成多种植物的组合，而且有的还配置假山、庭、廊、道路等园林配件，再现自然的风韵，让大自然走入室内。同时，作为组合盆栽的植物材料，多数是成熟的植株，实现室内的快速园林造景。组合盆栽还能为植物营造良好的生长小环境，可根据植物的生长特性，人为地选择最适合植物生长的栽培基质，提供最佳的光照、温度和水分等条件，避开冻害、热害、涝害等不利于植物生长的因素，使植物在人工创造的小气候下生长良好。

一、组合盆栽的基本要点

（1）根据所设计的作品摆放位置来确定作品风格　装饰位置是室内、室外、阳台、屋顶、玄关等，根据这些装饰位置决定所选植物是下垂型、吊兰型风格，还是迷你型、高大型风格；是淡雅式还是热烈式。因此，装饰位置决定作品风格。

（2）选择习性相近的植物进行搭配　这是组合盆栽最需要考虑的因素。组合盆栽选用的植物有观叶植物、多年生草本、花灌木、藤本、多肉多浆植物和蕨类植物等，在进行植物材料选择时选择生活习性相近的植物种类是非常重要的，尤其是植物对光照和水分的要求。根据对光照的要求，可分为阳性植物、中性植物和阴性植物和强阴性植物。我们在选择植物进行搭配时，要根据装饰位置的光线条件，选择一些对光线要求相近的植物，即考虑植物与环境的相容性，否则，有的植物在成长过程中会因生长势不平衡而影响整体美观。根据植物对水分的要求，可分为旱生植物、中生植物和湿生、水生植物。如喜欢潮湿的植物与耐旱的植物就不宜种植在一个容器中，如确实需要就必须在栽培时将其中喜欢潮湿的植物（或耐旱的植物）用花器单独栽培后合植在一起。否则养护起来不仅不方便，还会严重影响植物的正常生长。

（3）选择恰当的栽植容器　容器按材质一般可分为陶瓷、玻璃、木器、塑胶、铁器、纸质等。容器的选择，不仅关系到组合盆栽的特色，同时也是组合盆栽设计灵感的来源。了解各种花器材质的特色，才能使我们的创作更加得心应手，充分表现作品的风格与特色。如塑料容器，经济实惠，造型多样，用途广泛，可作为组合盆栽的主要器材；以陶瓷、玻璃作为容器，价格较贵，适合制作别致、典雅型盆栽；而木质型的容器，给人感觉就是贴近自然，返璞归真，但价格较贵，制作时应注意先铺上一层薄膜防水。容器的选择应注意以下几个方面：① 容器的规格由植株冠幅、高度和根系深浅来决定；② 容器的大小、色泽、外形要与植物表现的风格一致，要避免喧宾夺主；③ 容器的选择还要考虑作品的风格及摆设的位置，其质地、色调应与周围的环境相协调。

（4）选择合适的栽培基质　合适的栽培基质是组合盆栽成败的关键之一。常用于组合盆栽的基质包括腐叶土、泥炭、珍珠岩、蛭石、树皮、碎石材、沙和壤土等。良好的组合盆栽基质应具备以下要求：① 排水良好，通风透气；② 具有一定的保水保肥能力，富含有机质；③ 严格消毒，不含细菌、病菌和虫卵；④ 具有固定植株的能力；⑤ 适宜的pH和盐分浓度，对于大多数植物要求基质pH呈弱酸性（pH5.8～6.5）到中性（pH6.5～7.5）。

二、组合盆栽的设计要素

组合盆栽设计是作品艺术的再创造，一般讲究比例、色彩、层次、质感、对比、韵律、统一、和谐等要素。

（1）比例　指合植盆内各单元之间的相互比较。如大小、长短、高低、疏密等比例关系。合植盆中各单元之间并不孤立存在，而是相互联系，相互影响。如盆高与株高最佳比例为7：3，主、副、客三主体植物的高度比例为一般为8：5：3为宜，这种比例使作品看起来比较优美，富有生气。

（2）色彩　无论是叶片颜色还是花色植物的色彩都很丰富，合植时在颜色搭配上比较讲究。主要有对比色搭配、邻色搭配、互补色搭配、自然色搭配等形式。

（3）层次　合植盆中各单元之间无论是种植水平位置还是空间所占据位置，都要讲究层次，这种层次感，主要通过一个原则来体现，即三角形原则。主、副、客和配材种植时要前后错落，在空间安排上体现出一种由高到低、由大到小、疏密有致的渐次变化效果。

（4）质感　质感是通过人的视觉来感受的。如植物的外观看，叶片是厚重的还是飘逸的；从叶色或花色上看，是热烈的还是淡雅的；从株形上看，是直立形、匍匐形、还是下垂形。不同的植物所具备的质感和形状是不一样的。在创作时应利用植物这些差别，选择所需的材料，巧妙地运用到设计当中去。

（5）韵律　在组合盆栽中，韵律主要是指所选材料在色彩、位置、空间、姿态上的变化规律。在选择材料时，应首先考虑植物各自的特点，使之错落有致、相互衬托、协调完美、富有韵味。

（6）统一　指一部作品的整体效果。在选择花器和花材上要注意相互协调，不能有冲突、相互排斥或杂乱的感觉，使主材之间、主材与配材之间营造出一种协调统一的美感。

（7）和谐　和谐是指植物材料在各方面相互联系、相互配合。组合盆栽的和谐性，主要通过植物间的色彩差异来体现。组合盆栽作品要看起来协调统一，组盆时就应注意植物间颜色统一、质地相似、层次分明。在选材时要恰当地取舍，宁缺毋滥，保证材料的和谐。

（8）对比　是指将几种植物合植在一个容器中使之产生较大的差异的视觉效果。如叶片的形状差异、色彩差异、质地差异等，通过植物间这种显著差异对比来烘托出各自的优点，达到表现整个作品内涵的目的。

三、组合盆栽的制作形式

目前较为常见的组合盆栽制作形式有3种。

（1）脱盆合栽　即将两种以上的植物脱去原来的花盆栽种在同一容器中，这是组合盆栽最为常见的一种方式。这种组合方式要求植物的习性相近，色彩搭配和谐，养护管理精细，才能增加美感，延长观赏期。

（2）连盆组装　即不脱去花盆，将多种植物连盆放入种植槽或藤篮中，最后在表面铺一层介质如苔藓、陶粒、石子等，使盆栽浑然一体。这种组合方式要求较大的耐水湿的栽培容器。采用该方式的优点是更换植物材料简单、方便，而且由于各盆之间有花盆隔开，所以这种方式也可以将一些不同习性的植物同置一盆。此种形式的组合盆栽常用作临时布置。

（3）架构结合　为了增加作品的立体感和层次感，可以制作一些架构来增加空间及立体感。搭建的材料有白木、红瑞木、柳条、竹竿、塑料管等，用绑、黏、卡等方法固定成三角形、锥形、圆形、圆柱形等形状，也可以是铁丝或柳条编织成各种小动物的形状，使攀缘植物如薜荔、常春藤等攀附其生长。

四、组合盆栽的应用

组合盆栽在当今社会生活中用途十分广泛，归纳起来有6个方面。

（1）庆典型组合盆栽　制作这类盆栽的目的，是为了烘托庆典的热烈气氛。由于举行庆典的场所一般较大，所以这一类型的组合盆栽也应该制作得相应大型一些。在花材的选择上，较多地选用一些色彩热烈、明艳的花卉，如蝴蝶兰、一品红、安祖花、凤梨等都是这类庆典型场所的常用材料。

（2）会议型组合盆栽　会议室中的组合盆栽，不仅能起到美化室内人环境的作用，还能使人们产生轻松、愉快的心情。在选材上要注意采用一些淡雅、柔和的颜色为主色调，如白色、淡粉色、浅蓝色等。同时，也可选用一些以绿色植物为主的组合盆栽，以装饰会场的气氛。另外，对盆景的使用上要选用一些比较庄重大方的瓷盆为好，作品也不宜过大，选用比较小型的盆栽以装饰点缀会场气氛较恰当。

（3）家居型组合盆栽　随着人们生活质量的提高，美化居家环境成为人们的追求与时尚，家庭摆放几盆好的组合盆栽会使居室更生机盎然。下面举例说明。

① 厅　厅是全家人比较集中的地方，同时也是会客的场所。为了体现主人的热情，所选用的色块要比较“艳”一些，同时应充分利用客厅的有效摆放位置，有针对性的设计作品。如在门厅的角落处，很适合采用高低差度较大的植物进行组合盆栽（直立型形态）。我们所使用的是高秆的马拉巴栗和下面配以低矮横向生长的凤梨、星点木、常春藤进行合植。这种组合盆栽不仅能够观赏到高秆马拉巴栗优美的叶形，同时还能观赏到常春藤横向飘逸，且有凤梨的红花与马拉巴栗的绿叶形成鲜明的色差。这种高低植物间的搭配，给人以宽敞之感。

② 卧室与书房　此类盆栽以淡雅为主，多采用绿色耐阴性强的植物，以衬托书房卧室的宁静。主题选用金钱树、七彩竹芋、变叶木3种植物进行高中低顺序地三角形组合处理，注意它们种植时要保持紧凑。变叶木外飘式的枝条为整个作品增加了韵律。

③ 卫生间　此类空间由于光线不足、湿度较大，选材上应安排一些既耐阴又耐湿的植物，当然，首先应该结合卫生间摆放的条件来制作。我们选用圆形的容器，把富贵竹、银皇后、球兰依次按三角形进行合植，整个作品从色泽的相似到习性的相同，给人一种轻松愉快的感觉。

④ 阳台　阳台的顶上可以选用下垂型组合盆栽，采用薜荔、常春藤、绿萝作为主材植于圆形或长方形吊盆中，使阳台更富有生机。

⑤ 厅的茶几餐桌　摆放一盆颜色翠绿迷你型组合盆栽，以显示主人对生活的优雅与品味，选用仿古茶几体现自然回归。选用安祖花做主材，配以仿古瓷花盆，这样一盆生机盎然的作品就完成了。这里要注意的是摆放在茶几上使用的容器应别致新奇，这样更令人赏心悦目。

（4）礼仪型组合盆栽　礼尚往来是我国表达感情的传统方式之一，在节假日访亲会友时送上一款精致的组合盆栽，既增进彼此之间的情谊，又实惠大方，也显得彼此有品位。

（5）创作型组合盆栽　制作这类组合盆栽的随意性较大，创作者可以根据自己的想象发挥。

（6）迷你型组合盆栽　顾名思义，这类盆栽的特点是精致小巧且可爱好玩。适合摆放在办公桌、书桌、电视机上，造型与选材相对简单许多。如果加以点缀，更能给人增加几分好心情。迷你盆栽还需要注意的是容器要小巧精致，主题材料用小春羽，副材用常春藤组合，这样就显得活泼可爱。主材都为多肉类植物，对其进行高、中、低处理后显得很紧凑。

五、组合盆栽的管理

主要包括水分、光照、肥料、病虫害、整形修剪等几方面。

（1）水分管理　栽种植物之前，盆底应先垫一薄层陶粒，以便滤水。组合盆栽作品完成之后，浇1次透水定根。大多数植物只要保持基质湿润即可生长良好，但对多浆植物如景天类、仙人掌类等则要保持基质干燥；而对于湿度要求较高的植物种类、如凤梨、天南星科部分植物，除了给基质浇透水外，必要时还需采用措施增加空气湿度。

（2）光照管理　光线是植物生长最重要的环境因素。我们除了在创作过程中要注意不同习性的植物应避免栽植在一起外，同时也应根据盆栽摆放位置的光线条件合理搭配植物。光线条件好一些的地方，可以搭配阳性植物；光线条件差一些的地方，就应该搭配耐阴性的植物。

（3）病虫害防治　在制作盆栽时，应选择那些无病虫危害、生长健壮的植物搭配。组合盆栽在摆放期间，如发生病虫害，要及时进行清除，以免影响观赏效果及植株生长。

（4）整形修剪　组合盆栽摆放时间一般至少1个月以上，由于受室内摆放条件的限制，难免会产生黄叶、焦叶等情况，这些都要及时进行修剪。同时，由于光线等原因，植物生长会越来越弱，出现纤细徒长现象。这时应该及时进行整形处理，以维持作品较好的生长状态。

子项目一　蝴蝶兰主题组合盆栽

【项目目标】

1. 根据蝴蝶兰设计组合盆栽形式。
2. 按照适当的方式栽植、养护。

【项目分析】

重点掌握蝴蝶兰组合盆栽的设计及制作方法。

【知识链接】

蝴蝶兰组合盆栽是近几年新兴的园艺产品，与传统的单一盆栽相比，蝴蝶兰组合盆栽造型独特，趣味性强，吸了插花的艺术美和盆景的意境美，具有一定的文化内涵和审美情趣，是当今盆花欣赏的潮流和时尚，在欧美、日韩、中国台湾和香港十分流行，在中国大陆也有着十分广阔的市场和前景。

一、蝴蝶兰组合盆栽的方式

（1）单株组合盆栽　因蝴蝶兰姿态优美，花色鲜艳，无论怎样摆放都很美丽，以单株的形式与其他绿色植物和盆器相配多可成为很好的组合盆栽作品。

（2）双株组合盆栽　双株蝴蝶兰结伴而行，有“好事成双”和“心心相印”的美好寓意，在花之韵第七届上海国际插花艺术展上展示了两枝蝴蝶兰默默相望，形成一个爱心构图，代表心心相印、心想事成；还有一作品是两枝蝴蝶兰弯弯的造型一高一低，构成相依比翼双飞的图案，其仿古盆器中以金边富贵竹衬景，配以小植物来增加层次和野趣。

（3）多株蝴蝶兰组合盆栽　蝴蝶兰花面似蝴蝶飞舞，花色有粉红、大红、白色、黄色及相应花纹，在制作组合盆栽时大多以同一品种或同一花色3株、5株、8株乃至10株以上组合为一盆，也有几色相配而成的组合盆栽。该类组合盆栽花色艳丽，花朵数多，常用于客厅、大厅及会议室等场所的装饰，以渲染和烘托热烈的节日气氛。

二、蝴蝶兰的组合盆栽制作步骤

（1）先将花面不同朝向的蝴蝶兰按照作品的主题选择出来。

（2）按照作品所要表达的寓意将选好的蝴蝶兰带套盆装入一个底部放好泡沫的较大容器中，通过高度、花向确定各植株的组合位置。

（3）其余的蝴蝶兰同上述蝴蝶兰放入容器中，再用铁丝将放置好的蝴蝶兰固定，做出不同弧度的线条。

（4）调整每株蝴蝶兰的位置后，如果前方还有很大的空隙而影响作品的美观或观赏效果，还可在其上面加上一些装饰品。如蝴蝶结、仿真花、中国结、波斯顿蕨、常春藤等，既填补其空隙，又能增加作品的灵气。

【项目实施】

一、构思

组合盆栽不是单纯的栽植，它是一件艺术品，要根据选用材料的形态特征、花语以及应用场合进行作品构思，绘制构思草图。如图10–1。

图10–1　蝴蝶兰主题组合盆栽设计构思草图

二、材料准备

根据构思，准备玫红色蝴蝶兰2株、黄色蝴蝶兰1株、金边虎皮兰（10cm）1株、红网纹草5株、鸟巢蕨（10cm）1株、常春藤1株，铁丝3根，木盆1个，草炭土1盆。

三、装盆

（1）先在木盆底部填充5cm草炭土。

（2）将2株玫红色蝴蝶兰脱盆，带原土球摆放在木盆中，在周围填充草炭土约5cm；用铁丝将蝴蝶兰花茎慢慢弯成弧形，并造成一上一下仰俯呼应的姿态。

（3）将1株黄色蝴蝶兰脱盆带土球摆放在梁祝玫红色蝴蝶兰中间，成为焦点。

（4）将1株金边虎皮兰脱盆摆放在高的蝴蝶兰根部，再植入1丛红网文草与上部玫红色形成呼应；将1株鸟巢蕨放在低的玫红色蝴蝶兰根部，并在边缘植入1株常春藤，调节左右平衡。

四、整体修饰

所有植物植入完成后，用草炭土填充在根系附近，保证每株植物能稳定地栽植在盆中。调整各个植株，使根部以上约1/4的部位叶片蓬松，将盆中土壤遮盖，叶片不互相遮挡，疏密有致。调整下垂的常春藤的方向及下垂长度，保证作品均衡。

五、栽培管理

（1）水分管理　蝴蝶兰组合盆栽作品完成之后，浇1次透水定根。因所选植物蝴蝶兰、鸟巢蕨、常春藤、红网纹草以及虎皮兰均为中生花卉，只要保持基质湿润即可生长良好，同时可以结合叶面喷水增加空气湿度。

（2）光照管理　因所选植物蝴蝶兰、鸟巢蕨、常春藤、红网纹草为阴性花卉，所以作品完成后尽可能摆放在没有强光直射的地方。

（3）病虫害管理　在制作盆栽时，选择那些无病虫危害、生长健壮的植物搭配。蝴蝶兰组合盆栽在摆放期间，容易出现叶尖干枯的症状，可以通过减少光照、增加空气湿度的方法调节。

（4）整形修剪　蝴蝶兰组合盆栽摆放时间可以达到3个月以上，由于受室内摆放条件的限制，会产生黄叶、焦叶等情况，要及时进行修剪。同时，由于光线等原因，植物生长会越来越弱，出现纤细徒长现象。这时应该及时进行整形处理，以维持作品较好的生长状态。

（5）植株更换　等花枯萎后可以更换蝴蝶兰植株，基部材料只要养护得当，可四季观赏。

【项目考核】

考核标准见表10-1。

表10-1　　蝴蝶兰组合盆栽设计制作

考核项目	考核标准	分值	得分	教师评价
构思草图设计	构思新颖独特，构图完整	10		
材料选择	植物选择合适，容器协调	20		
栽植过程	脱盆不伤根系，栽植熟练	30		
作品整体效果	色彩协调、稳定感强、与构思草图有较高吻合度	30		
后期养护	光、温、水、肥控制适度	10		

子项目二　其他主题组合盆栽

【项目目标】

1. 根据特定主题进行组合盆栽设计。
2. 按照适当的方式栽植、养护。

【项目分析】

该项目重点为不同主题组合盆栽的设计及制作方法。教师可以通过指导学生按照完整的操作步骤完成该项目的训练。

【知识链接】

组合盆栽按照所选植物材料可以分为如下几种。

一、常规花卉组合盆栽

（1）观叶植物组合盆栽　以观叶植物为主，重点突出植物体量、叶形、色彩和质感的协调与变化，如常春藤类、彩叶草、文竹、袖珍椰子等。

（2）观花植物组合盆栽　制作观花植物组合盆栽，要根据对观赏期的要求选择植物材料。需长期观赏的一般选择花色丰富、花期较长的植物种类，球根花卉和宿根花卉是良好的选择；但大多数植物在花期过后容易出现衰老现象，从而影响整体效果，应及时更换材料。短期观赏的，只需根据美观和艺术方面的要求选择材料即可。

（3）观果植物组合盆栽　制作观果植物组合盆栽，一般选择秋后果实累累、色泽鲜艳的植物种类，如胡颓子、石榴、金橘等。

（4）多肉多浆植物组合盆栽　多肉多浆植物也叫肉质植物、多浆植物，或者多肉花卉，其形态特别，养护容易，如仙人掌科、垂盆草、石莲花等。利用多肉多浆植物组合造景，能够形成别具特色的植物景观。

（5）水生植物组合盆栽　宜选择喜水湿或水生植物，如水仙、千屈菜、黄菖蒲等，可选择较大体量的容器，如盆、桶等，以表现自然界中水景植物景观，也可选择玻璃容器，以创造晶莹剔透的观赏效果。

（6）其他特殊的组合盆栽　香草植物也叫芳香植物，是花、种子、枝干、叶子、根等用于药物、料理、香料、杀菌、杀虫等利于人类的带有香味草本植物的总称。香草植物盆栽不仅能美化居室环境，其散发的香气还能起到杀菌、驱虫、调节中枢神经等作用，甚至可以作为天然的调味料。但是大多数香草植物观赏性不高，用于盆栽中很难体现其价值，因此需要和其他花色艳丽、花型美观的观赏花卉或者多肉多浆植物等组合栽培，以在色、香、形等方面取得良好的效果。

二、园艺作物组合盆栽

园艺作物和观赏植物一样具有形态美、色彩美、香味美。它可以使窗台、阳台等狭小的空间变身菜园、果园、厨用园，在美化居室环境的同时还具有生态效益，为家庭提供新鲜果蔬。常用的盆栽园艺作物有黄瓜、番茄、辣椒、香葱、大蒜、薄荷、葡萄、柑橘、山楂、苹果等。

三、野趣植物组合盆栽

可以利于一些具有野趣的植物材料种植在特殊的容器中，创造出古朴或乡野趣味的组合盆栽。一截中空的木头，一块带洞的石头，甚至残破的陶罐，随心地搭配几株野草野花，都能创造出别具情趣的组合盆栽。

【项目实施】

观叶植物组合盆栽设计制作

1．构思

观叶植物具有观赏期长，耐养护等特点，在生活中更容易被人们所接受。用于组合盆栽的观叶植物往往具有叶色浓绿或鲜艳、叶形美观、生长健壮等特点。首先绘制构思草图，如图10-2。

图10-2 观叶植物组合盆栽设计构思草图

2．材料准备

根据构思，准备主材料金边虎皮兰40cm、25cm、10cm各1株，观音莲1株、红网纹草1株、银脉凤尾蕨1株、吊兰1株、干支1根，黑白石子各1盆、草炭土1盆、不规则形状容器一个、配件工艺小鸟2只（红色）、藤球1个。

3．装盆

（1）先在盆底部填充5cm草炭土。

（2）将40cm金边虎皮兰脱盆，带原土坨摆放在盆后1/3位置，在周围填充草炭土约5cm；另1株25cm虎皮兰在其一侧栽植，10cm虎皮兰在其前方栽植，3株虎皮兰形成不等边三角形。

（3）将观音莲栽植在40cm虎皮兰侧前方，银脉凤尾蕨栽植在10cm虎皮兰前方，红网纹草栽植在25cm虎皮兰侧后方，吊兰栽植在25cm虎皮兰侧前方，并下垂。

（4）将干支插入到观音莲后方，并固定好两只红色工艺小鸟，与红网纹草呼应。

4．整体修饰

所有植物植入完成后，用草炭土填充在根系附近，保证每株植物能稳定地栽植在盆中。调整各个植株，使根部以上约1/4的部位叶片蓬松，将盆中土壤遮盖，没被叶子掩盖的地方用石子覆盖，叶片不互相遮挡，疏密有致。调整下垂的吊兰的方向及下垂长度，保证作品均衡。为增加趣味性，在前方空余处放上藤球。

5．后期管理

（1）水分管理　作品完成之后，浇1次透水定根。因所选植物均为中生花卉，只要保持基质湿润即可生长良好，同时可以结合页面喷水增加空气湿度。

（2）光照管理　因所选植物为阴性花卉，所以作品完成后尽可能摆放在没有强光直射的地方。

（3）病虫害管理　在制作盆栽时，选择那些无病虫危害、生长健壮的植物搭配。组合盆栽在摆放期间，容易出现叶尖干枯的症状，可以通过减少光照、增加空气湿度的方法调节。

（4）整形修剪　观叶植物组合盆栽可以四季观赏，由于受室内摆放条件的限制，会产生黄叶、焦叶等情况，要及时进行修剪。同时，由于光线等原因，植物生长会越来越弱，出现纤细徒长现象。这时应该及时进行整形处理，以维持作品较好的生长状态。

（5）植株更换　如有植物出现生长弱或者死亡要及时更换，只要养护得当，可四季观赏。

【项目考核】

考核标准见表10-2。

表10-2 观叶植物组合盆栽设计及制作考核标准

考核项目	考核标准	分值	得分	教师评价
构思草图设计	构思新颖独特，构图完整	10		
材料选择	植物选择合适，容器协调	20		
栽植过程	脱盆不伤根系，栽植熟练	30		
作品整体效果	色彩协调、稳定感强、与构思草图有较高吻合度	30		
后期养护	光、温、水、肥控制适度	10		

【知识拓展】

一、观花植物组合盆栽设计制作

1．构思

绘制构思草图。如图10–3。

图10–3　观花花卉组合盆栽设计构思草图

2．材料准备

根据构思准备大花蕙兰2株（黄花）、五彩凤梨1株、红掌1株、仙客来1株、常春藤1株、凤尾蕨1株、瓜叶菊1株，阔口大容器1个，草炭土1盆，配件有橘色纱网、香槟色蝴蝶结、爆竹等。

3．装盆

（1）先在盆底部填充5cm草炭土。

（2）将2株大花蕙兰脱盆，带原土球摆放在盆后1/3位置，在周围填充草炭土；红掌和凤梨分别在其一侧栽植，瓜叶菊在其前方栽植，仙客来栽植在一侧前方。

（3）将常春藤在两侧前方栽植；凤尾蕨栽植在仙客来前下方，填充草炭土。

（4）将橘色纱网折成3个饱满球状，用枝条固定好，分别插在作品的上中下部位呈不等边三角形，爆竹也用枝条挂好，插在一侧。

4．整体修饰

调整各个植株，使根部以上约1/4的部位叶片蓬松，将盆中土壤遮盖，叶片不互相遮挡，疏密有致。调整下垂的常春藤的方向及下垂长度，保证作品均衡。

二、多肉多浆植物组合盆栽设计

1．构思

绘制构思草图。如图10–4。

图10–4　多肉职务组合盆栽设计构思草图

2．材料准备

根据构思，准备部分低矮的多肉多浆植物，石莲花2株、龙舌兰1株、点纹12卷2株、龙骨1株，配件有装饰蝴蝶1只，玩具小熊1只，坐凳1张，装饰蘑菇2朵，松果1枚，仿真向日葵2朵，白沙1盆，粗沙1盆，分格木盒1个。

3．装盆

（1）在木盆底部填充5cm沙子。

（2）将所有植株脱盆后栽植在沙子中，具体位置如上图10–4。

（3）将配件按照图示摆放好，将白沙和粗沙分别填置到木格中。

4．整体修饰

调整各个植株，并将洒落在叶面的沙子清理，检查配件摆放位置是否合适，体量是否协调，色彩是否和谐。将盆面整理平整，作品完成。

5．后期管理

（1）水分管理　作品完成之后，浇1次透水定根。因所选植物均为旱生花卉，其浇水原则为“宁干勿湿”，所以浇水要有所控制，但在生长旺盛季节还是要给足水分。

（2）光照管理　因所选植物为阳性花卉，所以作品完成后可以摆放在阳光充足的地方，但要避免强光直射。

（3）病虫害管理　在制作盆栽时，选择那些无病虫危害、生长健壮的植物搭配。

（4）整形修剪　多肉多浆组合盆栽可以四季观赏。由于室内栽培光照弱、通风差等因素，植物生长会越来越弱，出现纤细徒长现象，应及时进行整形处理或者更换植株，以维持作品较好的生长状态。

附录　花卉园艺工国家职业标准

第一部分　花卉园艺工技术等级标准（试行）

一、职业定义

从事花园、园林的土壤耕整和改良；花房、温室修装和管理；花卉（包括草坪）育种、育苗、栽培管理、收获贮藏、采后处理等。

二、适用范围

公园、苗圃、花卉场、育种中心、园艺公司。

三、技术等级线

初、中、高。

初级花卉园艺工

一、知识要求

1. 了解种植花卉、草坪的意义及花卉园艺工的工作内容。
2. 认识常见花卉种类120种，了解它们的形态构造特征。
3. 熟悉培植花卉、草坪及苗木的常用工具、机具和器械。
4. 了解土壤的种类、性能，掌握培养土的配制。
5. 懂得常见花卉和草坪的繁殖和栽培管理的方法。
6. 了解肥料的种类和作用，并掌握施用的方法。
7. 了解常见花卉病虫害的种类及其防治方法。
8. 了解常见花卉对水分、温度、光照等的要求。

二、技能要求

1. 独立地进行露地花卉、盆栽花卉、温室花卉的一般生产操作及管理工作。
2. 掌握常见花卉的播种（包括土壤与种子消毒、催芽等）、扦插（包括插穗的采选、剪切、分级和处理等）、嫁接移植（换床）及贮藏等操作技术。
3. 熟练使用常用花卉工具及其保养。
4. 进行花卉培养土的制作。
5. 在中、高级工指导下进行合理施肥，并正确使用农药防治本地区花卉上常见的病虫害。
6. 会进行花卉和草坪的水分、温度、光照的管理。

中级花卉园艺工

一、知识要求

1. 认识花卉种类180种，并了解它们的科属。

2. 了解花卉良种选育的知识。

3. 掌握花卉育种、育苗知识并懂得人工控制温室中的环境因子对花卉生产的作用。

4. 熟悉常见花卉形态、习性、生长发育的条件及其用途。

5. 熟悉肥料的性能及施用方法，并了解微量元素对花卉生产的意义。

6. 熟悉主要花卉病虫危害的时间、部位和有效的防治方法。

7. 熟悉室外花坛的布置、室内花卉的布置和展出及鲜切花的应用。

8. 了解花卉和草坪先进生产技术的原理。

二、技能要求

1. 熟练掌握露地花卉、盆栽花卉、温室花卉和草坪的养护管理技术和控制花期的栽培技术（包括水、肥、温度、光照、微量元素、激素）。

2. 掌握花卉的繁殖技术，能独立进行花卉种子、种条、球根的采集并进行收获贮藏和采后处理工作。

3. 能进行花卉的嫁接培育，以及花卉的修剪、整形、造型艺术。

4. 能独立掌握配制两种以上不同比例的培养土，并能根据花卉的生长发育阶段，进行合理施肥、病虫防治等，保证花卉生产质量。

5. 能进行中、小型花坛的设计、施工。

6. 能制作花篮、花束及会场的花卉布置。

7. 熟悉花卉及草坪先进的生产工艺流程。

8. 能对初级工进行技术指导。

高级花卉园艺工

一、知识要求

1. 识别花卉种类250种以上。

2. 掌握主要花卉的植物学特性及其生活条件。

3. 懂得花卉繁殖方法的理论知识并懂得防止品种退化、改良花卉品种及人工育种的一般理论和方法。

4. 掌握建立中、小型花圃的知识和盆景制作的原理及插花的基本理论。

5. 掌握土壤肥料学的理论知识，掌握土壤的性质和花卉对土壤的要求，进一步改良土壤并熟悉无土培养的原理和应用方法。

6. 懂得花卉病虫害综合防治的理论知识。

7. 不断地了解、熟悉国内外使用先进工具、机具的原理；了解国内外花卉工作的新技术、新动态。

8. 掌握主要进出口花卉的培育方法，了解国家动植物检疫的一般常识。

二、技能要求

1. 解决花卉培植上的技术问题，能定向培育花卉。

2．能根据花卉生长发育阶段，采取有效措施，达到提前和推迟花期的目的。

3．因地制宜开展花卉良种繁育试验及物候观察，并分析试验情况，提出改进技术措施。

4．能熟练地进行花卉的修剪、整形和造型操作的艺术加工。

5．对花卉的病虫害能主动地采取综合的防治措施，并达到理想效果。

6．掌握无土培养的技能。

7．应用国内外先进的花卉生产技术，使用先进的生产工具和机具进行花卉培植。

8．收集整理和总结花卉良种繁殖、育苗、养护等经验。

9．能对中级工进行技术指导。

第二部分　花卉园艺工鉴定规范

初级花卉园艺工鉴定规范

一、适用对象

在鲜切花、盆花生产基地和园林、城市园林、公园、自然保护区、园艺场、盆景园、企事业单位、花圃、花木公司、花店、花卉良种繁殖基地等从事花卉栽培、花卉经营（包括种子经营）、花卉育苗、良种繁育等生产、科研辅助人员。

二、申报条件

1．文化程度：初中毕业。

2．见习期满者。

3．身体状况：健康。

三、考生与考评员比例

1．理论知识考评：20∶1

2．实际操作考评：10∶1

四、鉴定方式

1．理论知识：笔试，90分钟，满分为100分，60分为及格。

2．操作技能：按实际需要确定，不超过4小时，满分为100分，60分为及格。

五、鉴定场地和设备

按考评要求确定，见表1。

表1　　初级花卉园艺工鉴定内容

项目	鉴定范围	鉴定内容	鉴定比重	备注
知识要求			**100**	
基本知识	1. 植物及植物生理	1. 植物的形态 2. 植物的温光反应 3. 植物的生育与生育时期 4. 植物对营养的吸收与利用	8	
	2. 土壤肥料	1. 土壤组分、分类及结构 2. 土壤肥力因素 3. 土壤pH的测定及调节 4. 肥料的性质和使用的基本知识	8	
	3. 植物保护	1. 病虫害基本知识 2. 当地常见花卉植物的主要病虫害 3. 病虫害防治的基本方法 4. 常用农药的剂型及使用方法	6	
	4. 气象	1. 本地区气候基本特征 2. 二十四节气和物候	3	
专业知识	1. 花圃、园林土壤的耕翻、整理	1. 土壤耕翻、作畦技术 2. 培养土的成分及配制	10	
	2. 花卉分类与识别	1. 花卉的分类方法 2. 当地常见的120种花卉植物	12	
	3. 花卉的繁育方法	1. 花卉的有性繁殖（种子繁殖） 2. 花卉的无性繁殖（扦插、压条、分株等） 3. 促进插穗生根的方法	12	
	4. 花卉的栽培方法	1. 常见盆栽花卉的栽培方法 2. 常见切花的栽培方法 3. 草坪及地被植物栽培方法	15	
	5. 花卉产品处理及应用	1. 切花的采收及采后处理 2. 花卉产品的应用常识	8	
	6. 园艺设施的选型及利用	1. 主要园艺设施在花卉栽培中的应用 2. 园艺常规生产设施的使用与维护 3. 设施内温度、湿度、光照等因子的控制	8	

续表

项目	鉴定范围	鉴定内容	鉴定比重	备注
知识要求			**100**	
相关知识	1. 园艺材料	1. 薄膜种类及特点 2. 遮阳网的规格及使用	6	
	2. 园艺花卉概论	1. 种植花卉、草坪的意义 2. 花卉园艺工的工作内容	4	
技能要求			100	
初级操作技能	1. 园艺设施的使用与维护	大棚、温室等设施的使用与维护	5	根据考试要求确定的时间和有关条件，确定具体的鉴定内容，能按技术要求按时完成者得满分
	2. 栽培技术	1. 土壤耕翻、整地作畦 2. 培养土的配制与土壤的消毒 3. 花卉的简易繁殖 4. 常见花卉及草坪的整形、修剪 5. 花卉上盆、换盆和翻盆 6. 种子（种球等）的采收、处理及贮藏 7. 常见病虫害防治 8. 农药使用 9. 肥料使用	90	
工具设备的使用和维护	常用工具、器具的使用和维护	1. 整地、修剪等工具的使用及维护 2. 常用机具的使用	5	
安全及其他	安全生产	1. 合理安全使用农药 2. 合理安全使用机具和电气设备		

中级花卉园艺工鉴定规范

一、适用对象

在鲜切花、盆花生产基地和园林、城市园林、公园、自然保护区、园艺场、盆景园、企事业单位、花圃、花木公司、花店、花卉良种繁殖基地等从事花卉栽培、花卉经营（包括种子经营）、花卉育苗、良种繁育等生产、科研辅助人员。

二、申报条件

1. 文化程度：初中毕业。
2. 持有初级技术等级证书一年以上者。
3. 应届中等职业学校或以上毕业者可直接申报。

4．身体状况：健康。

三、考生与考评员比例

1．理论知识考评：20∶1

2．实际操作考评：8∶1

四、鉴定方式

1．理论知识：笔试，120分钟，满分为100分，60分为及格。

2．操作技能：按实际需要确定，不超过4小时，满分为100分，60分为及格。

五、鉴定场地和设备

按考评要求确定，见表2。

表2　　中级花卉园艺工鉴定内容

项目	鉴定范围	鉴定内容	鉴定比重	备注
知识要求			**100**	
基本知识	1．植物及植物生理	1．植物器官、组织极其功能 2．植物生育规律 3．温、光、水、肥、气等因子对植物的影响	8	
	2．土壤肥料	1．当地土壤的性质及改良方法 2．常用肥料的性质及使用方法 3．植物营养液知识及营养液配制、调节	9	
	3．植物保护	1．病虫害基本知识 2．本地主要病、虫、杂草种类及防治 3．常用农药的性能及使用方法	8	
专业知识	1．花圃、园林土壤的耕翻、整理及改良	1．园艺植物对土壤的要求 2．无土栽培知识	10	
	2．花卉分类与识别	1．花卉分类基本知识 2．当地常见的180种花卉植物	10	
	3．花卉的繁育技术	1．育种一般常识 2．国内外引种的一般程序 3．花卉繁育的常用方法	10	
	4．花卉的栽培方式及栽培技术	1．盆花的盆栽技术及肥水管理 2．切花生产技术及肥水管理 3．其他观赏植物的管理技术 4．花卉的促成、延缓栽培技术 5．花卉及草坪先进生产工艺流程	20	

续表

项目	鉴定范围	鉴定内容	鉴定比重	备注
知识要求			**100**	
专业知识	5．花卉产品应用形式及养护	1．盆花的陈设及养护 2．切花的采收、保鲜及应用 3．一般花坛的设计与布置 4．草坪修剪及养护	10	
相关知识	1．相关法规	1．国家有关发展花卉业的产业政策 2.《进出境动植物检疫法》中花卉进出口有关的内容	5	
	2．园艺材料	1．覆盖材料的特点和选用 2．生产用盆钵的种类及特点	5	
	3．工作能力	1．具有一定的工作组织能力 2．建立田间档案 3．知道初级工进行生产作业	5	
技能要求			100	
初级操作技能	1．园艺设施的选型、利用与维护	1．装配和维护一般园艺设施 2．调整园艺设施内环境因子	20	根据考试要求确定的时间和有关条件，确定具体的鉴定内容，能按技术要求按时完成者得满分
	2．栽培技术	1．花卉种植和控制花期的栽培 2．花卉良种繁育 3．各种花卉及草坪的修剪和整形 4．根据花卉生长发育状况进行合理肥水管理和病虫害防治	45	
	3．设计和制作	1．一般花坛的设计和施工 2．花篮、花束制作 3．会场的花卉布置	25	
工具设备的使用和维护	常用园艺器具的使用、维修和保养	1．花卉园艺常用器具的使用 2．园艺工具的一般排故、维修和保养 3．草坪机械的使用和保护	10	
安全及其他	安全文明操作规定	1．严格执行国家的有关产业政策 2．文明作业、消除事故隐患		

高级花卉园艺工鉴定规范

一、适用对象

在鲜切花、盆花生产基地和园林、城市园林、公园、自然保护区、园艺场、盆景园、企事业单位、花圃、花木公司、花店、花卉良种繁殖基地等从事花卉栽培、花卉经营（包括种子经营）、花卉育苗、良种繁育等生产、科研辅助人员。

二、申报条件

1．文化程度：高中毕业或中等职业学校毕业。

2．持有中级技术等级证书两年以上者。

3．身体状况：健康。

三、考生与考评员比例

1．理论知识考评：20∶1

2．实际操作考评：5∶1

四、鉴定方式

1．理论知识：笔试，120分钟，满分为100分，60分为及格。

2．操作技能：按实际需要确定，不超过4小时，满分为100分，60分为及格。

五、鉴定场地和设备

按考评要求确定，见表3。

表3　　高级花卉园艺工鉴定内容

项目	鉴定范围	鉴定内容	鉴定比重	备注
知识要求			**100**	
基本知识	1．植物生理	1．植物代谢规律及其应用 2．植物激素机制及其应用 3．植物生态学的基本知识	8	
	2．土壤与肥料	1．本地区土壤种类、土壤肥力因素对花卉生产的影响 2．花卉新型肥料的作用机制极其使用方法	6	
	3．植物保护	1．病虫害发生发展的一般规律及其防治方法 2．新农药的选择和试用	6	
	4．气象知识	1．本地区主要气象因子的变化规律 2．灾害性天气预防措施	5	
专业知识	1．土壤改良	1．保护地土壤盐渍化防治 2．贫瘠土壤的改良	10	
	2．花卉分类与识别	1．常见的250种花卉植物 2．主要花卉的目、科、属 3．花卉标本制作的常用方法	10	

续表

项目	鉴定范围	鉴定内容	鉴定比重	备注
知识要求			**100**	
专业知识	3. 良种繁育	1. 遗传常识及常用育种方法 2. 组织培养 3. 花卉引种驯化及良种繁育的基础知识	12	
	4. 花卉的栽培技术	1. 花卉促成、延缓栽培原理 2. 中小型花圃、育苗场建立的技术要求 3. 盆景制作基础知识 4. 花卉病虫害诊断的综合防治基础知识	20	
	5. 花卉产品应用	1. 插花艺术知识 2. 盆花室内装饰和养护知识 3. 花卉室外造景知识	13	
相关知识	1. 机具、肥料、农药	国内外花卉生产常用设备、机具、生产资料的作用等知识	4	
	2. 植物检疫	1. 植物检疫条例 2. 植物检疫基本知识	3	
	3. 其他	1. 国内外花卉商品信息 2. 花文化知识 3. 具有发现、分析、解决问题的能力 4. 具有指导初、中级工的能力	3	
技能要求			100	
高级操作技能	1. 栽培技术	1. 花期调控 2. 树木、花卉整形修建和造型 3. 花卉无土栽培 4. 花卉病虫害诊断及防止	45	
	2. 育种技术	1. 花卉常规育种和杂交育种 2. 新品种引种及试种 3. 花卉组织培养	35	根据考试要求确定的时间和有关条件，确定具体的鉴定内容，能按技术要求按时完成者得满分
	3. 产品应用	1. 艺术插花 2. 按室内装饰和室外造景设计要求进行布置和施工	15	
工具使用	工具使用和维护	花卉生产机具和设备设施的使用及维护	5	
安全及其他	安全文明操作	1. 严格执行国家有关产业政策 2. 文明作业、消除事故隐患		

参考文献

［1］陈俊愉等编．园林花卉［M］．上海：上海科学技术出版社，1980.

［2］陈俊愉等编．中国花经［M］．上海：上海文化出版社，1990.

［3］北京林业大学园林系花卉教研组．花卉学［M］．北京：中国林业出版社，1990.

［4］南京林业学校主编．园林植物栽培学［M］．北京：中国林业出版社，1991.

［5］韦三立．观赏植物花期调控［M］．北京：中国农业出版社，1996.

［6］王华芳．花卉无土栽培［M］．北京：金盾出版社，1997.

［7］卢思聪．室内盆栽花卉［M］．北京：金盾出版社，1997.

［8］王三根．常见花卉调控保鲜贮藏实用技术［M］．北京：金盾出版社，2004.

［9］张随榜．园林植物保护［M］．北京：中国农业出版社，2001.

［10］杨先芬．工厂化花卉生产［M］．北京：中国农业大学出版社，2002.

［11］陈有民．林树木学［M］．北京：中国林业出版社，1990.

［12］王朝霞．鲜切花生产技术［M］．北京：化学工业出版社，2009.

［13］包满珠．花卉学［M］．北京：中国农业出版社，2007.

［14］傅预览．花卉学［M］．北京：中国农业出版社，2001.

［15］曹春英．花卉栽培［M］北京：中国农业出版社，2010.

［16］张树宝等．花卉生产技术［M］．重庆：重庆大学出版社，2006.

［17］夏春森，朱义军等．名新花卉标准化栽培［M］．北京：中国农业出版社，2005.

［18］刘燕．园林花卉学［M］．北京：中国林业出版社，2006.

［19］唐祥宁．花卉园艺工［M］．北京：中国劳动社会保障出版社，2004.

［20］广东省农科院花卉所徐烨春．中国花卉图片网［OL］//www.fpcn.net.

［21］熊丽．观赏花卉的组织培养于大规模生产［M］．北京：化学工业出版社，2003.

［22］吴志华．花卉生产技术［M］．北京：中国林业出版社，2005.

［23］金波．常用花卉图谱［M］．北京：中国农业出版社，1998.

［24］鲁杨等．观花类花卉施肥技术［M］．北京：金盾出版社，2000.

［25］郭丽晶，周洁浪，罗顺影等．蝴蝶兰标准化栽培技术规程［J］．广东农业科学，2009，7：212～214.

［26］贾霞，范伟国．仙客来工厂化生产技术规程［J］．江西园艺，2003，6：30～32.

［27］黎扬辉，刘镇南，钟国君等．广州地区红掌盆花生产技术规程［J］．广州农业科学，2006，6：76～79.

［28］王立清，周博，孙爱玲．新几内亚凤仙标准化栽培技术研究［J］．陕西林业科技，2011，6：28～30.

［29］郝洪波．高山杜鹃栽培技术［J］．种子世界，2006，11：36.

[30] 郭溦．四季海棠栽培技术 [J]．甘肃农业科技，2006，6：62.

[31] 周应恒，齐博．我国鲜花产业出口贸易发展评析 [J]．山东农业大学学报：社会科学版，2006，4：22 ~ 25.

[32] 陈琳．2004 ~ 2006年第二季度我国花卉产品进出口贸易分析 [J]．温室园艺，2006，8：30 ~ 31.

[33] 李晓晨．切花红掌的栽培技术 [J]．现代园艺，2006，1：23 ~ 24.

[34] 董伟等．百合上屏切花生产技术规程 [J]．中南林学院学报，2003，23：107 ~ 111.

[35] 孙世好．花卉设施栽培技术 [M]．北京：高等教育出版社，1999.

[36] 郁书君．菊花切花栽培与管理 [J]．中华园艺，2000，80（5）：21 ~ 28.

[37] 李晓琴．新几内亚凤仙的无土栽培技术 [J]．2012，（14）：41.